U0154487

治理互賴理論與實務

陳恆鈞 編著

自序

　　本書係根據研究心得，所提出的一個全觀性（holistic）論點。研究方法主要先藉由邏輯推論與分析建立變數之間的關聯性，做為政策分析基礎，繼而進行實證研究，所引用的資料主要是以國內外相關研究文獻，再參酌本國的特殊個案，做為問題分析與論述之基石。個案內容涵蓋不同領域（主要是公共政策與政治經濟學），希冀得以掌握國家機關與公民社會在政策推動過程中的互動以及因果關係。

　　本書的章節係根據「回顧」、「內省」以及「前瞻」的邏輯推理加以安排。所謂「回顧」，乃是本書第一章到第七章，主要檢討現存相關理論是否能夠針對所探討的問題提出完整的解釋；「內省」，乃是本書第八章到第十二章，主要反省本書所提出的理論架構是否具有解釋效力，因此以個案實證研究加以證明；至於「前瞻」就是在論述本書理論架構的要旨及特質之後，自省該理論架構是否還有持續發展的空間，乃是本書第十三章到第十五章。根據此一邏輯推理，全書內容概述如下：

　　第一章簡介研究目的、研究問題、主要概念以及研究途徑。

　　第二章探討國家機關在政策執行過程中扮演的角色，文中分別從多元主義論、菁英主義論、馬克思主義論以及國家主義論加以論述，並比較四項理論的解釋力與限制性。雖然這些理論的立論中心對瞭解政治權力的分配極有助益，惟仍未能針對所欲探討的問題提出完整解釋。因此，在章末嘗試提出另一觀點來釐清國家機關的政策角色。

　　第三章分析公民社會團體在政策執行過程中所扮演的角色。本章可視為上一章的延續，基本上是針對現有理論，例如多元主義論、統合主義論、次級系統論以及政策網絡分析理論進行討論，以瞭解上述理論係運用何種觀點來解釋

社會團體如何影響國家機關決策的影響力。從討論中，吾人不難發現所探討的四種理論，雖然或多或少論及國家機關的角色，但基本上係屬社會中心論，因而將整個決策過程視為一個黑箱作業，輕忽國家機關與社會團體彼此間的互動關係以及其在決策過程中的實質影響力。

第四章則主張欲使政策有效執行，有賴國家機關與公民社會團體能在具有共識、信任以及合作的制度中進行。因此，文中根據兩造之間夥伴關係的觀點，建構本書的理論架構（治理互賴模型），並且對相關假定與特質做一說明。

第五章剖析國家機關能力在治理互賴模型中的重要性。畢竟，在現實政治生活中，儘管國家機關在形式上僅為選擇性而非全面性的干預，但國家機關的存在仍有其必要性。基此，本章先論述國家機關能力的定義、特性和類型，爾後再鋪陳其對國家發展以及政策執行力的影響。

第六章探究社會資本在治理互賴模型中的重要性。文中先釐清社會資本的意涵以及構成要素，其次再說明其對公民社會形成以及對政策執行的影響。由此不難發現，一旦整個公民社會蓄積足夠的社會資本，將能建立連帶感、互惠感、互信感與合夥感，連帶對國家機關政策目標的達成具有莫大的助益。

第七章由治理互賴的觀點，先行探討國家機關的基礎建構能力與公民社會的社會資本是如何相互影響，再進一步論述兩造若能體念合作共榮的真諦，從而建立夥伴關係，則由此所產生的綜效對政策執行結果將會有明顯的助益。

第八章以政策網絡中的工具選擇觀點，探討台灣積體電路產業租稅政策調整。文中強調面對全球化與民主化的壓力，國家機關面必須適度選擇政策工具，以利產業政策進行轉型。研究發現：（1）國家機關和企業之間的相互合作不足；（2）風險感受度影響營所稅率的調整幅度；（3）政策工具所欲達成的目標應更明確，並非只是政策宣示；（4）因果關係性並非影響租稅工具採用的主要因素；（5）國家機關在汲取能力的表現上未符合企業團體的期待；（6）國家強制力對於租稅工具的採用其影響力下滑；（7）順服度對租稅工具的採用有顯著影響；（8）企業團體對於租稅工具的採用影響力有限；（9）參與的管道要確實，否則易淪為形式；（10）國家機關若具備同理心，則有助於租稅工具發揮其效用。

第九章探討社會資本與都市再生計畫推動之關聯性，文中強調隨著民主行政精神的倡導，多數人認為開放公民參與公共事務是健全民主的必要條件之一，而泰半政府也努力尋求如何有效運用與管理公民參與之道。儘管公民參與

情形日益增加，進行實證研究的文獻卻相對甚少。本章認為未能有系統的評估其實質效益，將無法深入瞭解經由公民參與所形成與積累的社會資本，尤其是地方性的社會資本，對於都市再生計畫推動所產生的預期助益。因此，本章以大稻埕歷史風貌特定專用區再生計畫為例，探討構成社會資本的相關要素，能否有效解決都市再生計畫所追求的目標衝突。研究結果發現：大稻埕街區的地方性社會資本與再生計畫推動呈現關聯性，但無法指出其因果關係。

第十章探討產業群聚與陶瓷產業發展，以鶯歌與北投為個案進行比較分析。本章主要分析何以鶯歌陶瓷業能夠持續發展，而北投陶瓷業卻日趨沒落？文內首先經由產業群聚理論之探討，提出分析架構；其次，運用文獻分析與深度訪談法，瞭解兩地業者對於陶瓷業群聚發展的看法。之後，再以MAXQDA質化軟體進行內容分析，明瞭北投與鶯歌陶瓷業發展差異所在。研究結果顯示，兩地陶瓷業發展之主要差異，在於產業群聚發展中的政府角色、非正式組織的成立及知識的傳遞與交換，而鶯歌陶瓷業能夠持續發展，其關鍵因素歸因於政府角色與社會資本所形成的網絡關係。

第十一章探討社會資本與社區安全推動之關聯性，以台北市內湖安全社區為個案。社區安全日益被重視，世界衛生組織因此積極鼓勵各國推動安全社區認證。此外，社會資本常被視為推動認證成功的重要因素之一。基此，本章以台北市內湖安全社區為個案，以驗證性方式，探討社會資本與安全社區計畫推動之關聯性。研究結果顯示，內湖社區確實存有豐厚的社會資本。許多社區問題之無法獲得改善，並非執行力不足，而是安全社區關鍵推動單位與社區民眾間之溝通存有落差使然，若能強化推動單位之領導風格，不僅可改善地方政府與居民的關係，亦可強化社區安全功效。

第十二章運用轉型職能觀點，探討台灣石化產業發展（1995-2005）。本章主要運用轉型職能觀點，說明我國石化產業正值轉型之際，公私部門之間宜強化制度性連結，以強化政府之轉型職能。研究發現，政府在石化產業的轉型職能尚有改進空間，主要原因為：（1）公私部門已具備決策要件，但仍須持續加強互動關係；（2）政府政策應明確指出長期發展目標，並多舉辦正式會議，以利連結機制運作順暢；（3）雙方之間尚未具備規範要件，因而無法解決所遭遇之阻礙。故建議政府訂定協議，確認相關行動者之責任，俾利貫徹公權力；（4）選舉因素使得參與者彼此之間，並未具備充分信任態度，不願真誠付出、分享資源，因而阻礙新計畫的推動。

第十三章探討治理結構的類型、定性與任務。眾所皆知，治理結構攸關政

府決策品質良窳以及績效表現，本章說明三種不同治理結構之特質與所面臨之挑戰，包括層級、市場以及網絡治理。主要內容有（1）由於治理結構不同，國家與公民社會之關係亦隨之不同，對決策過程以及推行結果也有不同的影響力；（2）本章提出六項衡量指標，包括合作、效率、管理、創新、職能及控制，藉以比較三種治理結構的優劣，結果顯示三種治理結構各有所長；（3）由於治理結構本質上係屬於理念型建構，本章綜合每種治理結構的優劣勢、政策利害關係人之參與動機以及指派任務之選擇標準，歸類適合不同治理結構之任務。

　　第十四章以系統治理觀點，探討如何有效進行網絡管理。國家整體力量強弱與政府發揮職能，實與公民社會能否相互配合緊密相關。一旦兩造能由相互對立的零和關係，轉變為相互依賴的非零和關係，進而透過互動，產生更多潛在的力量。就理論發展而言，現有的三種治理結構（包括層級、市場以及網絡）欲試圖解決一些無法治理的或治理不當的問題，惟這些治理結構又誘發新的問題，繼而引發後續的改革。據此，本章嘗試運用「系統治理」觀點，探討如何提升網絡管理的成效。研究發現，系統治理雖可彌補代議民主部分不足之處，但民選政治人物對擔任系統治理者的角色仍持遲疑態度，而公共管理者擔任系統治理者的能力，則尚未充分發揮。

　　第十五章則對整個研究先做一回顧，並就治理互賴模型、傳統公共行政與新公共管理進行比較，俾使吾人瞭解彼此的差異以及治理互賴模型的特質。最後，則是對後續研究提出建議。

　　本書之所以能夠付梓，實需感激扶養我長大的雙親、共甘苦的琇德、教導我的恩師們，以及學生馨慧、逸雅、家慧、祐湘、怡萱等人的協助。謹在書成之日，衷心表達謝意，更期盼這項情誼能持續維持，愈醇愈芳。

國立台北大學公共行政暨政策學系教授

陳恆鈞　謹識

中華民國100年12月25日

目錄

第一章　緒　論

第一節　研究動機

　　從過去的研究中可知，國家力量的強弱實與國家機關是否具備充分能力，以及其與公民社會是否能相互配合達成目標息息相關。一旦兩造能由相互對立的零和關係，轉變為相互依賴的非零和關係，將能透過互動，產生更多潛在的力量（Kohli & Shue, 1996）。此種觀念對開發中國家顯得格外重要，蓋這些國家幾乎同時進行經濟發展以及政治改革工作：在提升經濟發展時，通常需要擁有較高能力的國家機關，如此方能超越利益團體短視近利的需求，持續追求長期發展的經濟策略；但另一方面，國家機關在進行政治改革時，亦亟需公民社會力量的支持，以鞏固民主改革成果。顯然地，此一具有「雙元轉型困境」（dilemma of dual transition）性質的改革，將導致開發中國家缺乏足夠能力去執行既定政策，抑或是有效治理轉型所需的改革政策（Centeno, 1994）。

　　就現實而言，多數國家正面對傳統政治權力遭受侵蝕的問題。深究其因，主要因素有三：一、隨著國際經濟體系日趨全球化，使得國家機關的治理經濟能力受到侷限（Weiss, 1998; Boyer & Drache, 1996）；二、府際關係的分權化導致次級政府屢次挑戰中央政府的主權以及功能（Fry, 1998）；三、凝聚力較強的政策網絡對國家自主性構成相當的威脅，以致國家機關再也無法恣意實施任何政策（Marsh & Rhodes, 1992; Smith, 1993）。

　　就學理而言，現存的理論僅能說明部分政策面向，以致解釋效力不足。就國家中心論而言，認為國家機關具有自身所欲追求的目標以及自主性，因此在政策制定過程中係扮演一個主動積極的角色，能夠置外於社會團體的影響從事政策選擇，並與社會團體相互競爭。憑藉本身的稟賦以及資源來對抗社會力量，國家機關不但能夠限制與形塑社會團體的訴求，更可進一步要求社會團體改變行為以順從政策的要求。然而，此一專注於國家機關政策選擇能力，且認為執行系統內相關參與者的行為均受到國家機關規範與約制的觀點，明顯忽略社會團體亦具有影響政策執行達成預期結果的能力。

　　同理，社會中心論將研究中心過分聚焦於公民社會以及基層官僚，卻低估中央機關決策者的重要性，導致決策過程猶如黑箱作業，無法正確描述國家

機關與相關團體彼此間的互動情形。由於過分偏重社會結構以及社會力量對國家政策的影響力，相對忽略國家機關在決策過程的角色，而將國家機關的行為視為是對社會利益與訴求的被動回應，忽視國家機關對於政策規劃的貢獻（Grindle & Thomas, 1991）。

隨著環境的日益複雜與多元，國家機關必須採取新的治理模式：一方面強調社會政治體系的管理需求功能，另一方面同時重視國家機關本身的治理能力（Kooiman, 1993）。詳言之，國家機關若能結合民間社會豐沛的力量，維持治理需求與治理能力之間的動態平衡，將可有效處理治理危機（包括不可治理與不當治理）的問題。基此，在公私部門之間建立夥伴關係的觀點日漸被接受，且被視為一種新的治理模式（Osborne, 2000）。

儘管如此，仔細觀察國家機關所推行的一些政策，卻發現甚少有政策能同時涵蓋公私部門行動者。由此不難明白，欲將夥伴關係真正落實並非一件易事。縱使採取了夥伴關係的形式，但因既有決策模式未能隨之改變，以致許多合資經營（joint ventures）或是策略聯盟（strategic alliances）計畫，至今僅流於口號，而未具體付諸執行。箇中原因，乃在於國家機關並未調整既有的制度結構，以符合有效治理的要求，致使夥伴關係的特質在執行過程中未能真正發揮。基此，本書擬自公私夥伴關係的角度，來剖析治理互賴模型的特色，並探究國家機關能力、社會資本意涵與形成要素，及其對政策執行效果的影響。

第二節　問題陳述

本書擬藉由國家與社會的治理互賴觀點，說明以國家或社會為核心的論點過於偏執，而未能解釋在動態、複雜、多元環境下，國家機關與公民社會的互動情形；進而論述國家機關一旦與公民社會建立夥伴關係，對政策執行效果的提升將有極大俾益。基此構想，本書主要是以國家、社會與政策執行三者關係為論述中心，探討問題包括：國家機關在政策制訂過程所扮演的角色為何？社會團體的政策參與對政策執行影響為何？治理互賴模型與傳統政府的特質之差異性何在？國家機關能力的意涵與構成要素為何？及其對政策執行力的提升有何影響？公民社會中的社會資本意涵與構成要素為何？其對政策執行將產生何種影響？國家機關與公民社會彼此間是如何相互影響？又國家機關與主要社會團體一旦結為夥伴關係，其所產生的綜效對政策執行將有何明顯影響？

　　透過上述問題的探討，將有助於吾人瞭解治理互賴的重要性——國家機關與公民社會實為一體兩面，具有密不可分的關係。一旦兩造能夠體會合作共榮的真諦，結為夥伴關係，並在互信與互惠的基石上，相互授能，將可產生綜效，對政策執行效果的提升有極大的俾益。在治理互賴模型中，國家機關與主要社會團體間是夥伴關係，不但能夠共同參與決策，兩者的互動關係亦屬於雙向水平互動，而非傳統的「由上而下」或「由下而上」模式。

　　目前廣為探討與運用的政策執行模式，泰半是以 T. B. Smith（1975）、D. Van Meter & C. Van Horn（1975）、R. A. Nakamura & F. Smallwood（1980）、D. H. Mazmanian & P. A. Sabatier（1983）、G. C. Edwards III（1980）、P. A. Sabatier（1988）、S. Winter（1990）、M. L. Goggin, et al.（1990）所提出的模型為主。

　　大體而言，上述模型依其性質可分為三大類：一、注重層級節制的控制；二、注重上下階層垂直互動；三、注重政策與行動相互演進的過程（李允傑、丘昌泰，1999：11）。顯然地，上述模型係以國家機關為中心而採單一面向思考，以致未能針對問題提出周全的說明；相反地，本書所運用的治理互賴模型係將國家機關與公民社會等量齊觀，同時強調兩造之間存有夥伴關係，是故得以針對研究問題鋪陳每一變數的影響。就實際生活而言，由於政策問題日益複雜，國家機關在推行政策時必須打破公私部門的分界，而與社會團體組成一個治理結構，共同參與政策執行。就本質而言，治理結構係連結公私部門主要行動者以推動政策，因此常隨著所欲追求的政策目標與情境的變遷，而有不同的組成（Hult & Walcott, 1990: 96-7）。基於此一觀念，治理互賴模型的基本假定是：

　　一、國家機關與主要社會團體之間存有以互信、互惠為基礎的夥伴關係。

　　二、兩造在執行過程中，保持密切互動，因而得以形塑「和諧感通」（sense of community）的關係。

　　三、治理結構中的成員具有自主性，所以政策目標共識係由協商而成。但要強調的是，相較於社會團體，國家機關基於主權與課責的特性會擁有較多的影響力。

　　四、治理結構欲有效運作，必須建立一套明確的管理規則，如此既可立即解決衝突，又可協助成員瞭解本身的職責。

　　面對不可治理性的危機，如何結合民間社會豐沛的力量以及提升國家機關

能力，建構一個有效運作的治理結構，已成為各國政府努力的目標。職是之故，本書期望藉由問題的探討，將治理互賴的觀點、國家機關能力與社會資本對政策執行效果的影響呈現出來，進而能夠設計出提升執行力的相關策略。

第三節　研究途徑

　　本書主要採取比較歷史制度研究途徑（comparative historical institutional approach）來研究國家與社會間的互動關係，以及對政策執行結果所產生的影響。以往，亞洲四小龍經濟發展的成就，在發展經濟學上建立了新典範。主要特徵之一，乃是「發展型國家」（developmental state）模型的建立。所謂發展型國家典範，主要是將經濟表現與制度安排加以連結，而以國家機關為中心。國家機關為追求快速經濟發展，持續強化自主性的結果，導致國家內部結構基礎優於公民社會的情況。然而，在歷經亞洲金融風暴之後，此一強調國家機關與公民社會相互對立（state vs. society）的觀點日漸遭受質疑。引起爭議最多的，就是該理論僅強調國家機關內部具有一致性，且是中央極權的行動者；在政策制定過程中，國家機關可以與相競爭的社會團體保持隔離，並免除社會需求壓力。但顯然地，該理論未能詳加說明國家機關與公民社會兩者間的動態性與複雜性。

　　從歷史發展的觀點來看，國家與社會的關係並非是處於一種相互對抗的情況，而是一種合作共榮關係的連結（Evans, 1997a）。主要原因在於國家機關不僅內部是一個無定形結構的實體，在進行政策選擇時，與公民社會團體之間的關係也是充滿衝突與不和諧。雖然開發中國家大半強調，奠基於公權力的國家機關，對公民社會擁有控制權與支配力；惟公民社會團體通常會根據利益的計算以衡量擁有的資源，冀圖運用不同策略來影響或是改變政策的選擇。此外，行政機關內部是否能夠經由協調溝通，取得政策共識，對政策目標的達成也是一項挑戰。兩種因素的交互作用，往往限制了國家機關政策目標以及政策工具的選擇，導致政策結果未能完全符合國家菁英最初的意圖。是故，國家機關是否具備整合協調公民社會團體以及機關內部意見的能力，攸關政策執行效果。

　　然而，國家機關能力不能過度化約而淪為社會團體需求的反應器。畢竟，國家機關基於主權及課責的特性，實質上擁有相對較多的影響力。正如N.

Poulantzas（1974）所指出的，國家的活動經常會超越經濟團體的短期利益，而以全體人民的長期利益為取向。基此，本書將國家機關與公民社會團體視為具有自主性的行動者，所採取的觀點是一、將國家視為一個追求獨立目標和效果的行動者；二、國家機關與公民社會團體的合作對政策的推行將有極大的助益；三、兩造在追求共同目標時，存有競爭與合作的關係。

　　就經濟發展以及公共政策領域而言，在國家機關與公民社會之間建立夥伴關係，並非是一個全新的觀點。眾多學者曾嘗試運用「綜效」（synergy）、「合產」（coproduction）、「協力」（collaboration）、「夥伴關係」（partnership）以及「相互授能」（mutual empowerment）等觀點，倡議國家機關與公民社會透過合作將可產生互惠的關係。廣義而言，上述名稱各異，但其基本內涵與本書的治理互賴觀點大致相同，泰半強調公私部門之間的鴻溝，可以經由制度的建立加以填補；透過國家與社會的連結，在決策過程中發展出互相受益的關係。

　　不過，治理互賴觀點和新古典經濟（New classical）理論以及傳統國家理論並不相同。詳言之，此種觀點和新古典經濟理論所主張的自由市場和國家最小干預的消極功能最大不同點，在於其將國家的角色重新檢討並予以重視；另一方面，與國家理論最大差異，在於其將國家和社會的利益等量齊觀、相提並論。因此，本書認為單獨依賴國家機關力量，並不能確保行政績效的提升，勢必有賴豐沛民間資源投入，在雙方相輔相成情況下，方能順利達成目標，且符合人民的需要。是以，如何透過制度安排（institutional arrangement），在國家機關與公民社會之間建立一個有效的治理結構便成為第一要務。

　　由於影響政策執行效果的因素眾多，而且彼此相互影響，所以本書並不採用決定論（deterministic）和化約論（reduction）的觀點來探討國家與社會的關係。換言之，本書並不試圖建立單一因果關係（mono-causally）來解釋國家機關能力對政策執行的結果；同樣地，也不認為公民社會的介入形式將完全決定政策執行結果。本書認為國家機關與公民社會之間存有深入、汲取以及商議的關係，因此並未將兩者視為獨立的變數，而是密不可分具有交互作用的變數。

第四節　主要概念澄清

　　本書主要宗旨在探討國家機關基礎建構能力、社會資本以及政策執行三者之間的相互關係，因此有必要對主要概念先予以扼要說明與澄清，至於較完整的概念在隨後各章論述時將有更深入的探討。書中所謂「治理」係指國家機關與公民社會共同組成一個執行結構，並經由相互協商與互動過程，建構執行共識以及有效的執行行為，諸如：執行機關與標的團體的認定、執行工具選擇、執行過程的設定以及執行期限的估計等等。在執行結構中，由於國家機關與主要社會團體之間存有多元制度性協商管道，因此透過廣泛討論，兩造對政策目標的擬定以及政策工具的選擇大致能夠取得共識。而「互賴」則是指在政策問題日益複雜情況下，國家機關為提升政策執行效果，必須跨越公私部門的分界，與公民社會建立制度連結。但相連結並不意味國家機關將因而失去權力或權威，相反地，在國家機關的指導下，社會團體藉由政策參與管道，得以直接與決策中心進行政策對話而影響政策產出；另一方面，國家機關亦可藉此取得重要資訊，強化政策規劃能力，有效提升政策執行效果。是故，雙方可彼此受惠而進一步合作。

　　從以上的討論可知，本書係以「國家形塑社會」與「社會造就國家」的互動觀點，取代以往二分法或是支配─反支配的觀點，來探討國家機關與公民社會間的關係（甘陽，1991）。書中提及的「國家機關」（the state）係指「由一組在功能上相互分工的行政、治安及軍事組織所構成，並由一個行政權威所領導與協調」（Skocpol, 1979: 29）。因此，國家機關是一個實際掌握領土和人民的統治組織，本身擁有主權因而在決策過程中擁有充分自主性，俾利資本累積與推動政策。不過，依憑自主性推行政策，本質上是屬於專斷性權力，政策實施結果泰半是零和賽局。基此，除了自主性之外，國家機關尚須具備能力方能與社會團體進行協商，共同制定政策。此處，「國家機關能力」是指國家機關具備規劃目標，並且將其付諸執行的能力，主要涵括決定政策目標的優先順序，動員所需的資源與人力，以及實現政策內容。具體而言，國家機關能力包括：一、深入能力，意指國家機關具有能力將其末梢神經延展到公民社會，並與主要社會團體進行政策溝通與協調；二、汲取能力，是指國家機關具有能力從公民社會取得政策執行所需要的政策資源；以及三、商議能力，乃指國家機關與公民社會能夠本著互信與互惠的關係，進行政策磋商，取得政策目標的

共識。本書將三者合稱為國家機關基礎建構能力。國家機關如果具備充分的基礎建構能力，基於公權力的賦予，便能從公民社會汲取所需資源，並利用這些資源來創造和支持其行政性與強制性機關組織。

　　眾所周知，民主的鞏固不僅需要健全的國家機關維持正常運作，尚需蓄積充足社會資本的公民社會加以配合，因為國家機關匯集民意的作用遠不如公民社會團體。根據學者的定義，「公民社會」（the civil society）是指「以市場為基礎的經濟體系和以國家公權力為基礎的國家機關間之社會互動領域，主要是由親密團體、社團、社會運動以及各種形式的公共溝通所構成」（Cohen & Arato, 1992: ix-x; 蕭全政，2000：29）。就本質而言，公民社會的政治角色並不涉及國家公權力的控制或取得，而係試圖透過社團活動、社會運動或對公共領域議題的開放性討論，以發揮影響力。由於雙方政策立場與利害關係並不完全相同，因此國家機關與公民社會將有不同的結構關係，包括對立、相互影響、甚至支持以保障彼此之利益（蕭全政，1991：18；張茂桂，1994：26）。而公民社會是否能夠形成並對政策執行發揮應有的影響力，端視「社會資本」的積累程度而定。所謂「社會資本」是一種稟賦（endowment），主要植基於團體成員間的互信關係。在有效規範約束之下，成員彼此具有對等互惠的信念，因而有助於集體目標的達成。由此定義，不難明瞭國家機關為求順利推行政策，除了積極鼓勵公民參與之外，更應重視與妥善經營社會資本。是以，授能觀念的建立顯得更為重要，簡言之，就是國家機關經由積極的作為，形塑特定對象以完成某事的能力，並授予其適當的權力使其具有達成任務的適格性（林水波，1999：276）。果能如此，在政策推行時，國家機關與公民社會團體經由治理互賴的建立，以及彼此間的分工與功能互補方式和政策資源的相互依賴性，將可形塑成一個休戚與共的夥伴關係。

第二章　國家機關政策角色理論的反顧

第一節　導　論

　　眾所皆知，公共政策是政府對整個社會價值所作具有權威性的分配（Easton, 1965: 358），因而社會上每一個人的生活皆與國家機關的權威（或權力）有關。然而，學界對國家機關所扮演的角色卻存有不同的解釋。推究其因，一方面與國家機關難以明確定義有關；另一方面，又與國家機關在不同時期對社會採取不同目標與政策措施有關。舉經濟政策為例，當自由主義思潮處於巔峰時期，篤信市場機能可以自動調解供需，因而主張限制國家機關的干預範圍，傾向於放任式的供給面政策（supply-side policy）；反之，當凱恩斯學說（John M. Keyness）盛行之後，深信國家機關有責任創造較高的經濟成長以及維持市場秩序，因而偏向於介入生產與分配的的需求面政策（demand-side policy）。由此觀之，雖然同樣是追求經濟發展為目標，但國家機關扮演的角色卻是在干預與放任兩個端點之間發生變化。

　　不僅於此，學界對國家機關相關問題的論點仍是非常分歧，例如國家機關本質為何？國家機關的政策僅是反映社會優勢團體或少數菁英的偏好？抑或是擁有自主性追求自身的利益？這些不同的論點在本質上實與每個理論的立論核心有關。由於每一種理論係從不同的面向觀察，代表不同的思考方式，因而提供了不同的解釋與預測結果。相伴而生的是，學界試圖發展出不同的政策模型（model）與類型（typology），來闡述國家機關在整個政策過程中所具有的影響力。毋庸多言，好的模型如同一張好的地圖，它不僅引導我們對真實世界有適當的解釋，也能夠幫助我們進一步瞭解其意涵（Hawkins, 1967: 38-9），但這並不意味我們可以用單一模型來完整解釋國家機關的角色。事實上，試圖運用單一因素來解釋國家機關功能的理論，泰半是尚未成熟的理論（Mann, 1986: 250）。

　　基此，本章第二節在探討國家機關政策角色時，擬分別運用四種理論的論述來彰顯其差異性，並略做評論。爾後，在第三節將討論並比較四項理論的解釋力與限制性。雖然四項理論對吾人瞭解社會中政治權力的分配非常有助益，惟仍未能提出完整解釋，因此在第四節中將從另一觀點釐清國家機關的政策角

色。第五節則是結論。

第二節　重要理論之探討

　　本節將依序針對多元主義論（pluralism）、菁英主義論（elitism）、馬克思主義論（Marxism）以及國家主義論（statism）對國家機關政策角色扮演的解釋做一探討。由於這些理論對於國家機關有不同的定義，以致吾人難以進行有系統的分析。基此，擬藉由兩項問題的討論以比較四項理論間的差異：一、誰掌控了國家機關？國家機關如何反應其利益？二、國家機關是否擁有自主性？是否能夠追求自身的利益呢？在討論過程中，本文將先客觀陳述四種理論如何詮釋上述問題，爾後再進一步指出該項理論解釋不足之處。至於四項理論間的相似和相異處則留待第三節再做說明。

一、多元主義論的觀點

　　隨著社會多元價值發展的結果，多元主義論者認為社會制度和社會意識型態的分歧是必然的現象。因此，國家機關只要讓社會各成員與各團體間相互競爭，便能促進社會整體發展。此外，多元論者認為社會團體相互抗衡的結果亦可達成均衡狀態，因而沒有任何一個團體能夠完全壟斷社會資源。由於社會中每個團體都會追求自我利益，是以國家只要扮演中立的仲裁者，維持競賽規則的公平，不偏袒任一方，社會整體利益自當受到照顧（Dahl, 1956: 132-3）。

　　多元主義論因承續個人主義和功利主義的思想，鼓勵民眾積極參與公共事務，同時主張儘量縮減公共權威，如此個人的人格方能臻於完善，且能追求最大多數人的最大利益（Mill, 1862: 39-40; Bentham, 1948）。大體而言，多元主義論對國家機關所持的觀點，主要有如下四項（Dunleavy & O'Leary, 1987: 17）：

　　（一）強調國家的統治權應受到限制，嚴厲批評國家主權的絕對論及中央集權制度；

　　（二）肯定社會團體的自主性，認為國家機關應給予它們最大自由度，減少不必要的干預；

　　（三）主張限制國家權力，創立一些國家制度或機制（一套制度化的程序

或方法），來防止政府權力擴張或國家統治者的濫權，藉以保障人民的自由權及不同意見的表達權利，促使社會趨向多元化發展；

（四）強調政治上的個人主義，但在多元化發展過程中，傳統社會關係網路逐漸喪失功能，以致社會有瓦解的潛在危機。因此，即使國家的權力應儘量予以限制，但為了使社會團體能在公平規則下相互競爭，國家仍具有存在的必要性。

由是觀之，多元主義論對國家機關運作方式以及其與社會團體的關係持著較為保守的看法。其主張國家機關的運作乃是扮演中立的角色，並且須提供各種管道，反映社會團體之意見。

多元主義論雖然認為國家機關係扮演中立的角色，但仍可進一步區分其差異性。於下，我們將引用P. Dunleavy & B. O'Leary所提出的三種模型（1987: 41-59）扼要的區辨國家機關的不同角色：

首先，風向標模型（weathervane model）認為國家機關本身並不會追求自我利益，而是反應或偏向社會中最強而有力的團體或社會勢力的要求。因此哪個社會團體或勢力較具影響力，能夠在決策過程中獲勝，國家機關就應該依照其意向作成政策。此時，國家機關猶如一面鏡子，只是反映社會團體或社會勢力競爭的結果，而不干涉利益的競爭。正如K. Deutsch所言，國家機關並非是權力的工具，而是扮演溝通的機制（1963: ix）。由於國家機關在決策過程中，並無太多的自主性，國家的政策決定與變動皆定在反應社會團體或社會勢力競爭的結果。

其次，不同於風向標模型的消極被動角色，中立模型（neutral model）將國家機關視為中立的仲裁者（referee）；強調國家應監督法律規則的運作，並促進社會團體或社會勢力競爭的公平性。國家應依照社會整體公益的要求來照顧弱勢團體，而不單只是反應社會利益競爭的結果，如此將能維持社會利益的實現。再者，藉著利益的協調，國家機關非但較易取得政策的共識以利政策的推行，亦能確保本身的統治正當性。

最後，掮客模型（broker model）認為國家機關在決策過程中將扮演主動積極的角色，蓋國家組織內部的官員，包括：民選及非民選的行政官員、國家內部官員及各個機關，都有不同的決策或政黨偏好。由於試圖實現自我利益，無形之中，將造成本位主義氾濫、國家機關日趨龐大，以及行政體系逐漸膨脹。這種情境將使得國家機關穩定擴張，以致公私部門間的界限逐漸模糊。即使如此，國家機關的政治影響力係廣泛分布於整個社會，因此並未構成民主政

治的威脅（Williamson, 1989: 55-6）。

由於多元主義論本質上並非只是一種自由民主的政治理論，而是一種以政治分析為取向的理論（Schwarzmentel, 1994: 50）。所以，由政策制定過程來看，吾人可深一層辨別三種模型的相似與相異處。

首先，就相似之處而言（Lindblom, 1959, 1965; Braybrooke & Lindblom, 1963）：

（一）三種模型皆認為理性決策是不可能達成的。探究其原因乃是在現實生活中，政策的決定大半在於縮小傷害利益範圍，而非擴大利益範圍。抑有進者，公共政策的制定皆有急迫性，決策者在時間侷限下無法制定最佳的政策，充其量僅能小幅度的改變或是維持現狀。

（二）政策的產生都是利益協調後的結果。政策制定時，大半是以團體或整體社會的名義為之，如此一來將勢必增加決策過程的複雜性，團體之間的摩擦、衝突也相對提高，因此有必要透過利益協調方式來完成決定。

（三）團體間的利益協商是產生全國性政策的唯一方式，且協商後的政策會較接近現實社會的需要。基此，任何決策都是漸進調適的。

（四）所有重要的利益團體理應都有平等的機會接近國家決策部門，但囿於團體所掌握的資源不盡相同，致使其接近國家決策部門的機會不同，從而影響其對於決策的影響力。

（五）反對中央集權化的國家。只有在分權情況下，才能防止專制與濫權，促使多元利益的出現，因而各部門應有其自主性，權力不應集中在單一個人或機關手中。

另一方面，三種模型亦存有許多相異之處，其中，最為明顯的差異乃是政策的產生方式。詳言之，風向標模型認為國家政策完全是根據社會團體與社會勢力競爭的結果而產生。是故，公共政策對政黨與壓力團體應具有高度的回應能力。中立模型則認為，國家政策應照顧社會整體利益，在政策擬定上應同時兼顧弱勢與強勢團體的利益，如此方能維持社會利益和秩序。就掮客模型而言，國家政策乃是國家機關與外在利益團體相互競爭後的產物；在政策制定過程中，國家組織不僅受到外部利益團體限制，也受到內部利益競爭影響。因此，政策的制定是由國家機關內部利益和外部社會壓力團體利益彼此相競爭所形成的。

由上述說明，我們大抵明瞭多元主義論對國家機關所持的觀點，乃是中立且易於受到不同社會團體的影響，因此國家政策並非建立在任一特定利益或團

體的偏好上，亦不可能追求有別於社會利益的自身利益。深一層探究，這些觀點主要是植基於兩項前提：國家機關必須遵循公共服務及政治課責的原則，以及民主過程是有效的。唯有前提成立，才能確保國家機關對民意保持敏感度，適當地針對需求做出回應（Heywood, 1997: 88）。

　　有眾多的實證研究引用此一理論來驗證其效度（Dahl, 1961; Polsby, 1963）。然而，一連串社會變遷所引發的政治動亂，諸如1960年代所發生的反越戰運動、民權運動，以及1970年代因經濟惡化所產生的停滯性通貨膨脹（stagflation），促使人們質疑多元主義論所揭櫫的理想──持續給予人民充分經濟與社會權力，便能實現社會上大多數人的利益。探究其因，最關鍵因素乃是多元主義論者對權力看法過於狹隘，幾乎將觀察的焦點聚焦於偏好與決策的結果。很顯然地，整個決策過程斷非如多元主義論者所言為隨機性的，而是處處充滿著偏見的動員（mobilization of bias）（Bachrach & Baratz, 1962: 948）。此一因素導致一些特定的問題經過支配團體的過濾篩選，而將其排除在決策過程之外。由此觀之，當決策者周旋在不同利益團體之間，所持的態度絕非中立客觀，其行動所依恃的價值體系與規則皆有利於優勢團體本身，而被排入議程的問題大半對其利益是無害地。

　　許多重大議題基於政治或經濟因素的考量而未排入政治議程，以致社會問題叢生（Mclennan, 1984: 84）。此一背景因素，引起多元主義論批評者的交相指責，同時也促使多元主義論者重新修正其觀點，希冀能更符合現代政治社會的需要。其中，最顯著者乃是採取更具批判性的觀點來審視國家的角色，學界將其稱之為新多元主義論（Connolly, 1969）。

　　概略而言，新多元論者修正古典多元論者所倚重的代議機關與團體政治，而接受國家機關不僅能夠實現受支配團體的利益，也會追求自身利益的看法。學者S. Lukes曾言：「一個共識的存在，並不意味著其中就沒有權力的運作」（1974: 27）。反映在政治生活中，便是國家機關被賦予決策中心的位置，自然有維護權力平均分配的義務。

　　依照古典多元主義論的觀點，欲提升官僚組織對公共利益的回應能力，代議機關的外部監督是不可或缺的條件。然而，新多元論者並未贊同此一看法，相反地，它主張應以專業化（professionalization）來擴大國家機關的功能。所謂專業化係指「一個團體成員所共同擁有且獲得承認的重要知識與技術」（Henry, 1995: 99）。隨著社會的進步，專業化情形業已日趨普遍。國家機關如能邁向專業化，將可產生許多功能，例如可以引進更多的專業知識來承擔政

府工作、專業教育的養成有利於增進對公共利益的尊重、促進政策制定的專業化。由此可知,在專業化的國家,政策的決定將深受專業團體影響,而其所具備的知識與技術對公共政策品質的提升具有顯著的貢獻。

　　總結而言,根據前述的分析,我們大抵瞭解多元主議論的立場已呈現明顯的變化。由當初堅稱國家機關是一個中立的組織,在社會相互競爭利益團體之間進行仲裁與協調,逐步轉變成為一個政治行動者,會追求自身的利益,以致於政策共識係國家機關與利益團體經由互動、妥協而成。此一轉變對國家自主性(autonomy)的研究(Nordinger, 1987),以及日後政策網絡概念的形成,皆有深遠的影響力(Jorden, 1979; Jorden & Richardson, 1987)。前者將在馬克思主義論中討論,至於後者則留待第三章中加以探討。

二、菁英主義論的觀點

　　如前所述,古典多元主義論對團體政治持過於理想的看法,以致未能符合經驗事實,而為其他學派所強烈批評,其中之一便是菁英主義論。古典多元主義論認為個人藉著公共事務的參與,將可提高其社會責任感,同時也擴大視野而不再侷限於狹隘的私人生活。而國家機關官員所扮演的角色只是人民的代理者,其主要職責是執行議會中多數人決定的政策。惟菁英主義論者認為,多元主義論僅觀察到權力的部分面向,並非整體的面向。

　　不同於多元主義論者主張權力是廣泛且均勻地分布,菁英主義論者認為權力是集中在企業、政治以及軍中領袖所組成的統治菁英手中(Mills, 1956)。在實際政治生活中,多數人民對政策的影響力是渺小而無力地,因而政治運作實為一小部分人所控制。誠如A. Mosca的觀察,大半的社會呈現兩種階級:統治階級與被統治階級。往往是少數統治階級的人享有較多的權力以及相伴而生的優勢;另一方面,人數較多的被統治階級或多或少的接受少數統治階級的指揮與控制(1939: 50)。

　　由於菁英份子與一般公民在基本屬性上有所差異,例如前者大半來自較高的社會階層,擁有良好的教育背景,彼此間對重要議題具有相似的看法,而密切的互動更促進了菁英份子的團結。因此,即使菁英的徵補與晉升管道維持相當程度的開放,上述特質仍然促使菁英階層逐漸傾向於寡頭制,並享有較多的政治權力(Putnam, 1976: 2-19)。

　　依照菁英論者的觀點,由於一般人民受限於時間與知識,未能積極參與公

共問題的解決，也無法對每一政策問題表示己見，因而僅能扮演被動的角色，藉著投票選舉來決定哪個菁英集團擁有政策領導權（Milbrath & Goel, 1976: 144-55）。正如J. Schumpeter所描述地，「民主的方式乃是一項達成政治決策的政治安排。在此一制度中，一些人透過競選爭取人民的選票以掌握制定決策的權力」（1942: 269）。由描述中，我們不難看出熊彼德試圖將民主運作與菁英統治兼容並蓄。

事實上，就民主原則而言，將決策權置於競選中獲勝人士的手中是正確的，而且由其制定決策，一方面可保證決策的效率，另一方面也使得握有領導權的菁英份子在某種程度上須對民意負責。惟此一隱含菁英領導不會違背民主政治原則的觀點，前提條件是菁英的去留係由多數人民所決定。唯有如此，方能確保政策將能依照人民的意見而制定，人民對政策因而擁有某種程度的間接影響力（Dahl, 1961: 164）。但值得注意的是，人民雖然可以決定哪位菁英執政，但卻不能改變權力畢竟仍為少數菁英所行使的事實，由此不難理解何以國家政策並非全然反應多數民意，而是以少數菁英的偏好與價值為主。

順此脈絡，可知欲使整個政治運作符合民主原則，便需要一個既能夠順應人民要求，且能夠將政策充分實施的有效能國家機關。但由於不同的菁英理論對於權力來源的看法不一，以致國家機關對政策所擁有的影響力也隨之不同。大體而言，菁英的權力來源可能是來自特定的職位，例如民選官員或政黨；另一方面，亦有可能是以經濟為基礎的，例如企業家。如果國家是為合法選舉產生的政治領袖所控制，那麼所有政黨皆會試圖均霑利益，冀望掌控國家機關；而國家政策便是反應菁英互相競爭的結果，其最大特徵便是政策不停的改變，反應不同時期政治菁英的政治偏好。為持續執政，執政黨不時地提醒人民敵對政黨的失敗而誇耀本身的功績，此時人民只需知道候選人所屬的政黨，如此便可經由多數決選出執政黨。定期的選舉制度將使得民選官員和政黨的決策不致與多數民意脫節。

另一方面，倘若國家機關是由社會中佔優勢的菁英所控制，那麼國家機關的政策便是反應社會菁英的偏好。較常見的情形便是少數企業依恃著經濟資源，直接經由非民選的國家官員，或是間接經由選舉產生的官員，來支配著政策議程（Domhoff, 1970）。由於社會菁英並未受到監督，不時出現以不負責任，或非法的方式干預或支配國家機關的決策過程，以符合自身的利益。

儘管菁英理論對國家機關係受民選官員或社會菁英控制的看法不一，但認為國家機關必須受到外在控制與監督的想法卻是一致的（Dunleavy & O'Leary,

1987: 184-9）。就此而言，菁英主義論的論點係符合民主運作的原則，因而其主張將政策制定的權力交於社會上一小部分擁有充分資訊以及政治使命感的菁英，並給予適當施展空間。不過，若因此認為一般人民對統治細節毫不關心，便是值得商榷的。

不可諱言地，多數人的行為並非經過理性思考，而是憑感覺行事（Pareto, 1968: 27）。因此，一旦缺乏政治知識的民眾大量參與政治運作，民主制度所強調的自我控制（self-control）精神將破壞殆盡（Mill, 1862）。如此一來，菁英份子間的和平競爭將不可能實現，致使政治系統的穩定性變得十分脆弱。舉其犖犖大者有如下數端：（1）人事結構經常改變將影響政策推行的成效；（2）競爭雖然能夠相互牽制對方，保持政治的平衡，但仍不可輕忽菁英專斷行使政治權力的可能性；（3）人民在決策過程中所扮演的角色若僅限定於選舉決策者，時日一久將造成人民逐漸喪失政治熱衷，甚而產生疏離感。此種被剝奪感往往在其他非政治領域中，造成更激烈的衝突；（4）菁英份子為維持現狀，大半不願實施大幅度的改革，導致政策日趨保守，逐漸與民意脫節（Walker, 1966; Bottomore, 1964）。

由是觀之，菁英理論因為過於專注在被假定擁有政治權力的少數菁英身上，以致以偏概全地認定他們能夠真正掌控政治的權力。就理論而言，我們並未發現任何實證資料，可以證明在同一政治體系中，對某一領域有較多影響力的團體或個人，必然在另一個領域享有同樣的影響力（McCool, 1995: 100-1）。這也正是生活領域中何以產生不同類型菁英的主要原因。另一方面，就現實政治而言，民主政治的維持與發展並不能單靠少數菁英。畢竟，民主目標的實現有賴每個人能夠積極有效地參與公共事務。基此，國家機關應提供更多機會讓人民得以參與制定與其生活相關的政策，藉以縮小菁英與群眾之間的隔閡。再者，維持溝通管道的通暢以利決策者獲知多數民意，制定合宜的政策，亦有其必要性。

三、馬克思主義論的觀點

馬克思主義論最大特質在於其將分析觀點置於經濟面向加以思考。此項特質反應在K. Marx的論述中，便是主張生產方式（the mode of production）將可決定經濟結構，進而影響權力的分配。生產方式本質上為社會的下層結構（substructure）主要包括生產力及生產關係；前者主要涉及生產工具及生產技

術，後者則是指生產工具的擁有者與無產階級的關係。由於構成下層結構的經濟生產關係總和決定了上層結構（superstructure）的政治、法律、文化與意識型態，馬克思因而認為政治權力的分配係取決於生產方式以及資產階級所擁有的資產。政治既然被經濟所決定，而國家機關又是人為創造的產物，屬於上層結構的一部分，馬克思因而較少論述政治與國家機關。依其觀點，政治權力僅是反應經濟權力的分配情形，尤其是生產工具所有權的不平等。是以，馬克思關注的焦點是有關工業社會的批評，而不是反對制度的建立（Levine, 1993: ch.5）。

根據馬克思的說法，人類歷史可分為五個階段：原始社會時期、奴隸時期、封建時期、資本主義時期以及社會主義時期。其中，除了在原始社會時期，生產工具為社會全體所擁有之外，其他的階段皆有特定的階級掌握生產工具，分別是奴隸的主人、地主、資本家及勞工。歷史之所以發生階段的更替，主要原因是社會經濟基礎產生變化。當階段更替過程中出現太多障礙因素，以致產生許多無法解決的問題時，便需要藉著革命手段來排除這些障礙因素。職是之故，除了原始社會時期，其他四個階段皆會產生革命，馬克思因而認為人類社會的歷史就是一部階級鬥爭史（1962: 34）。

雖然馬克思認同資本主義的成就，認為經濟發展到資本主義階段時，整個社會將能夠充分發展。國家的官僚體系雖然在經濟生活上會維持資本主義的優勢，但也可能會成為勞工階級的代言人，執行資本家無法完全控制的政策，例如國家機關為維持國家安定有時會制定壓制資本家，而照顧勞工階級的政策。即使如此，馬克思依然認為在資本主義國家中，國家機關仍是階級鬥爭的縮影，是以階級偏差的方式反應出社會階級鬥爭的結果。在此情況下，所有的政策自然偏向資本家，使其成為最大受益者。

就馬克思而言，國家機關是為了保護統治階級而設計的強制性機制，主要目的是維持有利於資本家的生產方式。在〈共產主義宣言〉（The Communist Manifesto）一書中，馬克思將國家機關的管理視為是處理所有資產階級共同事務的一個委員會（the executive committee of the bourgeoisie）（Marx & Engles, 1962: 43-4）。由此，不難瞭解國家機關所制定的政策係反應中產階級以及主導經濟系統者的利益。資本家為了保障本身利益，往往控制了國家機關，以便其持續剝削無產階級。

然而，當貧富懸殊日益擴大，被壓迫的無產階級日漸不滿，無形中便會產生對抗資產階級的共同意識，繼而透過階級鬥爭的手段，試圖推翻資本主義

的國家，建立一個「各盡所能，各取所需」的無產階級的社會（classless soci-ety）。根據馬克思觀點，一旦人類歷史進入社會主義的階段，階級對立的情形便不復存在，國家機關將會隨之消失。在新的無產階級社會中，引導人類歷史發展的將是整體社會利益，而不是資產階級。

討論至此，我們大致瞭解馬克思主義論對政治的分析係運用階級觀點。依其觀點，國家政策基本上是資本家和社會大眾、勞工階級鬥爭的結果。但在現代資本主義的民主社會中，資本家既然是優勢團體，所以公共政策的制定大抵反應了資本家的利益，所謂自由民主國家其實就是資本階級民主。雖然社會主義政黨會藉由選舉掌握政權，或與其他團體形成足以反應勞工利益的政治聯盟，但由於此類團體往往未能取得與決策中心互動的管道，以致資本家依舊可以影響決策，持續剝削勞工。

由馬克思將國家機關形容為資產階級壓迫無產階級的工具，可知其對國家機關充滿著敵意，且未正視國家機關的功能，而此亦導致後繼的新馬克思主義論學者對國家機關的觀點十分混淆。事實上，從馬克思的著作中，我們便可以發現其對國家機關持有兩種不同的看法（Held, 1996: 129）：一是在《共產主義宣言》一書，將國家機關視為統治階級控制無產階級的工具；另一則是在〈霧月十八日〉（The Eighteenth Brumaire）一書，認為國家機關與民間社會存有複雜的關係。由於馬克思未明確地定義國家機關，因此眾多新馬克思主義論者試圖重新解釋資本主義社會下國家機關的功能（Carnoy, 1984: 3-9; 姜新立，民80年）。這些不同的解釋大致可區分為兩類：工具論（instrumental-ism）以及結構論（structuralism）。茲將兩種解釋約略說明如下：

工具論基本上和正統馬克思主義論極為接近，認為國家機關乃是統治階級控制無產階級的工具。依其觀點，在資本主義國家，人民雖然可以透過選舉機制來提出需求，但由於資本家享有經濟資源的控制權、較高的社會地位以及接近國家機關的特殊管道，以致人民與其競爭明顯處於不平等的地位。再者，資本家、國家機關內部官員及領導菁英彼此間具有共同的社會淵源、生活型態與價值觀，因此在決策過程中，嚴密的關係網路早已將他們成為利害一致的團體。資本家儘管並未直接參與決策過程，國家機關的運作依舊是傾向於資本家。

由此觀之，資本主義國家的民主充其量只是一種表徵，國家機關仍受制

於資本家，以致其行動長期以來，實為資產階級的利益服務（Domhoff, 1967; Miliband, 1969）。就政策制定過程而言，工具論者認為所謂的立法機關並未有任何實質功能，因為真正的權力仍是由行政部門所掌握。然而，掌握權力的行政部門，其官僚往往只是根據資本家的利益作理性決策，或是處理資本主義生產制度所產生的危機與矛盾。據此，工具論者認為資本主義的國家機關乃是資本家剝削勞工的工具。

其次，就結構論而言，其最大特徵乃是不再主張國家機關僅是反應資產階級的利益，或成為資產階級的工具；相反地，該理論認為國家機關存在的目的是為了維護資本主義的持續發展。依其論點，資本主義制度有其先天的限制與矛盾，如果任由自由市場運作，將會產生貧富懸殊、勞資對立，繼而造成社會動亂。如此一來，將導致投資意願低落，國家資本累積減緩。基此，國家機關必須適時的矯正資本家的作為。就短期而言，國家機關的行動似乎可能對個別資本家不利，而有利於勞工，但就長期來看，由於維繫了資本主義存在的基礎，反而有利於資本家的長期利益。因此，國家機關的干預實際上存有階級的偏見，其目標不外乎是維護資本主義的長期發展（Poulantzas, 1974）。

結構論認為國家機關的功能除了維護資本主義發展之外，另一個目的便是再生產（reproduction）。所謂再生產係指國家機關的任何行動，將有助於資本主義生產關係的強化；反之，則稱為非再生產（non-reproduction）。國家機關的行動是否屬於再生產必須依照資本主義發展過程的邏輯加以瞭解（John, 1998: 94-5）。詳言之，在資本主義發展初期，國家機關的政策必須執行社會控制的功能，藉由管制性措施以利資本累積。一旦資本主義發展成熟時，更需要國家機關的行動介入，如此方能一方面保障資產階級的利益，以維持高度的經濟成長，另一方面又能提高勞工素質以及福利以維持勞工的利益。

為達成上述矛盾功能，高度發展的資本主義社會往往會賦予國家機關某種程度的相對自主性（relative autonomy），以維持資本主義制度的存續運作。然而，國家機關並不是一個獨立的實體，而是一個階級鬥爭的場合（site）；國家機關的行動僅是反應一定時間內階級之間力量的對比，而政策正是衝突調解之後的產物。

值得注意的是，國家機關雖然憑藉相對自主性來調解勞資關係，但畢竟仍是延續資產階級的優勢地位（Cawson, 1986: 51）。正如N. Poulantzas（1978）所強調的，國家機關的存續必須仰賴資本的累積，因此為資產階級服務是無可避免的權宜措施。由此觀之，我們可以瞭解，國家機關之所以會以不同的方式

為統治階級利益服務，乃是結構因素使然。是以，在國家機關任職的角色上，不論其社會背景或個人目標為何，並不能改變國家機關深受生產方式影響的事實，因而會繼續維持有利於資本累積的條件（Miliband, 1977: 72）。

　　從上述幾種理論的分析，吾人可知不論是馬克思主義論或新馬克思主義論由於偏重於經濟面向的探討，以致未能確認國家機關實具有不可或缺的功能。正如C. W. Barrow對結構論所提出的批評：當我們運用結構論從事政策分析時，將會發現任何政策對資本社會而言，並不會有實質的差異（1993: 71）。蓋結構論僅專注於居支配地位的資產階級之利益，以致國家機關未能公平處理社會團體在政策規劃所表達的意見。

　　同理，我們可以針對工具論的論點提出質疑。雖然工具論堅信國家機關將會制定有利於資產階級的政策，但我們著實很難確知政策是否真正的僅反應資產階級利益，而不利於無產階級？此外，決策者或許有意照顧資產階級的利益，但不無可能運用錯誤或不適當的政策工具，致使資產階級的利益蒙受損失。

　　事實上，國家機關的運作往往是在衡諸現實環境之後，方採取適當的行動。一旦面臨危機而威脅其續存時，會以穩定經濟秩序，維護整體利益為優先考量，絕非僅是優勢階級的統治工具或是階級抗爭的場合。具體而言，國家機關是一個主動、擁有自主性的獨立行動者，因此在制定公共政策時，可能以國家的利益為著眼點來主導國家經濟發展。此一觀點逐漸發展而形成下述的國家主義論（statism）。

四、國家主義論的觀點

　　國家主義論（或稱國家中心論）主要強調國家機關在相當程度上可以積極的制定公共政策、改變社會結構、主導社會轉型，甚至在經濟發展過程中扮演著主導角色。自從〈重返國家觀念〉（Bringing the State Bake In）一文發表之後（P. Evans et al., 1985），國家中心論的觀點重新受到重視，認為國家機關並非軟弱而臣服於各種團體或階級的影響力。由於國家是一個獨立的行動者（independent actor），有意志、目標與能力，在面對社會團體的壓力時，國家機關本身可以擁有相當的自主性。為了增進國家本身的利益，國家機關必須向民間社會爭取資源（Krasner, 1978）。當國家強勢（strong state）而社會處於弱勢（weak society）時，國家機關甚至可以運用自主性排除社會干擾，全

心追求國家的利益。

　　就開發中國家而言，國家機關大抵將推動經濟發展列為首要目標，因而忽略或犧牲了社會的福利。即使國家機關的政策有利於部分社會團體，但這並不意味這些團體可以將自身的偏好強諸於國家機關（Haggard, 1989: 238）。抑有甚者，為了有效推動經濟，國家機關往往一味追求自主性而成為中央集權化，誠如P. J. Katzenstein所言，相較於早期工業化國家，後進工業化國家（the later industrializing country）擁有較高的自主性（1978: 332）。國家機關若具有充分的自主性，將可以順利達成決策者所欲追求的目標（Migdal, 1987: 400-2）；一旦遭遇危機時，國家機關更能憑藉自主性動員其他社會資源資源，並且主導社會轉型（Nordlinger, 1987: 376-80）。

　　由國家中心論的解釋，讓我們瞭解到國家機關是一個獨立的行動者，有自身追求的利益與作為。在追求利益過程中，國家機關會憑藉所擁有的資源與稟賦（endowments）而與社會優勢團體相互競逐。然而，此一理論仍有許多解釋不足之處，例如，自主性較強的國家雖然可以掌控資產階級的利益，但這並不能保證其經濟發展必定成功，前東歐國家的經濟崩潰就是例證；反之，自主性較弱的國家，雖然其活動經常被社會團體所侷限，但我們未能因此就認為其經濟發展必定失敗，美國就是最佳例子。由此可知，自主性較強國家的經濟政策並不一定比自主性較弱的國家更具效能。除此之外，該理論過於強調國家機關的獨立自主性，而忽略社會團體對政策的影響。事實上，國家機關與社會團體因為接觸頻繁，不可避免的會產生某種政治承諾，時日一久成為慣例時，將妨礙政策的推行。此種執行偏差的現象，在開發中國家尤為常見。

　　基此，P. Evans就認為，國家機關若與社會完全隔離，那麼縱使國家機關具備優秀的公務人員、絕對自主性與能力，也不可能達成經濟發展的預期目標，蓋國家機關在此種情境之下將無法從社會團體中取得所需要的資訊。但另一方面，國家機關的自主性亦不宜太低，否則優秀人才將不願進入官僚體系服務，造成國家機關能力低落，同樣無法領導國家從事經濟發展。由此觀之，國家機關必須具備適度的自主性，同時要與社會保持「適當」程度（right amount）的連結，如此方能善盡職責（Evans, 1995: 11-5 & 77-81）。

第三節　四種理論間的關係與解釋力

　　經由上述的討論，吾人大致明瞭四項理論之間存有許多共同處，但亦有許多相異之處。本節擬先分析四者之間的關係並比較其差異性，爾後再說明其解釋效力。

　　由前述分析中，吾人得知多元主義論主張社會權力係均勻的分配。此一觀點顯然不同於馬克思主義論點，認為只要階級權力存在就會呈現權力不平等的現象，以致國家機關與民間社會呈現緊張對立的情形。針對此點，馬克思主義論與菁英主義論十分類似，認為權力集中在少數的統治階級或權力菁英的手中。但細研之，我們仍可發現兩者亦存許多差異處。其中，最大不同點乃是菁英主義論認為權力有多種來源，例如教育、社會地位、政治連帶關係以及財富；而馬克思主義論則認為經濟因素具有決定性的影響，特別是生產工具的擁有與否。

表2-1　主要相關理論對國家機關政策角色看法的差異

理論	研究對象	國家機關角色	政策過程參與者	政策形成方式
多元主義論	利益團體	風向標/中立/掮客	無限	團體彼此競爭結果
菁英主義論	統治菁英	照顧居支配地位菁英者的利益	有限	統治菁英協商結果
馬克思主義論	統治階級	為資產階級壓迫無產階級的工具	有限	階級鬥爭的結果
國家主義論	國家機關	為具有自主性和追求自利動機者	有限	國家機關與社會團體競爭的結果

資料來源：作者整理

　　由表2-1可進一步瞭解多元主義論、菁英主義論、馬克思主義論以及國家主義論之間的差異性。就多元主義論者而言，權力係均勻散佈於整個社會，並未有任何團體具有獨佔的力量。再者，由於權力之間彼此相抗衡，因而沒有任何優勢團體能夠支配整個決策過程。基此，多元主義論者認為決策係多元參與的，因此決策過程中許多團體相互的競爭現象不能單用馬克思理論的生產工具擁有權，以及菁英論的特質（Pareto, 1935）和管理技巧（Burnham, 1941）來加以解釋。

　　然而，衡諸現實，泰半政策並非團體能夠單獨決定，而是取決於少數菁英。就此點而言，菁英論的論點較能符合事實，亦即社會因為資源分布不均，權力因而集中於金字塔的頂端。但菁英的存在並不一定違背民主原則，端視其行為是否受到非菁英的影響。民主體制下的菁英體制是相互競爭的，菁英雖然握有決策大權，但並非是唯一的權力來源。畢竟，菁英行為仍然受到非菁英的監督，至少選民可以運用選票來決定哪位菁英統治（Schumpeter, 1942: 269）。

　　雖然菁英論已談及國家機關的重要性，但因為專注於菁英的特質與技能，以致未能深入探討一些問題，諸如菁英之間的變化，尤其是新的菁英係如何取得權力來源而能夠治理國家（Bottomore, 1993: 26）。除此之外，該理論亦未能區別政治菁英與經濟菁英在決策上的影響力。由此觀之，菁英理論本質上是一種政治方法，充其量僅能描述民主過程，而未能真正深入探討權力的運作與變遷（Hegwood, 1997: 78）。

　　平心而論，菁英理論雖然存有上述的缺點，但為馬克思的階級理論奠定了基礎，認為政治權力係由社會極小部分的人（亦即資本主義社會的資產階級）所擁有。大抵上，馬克思理論認為政治的權力分配係取決於社會上的經濟秩序，而國家機關之所以存在乃是為了保護資產階級利益而設計的強制性機制。雖然馬克思認為一旦無產階級社會出現，國家機關將因為資產階級的消失而無存在的必要，但新馬克思主義論卻從另一個角度思考，認為國家機關仍有存在的必要。在追求更高的利潤過程中，資本主義者彼此之間將處於競爭狀態，統治階級內部因而呈現分立，使得國家機關須具有某種程度的自主性，以制約經濟的衝突，維持統治階級穩定控制的態勢。

　　前述論及，馬克思主義論最大的缺點便是過分強調階級的重要性，以及將所有權力都化約為經濟因素（生產工具的擁有權），並且運用單一因果關係來分析政治變動的本質。這些理論事後證明僅能反應社會生活的一部分。然而，值得一提的是，新馬克思主義論所提及的相對自主性觀點卻深深影響後繼學者開始重視國家機關的自主性問題（Polidano, 2001: 513-27）。其中之一，便是國家主義論。

　　國家主義論是典型的國家中心論，其最大特徵係強調國家機關是一個主動、積極的角色。不僅於此，國家機關會基於自身利益的追求而與社會團體相互競爭，彼此之間的權力關係因而成為零和關係。該理論由於過分重視國家機關的正式制度，以致忽略非正式的制度性管道，進而未能說明政策執行時，國

家機關與社會團體之間的相互影響與互賴關係。此一執行方式即是由上而下
（top-down）的模式，其主要內涵係將執行主導權集中在國家機關手中，為達
成預期目標，上級機關對下級機關負起政策執行的指揮與監督之責。至於下級
機關的責任便是憑藉專業技術，秉持客觀、中立及科學的方式來推動政策，達
成上級決策者的目標（吳定，1990：467-8）。

　　雖然國家中心論匡正了社會中心論的缺點——忽視國家機關與政治制度的
主動性與影響力，惟所持的國家與社會二分法觀點，卻相對忽略了私部門、
基層官僚和其他參與者對政策目標達成的影響力。就學理而言，由上而下模
式將政策規劃與執行截然劃分的作法，並不符合政策演進（policy evolution）
的觀點。事實上，大半政策已經很難區隔政策規劃與執行，正如 J. P. Lester
與 J. Stewart 所言，多數的政策皆遵循一個模式，即是在特定的時間與地點條
件下，一些政策領域的新問題可以運用先前已有的政策來預測其結果（2000:
22-3）。就長期而言，這意味著政策是循環演進的。若真如此，則政策規劃與
執行工作係不能分開進行的；否則，就政策本身而言，將是一項致命的行動
（Pressman & Wildavsky, 1978: 178）。此外，就政治現況而言，公私部門之
間的界限將隨著密切互動而漸趨模糊，國家機關因而必須經常在公共目標與私
人利益之間斡旋。抑有進者，國家機關與社會團體可能擁有共同的利益，此時
政策目標的達成則有賴兩者的協力合作。

　　總而言之，不論是社會中心論或國家中心論，由於基本假定不同，其對國
家機關政策角色的看法也迥然不同。從討論中，吾人已知兩種理論未能將國家
機關與公民社會等量齊觀，以致未能提供完整的解釋。基此，我們在下一節將
從另一角度重新思考國家機關的政策角色。

第四節　國家機關政策角色的釐清

　　由前述的探討，吾人已知四個理論皆未能針對國家機關政策角色提出周全
的解釋，例如多元主義論最大缺失，乃是深信權力結構係均勻分布於國家機關
與公民社會，因而認為國家機關在社會團體利益相互競爭中扮演中立的角色；
菁英理論則深信統治菁英可以控制國家機關，但未能進一步解釋當國家機關與
公民社會關係改變時，是否原有的統治菁英仍然擁有權力；馬克思主義論係從
經濟觀點解釋政治，因而未能接受國家機關擁有自由支配的權力，以致馬克思

主義論在真正出現無產階級的社會後，仍然必須面對治理問題。

在探討國家機關與公民社會關係時，社會中心論基本上係將國家機關視為一個被動、消極的組織。就主從關係而言，公民社會是主動，而國家機關則是屬於被動。是以，國家機關的形式與功能是依附在社會結構之上（Dunleavy & O'Leary, 1987）。國家機關因而被視為是一個由人民所選擇的機關，其主要職責是對社會提供基本不可或缺的功能。儘管社會中心論強調了社會基礎的重要性，惟仍未能解釋國家政策是如何產生？以及何以國家政策會與社會利益相衝突？針對這些問題，國家中心論提供了另一種解釋。

社會中心論認為國家機關對於社會偏好的處理與安排毫無置喙的餘地，充其量只是被動的做政策選擇，將社會的偏好予以匯集的中立性機關（Alford & Friedland, 1990: 43）。不過，國家主義論認為國家機關擁有相當高的自主性，因而並未臣服於社會團體的影響力，反而能夠主導政策制定以及改變社會結構。詳言之，國家機關憑藉稟賦以及資源，在政策立場不一致時，可以對抗社會團體的需求，甚或是與公民社會相互爭取資源，尋求整體國民利益（Krasner, 1978）。

此一主張國家機關是一個獨立行動者，有所欲追求的目標與能力之觀點，主要是延續Max Weber的理論，將國家機關視為在一定領域之內，具有合法壟斷性權力的組織和制度。因此國家機關的行政及官僚可獨立於公民社會之上，其結構及活動決定了社會中各階級的競爭組織與運作。即使國家機關受到外在環境的結構所約制，仍有相當程度的自主性和能力從事政策選擇（Weber, 1948: 78）。惟將國家機關與公民社會視為相互抗衡的觀點，逐漸被相互互動與影響的觀點所取代。由於社會中心論與國家中心論各有侷限性，我們必須由另一個觀點來探討國家機關的政策角色。

不可諱言地，國家機關對於政治經濟發展具有深遠的影響，以致部分學者認為國家機關必須擁有完全的自主性方能免於社會團體的干擾，達成政策預期目標。此一觀點使得相關研究將焦點集中於國家機關的行動以及影響效果，卻相對忽略了公民社會的重要性（Krasner, 1984; Skocpol, 1979）。

事實上，國家機關內部是一個無定形結構的實體，在進行政策選擇時，不僅與社會團體發生衝突與不和諧，甚至在機關內部之間也是如此。開發中國家大半強調，奠基於公權力的國家機關對公民社會擁有控制與支配的關係；惟社會團體通常會根據利益的計算以及所擁有的資源，冀圖運用不同策略來影響或是改變政策的選擇。就政策目標達成度而言，社會團體的行動以及配合意願往

往限制了國家機關的政策選擇，導致政策未能完全遵循國家菁英的意圖目標。是以，國家機關是否具備協調整合社會團體意見的能力，將與政策執行後的成效息息相關。

　　基於國家機關與社會團體係相互影響的事實，我們擬由兩個面向進一步探討國家機關的政策角色。茲扼要說明於下：

一、國家機關能力的高低端賴其與社會關係而定

　　眾所周知，國家機關擁有多種權力，因而能夠深入並影響公民社會。然而，國家機關欲順利推動政策仍須取得社會團體的合作方可奏功。而欲達此一境界，國家機關除了強調自主性之外，另一要件便是設法加強與社會團體的連結性。針對此點，P. Evans就認為自主性雖是提高國家機關能力的要件之一，但是缺少「鑲嵌性」（embeddedness）將導致政策無法持續推行。是故，擁有較高能力的國家，通常是同時具備自主性與鑲嵌性。所謂鑲嵌自主性是指「國家機關不僅內部能保持一致性（coherent），對外亦與民間團體有很強的連結性（connectedness）且能夠深入（penetration）社會」（Evans, 1995: 9）。

　　Evans在探討國家機關與市場關係時，即依照鑲嵌自主性程度的大小，提出四種關於國家機關與企業之間的互動角色（Evans, 1995: 11-5 & 77-81）：

　　（一）監督者（custodian）：是指國家機關擔任管理者角色，主要任務是規劃與執行所有的經濟規則。規則性質雖然並不盡相同，但國家機關就像警察一般，擔任監督者角色，以確保經濟規則能順利運作。

　　（二）提供者（demiurge）：係指國家機關在公共財以及特定生產性財貨供給上扮演生產者的角色。主要是由於私部門的資本及能力有限，無法生產所有的財貨，所以由國家機關協助生產或自行成立公司進行生產，並且在市場中與私人企業競爭。

　　（三）助產者（midwife）：乃指國家機關創造一個保護的環境，以培養經過選擇的工業部門。詳言之，國家機關為了持續發展經濟，往往會協助私人企業籌集資本成立新公司；另外再透過政策或關稅手段，建立「溫室」（greenhouse）來保護企業發展。因此在本質上係積極促進企業發展而不是消極的監督。

　　（四）主政者（husbandry）：意指國家機關積極培養企業，使其在激烈的國際競爭環境中更具競爭優勢。由於是國家機關主動規劃並補足企業能力不

足之處，因而在程度上較助產者扮演更為積極的角色。

　　儘管國家機關在經濟發展中所扮演的角色不同，但唯有國家機關能夠擁有自主性且與社會團體保持適當程度連結時，方能扮演較具效能之助產者與主政者的角色，否則僅能為效能較低的監督者與提供者。

二、國家機關與社會團體的關係可能是相互授權

　　在真實生活中，國家機關並非是決策過程中唯一的行動者，欲瞭解其效能有必要自社會系絡加以觀察。易言之，我們不僅要探究與層峰組織互動較為密切的重要社會團體，一般社會團體的影響力也必須列入考量。

　　社會既有的權力關係並非是固定的，而是具有擴張性。此一觀念是由T. Parsons首先提出，其將權力界定為「在社會系統之內將事情完成，達成集體目標的一種能力」（1986: 103）。至於關係的形成乃是因為權力強調行為者間的影響力，不論其性質是屬於積極或是消極的，倘能讓受支配者感受到權力，並承認它時，權力的關係便成立。人們常因為追隨權力擁有者將可獲取權力（或是減少損害），所以願意服從權力擁有者的領導。準此，帕深思認為權力關係乃是一種非零和的競賽，而非M. Weber所指稱的，「權力本質係屬於相互排斥的關係」（Weber, 1947: 152）。

　　後繼的學者根據權力關係在本質上是屬於非零和（non zero-sum）的概念，進而發展出國家機關與公民社會之間相互授能（mutually empowering）的觀念。主張國家機關授能於公民社會，與其主張會減弱其治理能力，毋寧說會提高國家治理能力。儘管如此，國家機關與公民社會彼此之間仍然會有衝突發生的可能。因此相互授權關係的存在，不可視為理所當然，而是端賴國家機關與社會團體是否能夠保持適度的連結與互動而定（Kohli & Shue, 1996: 323）。

　　國家機關雖然對於政策的制定與執行具有深遠的影響，然而，這並不意味國家機關不受社會力量影響。事實上，國家與社會是共生的，在互動的過程中持續形塑對方，改變對方的結構與目標（Migdal, 2001）。是故，國家機關的自主性以及決策目標的優先順序並非是固定的。此種情況使得國家機關在推動政策時，必須結合社會力量方能達成預期目標。無可諱言地，多數開發中國家，大半弱勢團體缺少適當管道將其意見加以表達。因此，欲提高執行效能，除了由國家機關加強本身的分析、規劃、監督管制以及調節與汲取資源的能力

之外，另一方面也應具備完善的民主參與協商的機制，方能使各種具有代表性的公民社會團體都有機會透過制度化的管道，參與政策制定以及執行的監督（朱雲漢，2000）。果能如此，即使開發中國家的結構在先天上有其侷限性，但是藉由相互授能觀念的建立，將有助於國家機關與公民社會團體形成互信與互惠的關係，達到合作共榮的局面。

第五節　結　語

在日常生活中，國家機關無論是在軍事安全、經濟發展或社會福利等政策領域中，皆扮演相當重要的角色，因此我們難以尋找一個沒有國家機關的社會。儘管如此，學界對國家機關所扮演的政策角色仍存在著不同的見解，以致涉及國家機關的相關理論存有相當的差異。推究其因，乃是政治權力的分配在任何政治體系之內並非是廣泛且平均地，從而導致學者在進行研究時並非謹守價值中立的立場，而是有意或無意地將個人意識型態滲入理論之中。有鑑於此，唯有從這些既複雜甚至相互矛盾的理論進行比較分析，方能對國家機關政策角色有較完整的瞭解。

大體而言，本章所討論的四個理論可以概略區分為兩類：社會中心論與國家中心論。顧名思義，社會中心論將研究中心放置於公民社會，認為國家機關的性質係由公民社會所決定；由於忽略或低估國家機關的重要性，致使決策過程猶如黑箱作業，無法正確描述國家機關與相關團體間的互動關係。反之，國家中心論認為國家機關具有自身所欲追求的目標以及自主性，因此國家機關在政策制定過程中係扮演一個主動積極的角色，能夠置外於社會團體的影響從事政策選擇。

由前述的討論中，吾人已知兩種理論所提出的解釋皆未臻完整。就社會中心論而言，最大缺失便是忽略國家機關對政策的影響力。歸根究底，這與其僅觀察社會團體（尤其是經濟團體）的行為，並認為社會的結構以及社會力量對國家政策有顯著影響力有關。結果使得該項理論並未正視國家機關為一個具有權力以及自主性的龐大組織，而將國家機關的行為視為被動回應社會力量的利益與訴求。相反地，國家中心論認為國家機關有自己獨立的目標與利益，因而會與社會團體相互競爭而不是被動的執行工具。更重要地是，國家機關有充分的自主性，因而能夠憑藉本身的稟賦以及可運用的資源來對抗社會力量，進而

限制與形塑社會團體的訴求，制定有利於己的政策。

　　事實上，國家政策目標的達成實有賴國家機關與社會團體的合作。因此，兩者的關係如能由相互對立的零和關係轉變為非零和關係，透過互動與相互授能將能夠產生更多的力量。其具體作法包括下列兩項：

　　一、對社會團體的參與採取開放與接受的態度。雖然社會團體無法發揮類似政策專家的功能，但不可因而輕忽他們對於政策執行結果的影響力。國家機關倘能開放參與管道，無形之中也有助於資訊的收集、增加備選方案、改善政策品質、最重要的是可藉此增進人民對於國家政策的瞭解。因為有此一優點，多數民主國家皆已接受並開放公民參與，來協助國家機關推動政策。

　　二、國家機關能夠做出適切的政策回應。一般社會團體除非得到特別許可方可進入決策過程，因而多數社會團體對於決策的影響僅侷限於針對國家機關所提供的服務提出建議。在缺少國家機關的政策回應之下，社會力量僅具有隱性的（latent）作用，無法發揮休戚與共（solidarity）的正面作用（Putnam, 1993: 117）。國家機關也因而未能匯集社會團體對政策的建議，將其納入決策過程供作參考。

　　如前所述，決策者不可能擁有解決問題的所有相關資訊，也不可能知曉所有有效的政策工具。基此，國家機關應該開放管道聽取社會團體所提供的政策建議。一旦國家機關能夠透過政策對話（policy discourse）機制與社會團體進行協商，將可減少政策錯誤的發生。除此之外，國家機關倘能適當的授能於社會團體，並做出適當的政策回應，社會團體將會因此感受到他們所作的努力並未被忽視或是壓抑，而深感與政策的成敗有著休戚與共的關係。由此可見，如何在國家機關內部與公民社會之間建立一個適當的連結關係，對於開發中國家而言，將是一項重要的新課題。

第三章　社會團體政策角色理論的反顧

第一節　導　論

在探討國家機關政策角色理論之後，我們大致明瞭，由上而下研究途徑的主要缺失乃是認為決策者是主要的行動者，而其他社會行動者大半是障礙因素。此種觀念顯然忽略私部門、基層官僚（street-level bureaucracy）、地方執行人員以及其他政策次級系統對於政策執行的影響力。

事實上，基層官僚與標的團體可能比決策者更明瞭什麼是好的政策，而且具有採取各種策略，試圖影響政策目標的實力與潛力。根據此一觀點，學者包括Richard Elmore（1979 & 1985）、Michael Lipsky（1971）、Benny Hjern & David Porter（1981）等人認為，基層官僚與標的團體不僅應得到程序上參與的機會，更應設計一套制度，讓其有實質參與及影響政策內容的能力。基此，這些學者相繼提出另一種政策執行模型，稱之為「由下而上」（bottom-up）研究途徑。

相較於由上而下的執行理論，這些學者十分重視分權的決策環境，並主張由地區網絡的行動者開始探討：詢問他們的目標、策略、活動以及接觸關係（contacts），同時將接觸關係視為發展網絡技術的方法，以找出相關官方和非官方計畫的地方性、地區性、國家性規劃、財務及執行的行動者。簡言之，政策並非由中央決策者所主導，而是由基層組織人員與所欲服務對象經由非正式程序協商而成（Sabatier, 1986: 21-48）。雖然此一論點遭受質疑與批評（Peters & Pierre, 2000），但是基層官僚與標的團體的參與，無疑將能提高政策支持與配合的程度。

在高唱直接民主、公民參與以及政策對話的今日，第二代政策執行模式的觀點較能符合時代的需求。事實上，公民參與對於國家機關的政策執行，具有眾多重要功能，舉如政策較易獲得公民的支持、培育民主素養、增加公民向心力和實踐民主化生活等等。依常理，國家機關倘能體認公民參與的重要性，應該提供更多的施政回饋管道，並使人民能以更直接的方式參與公共事務。然而，以往決策者基於議題的複雜性、成本考量以及不確定等因素之理由，一味的規避人民參與，不但造成公共事務延誤處理，更使得多數人對於政治熱衷僅

止於討論；對於如何正確掌握政治運作的實態，卻有無力感甚至疏離感，最後形成少數人代表中產階級社會的主體，對公共問題保持關心。

隨著直接民主的產生，人民對公共問題的態度更為積極，並主張由生活在同一政治社群的公民決定自身公共事務。在此同時，也間接促進各種團體不斷成立，團體政治遂逐漸成為多元社會的主要特質。政治對於價值的權威性分配情形，不只是在國家中運作，同時也在社會團體中運作。針對此一現象，學者相繼提出各種分析理論，探討參與者在決策過程中的互動。鑑於傳統政治學者運用制度研究法，將焦點集中於公法及國家組織，以致未能解釋政治關係的改變。因此自1950年代之後，大半研究將探討重心集中於團體本身，以及它在政策過程中的運作與影響力。在公共政策領域中，也有甚多關於團體研究的理論。本章第二節將針對多元主義論（pluralism）、統合主義論（corporatism）、政策次級系統論（policy subsystem）以及政策網絡理論（policy network）做一探討。第三節則是討論並比較四種理論對社會團體影響政策執行的解釋力與限制性。第四節則扼要說明社會中心論的侷限性。第五節為結論。

第二節　重要理論之探討

本節所討論的四個理論可以運用於多面向問題的探討，惟本章的焦點是四個理論運用何種觀點，來解釋團體與國家機關在政策執行時的關係。團體為追求利益會設法影響國家決策，而所運用之策略與各種理論的基本假設、概念以及發展過程有關。因此在進行分析時，本節擬先針對每一種理論主要代表學者的觀點做一簡要探討。為使論述較有系統，將按理論發展的順序，就多元主義論、統合主義論、次級系統論以及政策網絡加以分點論述。

一、多元主義論的觀點

一個開放競爭的社會，必然隨著價值多元化發展，產生更多的團體衝突。多元主義論者認為，此種發展對於社會整體將是有利的，惟先決條件是允許社會成員或團體間相互競爭。在競爭過程中，國家只要扮演中立的仲裁者，維持遊戲規則的公平，社會團體勢力即可達成均衡狀態；不僅沒有任何團體能夠完全壟斷社會資源，弱勢團體亦能得到社會的保障。根據此種觀點，多元主義論

與團體理論有著極密切關係。

　　一般而論，最早針對利益團體做有系統研究的是A. Bentley，其在《政治過程論》（*The Process of Government*）（1935）一書中明確指出，傳統政治學充其量只是對政治制度的外貌特徵做形式上的研究，並未能用來分析現代政治的內涵，因而主張分析政治的中心是團體過程並非制度。基於此一觀點，A. Bentley強調政治過程就是團體過程，而政治過程是「利益的均衡、團體的均衡」。團體間雖然不斷對立、衝突，但彼此間的互動關係，終必歸於均衡，社會秩序方得以維持。因此政治的所有現象，可以用團體間彼此抑制、形成和產生新的團體以及組成代表負責協調衝突來加以形容（1935: 269）。

　　由於傳統體制下的舊制度，對於壓力團體活動所引發的新問題，無法予以有效處理，班特利因而試圖將社會利益的調整，以及國家憑恃統治權力調整利益的內涵予以連結，重新分析政治。因此班特利最大貢獻，便是將以壓力團體為中心的政治次級團體予以定位，冀望從團體的角度來瞭解政治。

　　此種見解對D. Truman影響甚深。在《政治過程論》（1962）中，D. Truman就指出，國家在政策執行過程的行為是無法被充分瞭解，除非藉著團體加以觀察，特別是有組織的政治利益團體。杜魯門與班特利研究的最大差異是，班特利將團體當作一種涵括性的範疇（inclusive category）來處理，對於「利益」或「團體」的概念並非使用的十分精確，因此將社會團體和利益團體視為同義；相反的，杜魯門則明確地以政治利益團體做為分析對象。

　　杜魯門所謂的政治利益團體係指擁有共同態度的團體，直接或間接的對統治機關提出要求，在未獲得統治機關的協助達成目的時，便會產生利益團體競相運作的現象。民主國家中，政治權力是廣泛地分配，社會上任何潛在的利益都有機會組成團體。D. Truman認為，此時利益團體在政治過程的要務，便是設法接近統治機關內部的決策者。為達目的，利益團體間產生激烈競爭，除了積極提高本身在社會的地位，同時亦不斷對國家施壓遊說，並防止或排斥其他團體接近國家。國家因此成為社會各種勢力的競逐場所，而決策便是具有影響力團體彼此間協商的結果（Truman, 1962: 505-15）。

　　由此可知，多元主義論者大抵主張，民主制度在本質上屬於政治菁英間的競爭和利益團體間的議價，政策是由利益團體與機關之間的「聯盟」（alliance）所決定，並非由國家菁英所單獨支配。此種觀點與經濟學上的自由放任主義極為相似（Kelso, 1978: 12-3）。多元主義論者認為，在政治領域中，國家權力是分散的，因此人民對於所關心的議題，可以直接透過團體協商，或是

間接透過選舉機制，引起政治上的變化。至於國家的功能，除了扮演中立調解者，充其量僅是類似一座風向標（weathervane），僅能反應社會中強而有力團體的要求。

不過，如果根據多元主義論看法，認為政治係基於團體之間的衝突而成立，那麼團體之間一旦出現僵峙時，是否會引起民主政治危機？對於此一問題，多元主義論者認為政治系統具有自我調節（self-regulating）或自我修正（self-correcting）的功能，因此不會造成任何團體具有獨佔的力量（Truman, 1962: 14-44）。惟對於相抗衡的方式，則有不同看法（Ibid., 505-15）：

第一種方式認為潛在團體（potential group）受到刺激，將形成組織並採取激烈的抗衡方式。當某一特定團體意圖破壞社會既存關係，社會中就會自然產生強而有力的反對勢力（潛在團體）試圖矯正或是排除這些混亂狀態，以維護社會的健全。此種未被組織化團體的出現，使得團體間對於政治過程具有最低程度的影響力。因此為使方案所遭受到的反對力量減到最低，團體會試圖修正本身訴求，以避免其他團體做出不友善的反應（Truman, 1962: 114）。

第二種方式認為「重疊成員」（overlapping membership）對於團體保持動態平衡也有影響。在一個複雜的社會裏，人們會重複參加多種團體，這些團體利益與其說全體一致，毋寧是相互對峙居多。所以一旦發生衝突，重疊的成員身分便具有調和團體間與團體內部衝突的功能。調適之後所得到的共識，對於團體成員的活動便造成約束，甚至改變原本所提出的要求。因此利益團體的大量出現並不會對政治制度造成威脅，相反的具有維持穩定作用。

第三種方式則是認為「政治冷漠感」（political slack）亦可維持政治穩定。不喻可知，社會團體大半都擁有類似資源，無論是在數目、技巧或是財富。一般情況下，大半團體會產生政治冷漠感，並未試圖運用資源來影響政治系統的運作；唯有在察覺到本身利益遭受嚴重威脅時，團體才會熱烈的參與。有鑑於此，不少學者認為適度的政治冷漠感對民主政治穩定的維持是不可或缺的（Dahl, 1961: 310; Polsby, 1963: 117）。

就某種程度而言，多元主義論者主張將政治影響力廣泛分散於不同的團體即可保護個人權益，是反應了社會真實的一面；但卻引發廣泛參與將使政治體系無法迅速有效處理問題的爭議。杜魯門認為這是多元民主必須付出的代價，但也有持不同見解者，例如C. E. Lindblom就主張，自由放任的多元社會，不僅增加個人自由，而且可以產生更佳決策。決策者在預測和規劃方案時，能力往往是有限的，但一個競爭且多元的決策形式，透過互動過程增加了資訊的提

供，因而減低資訊取得困難。是以，一個多元競爭型態的政治，非但可以遏止壟斷權力的產生，更可提升在眾多政策備選方案中從事選擇的能力（1959: 79-88）。

　　由上述分析可知，多元主義論對於利益團體如何參與決策的描述貢獻極大，但由於此一理論並未提供一個嚴謹的因果推論（Chalmers, 1988: 134-5），以致遭受批評，認為其所提出的理論未能符合社會真實，不宜做為探討政治事件的研究途徑（John, 1998: 75-7）。茲將主要缺失分析如下：

　　（一）多元主義論所提出的基本假設並未存在，以致解釋力有其侷限性。多元主義論者認為，在相互競爭的多元社會中，沒有任一團體能夠獨享支配性地位，因此所有團體的聲音在決策過程中都能被聽到（Dahl, 1956: 145）。不過，上述論點係建立在四點假設之上：（1）社會中每個人和組織的能力大致相同；（2）代表特定利益之團體的政策係由成員主導；（3）國家機關必須是中立且民主，以及（4）組織化的利益團體能夠擁有參與管道（Williamson, 1989: 1-3）。惟上述假設並未與現實政治相符合，因此多元主義論所主張的民主開放體系常被視為是一個假想體系（Ibid., 58-60）。

　　（二）多元主義論對決策過程的錯誤評估，以及對公共利益概念的輕忽處置。多元主義論的中心論點認為，國家權力是分散的，因此決策的產生係由不同的利益團體透過議價方式制定而成。然而，認知利益團體在決策過程的重要性，並不意味運用團體理論即可充分解釋政策的產生。最顯著者，乃是多元主義論未能保證每一個團體有相同管道接近或影響決策，僅僅強調團體間互動的重要性。這種觀念無論是實務或是理論上均未獲得支持，例如達爾提出的〈多元政體〉（Polyarchy）（1956）就認為，政治以及經濟的不平等，導致少數統治而非多數統治。此外，H. Kariel（1961）針對傳統自由主義對於中央集權、責任以及國有化與戰後多元主義論類似的觀點做一比較，發現私人利益受到過分重視，且未受制於任何相對的公共責任。這意味著國家管理能力逐漸式微，最終將淪為私人企業與工會的附庸。因此支持多元主義論，不啻是放棄民主國家的基本責任。

　　（三）團體的重要性並不如多元主義論想像的重要。多元主義論基於對團體的正面看法，認為團體能使個人得到保護免於政府侵害，同時也提供人民政治參與機會。惟批評者並不以為然，認為將所有的政治活動視為團體互動的結果，則可以解釋的部分將僅剩不多。此外，一項關於官僚體系與團體互動的實證研究指出，官員雖然以國家利益的觀點來解釋其行動合法性；但另一方面，

他們在團體中也扮演極活躍角色，其程度超出一般團體理論所能想像。國家官員不但培養一些他們能控制的利益團體，為了自身目的，同時也發展出掌控這些團體的技巧（Lapalombara, 1960: 48）。由此說明，針對團體在決策過程的研究，有必要加入行動者的理性行動理論來探討，而非單純對於團體抱持樂觀看法。

　　（四）多元主義論忽略制度以及國家的重要性。正如同傳統制度研究途徑忽略非正式團體在政治過程中的重要性，一般多元主義論者同樣地忽略了制度與國家的重要。事實上，傳統主義自1960年代，就針對政治行為主義提出批評，其中因行為主義的研究內容和方法不甚明確而招致指責。因此，當代的多元主義論者業已採取批判性觀點，針對古典多元主義論提出修正，例如Robert Dahl（1991）即運用民主國家的架構（亦即多元政體），解釋團體如何接近權力中心以及權力的分配。就實際而言，國家機關雖然是團體政治角力的場所，但同時也是一套組織或制度，只是其行為規範及執行方式與社會團體有所不同。同樣地，國家機關在與利益團體互動過程中，也會追求本身的利益，並非僅是多元主義論者所指稱的被動調解者。況且國家機關憑藉資源與權威，不僅可以回應環境所提出的需求，且能改變政治環境。因此，國家機關在決策過程中絕非僅是中立的組織，而係擁有支配權的關鍵性角色。

二、統合主義論的觀點

　　1970年代，多元主義論逐漸遭受統合主義論的批判。統合主義論思想興起於十九世紀末葉的歐洲國家，惟此時期的統合主義論思想派別林立，但大抵主張權威當局對社會團體進行特許與干預等作法，對於社會秩序的維持有其必要性。由於其係以追求階級和諧為目標，故又稱為「有機國家主義」（organic statism）（Panitch, 1977: 61）。1970年代，西方自由民主國家再度運用統合主義論，分析主要經濟團體與國家政策制定之間的關係（Panitch, 1980）。雖然與多元主義論同樣是探討團體政治，但是統合主義論認為政策的產生是由團體彼此協商，而非競爭的結果。兩者之所以存此差異，在於多元主義論者將國家權力視為分散的，因此政策制定過程是先與主要社會團體透過議價方式進行磋商，爾後再由國家機關匯集不同的意見與利益形成政策；而統合主義論的中心論點則是，國家與社會主要團體經由協商機制的運作，將可化解在政策制定過程中所遭遇到的問題。

　　從國家與社會團體互動的觀點來看，統合主義論係指「一個利益代表體系，其構成單位是由少數單一且具有強制、非競爭、層級次序以及功能分化的範疇（category）所組成。它們得到國家的承認與許可，而且在各自領域內，被賦予壟斷性代表權，以取得選任其領導者及表達其需求與支持的若干控制權」（Schmitter, 1974: 93-4）。由此定義可以明瞭，統合主義論強調國家與主要團體之間存有密切關係。A. Cawson進一步從政策過程觀點指出，「少數具有壟斷性的團體，因為代表重要利益，所以在政策制定過程中經常與國家協商。團體領導者為謀取對其最有利政策，往往同意經由雙方合作執行既定政策」（1987: 105）。

　　根據P. Schmitter的分析，統合主義論具有兩種類型：國家統合主義論（或稱威權統合主義論）與社會統合主義論（或稱自由統合主義論）（Williamson, 1989: 11）。由於兩者利益匯集方式的相異，導致特質迥然不同。就實施國家統合主義論國家而言，大多屬於威權體制和資本主義發展較落後的國家。由於利益團體組織較弱，利益匯集方式大半採行由上而下理論；惟為了防範可能出現大規模的勞資對立，國家乃強制雙方組成壟斷性的「層峰組織」（peak association），並將其納入正式決策機制之內，因此國家統合主義論的特質便是威權和反自由。

　　相對而言，社會統合主義論是源自於西方民主工業先進國家，由於資本主義制度的變遷（包括所有權觀念的改變以及國家經濟體系之間的競爭），國家基於資本累積，只得直接進行干預。因此，社會統合主義論的利益匯集方式係採由下而上的方式，亦即先由社會主要團體自行組織，整合意見與利益，爾後由國家承認其壟斷地位，再與其進行協商。

　　由於社會統合主義論促成了國家官員、企業團體與工會之間直接相互溝通協調，因此「三邊協商」（tripartism）的觀點遂逐漸取代多元主義論，成為利益代表的主要型態。社會統合主義論在歐陸國家，尤其是斯堪地那維亞國家、奧地利和荷蘭均被視為理所當然（Schmitter, 1974）。W. J. M. Kickert & F. A. Van Vucht就認為荷蘭是一個現代「非國家主義」（non-statist）的社會統合主義國家，其特徵是一群具有內部一致性且組織良好的利益團體，其利益代表性受到國家的承認，並擁有接近國家管道的特權，甚至是壟斷權（1995: 13）。

　　惟統合主義論在英美兩國的發展就截然不同。R. Pahl & J. Winkler（1975）曾為文指出，主要是英國所實施的社會統合主義論，並不是一種利益代表體系，而是一種不同於資本主義和社會主義的政治經濟組織。詳言之，

英國在1970年代因為經濟面臨產業集中、國際競爭與獲利能力下降，故逐漸以國家力量涉入統合體系發展。根據J. Winkler（1976）的分析，此種現象可以從當時的物價、所得政策以及與產業界發展計畫的協議中發現端倪。蓋這些政策主要是透過層峰會議，由國家、企業與工會菁英進行協商而達成政策共識。然而，國家在政策協商過程中，並未被任何特定經濟階級或團體所控制，而是在與勞工及資本家關係之間扮演一個獨立且具主導性的角色。較特殊的是，工會與資方團體被吸納到國家體系之內，成為統治機構的一部分（Middlemas, 1979: 372）。此種情形直到1980年代，柴契爾夫人握有行政主導權後，英國才被認為不再適用統合主義論（Gamble, 1994）。

此外，學者就社會統合主義論在美國的發展則持不同的看法。例如R. H. Salisbury（1979）就認為，社會統合主義論並不適用於美國的發展經驗；但是H. B. Milward & R. A. Francisco（1983）卻認為美國有一股朝向統合主義論的重大趨勢。根據他們的分析，由於聯邦主義和三權分立的體制，社會統合主義式的利益中介者在美國大半以國家計畫為基礎，出現在政策部門的領域中。在這些部門的政策形成過程中，國家機關會支持並依賴特定壓力團體，因此發展結果是一種「離散形式的統合主義論」（corporatism in a disaggregated form），而非完全發展的統合主義論國家。

由前述可知，社會統合主義論除了強調利益團體之間的配合，更將利益團體與國家之間的關係予以制度化。詳言之，國家機關欲使政策有效執行，獲得重要團體的資源與行動配合是不可或缺的要件。因此基於功能性代表考量，遂將重要團體納入決策過程，成為「準立法機構」（quasi-legislative organs）（Wilson, 1987: 33-6）。就此而論，社會統合主義論除了探討團體擁有資源多寡與相對勢力之外，更涵蓋了其與國家機關關係之改變，以及擁有此一代表權對團體運用資源能力之影響（Chalmers, 1988: 144-5）。從政策演進觀點來看，社會統合理論較多元主義論切合社會動態，且能引導出新的研究方向。但是，就整體而言，社會統合主義論的研究途徑不論是理論或是實際運作上，仍存有下列限制：

（一）統合主義論運用描述性研究方式，以致未能解釋關鍵問題。就決策制定過程而言，社會統合主義論強調是先由主要團體彼此間取得共識，然後再與國家進行協商溝通。然而，國家在整個決策過程中是否僅扮演利益代表角色？國家又如何協調團體間利益以取得共識？這些問題由於統合主義論運用描述性研究方式，以致未能提出解釋。因此論者認為，統合主義論只是多元主

義論的一種變形（Almond, 1983: 251），甚難區分兩者實質差異（Williamson, 1989: 63-70）。

（二）統合主義論所主張的論點很難通則化。如前所述，社會統合主義論主張，由國家主導將政策相關團體納入層峰組織之內，彼此之間存有相互依賴的關係以及制度化聯繫機制。國家在執行政策時，將會受惠於與企業和工會團體之間的合作依賴關係；團體也由於可分享政治權力，因而成為某些社會階層的唯一代表（Schmitter, 1974: 93-4）。由此觀之，國家與團體之間存在著互惠關係。然而，在現實生活中，實行統合主義的國家經驗均不相同，因此很難找到一個典型的互動方式，進而產生一個可以實證的假設（John, 1998: 78）。

（三）統合主義論實施結果可能對代議民主構成威脅。統合主義論雖然一再強調三邊協商的價值，但實際運作結果，最終受益者可能是國家本身，並非是參與協商的企業團體或者工會。主要癥結在於，國家對於交涉成員對象具有挑選權與約束能力，而且對無法談判或是無法接受的要求具有拒絕權力（Offe, 1981: 135）。因此所謂的三邊協商，充其量只是個假象而已。此外，此種強調政策係由三邊協商，而非代表民意的機關審慎討論所產生，在缺少公共監督的情況之下，參與協商團體可能運用影響力制定對其有利的政策，因此在不需要為政策承擔任何公共責任情況下，將對代議民主構成威脅。

（四）統合主義論交涉對象僅限於層峰組織，因此只有擁有特權的團體能夠取得接近國家的管道。換言之，核心團體能夠取得表達政治意見機會，而外圍團體則無。雖然統合主義論強調組織係以國家的權力做為後盾，主導整個政策議題談判過程；不過，一旦國家無法抵抗參與協商團體壓力而為其所俘虜，並接受其所提出的要求時，將產生整個政治體系癱瘓的危機。

三、次級系統論的觀點

次級系統理論（subsystem）主要是描述美國行政機關、國會委員會以及利益團體在決策過程所形成的「共生聯盟」（symbiotic alliance）關係。最早提出該項理論者是J. L. Freeman（1955）。依其定義，所謂「次級系統論」係指「在特定公共政策領域中，所有參與者在決策過程所形成的互動理論」（Ibid., 5）。根據傅利門觀點，社會分歧以及社會團體所倡導的不同價值，導致國家專注特定公共利益；而聯邦政府的行政與立法部門之多元決策方式，更反應了社會的功能專業化與利益分歧。因此行政機關、國會與政黨雖然是主要

的權力中心，但議題的解決仍是由特定的行政機關、國會委員會與利益團體共同完成。

在眾多描述共生聯盟關係理論中，以「鐵三角」（iron triangles）理論的運用最為普遍。該理論主要是描述共生聯盟在審查法案時，決策內部結構相當穩定，只有少數決策者主導政策，其他行動者不論是國會或是行政機關人員皆甚少介入。由於彼此關係密切且勢力龐大，因此幾乎掌控政府（Cater, 1964; Lowi, 1969）。儘管鐵三角理論被普遍運用，但就政策分析而言，仍存有缺失，例如它僅專注於特定條件之下的分配性政策，而關於行政機關與委員會之間的關係分析，鐵三角並未多所著墨（Johnson, 1992: 9）。此外，鐵三角成員幾乎掌握決策過程，使得成員利益凌駕於一般人民之上，因而違背人民參與的民主原則（Lowi, 1969）。

除了鐵三角理論之外，D. Cater（1964）也提出「地下政府」（sub-government）理論，以說明社會團體會利用與國家進行例行性的互動機會來影響政策。所謂「地下政府」係指在政策領域中，基於共同利益與態度而組合的個人或團體（包括國會委員、幕僚、官員以及特定的團體），運用例行性的決策機會影響決策以取得有利局面。這些成員彼此依賴、相互奧援，以達成目標，並避免被取代（Ripley & Franklin, 1980）。地下政府理論雖然曾被讚譽為「描述美國政治系統制定政策的最佳模式」（Berry, 1989: 239），但R. Ripley & G. Franklin（1980）針對一些個案研究，卻發現地下政府的參與者對決策影響力並非都是強而有力，而係隨著議題及時間而改變。

美國政治在1960年代末期的改變，打破了次級系統論所形成的穩定政治。其中以「後物質主義」（postmaterialism）所持有的價值觀念影響最深，不僅對於權威抱持質疑態度，對於公共問題的解決也不採確定性和樂觀看法。這些改變使得利益團體和國家機關所形成的共識遭受破壞。此外，國家角色的延伸，創造出許多受政策影響的利益團體，相隨而生的是過多需求加諸在決策者身上，致使決策過程充滿變化，無法正確預測。

1970年代，美國國會委員會結構的改變更助長此一情勢。由於削減委員會主席對政策控制的權力，因而使得國會議員擁有更多機會影響決策。不難明瞭，既存的穩定關係會隨之延伸到議員選區，而不是鐵三角的三個點（Browne, 1995）。曾經是封閉的政策制定環境，逐漸被增加的遊說團體、專家、政策分析人員以及國家官員所取代。因此在1970年代末期，國家逐漸被過多的需求加諸其上，形成負擔超載，終於產生「不可治理」（ungovernability）的現象（Ringen, 1989; 林鐘沂，1991）。

　　由於次級系統論變得較為複雜，鐵三角理論又過於簡化，以致未能掌握決策過程的本質，提供真實解釋。正如H. Heclo所言：「由於專注於尋找少數真正具有權力的行動者，因而忽略鐵三角之外具有影響力之人。事實上，人民在開放網絡中已逐漸取代國家職權，迫使決策者必須與其進行政策溝通」（1978: 88）。基此，赫克羅遂提出較具彈性的「議題網絡」（issue-network）取代傳統理論。

　　鑑於遊說團體的增加，明顯改變了政策的決策過程，赫克羅認為傳統鐵三角理論所強調的共生聯盟關係需要修正，但是赫克羅並未否認鐵三角之存在，而是強調鐵三角成員的資格及功能，並非想像般的如此封閉與嚴格。赫克羅進一步指出，議題網絡與鐵三角以及地下政府理論的主要差異為：鐵三角與地下政府的參與者較少，且擁有較高的自主性；反之，議題網絡的參與者較多，且有不同程度的相互承諾以及依賴。此外，鐵三角與地下政府運用一組較穩定的聯盟關係來控制國家方案，因此本質上是一種利益互惠的結盟；而議題網絡的特質幾乎與前述不同，參與者在議題網絡中可以自由的加入退出，且沒有任何人可以控制決策過程（1978: 102）。參與者不斷的更迭，致使議題網絡的決策結構顯得非正式化、複雜以及鬆散。

　　赫克羅對於次級系統論提出不同的解釋，促使後繼學者重新修正其概念，發展出不同的類型。例如Paul Sabatier（1988）就提出一個較為複雜的架構，用以研究政策行動者在次級系統論的活動。以往學者將政策變遷視為，持著不同價值或利益的團體在既有體制架構之下，所作的權力競爭結果（Easton, 1965; Truman, 1962）。然而，Paul Sabatier指出，此種觀點並未能解釋國家何以採行該項方案，因而另外提出較具詮釋力的「政策次級系統」（policy sub-system）架構。該架構基本上試圖整合「由上而下」與「由下而上」的兩種研究途徑，以及藉著倡議聯盟和政策取向學習等概念來解釋政策變遷與執行過程。

　　多數情境之下，一個次級系統論之內也許包含兩個或更多的倡議聯盟，端視政策領域之內所持有的理念架構（ideational structure）而定。所謂「倡議聯盟」係指：「政策次級體系內一組由公私部門行動者所組成的團體」（Saba-tier & Jenkins-Smith, 1993: 5）。行動者之所以聚集在一起，係為追求共同的「信仰系統」（belief system），包括人性特質以及所欲達成的公共事務。這種信仰系統非常穩定，而且將整個聯盟緊密結合在一起。為達成共同目標，倡

議聯盟成員會運用策略以影響預算和國家機關的人事安排。

　　根據上述觀點，薩伯提爾認為，政策變遷發生於一個既定的政策次級系統內，其主要的信仰系統會隨著時間而有所變動。雖然政策分析與學習可以改變次要層面的信仰（執行觀點），但唯有主要信仰系統（包括主要的規範以及基本政策選擇和因果假設）改變，才能導致政策重新制定或變遷。信仰系統和利益雖然決定了倡議聯盟所欲追求的政策，但它是否有能力達成目標，仍然受到許多因素影響，例如經費、專業能力、支持者數目以及法制權威（Sabatier, 1987: 664）。此外，外部因素對於目標達成也造成影響，包括問題的特質、自然資源的分配、文化價值和社會結構、以及法律結構。這些因素隨著時間而趨於穩定，因此屬於靜態的變項，較易預測；其他因素則屬動態變項，包括民意、技術、通貨膨脹以及失業程度（Sabatier & Jenkins-Smith, 1993: 5）。由此可知，政策次級系統論整合了傳統上所關心的政治資源和利益價值，以及政策分析與知識。就政策分析而言，政策次級系統論有助於吾人明瞭，政策導向學習（policy-oriented learning）如何改變一個人的信仰系統，以及學習之後對於政策變遷的影響。

　　如前所述，次級系統論被廣泛運用於許多個案研究，且被視為是將政策制定予以概念化的好方法，但是次級系統論之弊病，仍有以下諸端：

　　（一）次級系統論並無實證加以支持。次級系統論之所以普遍運用，主要在於它的「直覺訴求」（intuitive appeal）容易明瞭，但缺點是無法將其發展成具有一致性、明確化且可測試的理論。例如，薩伯提爾主張透過政策取向學習概念，可以瞭解高層參與者如何控制複雜執行過程，以及執行者如何運用策略來反應環境變遷以利執行活動。然而，學習過程如何操作？以及歷時多久方能改變信仰？薩伯提爾對這些問題並未提出具體答案。此外，倡議聯盟架構中，並未明確的將政策活動有系統地操作化為特定議題，以致整個研究設計顯得相當籠統，無法解釋不同政策聯盟在不同國家、不同方案的適用性，以及結盟前後對於政策變遷的影響（Hjern & Hull, 1982: 105-16）。

　　（二）次級系統論大半運用於分配性政策範疇。一般觀念皆假設鐵三角成員基於自利動機而實施肉桶（pork barrel）立法，但很多研究卻顯示，肉桶立法對於國會議員與官員的效用是有限的（McCool, 1995: 381）。因此次級系統概念如果只適用於分配性政策，將使得決策過程無法被充分解釋。此種觀點，促使日後的網絡理論擴大研究範圍，涵蓋各種政策類型，而非限制在分配性政策。

　　（三）次級系統論的研究大多侷限於特定主題。次級系統論概念主要是探討國會委員會、利益團體以及行政機關間的關係，不可否認此一研究有其價值存在，但由於研究對象僅涵蓋一個委員會或是狹窄的政策領域，研究結果因而未能廣泛適用於不同政策系絡。基此，有必要進行更複雜的系統分析，例如跨國或是跨州的比較研究，將不同國會體制下所產生的工作與假設進行檢測，並發展通則化理論（Hamm, 1983）。換言之，擴大政策次級系統的研究範圍，同時考慮內部及外部的影響因素，方能將研究發現廣泛運用於不同政策系絡。

四、網絡分析理論的觀點

　　公共政策領域中，網絡分析理論的探討是屬於較新的趨勢。最早提出政策網絡一詞的是P. Katzenstein（1978）。在有關比較外國經濟政策研究中，卡特津斯坦認為資本主義國家在經濟政策的制定過程中，國家並不會以強制力加諸於非國家行動者身上，反之會尋求其協助並建立一個相互依賴與協助的關係。依其觀點，政策網絡就是將國家與社會行動者予以連結的機制。自從P. Katzenstein提出政策網絡概念之後，後繼學者陸續加入政策次級系統論概念（Milward & Walmsley, 1984）以及人類學和社會學相關之網絡分析（Kenis & Schneider, 1991），以充實政策網絡概念。其後，政策網絡理論才被運用於政策分析。

　　較有系統運用以及建構網絡研究途徑的是R. Rhodes（1981）。R. Rhodes運用交易理論（transaction theory），解釋當國家機關與社會團體間需要對方的知識、專業以及對其他行動者的影響力時，會因此產生互惠關係，進而發展出各種穩定策略的行事方式，網絡關係於是形成。羅迪士認為1980年代之後，政策領域中出現由許多自行組成的組織以及相互連結的網絡，這些網絡參與者之間的互動（包括國家不同部門之間以及國家與社會組織之間的互動）即構成了政策網絡。所謂「政策網絡」係指「一群因資源依賴而相互連結的群聚或複合體；又因資源依賴結構的斷裂，彼此有所區別」（Rhodes & Marsh, 1992: 13）。R. Rhodes運用此一觀點，分析英國中央與地方政府之間的關係，並將焦點集中於部門層次（sectoral level），發現組織間的結構性關係（亦即資源交換關係）才是政策網絡的關鍵要素，而政策網絡內部的決策過程即是參與者彼此交換資源（包括權威、資金、正當性、資訊、組織要素）的過程（Rhodes, 1988: 110-6）。

　　於是，羅迪士根據五項命題提出「權力依賴理論」（power dependency theory）做為政策網絡的研究架構：（一）任一組織都有賴其他組織提供所需的資源；（二）為達成各自目標，組織間必須彼此交換資源；（三）儘管組織內部的決策會受限於其他組織，但具支配性的聯盟仍然保有裁量權。此外，該聯盟的認知系統（appreciative system）會影響到對權力關係的詮釋以及所需資源的認定；（四）具支配性的聯盟在競賽規則中，會運用各種策略影響資源的交換過程；（五）裁量權的大小是組織目標和相對權力潛能交互作用的產物，而相對權力潛能又是組織資源、競賽規則以及組織間交換過程的產物（Rhodes & Marsh, 1992: 10-1）。由此推論，在決策過程中，擁有較多資源者在權力結構上就處於較優勢地位，甚至能夠主導政策規劃與掌握政策執行的關鍵因素。

　　此外，羅迪士指出，政策網絡隨著整合（integration）程度的不同，而有不同類型。根據成員的穩定性、限制性、與人民和其他網絡相隔離程度以及所擁有資源的特性，R. Rhodes認為所有政策網絡類型都是處於光譜上的不同節點。其中，整合程度最高的是政策社群，最低者為議題網絡（1984: 14-5），兩者之間尚有其他類型：專業網絡、府際網絡、地域網絡以及製造者網絡（Rhodes & Marsh, 1992: 13-4）。

　　1987年，S. Wilks & M. Wright也運用網絡分析理論，探討英國政府與工業之關係。雖然與羅迪士運用相同的理論來分析，但韋克斯和萊特採取不同的分析層次，並重新界定政策社群的概念以及修正政策社群與政策網絡的關係。首先，他們並不贊同羅迪士關於政策部門層次分析法；相反地，根據政府與工業關係的研究結果，韋克斯和萊特主張，政策網絡的研究焦點應該在於政策部門中所分化出來的政策次級部門（subsector）層次，如此才能觀察一個政策領域中，少數行動者針對政策議題彼此互動的狀態。其次，羅迪士在研究英國中央地方關係時係以中觀層次（meso level）的角度觀之，聚焦於政府部門與利益團體的互動情形，強調組織間結構關係的重要。但是，韋克斯和萊特認為，參與者在網絡之中的表現行為經常與制度規範不一致，因此微觀層次的人際關係互動才是政策網絡的重心。簡言之，探討政策次級部門中參與者的人際關係，才能瞭解政策網絡的真正意涵（Wright, 1988: 609-10）。

　　除了分析層次不同之外，韋克斯和萊特認為羅迪士的政策社群觀念過於廣泛，對於分析政策過程助益並不大，因此重新劃分政策網絡類型，並賦予不同的定義（1987: 296-8）：

（一）政策環宇（policy universe）：包括顯性的行動者與潛在的行動者，彼此持有相同工業政策的利益，並且固定的參與政策過程；

（二）政策社群：是指於特定工業政策中分享利益的所有行動者，彼此互動並且交換資源，以便維持平衡且最佳化彼此的相互關係；

（三）政策網絡：是政策社群內部或是若干個政策社群之間的連結過程（linkage process）與一種資源交換的結果。

比較Rhodes與S. Wilks & M. Wright的分類，不難明瞭前者將政策社群視為一種聚合形（aggregated）系統，屬於政策網絡的一個類型；後者則將政策社群視為一種離散形（disaggregated）系統，因此與政策網絡是兩個不同的類型。換言之，韋克斯和萊特將政策社群視為從持有共同政策目標的政策環宇中，認定參與者與潛在行動者，並且構成政策網絡的行動主體。至於政策網絡只是政策社群之間的一個連結，通常是以成員之間規則化的互動為基礎。

上述網絡分析概念的澄清，對於決策過程研究助益極大，特別是矯正傳統將政治體系的運作視為同質與一致實體的觀念，而強調國家機關基於政策目標必須與不同的社會團體進行合作與競爭。網絡分析理論因而提供較多元主義論、統合主義論以及次級系統理論更具開放性的分類架構，且能注意到不同政策領域中國家與社會團體間關係的差異性，進而能提供較可預測的政策結果。然而，網絡分析理論在研究上仍有限制，舉其犖犖大者：

（一）隱喻（metaphor）方式的使用難以做為解釋基礎。有關網絡分析理論的文獻，不論是政策網絡或是政策社群，均以隱喻的方式來形容國家機關與利益團體的關係。雖然隱喻方式有助於吾人透過具體的事物來瞭解抽象的概念，但此種方式很難做為解釋的基礎，除非研究者加入其他影響網絡發揮功能的因素。例如，R. Rhodes、S. Wilks & M. Wright在進行政策網絡分類時，就運用利益、理念、意識型態等因素做為分類標準。但是，K. Dowding認為這些嘗試終歸要失敗的。主要關鍵是，自變項的設計並非是針對網絡本身的特質，而是網絡中行動者的特質。以行動者的特質來說明網絡的本質與政策過程甚至建立理論，將冒著過度化約的風險（1995: 137）。

（二）網絡分析理論大半採用個案以及描述性的研究途徑（descriptive research），以致未能做為解釋基礎。雖然大多數個案研究描述了國家機關與利益團體，在網絡內決策過程的互動情形，諸如行動者之間的策略運用以及所追求的利益，但是卻未能解釋網絡是以何種方式組織起來。此外，網絡分析理

論亦無法解釋政策網絡本身的變遷,例如Wilks和Wright認為,每一個政策網絡都存在一組競賽規則,規則一旦改變,網絡中行動者之間的互動將隨之改變。然而,他們並未提出是何種因素造成?是法規改變行動者的行動誘因?抑或是行動者在政策學習之後改變認知系統?類似的問題尚有Rhodes認為引起網絡變遷的要素均是來自環境(包括經濟環境、執政黨意識型態、新知識的產生以及制度改變)(Rhodes & Marsh, 1992: 257-9),很顯然地,此種說法無法解釋行動者的行為動機,更忽略了行動者的自主性及意圖,而過分重視外生(exogenous)因素。

　　(三)網絡分析理論對於國家的角色並未多加解釋。對照傳統多元主義論將國家與社會截然二分,政策網絡觀點是一種較為妥協方式,強調國家機關也是社會行動者,國家行動者存在於社會之中,並與代表社會利益的團體有著持續接觸(Smith, 1993: 67)。R. Rhodes就認為政策網絡應屬於中觀層次,用以連接宏觀的分析層次(國家)以及微觀層次(個別行動者包括個人以及團體)(Rhodes & Marsh, 1992: 7-12)。惟此種分析層次的界定,大半聚焦於能夠產生價值以及行為規範的關係類型,就如同M. Smith所指出的:「國家與團體間所建立的關係類型,是建立國家能力的一個來源」(1993: 53)。但是,僅重視關係將促使網絡出現「核心中空」(hollow cores)現象,即使最制度化的網絡也無法明確指出誰是領導者(Heinz et al., 1990)。事實上,國家的建構過程與政治制度均能夠影響不同政策領域所形成的網絡類型和政策結果。由此顯見,國家在決策過程中的角色是不可輕忽的,因此正如D. Marsh所主張的,政策網絡分析應與國家理論加以整合,重視在宏觀的政治經濟系絡中,權力結構如何影響到政策網絡的類型,以及和參與者之間的結構性關係(Rhodes & Marsh, 1992: 202)。

第三節　四種理論間的關係以及解釋力

　　上述主要是探討四種理論如何分析團體(尤其是利益團體)與國家機關在決策過程中的關係演變。本節擬進一步檢視四種理論之間的關係,爾後再探討每個理論對於決策過程的解釋力以及限制性。

　　從第二節的討論可知,四種理論在本質上有極密切的關係。簡言之,均是針對多元主義論理論提出缺點加以修正,逐步發展而成。因此,即便網絡分析

是公共政策領域中較新的研究趨勢，但與其他三種理論仍存有某種程度的關聯性。Smith曾為此種關係做了最佳註解：「網絡分析理論主要是針對修正多元主義論的觀點進行批判，而統合主義論以及次級系統理論則為網絡分析研究提供了原動力」（Smith, 1993: 57）。

　　儘管如此，我們仍可以區分四種理論彼此間的差異性。首先，網絡分析理論與多元主義論皆專注於決策過程的非正式以及團體面向，然而，前者較重視決策過程中參與者（包括公私部門）之間的互賴、交換資源關係；後者則重視社會團體（尤其是利益團體）彼此之間的競爭對決策過程所造成的影響，而將國家視為被動的調解者或是風向標。

　　其次，網絡分析理論與統合主義論相關的差異在於，統合主義論認為只有少數擁有特權的利益團體具有政治影響力，國家為達成政策目標必須與其協商並建立聯盟關係；這些團體被國家所認可特許並予以保障，因而享有壟斷的利益代表權。然而，統合主義論的研究較偏向於經濟部門之中，勞資雙方與國家機關之間的互動；顯然不同於網絡分析研究將不同部門之間，以及國家機關與不同團體間的互動納入討論範圍。但不可否認，統合主義論強調僅有少數團體能參與決策過程，並與國家機關存有互賴合作關係的觀念，對於政策網絡分析模式的發展影響甚大。

　　最後，影響網絡分析最為深遠的當屬政策次級系統論。雖然英國政治學界在政策網絡的研究一直獨佔鰲頭，但追本溯源，英國學者在進行政策網絡研究時，從源自於美國的政策次級系統研究中獲得很多啟示。例如J. Richardson & G. Jordan 1979年的《壓力下的治理》（*Governing Under Pressure*）一書即採用相當多的地下政府理論。然而，網絡理論主要特質係強調網絡中的組織相當程度地獨立於國家，並不向國家負責。此外，組織間具有相互依賴與交換資源的關係。顯然地，這些觀點不同於次級系統論理論所強調的，僅有少數特權團體在決策過程中設法排除其他團體而使國家制定對其有利的政策。

　　吾人可以將四種理論的不同特質以及關係予以相對照，並用表3-1加以說明。

表3-1　主要相關理論對社會團體政策角色看法的差異

	研究對象	國家機關角色	政策過程參與者	政策形成方式
多元主義論	利益團體	風向標／中立／掮客	無限	團體彼此競爭結果
統合主義論	少數重要利益團體與國家菁英	利益中介者	有限	經由三邊協商形成
政策次級系統論	少數特權利益團體與國家菁英	政策掮客	有限	將信仰系統轉變為公共政策
政策網絡理論	社會團體與國家菁英	不定（隨著不同型態政策網絡而有所差異）	不定（隨著不同型態政策網絡而有所差異）	國家機關與政策網絡參與者彼此互動（包括合作與競爭）

資料來源：作者整理

　　由表3-1可知四種理論觀點在理論發展上具有一種演進（evolution）的趨勢。但是由於特質上的差異，使得四種理論對於政策執行過程的解釋力自然也有所不同。首先，多元主義論者對於政策執行影響力的研究均集中在團體所擁有的資源上，例如團體組織的大小、成員的向心力、組織的強度，以及團體所擁有的經費與資訊等因素。他們認為資源越多的團體，在決策過程中所具有的影響力也隨之增加。然而，學者發現，資源的多寡並不是解釋團體政治影響力的唯一要素（Dunleavy & O'Leary, 1987: 17-8）。事實上，決策過程中的系絡因素也影響著團體所擁有的影響力。其中，以決策者的意識型態和國家的歷史發展背景，對國家機關認知利益團體在決策過程所扮演的角色最具有影響力。惟這些影響因素並非團體本身所可以操控，而是國家機關與團體之間的互動結果。

　　儘管如此，多元主義論者卻將國家機關視為中立且民主。在組織成員身分重疊以及缺乏一個整合協調中介組織的情況下，每個團體會相互競爭或是尋求聯盟，冀望在政治利益的競賽中獲得最大利益，惟此種觀點與政治現實並不相符。前已述及，國家機關在推動政策時，如能獲得相關團體的合作，將更容易達成政策目標且能夠追求彼此的最大利益。

　　其次，相較於多元主義論者，統合主義論雖然較肯定國家機關在決策過程之中有重要的角色扮演，不過統合主義論（尤其是社會統合主義論）的研究過於偏重社會面向的分析，以致分析的重心皆聚焦於社會利益團體的行為，卻輕

忽了國家機關本身也有所欲追求的政策目標以及對決策的影響力。換言之，國家機關並非單純的反應社會團體偏好以及利益；相反地，國家機關會運用自身所擁有的資源，將所欲追求的利益轉變成為公共政策。一旦國家機關與利益團體所追求的目標相衝突時，往往會訴諸強制力，抑或是刻意忽略團體所提出之要求。因此唯有國家機關與社會利益團體具有共同追求的目標時，這些團體方有機會參與決策，並發揮影響力。

本質上，統合主義論認為國家機關與特定重要利益團體之間存有利益交換關係。國家機關在推動政策時，將相關的主要利益團體納入層峰組織，其目的是希望這些團體在進行政策協商時，能夠採取合理且可預測的行為；而國家機關則給予這些團體接近決策中心的特權，甚至是壟斷權以做為交換條件。在具有相互依賴以及利益交換的關係之中，國家機關和主要團體彼此均擁有相對的權力與擁有某種程度的自主性。然而，統合主義論並未進一步解釋，國家機關是在何種情況之下（主動或是被動）會召開或是參與三邊協商，因此國家機關自主性的程度實在很難判斷。此種觀點可以用Schmitter（1974）的理論加以說明，他認為統合主義論充其量只是一種利益中介系統（a system of interest intermediation），因此僅能夠解釋組織如何規範內部成員行動與分配資源。

再者，政策次級系統論企圖整合「由上而下」以及「由下而上」兩種途徑，並藉著倡議聯盟和政策學習觀點，解釋決策者如何控制複雜的執行過程，以及執行者如何運用策略來反應環境變遷。在此理論之中，倡議聯盟的功能十分類似中介組織的概念，亦即每個聯盟係由數個具有共同信仰的利益團體所組成的利益代表系統。該系統可以產生利益匯集的功能，並提供與國家機關進行溝通的管道。國家機關則扮演著政策掮客的角色，負責協調聯盟之間的衝突，進而建立政策共識。由於是整合了第一代以及第二代的政策執行理論，政策次級系統論被視為是現今能將政策制定予以概念化的最好方法。然而，其最大缺點在於，該理論尚在發展當中，因此未能清楚地將政策活動有系統地加以運作，使得整個研究架構顯得相當籠統。至於能否成為政策執行的整合性理論，則有待更多的經驗研究加以修正，方能發展成形而適用於不同的政策系絡。

從上述的分析可以發現，上述三種理論皆忽略了國家機關在決策過程中，不單只是反應團體利益，而是擁有自主性與能力會追求自身利益的行動者。因此後繼學者運用政策網絡觀點，描述國家機關與利益團體在決策過程中所形成的關係，以及對政策執行所造成的影響。不可否認的，自從政策網絡理論提出之後，不論是學界或是國家機關，紛紛運用此種理論進行實證研究（從抽象的

政策理論的層次,到具體的運作層次)。

O'Toole(2000)認為政策網絡理論之所以普遍運用,主要原因如下:一、越來越多的公共計畫涉及多元價值;二、國家機關所要處理的議題,不再是單一議題,而是涉及不同的政策領域以及價值考量,因此需要國家機關作價值判斷以找出最佳的解決方案;三、推行政策時,國家機關再也無法憑恃傳統的管理方式,而必須採取以溝通為基礎的管理理論來加以取代。因此,政策網絡理論的特質不僅強調政治因素,也同時考量管理的技術性需求。

然而,正如前述,政策網絡理論亦引起許多批評,其中一項便是網絡分析理論對於國家的角色並未多加解釋;具體而言,政策網絡理論對於制度以及國家機關如何影響政策的形成並未多所著墨。正因為如此,其對於一些重要關鍵問題並無法提出解釋,例如網絡之內的權力依賴關係是如何形成?又為何改變?以及決策過程是以何種方式進行溝通?網絡內部的權力分配情形如何?權力依賴關係一旦改變,將對政策結果造成何種影響?由此可知,政策網絡理論的建構尚處於發展階段。

第四節　社會團體政策角色的釐清

由於本章所討論的四種理論,泰半是以行為動機以及社會心理學理論來探討,對於團體與國家機關在政策形成時關係演變之理解有相當的助益。但是,以隱喻及描述性的研究途徑僅能建立類型學,不能成為理論(Dowding, 1995: 150),因此對於政策結果所造成的影響,僅能提出部分的解釋。針對此一缺點,我們在前述曾提及,統合主義論與次級系統論理論為政策網絡理論研究提供了原動力,事實上,就是指這三個理論已逐漸的將國家機關與社會團體的互動列入研究的範疇中。不可否認,社會團體的行動往往受限於國家機關以及制度,倘若能夠將國家與社會等量齊觀加以討論,對於政策形成過程以及影響的詮釋將有所助益。

在我們所探討的四種理論中,雖然或多或少談到國家機關的角色扮演,可是在理論中不難發現,它們將整個決策過程視為一個黑箱作業,因而忽視了國家機關在決策過程中的作用。因此,四種理論大抵可被歸類為社會中心論。然而,在現實政治生活中,不可能沒有國家干預情形的發生,儘管形式上只是選擇性而非全面性的干預。因此在1980年代,〈重返國家觀念〉(Bringing the

State Back In）（P. Evans et al., 1985）一文發表之後，對於國家機關的功能有了新的體認。

　　事實上，國家機關並非臣服於各種團體的影響力。由於國家機關是一個獨立的行動者，有其目標、意志與能力，因而在面對社會團體壓力時，國家機關本身擁有相當的自主性。為了增進國家本身的利益，國家機關必須與公民社會爭取資源（Krasner, 1978）。當國家強勢而社會弱勢時，國家機關甚至可以運用巨大的資源以及自主性，全心追求國家利益。此種觀點，即是國家中心論。

　　國家中心論反應在公共政策研究上，便是以國家機關做為研究中心，例如機關組織的決策理論、機關授權以及決策者的領導風格等，而很少討論到公民社會對於決策的影響力。一般政策網絡理論即認為，有效的達成政策目標是國家機關的責任，因此國家機關應建立嚴格的管理功能，例如規劃、組織與指揮等等，因而形成國家機關高高在上的情景。然而，相關研究證實：強勢國家並未能確保政策推動一定成功（Doner, 1992: 399）。此外，隨著民主的開放，公民自主意識的提高以及公共事務的繁雜，國家機關再也無法單獨承擔政策發展重任，而必須與公民社會合作，一起解決公共問題。因此，現今的研究焦點轉而強調國家的治理（governance）能力。

　　治理能力強調國家機關與社會的關係不再是零和賽局；相反地，兩者之間經由制度連結（institutional linkage）的建立，彼此相互授能（mutually empowering），創造出對雙方均有利的情勢（Evans, 1997a: 1-10）。不過，欲建立此種相互依賴的連結，必須一方面強調社會體系的管理需求功能，另一方面則須重視國家機關本身的治理能力。唯有同時兼備治理需求與治理能力的國家機關才能具備可治理性（governability）（Kooiman, 1993: 35-48）。對於一個發展中的國家而言，具備這種相互授能的機制是相當重要的。

　　本質上，此處所指的國家機關與公民社會的相互授能，並非是主張要削弱國家治理社會的能力。相反地，由於公民社會基層組織的建立和健全發展，能夠將社會需求適當的向國家機關反應，無形之中提升了國家機關在界定以及實現政策目標的能力。因此，在面對複雜以及多元的環境，國家機關應該順勢運用公民社會的力量，而非一味的以管制手段或集權式的決策方式來削弱公民社會力量。國家機關在政策制定過程中，應將公民社會團體的需求列入考慮，必要時也可以主動邀請他們參與政策制定。如此一來，國家機關的治理能力方能改善。

第五節　結　語

　　政治與團體社會是極為相關的，單獨一個人並無法產生政治。然而，只要兩人以上，常因個人背景、生活環境與所追求目標及利益不同而發生衝突。當利益衝突無法完全解決時，政治便無法達成目標；必須在利益衝突能夠獲得妥協時，政治才會發生。因此，政治是一種社會團體活動，一方面充滿著分歧與衝突；另一方面，又有合作與集體行動的意涵。

　　David Easton將政治界定為「權威性的價值分配」。依此定義，所謂的政治意指國家機關回應社會需求與壓力的各種途徑，特別是透過分配利益以及處罰來達成目標（1979）。無形之中，權威性的價值對於人民便形成一種拘束。為追求最大利益，政治行動者彼此間無法避免衝突的發生。惟為了推行政策，國家機關在決策過程中必須運用妥協、折衝方式尋求政策共識，而不是透過武力或是鬥爭。Bernard Crick在《為政治辯護》（*In Defence of Politics*）一書，即指出「政治是一種在特定的規則之下，各種利益相互折衝的活動，並依其對整個社群生存與福祉的重要性，來分配權力的大小」（1993: 21）。依其觀點，當社會團體具有權力時，就必須與國家機關進行妥協，尋求問題解決之道，而非一味的任由衝突發生。在團體政治成為多元社會主要現象時，此種認知顯得特別重要。

　　在公共政策領域中，團體與國家機關在決策過程中的互動研究已成為政策分析的新焦點。學者也相繼提出各種分析理論，探討參與者在決策過程中的互動。本章主要是採取多元主義論、統合主義論、政策次級系統論以及政策網絡理論，來探討它們是以何種觀點，分析團體與國家機關在決策過程中的關係演變。研究發現，這些理論由於所持的基本假設與概念不同，對於所探討的問題也提出不同的解釋。因此，本章進一步比較分析四種理論之間的相互關係以及對於決策過程的解釋效力。研究結果證實四種理論之間確實存有一種演進的趨勢，因而，越新的理論往往有越佳的解釋效力。另一方面，四種理論因為侷限於它們所運用的理論與研究途徑，以致將決策過程視為黑箱作業，造成四種理論對於事實或現象的解釋，若不是過於簡化就是過於廣泛而抽象。職是之故，本章第四節以國家機關與公民社會相互依賴的觀點，強調建立一個相互授能機制的重要性。相互授能機制一旦建立，不僅國家機關能夠提升政策執行能力，公民社會的觀念也能獲得尊重。最重要的是，相互授能機制對於國家機關與公民社會團體而言，並非是零和賽局，而是一種互惠互利的關係。

第四章　整合型理論架構

第一節　導論

　　前述兩章分別扼要說明國家機關與社會團體在政策過程中角色扮演的相關理論。由討論中，吾人得知兩類理論各有其優點，例如，社會中心論主要是以個人、團體或階級的權力關係以及競爭的觀點來解釋政策的變遷，因而使我們瞭解相關社會團體是如何被動員來影響國家機關的決策；國家中心論則認為國家機關擁有較多自主性，是故其所欲追求的目標對政策內容的擬定具有顯著的影響力。

　　另一方面，由於兩類理論僅能說明部分政策面向，以致解釋效力不足。就國家中心論而言，認為國家機關具有自身所欲追求的目標以及自主性，因此在政策制定過程中係扮演一個主動積極的角色，能夠置外於社會團體的影響從事政策選擇，並與社會團體相互競爭。憑藉本身的稟賦以及資源來對抗社會力量，國家機關不但能夠限制與形塑社會團體的訴求，更可進一步要求社會團體改變行為以順從政策的要求。然而，此一專注於國家機關政策選擇能力，且認為執行系統內相關參與者的行為均受到國家機關規範與約制的觀點，明顯忽略社會團體亦具有影響政策執行達成預期結果的能力。

　　同理，社會中心論將研究中心過分聚焦於公民社會以及基層官僚，卻低估中央機關決策者的重要性，導致決策過程猶如黑箱作業，無法正確描述國家機關與相關團體彼此間的互動情形。由於過分偏重社會結構以及社會力量對國家政策的影響力，相對忽略國家機關在決策過程的角色，而將國家機關的行為視為是對社會利益與訴求的被動回應，忽視國家機關對於政策規劃的貢獻（Grindle & Thomas, 1991）。

　　不可諱言地，相較於社會團體，國家機關不論是在問題認定、目標陳述、解決方法的界定以及執行策略的擬定上均享有特殊的有利條件。然而，我們萬萬不可因而輕忽社會因素對國家機關行為的影響。畢竟，一項政策若未能取得社會團體的行動配合與支持，政策內容將難以貫徹落實。由此觀之，如未能將國家機關與社會團體相連結，同時考量雙方的訴求，決策過程將難免產生「政策脫軌」（policy derailment）現象（Benveniste, 1989: 230-2）；所制定出的

政策充其量僅是次佳化（sub-optimization）的選擇，不能發揮應有的政策效能（Deep, 1978: 185-8）。抑有進者，國家機關如果持續宰制整個決策過程，一方面試圖將社會中的個人或團體予以原子化（atomization），致使其喪失原有個性以及效能感；另一方面又掌控了所有社會的組織性資源，如此雖然有利於追求自身的目標，但卻妨礙社會團體的參與，從而影響其政策順服。對國家機關而言，不啻失去一位有力的合作夥伴。

　　換個角度而言，國家機關與社會團體如能經由長期互動形成穩固信任感，建立一個相互依賴的治理關係，對政策的推行將可產生許多實益。首先，就國家機關而言，此種措施不僅可以克服或降低政策不順服的問題，亦可藉著縮短雙方對政策認知的差距，來減低互動過程中的交易成本。其次，對公民社會而言，也可以產生許多益處，諸如提高其參與意願、投入熱誠、權能感以及責任意識（林水波，2001a：33-41）。

　　基於上述的說明，本章將以國家機關與公民社會係合作共榮的夥伴關係來取代以往的單面向思考觀點，進而建構出本文的理論架構。第二節將運用治理結構（governance structure）來釐清國家機關與社會團體的關係。第三節則提出本文的理論架構及相關假定，至於治理互賴模型的特質將在第四節中做一討論。第五節則是本章的結論。

第二節　國家機關與社會團體關係的釐清

　　由前述可知，國家機關與社會團體在政策執行過程中係扮演著不同的角色與功能。冀欲政策的有效執行，則有賴兩者能在具有共識、信任以及合作的制度中運作；而負責推動政策的治理結構（governance structure）能否有效運作，實與參與者彼此之間的互賴合作息息相關。基於此一觀點，如何透過制度安排，在國家機關與社會團體之間建立一個有效的治理結構，便成為追求有效政策執行的首要目標。在探討治理結構之前，我們有必要針對國家機關與社會團體的關係做一釐清，進而瞭解治理結構中互賴關係的重要性。

一、國家機關與社會團體相互連結的必要性

　　不可諱言地，國家機關在政策制定過程中擁有相對較多的優勢，連帶使得

行政官僚在決策過程中扮演較重要的角色。國家機關若具有較高的自主性，自然可以避免社會團體為追求私利所施予的壓力；反之，則所制定的政策充其量僅能滿足少數人的私利，卻以犧牲社會多數人的福利作為代價。於此，吾人不難明白國家機關應當具備相當自主性，方有能力抗拒社會團體的壓力，積極維護公益。

　　然而，部分學者卻因而主張國家機關應當追求更高的自主性，甚至認為與社會相隔離（insulation）方能成為真正的強勢國家（Atkinson & Coleman, 1989; Nordlinger, 1987; Katzenstein, 1978）。不過，正如在第二章所陳述的，強勢國家往往是以決策者的意圖作為政策依據，顯然與民主政治所標榜的——以人民訴求做為政策依歸相背離。再者，衡諸現實，行政官僚縱使擁有自主性，但仍未能與社會團體相互隔離，而是透過複雜的管道，針對不同議題與社會團體進行溝通。此種情形在開發中國家亦是如此。探究其因，主要是開發中國家的政黨和立法機關的功能並不健全，以致未能扮演適當利益陳述及匯聚的角色。此一情形使得多數社會團體在遭遇問題時，往往試圖透過各種管道，與行政官僚直接溝通，謀求解決之道。

　　由此可知，社會團體在決策過程中並未被國家機關的求同存異策略所納編（co-optation）或排除在外；相反地，社會團體因為持有策略性價值的資源，從而藉由參與協商過程，與國家機關進行交易（trade-off）（Moon & Prasad, 1994: 4-6）。就政策分析而言，單憑自主性單一因素來判斷國家機關力量的強弱，事實上並無法提供完整周詳的解釋。

　　其實，政策能否按照計畫執行，自主性固然非常重要，但國家機關是否可以與公民社會建立適度的連結藉以獲得社會團體支持，亦是影響執行成敗的重要關鍵。就公民社會而言，是否會提供充分的行動支持，端視社會團體內部以及團體彼此之間的凝聚力量而定。如果未能形塑公共情誼，形成一股強大社會力量，非但無法與行政官僚立足於平等地位，享有相同的發言機會，反而會任由國家機關宰制。尤有進者，團體之間的激烈利益衝突，將癱瘓國家機關的政策執行功能。

　　社會團體如能建立相互依恃的意識，對政策執行效力的提高將有明顯助益。正如M. Olson所言，一個具有包容性（encompassing）的團體往往能以最低的社會成本吸收無效力的政策，而有助於國家發展，同時增進社會整體的利益（1982: 92）。相較而言，排他性的團體基於私利的追求，競相施壓於國家機關，冀望制定有利於本身的政策，對於其他團體的利益則視若無睹。不言可

喻，長期發展的結果將是充斥相互矛盾或是毫無效力的政策，連帶影響社會整體利益。如果此時國家機關又缺少足夠自主性，任由團體予取予求，則國家機關不可避免的將面臨不可治理與不當治理的危機；不僅無法充分回應團體的需求，更形成國家機關能力的超載，同時也導致國家機關運作失去效率與效能（林鍾沂，1990；林水波，1999a：234），造成民主政治的另一項隱憂。

二、治理危機因素的分析

　　經由上述的分析，吾人可知在推行政策時，除要求國家機關積極革新以往封閉保守的行政官僚體系，社會團體也必須以容忍異己的心態接受不同意見。更重要地是，國家機關必須排除「民可使由之，不可始知之」的消極防守心防；取而代之的是設法整合社會團體，將重要的團體納入執行系統，進而與其建立夥伴關係（partnership），共同承擔政策執行之責。果能如此，政策執行結果與期望之間的吻合度將相對提高；反之，則會產生政策間隙（policy gap）。

　　深究而言，政策間隙之所以出現，主要原因在於國家機關與社會團體對政策價值的取捨出現矛盾或衝突。亦即，一旦雙方在政策認知取向（cognitive orientation）、評價取向（evaluative orientation）以及情感取向（effective orientation）上出現差異，表現出來的行為將不具互補性（complementarity），非但無助於決策品質的提高，反而增添執行變數，產生更多的未預期結果。

　　眾所皆知，國家機關的施政績效往往是人民政治取向的重要參考依據，一旦整體社會的認知、價值和情感反應未能達到相當水平，無形中將導致國家機關與社會團體之間產生零和的緊張關係，甚至發生衝突。雙方之間的信任互賴關係也因為人民的疏離與冷漠感而難以建立或持續。須知，政策執行過程是一複雜的聯合行動（Pressman & Wildavsky, 1973），在此一過程中有賴參與者彼此存有互賴關係，方能合作達成目標（Stoker, 1991）。一旦缺少此條件，國家機關將無法承擔解決問題的責任、維持政治系統的續存，此時便產生治理的危機。

　　事實上，多數國家機關均面臨程度不一的治理危機，一方面是因為多數國家機關未能針對社會環境的變遷，採取因應措施及時調整組織；另一項原因則是機關組織運作的不當。一般而言，治理危機現象（包括不可治理與不當治理）的產生可歸納為四項原因，以下擬就四項因素做一扼要說明：

（一）菁英主義主導

　　長久以來，政策始終掌握在菁英手中，主要原因係行政官僚的不健全心態，將人民視為是微不足道的，更遑論與其分享權力。此外，由於政策執行具有迫切性，如果任由人民參與，往往需要花費較多的時間與人力在政策協調上，甚至因而延誤問題處理的最佳時機。儘管社會上每一個人應有相同的發言機會，但上述兩項原因卻促使國家機關必須授權菁英；而採取由上而下決策模式的結果，卻是以犧牲公民參與作為代價（Dye, 2001: 1-2）。

　　授權菁英由行政官僚、專家甚或是民選代表全權處置與統一指揮，雖是不可避免的權宜之計，惟問題癥結在於這些菁英是否有足夠的智識，承擔制定與執行政策的重任？如果菁英能夠在廣泛的議題上，充分回應人民需求，且將此轉換為政策，那麼吾人認為菁英統治仍是符合民主的，惟在實際政治生活中，往往不是如此。

　　首先，就民選官員而言，由於現代民主社會無法實施直接民主，因而由其代表選民負責政策的制定和執行。故民選官員在決策過程中，享有相當的自由度，可以自行取捨金錢、財貨或服務的數量，以及品質與成本間的考量。儘管如此，民選官員卻經常面臨兩難的困境：如何在促社會公益與選區選民利益間做抉擇。理論上，民選官員的職責應是為民喉舌、化解衝突以及促進合作；惟面對連任因素的考量，往往使得最後的政策選擇偏向照顧選區利益，而將政策成本轉嫁於整個社會（Mayhew, 1974）。尤有甚者，一些重要但無利於選舉的議題亦常被擱置未能妥善處理，以致無法制定出適當的政策，達成解決問題的目標。

　　其次，由於行政官僚能力及知識的侷限性，決策者常延攬專家學者參與決策過程，冀望藉助其專業能力與知識，提供政策相關資訊，俾以制定有效的政策。不言可喻，以專家學者的素養足以提高決策的效率與效能；但專業學者的視野畢竟有其侷限性，未能與決策權力結構和社會主流價值相契合，導致專業分析的結果，未獲採納（林水波，1999a：42-5）。針對此點，C. E. Lindblom曾剴切指出，期盼以專家分析的結果來完全取代政治互動，將是不切實際的想法，且有其危險性（1959: 79-88）。

　　專家學者欲提出有效的政策分析，除了必須以民眾和國家機關的需求為依歸之外，另一方面則是要體認政策分析有其侷限性的事實（Lindblom & Wood-house, 1993: 13-22）。話雖如此，專家學者卻常利用其專業知識取得權威、

甚至權力（例如醫生運用醫學知識，法官運用專業法律知識），來宰制社會價值的分配；如同另一類的「專業知識專制」（tyranny of expertise），不僅對一般人民的基本權力與尊嚴造成傷害，更衍生許多社會不公平問題（Stone, 1993）。

最後，就行政官僚而言，除了少數政策之外，幾乎每一項政策都有行政官僚的介入，其對政策執行更是擁有實質的影響力；但不可避免地，也面臨同樣甚或更嚴重的治理問題。國家機關為了解決政策問題，常將該項責任交付特定行政部門。在傳統行政官僚體系中，主要是透過層級節制的方式，由下而上逐級向上負責，直到組織的最高層級為止。依常理判斷，此種組織設計應可權責相符，提高服務績效，但問題癥結在於正式結構之上，還有許多非正式的政治酬庸結構。在重視上令下從的權力關係環境下，經常使得官僚組織未能發揮應有的功能。

另外，一些相關的問題，例如代理人輕忽道德致使授權人蒙受損失、服務產出的難以計算、僵硬的文官體系導致缺少競爭力以及缺乏競爭造成沈澱成本（Weimer & Vining, 1992: 131-6; 張世賢、陳恆鈞，1997：100-8），這些均使得人民對行政官僚普遍抱持負面印象，諸如：缺少活力、無能、浪費、徇私舞弊、規避責任以及管理失當（Wilson, 1989: v）。更糟的是，在面對課責時，能夠坦然直言不諱者更是屈指可數。種種現象不禁令人感嘆，更印證了行政官僚係一部難以有效控制運作的機器（Hummel, 1987: viii）。

總之，上述三個面向說明菁英統治無法發揮應有的功能，反而導致程度不等的政策失靈，不但整個政治系統因而受到傷害，對民主與明智的決策無異構成另一項威脅。

（二）主權在民虛擬化

民主政治的本質係以人民為主，強調凡是與人民權利、義務休戚相關的政策，須以民意為依歸。從現代憲政民主的理念觀之，政府存在與統治正當性的基礎是人民主權（popular sovereignty），亦即政府的權力來自人民，政府因為人民而存在；更重要的是政府必須在人民的知情同意下，方可行事。S. P. Huntington就明確指出，「在民主國家中，擴大一般公民參與的行為，將可提高人民對政府的控制」（1968: 34-5）。此一觀念隨著時空的遞移，到了1990年代參與式民主（participatory democracy）已逐漸受到重視，一些強調公民參

與的理論或觀點，例如社群主義（communitarianism）以及商議式民主（delibe-
rative democracy）成為學者競相研究的主題。前者主要係指在同一個空間地
理環境內，一群具有文化價值歸屬感的民眾，基於共享的自我理解以及相互承
諾，為達到公善（public good）目標所形成的共同意識；後者則是指一個社群
中的公共事務處理，主要是藉由內部成員經由共同深思熟慮之後，加以決定的
一種過程。就本質而言，兩者皆嘗試透過公民對公民資格有自主性的體認，
認知本身的權利與義務，進而發揮「謙恭明理」（civility）的精神關懷公共事
務，協助政府共同思索公共問題，尋求解決之道。

　　參與式民主之所以受到重視，主要是基於代議體制無法充分回應人民的需
求甚至悖離民意，而設計出的一種補救之道。在著重參與的體制下，人民對公
共事務的處理，抑或是政策的規劃與執行皆享有平等參與的機會，並依據公共
利益的考量進行政策討論。基此，人民擁有表達對相關政策意見的機會，不同
階層的利益能夠受到考量及保障（Kernaghan, 1986: 7-10），國家機關亦可藉
此獲得人民的支持，進而提高統治正當性以及政策合法性。

　　由上述說明可知，公民參與對國家機關的政策推行極具重要性，但鮮少有
國家機關對其加以重視，將公民納入決策系統之中。歸結原因，除了前述提及
的國家機關與公民團體缺乏信任感以及行政官僚不願調適心態之外，尚有下述
三項原因（Smith & Ingram, 1993: 5; Kweit & Kweit, 1981: 96-9）：

(1) 缺少相對應單位

　　公民對特定的公共事務，即使有心奉獻一己之力，卻因不知明確的承辦單
位，致使民間資源無法迴向於國家機關；國家機關亦因此而無法尋得適當管道
傳遞訊息或尋求協助。這種情形自然無法凝聚不同力量，形塑夥伴關係，產生
綜效（synergy）（Covey, 1992; Evans, 1996 & 1997b）。

(2) 增加社會不公平性

　　社會、經濟、政治地位的不相同，會導致公民在資源以及資訊管道的取得
有所差異。一旦開放參與，將使得擁有較多資源與訊息的個人或團體居於優
勢，而對政策具有較多的影響力。此種現象，容易使社會弱勢者產生相對剝奪
感，若無法適時獲得疏導，日積月累將會引發社會衝突。

(3) 政策利害關係人並不熱衷

　　除了上述制度與結構因素之外，缺乏相關知識或以往不愉快的參與經驗，也使得政策利害關係人對公共事務的參與較為消極，甚至對與切身相關的事務亦漠不關心，任由行政官僚主導決策過程。

　　上述三項原因造成國家機關質疑公民參與的必要性，而不願意在政策設計上多付出一些心力，甚至無任何意願開放多元參與管道及機會，以致主權在民的精神僅流於形式、口號，無法具體落實。

（三）跨領域管理不彰

　　由於公共事務日趨複雜，單憑國家機關力量無法有效解決所有問題，必須依賴公民社會資源的投入。雙方如果能夠在互信、互賴的前提下，共體時艱、真誠合作，將可發揮乘數效果，順利達成目標。針對此點，眾多學者嘗試運用「綜效」（synergy）、「合產」（coproduction）、「協力」（collaboration）、「夥伴關係」（partnership）以及「相互授能」（mutual empowerment）等觀念，倡議國家機關與公民社會透過合作將可產生互利的效果（Putnam, 1993a; Ostrom, 1997; Mandell, 1999; Evans, 1997b; Covey, 1992; 吳英明，1996；江明修，1997 & 1999；林水波，1999a：276）。儘管如此，國家機關與公民社會之間的合作結果卻不盡理想，主要緣由有三點，逐一說明於後：

(1) 規模過大

　　國家機關管理的公共事務的範圍過於龐雜，加上國家機關本身治理能力的不足，因而產生許多政策失靈的現象。雖然學界相繼提出參與式民主觀點，試圖化解此一困境，然而，大規模的政策論述以及過多的社群參與，常常使得參與者喪失共同意識與責任感，無法獲得解決問題的共識；即使勉強尋得解決之道，也是窒礙難行，難以達成預期結果（Fowler, 1991; Habermas, 1984）。就社會層面而言，人民長久以來養成處處仰賴國家機關政策來解決問題的習性，卻忽略了自身所擁有的資源。在此情況下，國家機關必須增設部門，俾以處理人民所提出的需求；然而，結果經常是問題未能徹底解決，反而形成一個惡性循環。由此可知，過多的服務對象以及人民過分依賴是導致國家機關規模過大的主因，連帶造成政策目標難以貫徹。

(2) 相距甚遠

與前述因素息息相關的是,國家機關刻意與公民社會保持距離,使得公民社會無法表達需求或影響政策。公民參與的動機雖然主要是意圖影響政策決定,但不可否認的,亦可能含有自利的動機。但這並不意味公民參與對政策執行毫無助益;相反地,隨著教育水準的提高,公民社會已具有足夠的政治知識,去陳述關鍵的問題層面,評斷解決問題的政策工具之妥當性(Schneider & Ingram, 1990: 77-101)。事實上,公民社會擁有相當多對政策執行有助益的知識與訊息,而這些往往是行政官僚所欠缺的。如果國家機關願意與公民社會共同合作,不但可以減輕國家機關政策執行的成本,更可降低政策目標困難度;反之,除了使問題益加複雜化之外,也使得公民社會對國家機關達成政策目標的能力,抱持懷疑態度,進而削弱國家機關的統治正當性。

(3) 相互敵對

國家機關與公民社會之間若存有不同的政策價值觀,雙方的思維方式自然產生差距。針對此一現象,解決之道便是透過對話機制或運用公共關係,化解雙方歧見,尋求政策承諾以及行動支持;相反地,如果國家機關與公民社會各自堅持立場,互相批評對方行為,自然無法客觀地為對方設想。在相互敵視情境之下,政策執行結果將是雙輸的局面,不僅有損國家機關的威信,更會造成層出不窮的群眾自力救濟事件。

由此可知,國家機關與公民社會的關係是一體兩面。在政策執行過程中,雖然各自扮演不同的角色,但為提高政策執行效果,雙方應有合作共榮的體認,共同分擔責任且相互授予權力與能力,如此方可達到政策雙贏的最佳結果。

(四) 政策工具失靈

產生治理危機的最後一項原因是政策工具失靈。眾所皆知,政策目標的實現有賴政策參與人員選擇適當的政策工具。而政策工具的選擇本質上乃是一種思維取向,亦即決策者在衡量決策情境、理性思考後,再決定採納何種工具,以期解決政策問題。是故,政策工具是否能解決政策問題,常取決於決策者對政策工具與政策問題間契合程度的判斷能力。

而政策工具的選擇之所以造成治理危機,主要原因在於政策執行係一眾多行動者參與的過程;每位行動者或多或少擁有自主性,在集體行動過程中行動

者存有互賴關係，必須緊密合作方能成就目標。然而，每位行動者對政策工具選擇的判斷能力不一，以致人言言殊。因此，國家機關必須經過協調、溝通，形成共同見解，方能克盡其功；反之，如果參與行動者堅持本位主義，以各自單位的利益做為政策工具選擇的依據，勢將無法以整體觀進行資料蒐集與政策研擬。毋庸多言，在政策目標與工具基本條件不相符合的情況下，政策目標的實現將如同緣木求魚一般。

　　綜合上述的討論，吾人大致明瞭治理危機的產生，根本原因在於國家機關未能擁有一個穩固的治理結構。由於政策執行是在治理結構中進行與完成的，因而有必要探討治理結構的意涵。是以，下一節將先探討治理的要義，以做為說明本文治理結構及相關假定的基礎。

第三節　整合型理論的意涵及假定

　　眾所皆知，國家機關必須具備良好的治理能力方可維持政治穩定以及社會秩序。而治理能力的高低，則有賴職司機關（亦即治理結構）在推動政策時，可以明確認定政策問題、適當運用所擁有的資源以及選定正確政策工具，完成政策目標。由此可知，治理能力高低與治理結構運作係息息相關。職是之故，以下將先釐清治理的定義，爾後再提出一個研究治理能力的架構，以做為後面各章的討論重心。

一、治理的定義

　　英文中的治理（governance）在古希臘文與拉丁文中有指導（guide）以及駕馭（steering）之意（Jessop, 1998: 30），且常與政府（government）一詞的意涵相互運用。就結果而言，治理是創造有利於秩序維持及集體行動的條件，因而與政府並無多大差異（Stoker, 1998: 17）。然而，我們卻不能由此深一層瞭解治理的功能及本質，因此參考其他學者所下的定義。

　　事實上，政府與治理是兩個不相同的概念有加以澄清的必要。B. G. Peters曾嘗試做一區別，認為政府指涉意涵為傳統公部門的制度安排與決策過程，而治理僅為社會提供另一思考面向（Peters, 1997: 51-2）。筆者大致贊同此一觀點，但仍試著對治理的觀念與定義做進一步的探討。

　　綜觀現有的相關文獻，由於學者研究角度與基本概念的不同，致使對治理的定義亦有不同的主張與解釋。例如J. Kooiman就明確指出：治理是從統治（governing）過程中所發展出來的一種模式，主要是充當指導與駕馭社會的一種手段（1993: 58）。而A. Gamble所持的觀點則與柯意門相似，認為治理為一個過程，代表政治系統的駕馭能力（2000: 110）。相對於柯意門與坎伯爾的見解，M. C. Smouts提出不同的定義，其認為治理具有四項特質：（一）它不是政治系統，也不是活動，而是一種過程；（二）強調相互調適（accommodation）關係，而非宰制（domination）；（三）同時包括公私部門；（四）強調持續的互動（1998: 84）。此外，史托克（Stoker, 1998: 19-26）亦提出五項關於治理的命題：（一）治理包括政府與非政府部門的行動者；（二）在處理社會及經濟議題時，責任與界線的界定並不是非常清楚；（三）在集體行動中，行動者彼此間存有權力互賴的關係；（四）治理係一個行動者擁有自主性且自我管理的網絡；（五）治理強調國家機關運用新的政策工具或技術來指導或駕馭以成就目標，而非一味依賴權威或命令。柯意門嗣後又提出一個較為貼切的定義，認為治理為一制度安排，不僅有助於解決日趨複雜的社會問題，更可透過公私部門行動者的密切互動，創造一個有利於治理活動的社會制度環境（2000: 138-9）。

　　從上述學者對治理的定義，我們大致可針對治理與政府之間的差異做一比較，如表4-1所示。再者，雖然過去學者無法提供一個全觀性的定義，但吾人不難發現治理所隱含的基本內涵為：（一）政府意涵的改變；（二）統治的新過程；（三）既有的管理規則面對一個變遷的情境；（四）統治社會的新方法（Rhodes, 1996: 652-3）。由此觀之，治理的部分觀點挑戰了傳統政治學的基本要義，以致制度研究出現許多矛盾衝突（Stoker, 1998: 19）；尤其是國家機關與公民社會以及機關內部層級間關係的改變，使得政策運作出現許多非預期

表 4-1　治理與政府觀點的對照比較

	治　理	政　府
特質	強調過程	強調制度
參與者	公、私部門（第三部門）	公部門
參與者關係	權力互賴	命令服從
領導方式	注重指導	注重權威

資料來源：作者整理

的變數。就此而言,一個具有治理能力的國家機關,除了必須充分掌握機關內部的情況外,為了做出正確決定,尚須有效整合治理結構的所有力量。

進一步言之,治理結構在政治系統中除了負責政策執行之外,亦決定了參與者的角色及彼此間的溝通。由是觀之,任何與政策執行相關的事項,若能與治理結構相互配合,方可發揮預期的政策效果。不過,治理結構本身並非固定,而是隨著問題本質以及政策環境的不同而有所差異。本質上,治理結構主要涉及(一)哪些人有權力或需要去參與執行;(二)參與者如何互動;(三)確定哪些要素構成一個決策(Hult & Walcott, 1990: 9)。基於此一觀念,本文將「治理」界定為「國家機關與公民社會共同組成一個執行結構,並經由相互協商與互動過程,建構執行共識以及有效的執行行為,諸如執行機關與標的團體的認定、執行工具選擇、執行過程的設定以及執行期限的估計等等」。

在執行結構中,國家機關與主要社會團體之間有多元制度性協商管道,透過廣泛討論,兩造對於政策目標的擬定以及政策工具的選擇大致能夠取得最後的政策共識。國家機關與主要社會團體在治理互賴模型中有多種合作方式(Weiss, 1998: 73-9):(一)由國家機關制定明確目標,社會團體爭取國家機關的財政補助,以達成政策目標;(二)由國家機關主動提供相關資源以協助社會團體達成目標;(三)由社會團體自行管理達成目標,並承擔所有風險,國家機關主要扮演協調者角色;(四)由國家機關與主要社會團體組成政策聯盟。無論是採取何種方式,國家機關與主要社會團體在治理互賴模型中並未有主導者與追隨者之分,亦即可由任何一方從事協調與整合的工作。儘管如此,此項工作在大半國家係由國家機關承擔,主要是為了克服集體行動所產生的困擾以及政策推行時所遭遇的非預期因素。更重要的是,國家機關擁有相對較多的自主性、政策知識與資源以及新的技術來降低政策執行風險。

總結上述對治理觀念的界定,可知參與者在相互依賴的制度性連結下,係以互信為基礎,相互合作、共同協商以成就目標。如此一來,治理結構中的每個參與者在權力分享下,對於被授權範圍內的事項擁有自主性。因此,參與者彼此之間係屬合作夥伴,而不是授權人與代理人關係(principle-agency)。換言之,在國家機關導引下,參與者對相關業務的處理方式可以自我管理,並經由反思理性(reflexive rationality)進行自我監督與評估,同時調整執行方式,俾使政策目標得以達成(Jessop, 1998: 35-8; 林水波,1999c:21-66)。

準此以觀,政策若能在一個有效的治理結構內進行,則較易取得政策正當性,得到社會支持的程度也相對增加,連帶也提高了國家機關的統治正當性。

其次，執行人員與機關必須具備足夠的能力來設計與執行政策，方可取得社會團體的行動配合，無形之間使得政策更具公開性及課責性。最後，由於社會團體也是治理結構的參與者，對政策執行效能的提高將有極大的助益；透過他們的參與，不僅可協助國家機關改善以往政策執行不當所造成的資源浪費，更提供經驗以做為政策設計或政策工具選擇的參考，如此將能避免政策重蹈覆轍，徒增額外的成本。

二、治理互賴的分析模型

參酌相關的治理文獻，以及釐清治理與治理結構關係後，我們提出一個影響政策執行的治理互賴模型（參見圖4-1）。顧名思義，治理互賴強調國家機關與公民社會各自享有自主性，不過基於目標的達成，兩造必須在互信、互賴情況下，相互合作、共同協商。根據此一觀點，國家機關欲有效執行政策，必須先建立一套明確的治理結構；在此結構一方面與國家機關能力有關，另一方面則與公民社會所擁有的社會資本有關。

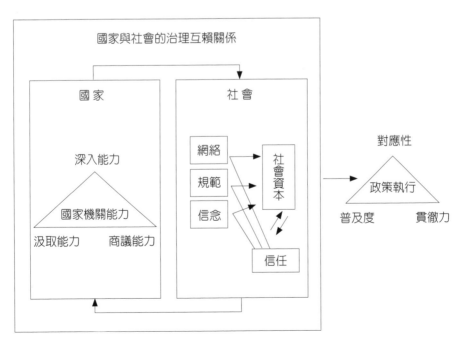

圖4-1　治理互賴與政策執行

資料來源：作者整理

　　很顯然地，國家與社會的治理互賴並不是以國家機關為中心，強調國家機關是一個獨立的行動者；相反地，此一互賴關係並不忽略社會力量，同時強調政策係由國家機關與主要社會團體共同協商而成，並非由行政官僚單獨決定。事實上，在政策問題日益複雜情況下，政策執行必須跨越公私部門的分界，而在國家機關與公民社會之間形成一個制度連結。但相連結並不表示國家機關將失去權力，而是在國家機關主導下，雙方基於互惠原則而合作。在此種情況下，國家機關將可獲知社會的重要訊息，且可動員相關社會團體，藉以提升政策執行力。同樣地，社會團體亦可藉此與國家機關保持聯繫，取得政策協商機會。由此可知，治理互賴的力量經常隨著公私部門的緊密合作而越強。基此，一旦公民社會影響力越強時，不可將其視為國家機關能力相對降低；它們反而強化了國家機關的能力基礎，提升其政策執行能力。

　　一般而言，治理能力的高低，除了端視國家機關與公民社會的通力合作之外，尚繫於治理結構如何因應內外在政策環境的變遷。不可諱言，政策環境對政策執行成功與否，亦有重要影響力。不過，本文重點在強調國家機關與公民社會於政策執行過程中，如何形成一個有效的治理互賴結構，方可克服執行困境。是以，政策環境並不在本文的分析範圍之內，只有治理結構與政策環境互動所產生的影響，方會被納入探討。

　　本章所提出的治理互賴模型主要是植基於四個基本假定，茲逐一分述如下：

（一）強調公私部門間存有互賴關係

　　對照於傳統的政治觀點，治理顯然是將私部門與第三部門逐漸納入公共服務的提供中。換言之，以往國家機關獨自承擔的責任，現在已由公私部門協力合作、共同分擔。然而，兩者間的互賴關係與一般所言的互賴觀點並不相同。後者係指國家機關因為擁有權威與權力，掌控著社會團體所需要的資源；因此，社會團體必須依恃國家機關的恩惠，藉以獲取所需資源，以達成政策目標。同樣地，社會團體的支持對國家機關合法權威的維持亦是相當重要，因此國家機關會設法給予特定團體某種恩惠，以換取他們的政治效忠與支持。然而，此處所指的互賴，係指在集體行動中，國家機關扮演協助者（enabler）、催生者（catalyst）以及允諾者（commissioner）角色，與主要社會團體彼此形成夥伴關係，並經由協商取得政策目標共識，絕非居於宰制的地位。是以，國

家機關與公民社會在治理結構中的關係將會發生實質改變，但這並不表示國家機關能夠規避治理的責任。事實上，基於主權與課責的特性，國家機關仍是主要的行動者，只是角色有所調整（Pierre & Peters, 2000: 48-9）。

（二）強調成員持續互動

政策執行係一複雜的聯合行動，而執行結果的良窳，端賴治理結構的成員能否開誠布公、密切互動，形成一個命運共同體。唯有這樣，方能釐清問題，建立政策共識，更可藉此交換所需的資源。首先，互動對關鍵問題的掌握以及最後共識的取得有極大的裨益，除了能有效解決問題外，亦可防止問題的擴大或蔓延。如此一來，將有助於人民建立政策信心。其次，互動亦能影響資源取得的程度。廣義而言，資源包括：人力、物力、資訊、設備與權威，不論是何種資源，均是實現政策目標所不可或缺的要素。然而，公私部門所擁有的資源均屬有限，所以必須建立一套解決機制，提供雙方獲取所需資源的管道。事實上，這項機制就是以互動為基礎。一旦雙方互動往來頻繁，將使得治理結構成為具有開放性，有利於各項資源的流動，不至於因為資源的匱乏而無法成事。

（三）強調成員的自主性與自我管理

如前所述，治理結構中的成員均有自主性，而非事事仰賴決策者的決定。一旦成員具有自主性，將可發揮權能感，針對治理結構的執行結果進行反思性的評估與監督；並可進一步根據情境的變化或組織的需要，自行調整本身的發展方向（Rhodes, 2000: 346; 1997: 53）。此種自我管理機制將可彌補授權人與代理人關係的不足，尤其是授權人對代理人的行為僅能獲得部分訊息而無法全部掌控。蓋在此一治理互賴模型中，主要是透過多元參與者的討論與協商取得政策共識。但要強調的是，此一關係的維持仍需要國家機關的導引或指導，如此方可避免私利的競逐及投機行為者的不良意圖（Lim, 1998: 472; Weiss, 1998: 38）。

（四）強調植基於信任的制度化管理規則

政策執行障礙之一乃是參與者間難以取得一致的見解。由於每位參與者隨著時間與經驗的累積，養成一定的思考模式而持有不同的政策主張，自然極易產生爭執衝突。因此，治理結構能否有效運作有賴正式與非正式管理規則的建

立。管理規則如能明確的訂定,治理結構便可根據共同接受的規範解決衝突,不至於因為間隙的存在,而延誤或破壞集體行動。再者,管理規則如能制度化,將可避免人治專斷的情事發生,真正發揮監督功能,協助治理結構控制非預期的行為,並進一步協助成員瞭解本身的責任與義務以及所要扮演的角色(吳濟華,2001)。更重要的是,此一管理規則是建立在彼此互信的基礎之上。參與者對管理規則若存有信任之心,便會基於公共利益的維護,全力遵守管理規則,進而形塑一種和諧感通(sense of community)的環境,真誠奉獻一己之力,承擔份內責任(Leana & Van Buren, 1999: 541-2);反之,則會出現排斥、甘冒風險悖離規則的情形,引發不可收拾的嚴重衝突。

　　歸結而言,治理能力的強化不論是對維持政治穩定、持續經濟發展以及維繫社會和諧都有其必要性。而職司其責的治理結構是否能夠有效運作達成政策目標,則有賴公私部門間互賴關係的建立、成員持續互動的強化、成員自主性與自我管理的落實以及制定一套植基於信任的制度化管理規則。面對今日國家競爭力日趨衰微,如何透過公私部門的治理互賴,解決傳統行政官僚效率不彰的問題;同時致力於執行過程的創新與改革,以提高治理結構的能力,實為全體人民所應共同省思的課題。

第四節　整合型理論的特質

　　綜合以上對治理和治理結構的分析,吾人大致可歸納治理互賴模型的特質具有如下七點:

一、鋪陳思維變遷

　　本章所提出的治理互賴模型與前述的國家中心論及社會中心論不同。國家中心論認為政策執行乃是一個由上而下控制過程。這種強調層級節制的觀點,最大特徵是任何成員的行為在執行過程中皆受到國家機關的制約,並未授予足夠的自由裁量權,且運用各種命令法規等措施要求標的團體採取配合行動。姑且不論其執行效果如何,在缺乏政策回應性的情況下,政策規劃結果充其量僅反應決策者的意圖,卻與公民社會的期盼有著極大的間隙,無形中增加了執行的困難。反觀社會中心論所主張的由下而上模式,認為執行過程中應擴大參

與、充分授權，如此雖然較易取得公民社會和基層執行機關的行為順服，但殊不知因為忽略或低估中央決策者的影響力，以致在政策執行過程中，不斷出現權責不清、重複投資、目標替代等非預期結果，從而使得政策目標無法實現。如前所述，本文所提出的治理互賴模型主要試圖整合上述兩種模式，以新的治理觀念掌握治理結構中成員的行為，故可以視為一種思維方式的變遷（Kooiman, 1993: 6）。

二、跳脫次佳陷阱

國家機關在競爭環境中，為了應付內外環境的挑戰，將會逐漸發展出一種有利於生存的結構，我們稱之為結構慣性（structural inertia）。此種慣性在環境變遷不大時，尚能夠發揮一定的用處：降低不確定因素的影響以及適應環境所必須付出的成本（林水波，1999b：55-82）。然而，結構慣性並非全無缺點。其中，較為顯著者是隨著時間的累積，會導致政策不易變遷（包括更改或終止）。更糟的是，決策者常以慣性的思考模式來處理新問題。而這種決策方式所產生的政策將是次佳化的，無法達到預期的目標。

事實上，公部門落入此種決策陷阱的情況是不勝枚舉的，諸如過分依賴以往的知識與經驗、對問題持有偏見、以決策者偏好取捨問題、未評估即決定方案等等。這些決策陷阱非但不能解決問題，反而製造更多的問題（Ridley, 1996: 16）。然而，這種治絲益棼的情形，在公私部門協力合作、集思廣益取得最後政策共識的情況下，將可獲得明顯改善。深究其因，乃是在治理互賴模型中，每個成員皆享有實質自主性，因而能夠暢所欲言、抒發己見；而問題的解決，更可透過諮詢協商方式完成。是以，所決定的方法泰半能夠因應情勢的變化，而避免上述次佳化決策的陷阱。

三、強調夥伴關係

治理能力的提升並非單靠國家機關能力便一蹴可幾，而須透過公私部門集體努力，才能形成一股力量來支持治理結構、推動政策。換言之，國家機關如能與公民社會建立夥伴關係，則經由雙方的對話機制與互動往來，將會日漸產生信任關係，不僅較易化解雙方歧見，取得政策共識，進而提高公民社會對政策的承諾與行動支持；且透過治理結構成員的通力合作，產生增強與互補的作

用，對政策執行將產生不同的效果（Denhardt & Denhardt, 2000）。

四、互補彼此不足

國家機關與公民社會在治理互賴模型中並非全無發生衝突的可能，而是同時具有合作與競爭的性質。這種性質會隨著政策問題的性質而有所改變，並無一定的形式。大抵上，一旦國家機關與公民社會之間能夠相信（一）彼此持有的共同期望；（二）對方具有能力採取達成期望所必要的行動；（三）對方具有意願為共同期望努力，將可建立信任感（Aldrich, 1995: 97），進而經由積極的手段與措施，互通所需的資源；甚至將完成某事的權力與能力賦予對方，使其具備達成任務所需的條件。此種相互授能（mutual empowerment）的主要目的，乃是使被授能的對象具有充分能力進行自我管理與自我監督來成就目標（Evans, 1997a）。治理互賴模型中的「互賴」，即是強調藉由彼此分工與功能互補的方式，形成合作共榮的互惠關係。

五、擴大執行幅度

執行幅度意指國家機關能力的具體表現或成果，主要包括三項指標：政策對應性、政策普及度與政策貫徹力。約略而言，政策對應性係指國家機關所推動的政策，依照原定政策內容付諸實現的幅度；政策普及度係指國家機關所採行的政策是否使得政策標的人口得到實際服務；政策貫徹力係指國家機關所推動的政策達成預期結果或影響的程度（Schneider, 1982）。大體上，國家機關能力越強，政策執行幅度亦隨之增加。而國家機關能力的高低大致可由基礎結構力量（infrastructural power）的三個面向加以判斷：深入社會能力、汲取資源能力以及與社會團體的商議能力。基礎結構力量與操作性權力在本質上並不相同（Mann, 1986），主要差異在於後者主張國家有能力規劃自身所欲追求的目標，並有能力去控制社會使其發展結果能符合國家當初的預期意圖；換言之，其在本質上是一個專制性權力，產生的結果將是零和賽局。相反地，基礎結構力量強調經由集體協調產生政策，結果並非是零和賽局。國家機關建立基礎結構力量之後，便可將其轉換成治理能力（Rosell, 1999: 49-51）。由此推論，基礎結構力量越強，意味著國家機關總體能力亦隨之增強，連帶擴大了政策執行幅度（有關此論點，下一章會有若干討論），反之亦然。

六、重視社會資本

　　前述提及，公私部門建立信任感，將可互補彼此的不足，有利於政策推行。事實上，信任感亦可蓄積社會資本（social capital）。社會資本主要植基於團體成員間存有互信關係。在有效規範約束之下，成員彼此具有對等互惠的信念，因而有助於集體目標的達成。由此可知，社會資本是一種稟賦（endowment），並且是一種屬於社會共享的資產（Nahapeit & Ghoshal, 1998: 256）。公民社會如能蓄積充足的社會資本，勢必有利於政策目標共識的凝聚以及增進治理結構的和諧氣氛。

七、強化互動密度

　　治理互賴模型最後一項特質，乃是有利於國家機關與公民社會的互動。F. Fukuyama（2000）曾一針見血地指出，信任是促使任何團體運作順暢的潤滑劑，國家機關與社會團體如能建立信任關係，形成工作夥伴，將可透過相互授能以互補彼此的不足。一旦雙方領略「合則兩利，分則兩害」的真諦，便會努力營造和諧感通（associability）的環境（Leana & Van Buren, 1999: 541-2）以及建立休戚與共的意識。這種情況自然增強雙方的凝聚力，以同理心及負責任的態度承擔各自的角色與義務，同時採取友善互動方式來取代激烈抗爭，以化解雙方觀點的歧異。

　　總而言之，由上述治理互賴模型特質的說明，吾人大致明瞭國家機關與公民社會若能夠相互融合、協力合作，不但有助於提升國家機關的能力以及蓄積社會資本，更能共同組成一個具有治理能力的治理結構，對政策執行結果將可發揮乘數效應；反之，雙方若是以本身的立場或利害狀況作為採取行動的主要考量，難免發生相互衝突的情事，終致使得政策執行的間隙擴大。

第五節　結　語

　　面對一個複雜、動態且多元參與的環境，國家機關著實很難持續以往的管理方式，必須摒棄以往的單向（由上而下）統治，轉而採取注重雙向互動的治理方式，如此方能降低治理危機情形的產生（Kooiman, 1993）。基於這樣的認知，本章嘗試提出一個治理互賴與政策執行的分析架構。

　　圖4-1顯示，治理結構係由國家機關與公民社會共同組成。關於執行目標共識以及有效執行行為的決定，主要是由雙方透過協商與互動過程所形成。是故，一項政策能在具有治理能力的結構中執行，其所產生的效應，絕非由上而下或是由下而上模式所能比擬。

　　再者，國家機關與公民社會雖享有實質自主性，但為達成目標，兩者必須分工與合作。就國家機關而言，必須加強基礎建構能力，亦即深入社會能力、汲取資源能力，以及與社會團體的商議能力。如果具有足夠的基礎建構能力，國家機關的政策表現，不論是在回應性、適應性、彈性以及創新性，均能與時精進。另一方面，公民社會如能建立信任關係，進而蓄積充足的社會資本，將可做為政策支持的儲存器（reservoir）（Montgomery, 2000: 227），有助政策目標的凝聚，減少協調的困難。除此之外，更能激勵民眾願意奉獻一己之力於政策執行，提供另一種形式的政策資源。雙方若能進而形成夥伴關係，則在互信基礎上，將可彼此截長補短，發揮綜效（Covey, 1992; Evans, 1996），明顯改善政策執行在政策對應性、政策普及度與政策貫徹力三方面的表現，連帶提高國家機關的行政績效。

　　根據上述的討論，接下來三章將以治理互賴模型做為藍本，首先探討國家機關能力對國家發展以及政策執行的影響，其次則分析社會資本對公民社會以及政策執行的影響，最後則討論國家機關與公民社會資本如何相互影響，並進一步鋪陳，國家機關與公民社會若能夠立於平等互補地位，彼此匡正偏差與互補不足，將可發揮綜效，對政策執行結果產生極大的助益。

第五章　國家機關能力對政策執行之影響

第一節　導　論

　　在第四章中，我們提出了治理互賴與政策執行的架構，並且從討論中得知，政策欲有效執行端賴兩大要素：一是國家機關應具備充分的能力，方能處理錯綜複雜的問題；另一是社會團體必須蓄積豐沛的社會資本，才能支持與協助國家機關推動政策。唯有這兩項要素相互連結、合作，國家方有機會突破環境的限制，達成政策目標。本章擬先探討機關能力對國家發展以及政策執行的影響，至於社會資本對公民社會形成以及政策執行所造成的影響，則留待第六章再予以分析。

　　關於政策執行的定義頗多，其中，C. O. Jones所給予的定義，乃是著重於一個方案實施的有關活動，主要包括：一、闡釋（interpretation）：將政策內容以一般人所能理解的名詞加以說明；二、組織（organization）：設立專責機關與工作方法來實現政策方案；三、應用（application）：提供服務、給付經費或其他方式將政策內容付諸實行（1984: 166）。顯然地，由此一定義可以看出，政策執行成敗與機關組織的能力息息相關。

　　雖然如此，大半政策執行理論僅強調國家機關自主性（或公權力）的重要性，甚少探討機關的能力。不言而喻，機關必須擁有自主性，方可按照既定政策行事；否則，自主性一旦逐漸萎縮或者喪失，機關將無法解決集體行動的困境，任由個人或團體競逐私利。不過，值得注意的是，機關一味追求自主性，將會忽略社會團體對政策發展的潛在影響，致使國家機關缺少足夠能力推動政策，引發社會不滿與不信任，最後還是會影響到國家自主性的強化。

　　再者，儘管國家機關具備高度自主性，但是在決策過程中，多少會受到國內乃至國際社會的壓力與約制；因此機關必須具備一定的能力，方可克服環境限制，有效制定與執行政策。事實上，國家機關的能力不僅影響政策目標的達成，對社會團體行為的約束以及社會資源的汲取亦有顯著影響力。有鑑於此，現今每個國家均設法提高本身能力，冀望成為一個具備回應性、責任性、代表性、可靠性與務實性的高效能國家（吳定，2000：6）。

　　在探討國家機關能力時，本章將強調在國家機關與社會團體之間，建立

一套明確制度安排（institutional arrangement）的必要性。此一制度安排，一
方面與國家機關的內部組織有關；另一方面則與機關和社會團體的連結關係
（linkage）有關。易言之，透過制度安排，國家機關不再將自主性視為有效執
行的唯一手段；相反地，機關可以釋出部分權力，同時經由政策網絡與社會團
體進行協調溝通，循序建立合作的執行體系，藉以提升機關的能力。

　　本章要旨在說明國家機關於政策執行過程中所扮演的角色。第二節將先探
討國家機關能力的定義以及特性。第三節則討論國家機關能力的類型。第四節
再分析國家機關能力的角色扮演，關於此點，擬分別由國家機關能力對國家發
展的衝擊以及對政策執行的影響兩方面詳加說明。第五節則是結論。

第二節　國家機關能力的意涵

　　1970年代中期，各國的國家機關能力普遍呈現衰退趨勢，尤其是在政策
能力方面更為顯著。歸根究底，主要因素有三（Peters, 1996: 1-3）：一、決策
風格受制於政治化與意識型態，因而對可資選擇的方案未能周全的搜尋與檢
視；二、財政困難導致缺少足夠資金推動新的政策；三、民眾對政府的信任程
度逐年下降，導致政策難以推動。面對此一情境，各國皆體認到發展已面臨瓶
頸，國家機關有調整的迫切性。一股行政改革風潮於焉形成，至今仍是如火如
荼的進行中。

　　因應而生的是，關於公共管理的專書逐漸受到重視，眾多強調實務改
革的報告陸續為學者所提出，比較受矚目的有「新政府運動」（Reinventing
Government）、「建立一個高效能政府」（Creating a Government That Works
Better and Costs Less）、「新政府運動：第五項調查報告」（Reinventing
Government: A Fifth Report Card）、「新政府運動的訓練」（The Reinvent-
ing Government Exercise）（Osborne & Gaebler, 1992; Gore, 1993; Moe, 1994;
Kettl, 1998）。這些改革方案雖然名稱各異，但是其內涵大抵聚焦於國家機關
必須革除傳統官僚體制弊端；此外，也效法私部門以市場機制為導向，採取新
的管理方法以有效運用資源，冀望國家在推動政策時能夠兼顧效率與效能兩大
原則。

　　就學理而言，相較於傳統重視層級節制的管理方式，新的管理方式明顯較
具彈性，因而能夠提高施政績效，回應人民的需求；但另一方面，以市場機制

取代部分國家機關功能來解決公共問題的方式，實有待商榷。探究其因，主要有下列四項：

　　首先，國家機關在本質上係以公共服務為主，迥異於私部門以營利為導向。其次，國家機關的政策必須先具備合法性，人民才會支持與配合政策，是以政策不得逾越相關法律或行政命令的範圍；反之，私部門的管理著重彈性、效率，較少涉及政治層面的考慮。再者，以市場為著眼點的政策執行，本質上是一種由下而上的執行模式，主張授予基層執行人員充分自主權與自由裁量權，以利執行人員能夠適應動態的環境變遷，採取權宜措施，建構適當的執行過程。然而，此一觀點並不適用於公部門，蓋公部門十分重視命令服從以及必須接受國會監督，因此大半採用由上而下的執行模式。最後，乃是這些新公共管理理論並未說明國家機關能力的意義及特性為何？以致我們無法得知國家機關在決策過程中係扮演何種角色。

　　不言而喻，在現實生活中，國家機關活動的影響性既廣且深。基此，吾人實有必要深一層探究國家機關能力的意涵。本節擬先對國家機關能力的不同意義做一探討，嗣後再論述其特性。

一、國家機關能力的意義

　　一般認為，國家機關的能力對國家克服政治、社會與經濟等障礙，以及提升其在世界經濟體系的地位具有相當關聯性（Rossem, 1995）。因此，如何提升國家機關能力，遂成為每個國家所追求的目標。然而，國家機關能力的內涵不一，致使學界對國家機關能力一詞的使用非常分歧。經過相關文獻的整理，大致可以歸類為四類，以下擬就四種類型扼要說明：

（一）將國家機關能力視為政策議價能力

　　此種觀點係強調社會團體（尤其是有組織性的利益團體）的影響力。這些團體或許基於（1）成員較多；（2）成員向心力較強；（3）團體利益強度較強；（4）具有較多資源與資訊；（5）社會地位較高；以及（6）具有制裁能力等因素（Self, 1985: 81），因此擁有較多的權力與影響力，而成為國家機關議價協商的對象。

　　無可諱言地，由於問題的複雜性與動態性，往往使得專家決策有其侷限性。補救之道乃是透過政策協商，釐清政策的目標以及執行的技術與程序。這

樣一來，國家機關權力的行使非但不會受到妨礙，反而由於能夠獲知政策利害關係人的意見，在政策執行時較易得到他們對政策的順從，相對提高國家機關的治理能力。

就此而言，政策議價能力在實施「社會統合主義」（social corporatism）國家中特別被強調。其主要特質為決策係由企業團體、勞工聯盟與國家機關所建立的「三邊協商」（tripartism）關係協商而成。國家機關經由承認這些團體代表的法律地位，提供政策資源以做為政策順從的補償，並可藉此控制總體經濟目標以及調節工業生產的目標（Katzenstein, 1978; Schott, 1984）。

然而，此種強調與主要社會團體的議價能力，同時賦予利益表達的壟斷性代表權制度，並不能完全適用於開發中國家。探究根由，乃是三邊協商關係在開發中國家尚未完全成形。事實上，多數開發中國家為防止社會團體的短視近利、競租行為和克服集體性行動的問題，大半不容許社會團體參與決策過程，以便制定國家經濟發展方案。因此，開發中國家並未真正積極的強化政策議價的能力，而是強調官僚的「一致性」（coherence）和「去政治化」（de-politicization），如此方能根據據國家機關的發展目標與利益，從事最佳方案的選擇。

（二）將國家機關能力視為一種強制力

此種觀點係以國家力量（strength）來解釋國家機關能力。具體而言，所謂國家機關是否屬於「強勢」（strong）抑或是「弱勢」（weak），端視國家官僚是否具備下列三項能力：（1）規劃及執行政策目標的能力；（2）改變社會團體行為的能力；（3）重新建構國內政策環境的能力（Krasner, 1978: 60）。

根據此一觀點，有些學者認為經濟發展成功的國家，諸如亞洲新興工業國家，泰半經由凝聚性的手段，將相關社會團體納入國家主導的經濟發展模式中。R. Wade即明確指出，強勢國家對於經濟發展具有莫大助益（1990: 337-42）。詳言之，由於強勢國家可以（1）保護本國經濟；（2）取得重要的資源；（3）將社會的經濟行動者組織起來，以配合國家經濟發展的需要（Rubinson, 1977: 9），因而具備能力達成既定的目標，且能抗拒社會主要團體的施壓反對。

不少學者更認為，威權式的政權較民主政權更能有效的採取一致性政策，也更有能力管理經濟發展（Haggard & Kaufman, 1989; Nelson, 1990）。基於

國家利益，這些國家的決策者經常以「統制領導」（dirigisme）的方式推行政策（Streeten, 1992: 17）；意即由國家採取干預，甚或是強制手段執行不受歡迎政策。這些政策的推行，不免會影響到社會既得利益團體的利益，因而招致強烈的反彈。不過，一旦經濟發展成功，此類政權在非民主國家亦可獲得人民支持，取得政權正當性（Moon, 1988: 83-4）。

　　惟上述觀點並未獲得實證支持（Dick, 1974）。雖然威權體制與民主國家相較，在經濟發展上較具優勢，但是在遭遇經濟成長不穩定或政治不安時，威權體制國家較無能力主動實施經濟穩定方案（Remmer, 1986）；反之，民主國家卻能夠提供更多嘗試新方案的機會，化解經濟危機所引發的政治動盪（Stallings & Kaufman, 1989: 205-12）。由此一角度觀之，強勢國家在國家政策的表現上，不論是在回應性、適應性甚或是創新性，不一定具有較高的能力。

（三）將國家機關能力視為國家政策工具

　　此種觀點主要強調國家機關如何善用政策工具，以期獲得政策相關團體的政策順服，進而與國家機關合作。由於政策工具的選擇對政策執行結果所造成的影響，並不亞於權力（Schneider & Ingram, 1990: 510; Salamon, 1981: 625），因此決策者莫不戮力搜尋適當政策工具，以取得相關團體的支持，並採取達成政策目標之有效行動。

　　關於政策工具選擇與後果的分析，已有多位學者詳加論述（Salamon & Lund, 1989; Elmore, 1987; Howlett & Ramesh, 1993; Linder & Peters, 1989; Schneider & Ingram, 1990; 林水波，1999a：210-48），在此不擬累述。惟於此所要強調的是，此一能力涉及到國家機關能否與特定團體建立特殊管道，以及制定相關政策的配套措施，例如開放或管制外國資本與商品進出口，以及相關的關稅、配額與政府補助措施等（Rossem, 1995: 20）。

　　上述的論點，我們可從John Zysman的說明得知梗概。Zysman認為，一個國家的財政體系與其是否能夠有效干預經濟具有因果關係（1983: 298-303）。詳言之，當國家主掌整個財政金融體系，國家官僚便可以憑藉貸款信用的取得或是價格管理，來調整企業所需資金的來源。因此，國家機關在制定政策時，便享有相當大的自主性與能力，而免於遭受相關企業團體的壓力影響。

　　雖然財政工具可促使國家機關與企業團體之間的合作關係更為順暢，惟部

分學者認為，財政工具充其量僅能解釋何以團體願意配合國家，卻不能反過來推論這就是國家能力的來源。誠如P. Evans所言，國家往往憑藉雄厚資金要求企業團體順服政策，然而，一旦國家機關缺乏充分資金，抑或是企業團體本身擁有充足夠資金，那麼國家機關再也沒有任何手段，足以要脅企業合作。如此一來，將導致國家機關無法干預經濟發展（1995: 38）。由此可知，在探討政策工具選擇時，萬萬不可忽略國家機關所追求的政策目標，以及國家機關所處的制度結構和系絡（Howlett, 1991: 6）。

（四）將國家機關能力視為鑲嵌自主性

此種觀點係強調國家機關的能力除了依賴國家結構本身之外，事實上，也牽涉到社會中有組織的團體。伊凡斯就扼要的指出，國家機關能力在經濟領域中是以一組「制度連結」（institutional linkage）為基礎，也就是說，既要求經濟官僚與特定利益團體相隔離，而有充分自主性來規劃其目標；另一方面在執行政策時亦期望官僚與企業建立合作的連結（亦即鑲嵌性）。這種看似相當矛盾的能力，對國家機關的政策推行卻相當重要：一方面可以確保國家機關免於被利益團體所虜獲；另一方面又能促使國家機關與相關的重要企業團體保持連結（1995: 72-3）。更重要的是，透過此一制度連結的建立，國家機關與企業團體便能針對政策目標進行溝通協調。

伊凡斯進一步認為，鑲嵌性與自主性必須緊密相連。當國家欠缺自主性時，縱使擁有優秀的官僚、經濟計畫與政策工具，也很難達成預期的政策目標；反之，鑲嵌性不強，那麼國家自主性充其量只是造就一個獨攬經濟大權的國家機關，對於國家發展而言，係百害而無一益。

根據經濟發展成功國家的經驗，伊凡斯發現它們的政府都扮演了類似Max Weber（1947）理想型官僚體制的角色。進言之，韋柏係從「政治控制」的角度來看待各種社會關係，而經濟權力最多僅居於輔佐地位。針對此點，伊凡斯並不支持此一強調隔絕於社會而形成的官僚自主性；相反地，他主張官僚制度應包含或鑲嵌於社會之中，並認為唯有官僚自主性與社會鑲嵌性相結合，國家方有發展能力（1995: 12）。

根據上述，我們大抵明白鑲嵌自主性提供了後進工業化國家新的發展途徑，使其在經濟轉型過程中，得以促進國家與社會團體的互動。然而，值得注意的是，鑲嵌自主性較強的國家在經濟發展成功之後，將會逐漸侵蝕本身的權

力基石，而「斷送本身的前途」（gravedigger）（Ibid., 165）。探究其因，乃是政策涉及利益的分配，許多特殊團體往往透過政治運作對國家機關施加壓力，以爭取對其有利的決策，形成政商勾結的利益壟斷，不但扭曲資源有效的配置，更導致政策未能符合公益原則。一旦社會團體累積雄厚資本，不再倚賴國家所提供的資源時，國家的支配能力逐漸降低，伴隨而生的是，社會團體反對以資本累積為主的經濟政策，並要求國家進一步實施重分配性政策。面對此一情境，國家機關必須從新的角度，審視本身的政策角色。如此，方能掌握發展成功後的新契機，提升能力因應新的問題。

　　討論至此，我們已經簡要說明四種國家機關能力的定義。雖然四種定義各有所長與所偏，但從中可以明瞭國家機關能力是一個非常含混的觀念，常隨著政策議題與負責執行機關的不同而有所差異。基此，本文將「國家機關能力」界定為「國家機關規劃目標，並且將其付諸執行的能力，主要包括決定政策目標的優先順序，動員所需的資源與人力，以及實現政策內容」。

　　不諱言地，國家目標有時因與社會特定團體的利益相抵觸而引起反對。此時，國家機關便需要自主性以期能夠追求本身目標，而不是完全反映特定團體的要求；反之，若無相當程度的自主性，必然導致其事事仰賴社會團體的行動配合或資源供應，最終淪為附庸受其約制。由此可知，欲提升國家機關能力，除了重視機關內部的制度安排外，其他因素諸如國家機關可以掌握運用的資源、機關成員的素質以及與社會團體的連結關係等，更是不容忽視的。

二、國家機關能力的特性

　　由上述國家機關能力的界說，我們不難發現國家機關欲有效執行政策，必須先擁有一套明確的制度安排。申言之，此種制度安排一方面與國家機關的內部組織有關；另一方面則與國家和社會團體的連結關係有關。此種強調發展政策是由制度性協商討論而成的觀點，顯然不同於國家中心論所強調的，將國家機關視為一個獨立的行動者有其意志與目標。而過分強調國家機關的功能，可能忽略社會力量及其他因素的重要性（Burkett & Hart-Landsberg, 1998）。衡諸現實，國家機關運用強制力執行政策雖然有效，但是在威權體制轉型為民主體制之後，國家政策再也無法由官僚單獨決定並付諸實行，而是由國家機關與主要社會團體經過廣泛諮商、協調而成（蕭全政，1998）。是故，欲使政策有效執行，長久之計應是適度讓社會團體參與政策制定。

　　誠然，此種方式將導致國家機關面臨兩難的局面：一是要維持政策的一致性；另一則是要考慮政策可行性。針對此點，學者所提出的解決方式不盡相同，惟皆共同強調國家機關需具備「發展型國家」（developmental state）的特質。

　　所謂「發展型國家」係具有下列特質（Johnson, 1982）：（一）國家機關的行動係以追求經濟成長和生產為主要目標；（二）以功績制徵募具有能力和紀律的技術官僚；（三）將技術官僚聚集於經濟機關以追求經濟發展為首要工作；（四）官僚和企業菁英透過政策網絡而緊密連結，有利於交換情報以制定有效的策略；（五）運用政策工具要求企業團體合作。

　　此外，亦有學者依據我國的發展經驗，提出四項發展型國家的特質：（一）擁有以優良技術官僚為主體的團隊；（二）國家機關內部有良好的溝通及協調系統，使政策具有整體性及延續性；（三）在經濟發展方針決定後，國家決策者不但充分授權技術官僚執行，而且能夠以其政治影響力排除外界壓力，讓技術官僚能在免於受到短期政治利益干擾環境下作成專業決策；（四）在政策執行過程中，國家機關與企業有良好溝通協調機制，惟國家機關仍保有其自主性，也就是能夠清楚判斷企業所提意見，並堅守公利優於私利的原則（朱雲鵬，2002；Chu, 1993）。

　　細加審思上列有關發展型國家的特質，吾人不難明瞭，發展型國家的國家機關是促進資本累積和社會財富平均分配的重要機制（Rueschemeyer & Evans, 1985: 44-77）。不過，值得注意的是，國家機關的活動並非意圖取代市場機能；而是將國家發展目標與市場機制相結合，藉著採取與市場一致的干預作法，不僅能夠降低市場的不確定因素，同時也能提供與擴散投資生產的機會（Johnson, 1987: 136-64; Amsden, 1985: 78-106）。要言之，發展型國家具有支持企業以及調整市場需要的功能。

　　然而，前述論點在1990年代有很大的修正，尤其是在它的起源國——日本，幾乎已經被其他的理論所取代（Calder, 1993; Uriu, 1996）；抑有進者，1997年金融危機發生之後，發展型國家理論更遭受學界強烈的質疑與挑戰（Chan et al., 1998）。根據這些學者的說法，金融體系的不健全以及資本家運用特權向金融機構超貸等制度性缺失，均是國家過度干預經濟，形成「親暱資本主義」（crony capitalism）的結果。惟此種說法近來又再次遭受批評，有學者認為東南亞國家之所以受到如此重大創傷，主要癥結在於國家能力不足，以致未能適應國際金融的變化（Weiss, 1998: xii-xiii）。

　　關於上述的爭議，本文認為國家機關干預經濟的作法固不可取，但是實施經濟自由化及解除管制，單憑市場力量是無法奏效的。換句話說，仍須具備充分的國家機關能力方克有成。然而，此處所指的國家機關能力係著重基礎結構力量（infrastructural power），與發展型國家強調的國家中心論並不相同。詳言之，國家中心論主張國家機關應具有充分自主性規劃本身所欲追求的目標，並且經由對社會的控制，以確保發展結果符合當初的預期意圖。明顯地，這種強調自主性的發展型國家，本質上是一個專斷性國家，所以政策實施的結果大半是零和賽局；而基礎結構力量正好相反，它強調官僚自主性以及與社會團體的鑲嵌性，因此經由集體協商所產生的政策結果往往是非零和賽局（Mann, 1986: 115-7）。

　　前面我們曾經描述過，伊凡斯將國家機關與社會互動觀點納入鑲嵌自主性理論；但是缺乏協商機制，以及強調運用財政補助作為國家機關與企業合作基礎的鑲嵌自主性，易產生過度隔離與低度鑲嵌的情形。因此，為避免上述弊端的產生，國家機關仍須具備能力，方能與主要社會團體交流合作，並透過協商共同制定發展策略。由此可知，本文所指稱的國家能力，最主要乃是在強調建立制度性連結的重要性。

　　在環境日益複雜的情況下，國家機關為有效達成任務，勢必需要跨越公私部門的分界，在官僚與有組織的團體間形成一個制度連結。然而，相連結並不意味著國家機關將因此失去權力；相反地，從下一節的說明中，我們將能明瞭，雙方如能秉持互惠原則充分合作，國家機關非但可以握有主導權，更能藉此獲得重要資訊，以及動員相關團體，達成政策目標。是以，國家機關倘能與社會團體建立制度性連結，那麼經由基礎結構的力量，擁有絕對自主性的國家機關將可有效的轉換成具有調整（coordinate）國家發展導向能力的行動者（Weiss & Hobson, 1995）。

第三節　國家機關能力的類型

　　由上述分析可知，國家機關欲順利推動政策，除了本身須擁有自主性以及與執行相關的技能與資源外，具備足夠的能力更是必要條件之一。是故，本節將探討國家機關應具備何種類型的能力，方能解決複雜問題，達成預期目標。

　　國家機關能力本身即是一個廣泛且抽象的概念，因此欲提出明確的國家機

關能力類型相當困難。曾有多位學者嘗試界定不同的類型,其中,最常為人所引述者,大致有下列三者:

江炳倫教授從政治發展觀點指出,現代化的政治體系應具備四項能力:整合、反應、調適和創新,方可克服結構分化所衍生的問題,適當滿足民眾的需求,從而創新,與時精進(1976:6-7)。

G. A. Almond & G. B. Powell在《比較政治:一個發展途徑》(*Comparative Politics: A Developmental Approach*)一書中,以三項變數做為衡量政治發展的標準,分別是角色分殊化(role differentiation)、次級系統自主性(sub-system autonomy)與世俗化(secularization)(1966: 299-332)。經由這些變數,可以幫助我們瞭解政治體系的轉換過程、能力和效率之間的關係。

再者,Almond認為,每個政治系統所具備的功能可分為三個層次,包括:能力(capacity)功能、轉換(conversion)功能、系統維持(maintenance)與適應(adaptability)功能。其中,能力功能意指政治系統能力,可再細劃分為規約、汲取、分配、象徵以及反應(1970: 159-80)。

上述所提的幾個重要能力類型,對政治現象的描述非常有貢獻,但另一方面亦有其侷限性。這些類型的定義似過於廣泛,且缺乏具體的指標可供測量,以致不同類型的解釋和預測效力並不一致。再者,以政治變項來分析政治發展的方法,由於未能探討社會因素,因而與本文強調國家機關與社會團體相連結的概念不盡相符(陳鴻瑜,1992:109-10)。

正如前文所指出,國家機關經由制度性連結的機制,對於政策網絡的形成、動員社會團體力量及政策決定的執行極有助益。此一機制對多數國家,尤其是開發中國家所進行的政治經濟轉型工作更為重要。基此,本文擬援引L. Weiss & J. Hobson所提出的能力分類,做為探討核心。根據他們的觀點,國家能力大致可分為深入(penetration)能力、汲取(extraction)能力、商議(negotiation)能力(1995: 6-7)。其中,前兩項能力在性質上較為穩定,第三種能力則常隨著國家所處環境,以及歷史背景的不同而有所差異,因而在本質上較不穩定。於下,我們將就三種能力的特性,逐一進行探討。

一、深入能力

眾所皆知,國家機關若能以民意做為制定政策的準據,一則能適切回應人民需求,二則能爭取人民對政策的支持。職是之故,國家機關除了適度開放管

道，讓人民參與政策，更應具備深入社會的能力。所謂深入社會能力，可從兩個層次加以說明：第一層次係指國家機關能夠深入社會，並與社會團體直接互動的能力；第二層次意義則是社會成員支持政權的程度。大體而言，兩者之間存有密切關係：前者為後者的手段，而後者為前者的基礎。

首先，就第一層次而言，雖然政策泰半係由國家技術官僚所規劃與執行，惟政策目標若能得到相關團體的支持，將使政策執行更加順遂。再者，相關團體的支持亦可減輕國家機關的人力與財政負擔，集中有限資源於重要事項。但是，不可否認地，多數開發中國家為促進經濟發展，均對社會團體採取雙元性的運作模式；亦即，一方面施以籠絡吸納，另一方面則予以監督控制，如此，國家方能全力發展經濟（White, 1984: 103-40）。這些策略依其性質，大致可分為經濟性政策工具，例如管制性計畫、投資的優先分配或以國營企業介入經濟生產；以及政治性政策工具，例如控制工會並運用其組織力量，支持政府政策或禁止任何對經濟發展不利的活動。

然而，隨著經濟發展以及政治意識的覺醒，社會團體逐漸組織起來，進而能夠積極追求自身的利益。這些團體經常運用遊說、威脅、政治獻金、選票的承諾等手段試圖影響政策運作，冀望達成特定目地（Olson, 1982: 23-5）。顯然地，隨著政策工具選擇範圍或彈性受限，技術官僚的決策影響力逐漸減少，國家機關自主性空間將同時受到壓縮。

此時，為維持穩定發展，國家機關必須追求深入社會的第二層意義，亦即尋求社會團體的支持。欲達此一目的，國家機關必須先改變觀念與作法，切莫壓制或忽視社會團體的政策參與以及經濟利益重分配的訴求。具體而言，就是由國家機關主動與社會團體建立良好互動關係，尋求他們支持政策的允諾；另一方面，國家機關在制定政策時，應將社會團體的需求列入考量，必要時亦可主動邀請他們參與政策制定。如此一來，整個政策系絡難免變得益加複雜，國家機關因而很難制定具有持續性以及一致性的政策；但是，唯有如此，國家機關方能得到社會團體的認同與支持，從而得以順利推展政策。

由此可知，擁有較高能力的國家機關通常會深入社會，進而整合社會力量，協助機關達成目標。當國家機關擁有此項能力，並且能夠與主要社會行動者共同進行政策討論時，實現政策目標的機會便會大增。R. Putnam曾以「國家與社會合超」（state-society synergy）一詞，來說明社會團體的參與可以強化國家機關的能力，因而有效能的國家機關將會積極創造一個環境，促使社會團體的參與更為活躍（1993b: 42）。

二、汲取能力

　　誠然，公共政策是國家機關為管理眾人之事所制定的，但政策執行時，國家機關仍須擁有充分資源方能成事。因此，國家機關除了必須具備法定預算外，尚且需要從環境中獲取所需的資源，包括民眾的支持與參與、資訊的提供、新科技的引進等等。這些資源，不論是有形或者無形，對面臨財政困難的國家機關而言，實為一大資產。惟如何獲得這些資源，就涉及到國家機關的汲取能力。

　　所謂汲取能力，意指國家機關從社會取得重要資源（包括徵兵、納稅），以維持國家機關運作的能力。大體而言，汲取能力較強的國家，其所擁有的資源也相對較多。然而，欲提升此能力須具備三項要件：機關深入社會的能力、自主性與鑲嵌性。前文已探討過深入能力，以下將就自主性與鑲嵌性略加討論。

　　從上文的敘述中，我們得知國家在規劃政策時需要充分的自主性，方可免於社會的干擾與掣肘，制定具有一致性的政策。然而，此一單向隔離的措施，並不意味政策執行時不會有任何阻撓存在。換言之，國家尚需具備鑲嵌性才能順利推行政策。

　　所謂「鑲嵌性」（embeddedness），意指國家機關與社會團體能夠密切連結，成為一個充滿活力和凝聚力的團體（Evans, 1995: 59）。透過個人關係所形成的非正式管道，機關官僚可以事先得知相關社會團體對政策所持的意見，並與其溝通適時修正，以免付諸執行時，遭遇重重困難，徒然浪費資源。除此功能外，國家機關亦可藉此管道與社會菁英緊密聯繫凝聚共識，必要情況下亦可形成政策聯盟。如此，國家機關非但可深植其影響力，亦可經由動員獲得所需的資源。

　　大體而言，能力較強的國家機關最大特徵在於同時強化自主性與鑲嵌性，蓋只有自主性而無鑲嵌性，則國家將成為「掠奪式國家」（predatory state）（Ibid., 144）。顧名思義，掠奪式國家與社會團體無法緊密結合，整個機關也因為成員相互競逐私利而喪失自主性，由於所關切的僅是維護現狀以謀取更多的私利，以致無心經營國家發展；反之，僅有鑲嵌性而無自主性，官僚組織將為社會團體所虜獲（capture），形同一個「超級卡特爾」（supercartel）組織，迫使政策經常面臨改弦易轍的命運，最終造成國家發展出現停滯跡象（Evans, 1985: 162）。經由上述說明，我們不難明瞭，國家機關在政策過程

中必須兼備鑲嵌性與自主性，否則極易造成惡性循環，徒然浪費資源，延宕政
策結果的產生。

三、商議能力

　　除了具備深入社會以及汲取資源能力之外，國家機關尚需擁有商議能力，
方能與社會團體相互協調，並整合其意見，再行提出較具共識的策略。蓋政策
制定過程中，由於問題本身具有高度複雜性，或對社會構成的衝擊面甚廣，往
往促使眾多人民與團體涉入，無形中增加國家機關處理問題的困難度，嚴重者
將削弱機關的執行決心與能力，致使政策目標無法落實。

　　關於此一問題，我們認為可從兩方面謀求解決：一是加強國家機關解決問
題的能力；另一則是透過各種策略的運用，爭取政策參與者的支持。以下，分
別就此兩面向做一簡單說明：

　　首先，就加強國家機關解決問題的能力而言，主要欲強化其事先防範與
隨機應變的能力（林水波，1999b：84-5）。前者有賴於組織對環境具有敏感
度，以防範非預期因素的產生（Benveniste, 1989: 230-1）；後者乃指國家機關
在政策執行之後，能夠解決未預期但實際發生的問題。由於問題常隨著情境的
變化，有著不同的界定與解決辦法，因此，這兩項能力對國家機關而言就顯得
格外重要。

　　其次，就運用策略以謀求政策參與者支持而言，事實上便是國家機關商議
能力的體現。國家機關並非萬能，難免出現市場或政府失靈，以致無法完全解
決問題。基此，欲使政策執行更加順遂，仍有待社會團體持續的參與協助。然
而，要凝聚社會團體力量，有效使用其社會資源，首要之務便是國家機關必須
改變其立場，由干預指導逐漸轉型為協助輔導；其次則是透過策略的運用，促
使國家機關與社會團體成為合作夥伴。

　　針對此點，學者曾提出不同的策略。概略而言，大致可區分為三大類，此
即：包容性策略（inclusionary strategies）、排他性策略（exclusionary strate-
gies）以及說服性策略（persuasive strategies），而每一大類可再細分為若干
實質策略（Van Horn et al., 1992: 298-305; 吳定，2000：385-92）。

　　大體上，三者之中包容性策略在性質上較著重與主要行動者商議，所採
用的策略包括：諮商、建立聯盟與妥協。透過這些策略，使參與者在政策運
作過程中，可就不同觀點互相商討、結盟、彼此議價，設法建立支持的多數

（majority-building），達成政策共識。

　　相對於包容性策略，排他性策略在性質上就顯得較不重視商議過程。此種策略本質上是一種暫時性的權宜措施。主要運用於參與者持有不同意見，以致無法立即獲得共識時，為避免衝突發生或彼此堅持己見而延宕執行時機所採行的權宜之計。其所運用的策略包括迂迴（bypass）、祕而不宣（secrecy）與欺騙等等。

　　最後一種策略是說服性策略，乃是採取雄辯（強調政策的重要性）、政策分析（提供政策相關資訊）或抗議等方式，目的在於使他人信服某項政策的合理性與可行性，進而爭取他人的支持。

　　就公共政策的本質而言，需要不同參與者的合作支持，方能維持政策的執行力，因此上述三種策略就顯得格外重要。大體而言，這三種策略並無孰優孰劣之分，端視時機與參與者的行為表現而適當選用；至於各種策略將產生何種效應，則視國家機關的商議能力而定。

　　歸結上述的分析，我們不難明瞭國家機關基礎結構力量的強弱，大致可由深入社會能力、汲取資源能力，以及與社會團體的商議能力等三方面加以判斷。詳言之，當一國深入社會能力不強，屬於低度或中度時，國家機關與社會的互動關係便不熱絡，甚至呈現相隔離的狀態；同時，機關的汲取資源能力也隨之受到影響；甚至一旦政策遭遇阻礙，國家並非試圖經由商議過程尋求共識，而是訴諸專斷性權力，一味蠻橫強制執行。毋庸多言，此種國家機關的基礎結構力量便相當地薄弱。

　　正如前面所言，這種作法無異促使國家逐漸傾向具有絕對自主性。長期而言，由於整個體系過於封閉，政策轉趨保守，進退失據，找不到內聚的能力，反應在外的便是國家競爭力日漸衰退。有鑑於此，國家機關唯有同時強化深入社會能力，汲取資源能力以及商議能力，方能使政策順利推行，進而使國家繼續享有競爭優勢。

第四節　國家機關能力的角色扮演

　　前述提及，國家機關往往透過各種政策來影響社會，並非如政治系統論所主張的，僅扮演一個承受社會團體壓力的競爭場所或是仲裁者，消極而被動的反應其偏好。換言之，國家本身有所欲追求的利益，因而會積極的制定

公共政策，從社會中汲取資源以維持國家機關的順利運作。事實上，為確保
國家利益，國家機關會改變社會結構，甚或主導社會轉型（蕭全政，1987：
133-51）。明乎此理，本節將深一層探討國家機關所扮演的角色。以下，將分
別由國家機關能力對國家發展之衝擊與其對政策執行之影響兩方面加以論述：

一、國家機關能力對國家發展之衝擊

　　學界至今對於發展的定義與解釋仍存有很大的爭議。但我們可以嘗試將發
展視為一種演進過程，而國家機關在此一過程中，不斷從事創新、改革而臻
於現代化。大抵上，一國的發展程度不僅與國際政經體系有密切關係，更與國
內的政治、經濟、社會息息相關。惟開發中國家受到國內外環境交互運作的影
響，致使其在發展過程中並不順遂，而欲突破環境的限制，應付新時代的挑
戰，並使國家健全發展，一個具備充分能力的國家機關是不可或缺的要素。基
於此一觀念，於下擬由政治穩定、經濟發展、民主鞏固、施政績效四個面向，
來說明國家機關能力對國家發展所造成的衝擊。

（一）政治穩定

　　從國家發展的觀點來看，開發中國家所面臨的最大問題，乃是維持政治系
統穩定和正常運作。一旦政治不穩定，便無法追求經濟發展與社會繁榮。因
此，國家發展的基石在於政治的穩定。

　　本質上，發展猶如雙面刃：一方面會產生進步，另一方面卻也會引發價值
衝突。因此國家在追求進步的同時，有必要強化國家機關能力以維持政治的穩
定。所謂政治穩定，係指政治系統具有完整保存的能力，意即國家機關必須擁
有彈性調適所處環境的能力（Lijpart, 1968: 8）。具體而言，國家機關可從政
策順從、動員社會力量以及尋找統治正當性基礎三項著眼。

　　前述提及，政策欲見其效果，須以人民能夠順從國家政策要求為基礎。而
國家機關欲取得人民的政策順從行為，不僅須正確反應民意，尚要能深入社會
與社會團體或個人進行商議，再藉由適當政策工具達成特定的預期目標。例如
提供積極的激勵與誘因，或者消極的懲罰與制裁等措施。

　　其次，國家機關除了要求消極的政策順從，往往也會基於特定的任務積極
動員社會大眾，鼓勵人民政治參與。無論政治參與的實質效果如何，許多研究
顯示，當國家發展到某一程度，人民的政治參與層次將隨之提高。事實上，參

與的意義本質上就是參與公共政策的形成，也是增加國家本身力量的一種方式（Almond & Powell, 1996: 62）。

　　最後，合法性的取得更是決定政治穩定的根本要素。廣義的合法性係包括政權正當性與政策合法性。兩者的關係約略而言，前者為後者的基礎，而後者則為前者的手段。因此，國家機關除了追求政策合法性，亦不可輕忽政權正當性的取得。此處的政權正當性是指，國家的政策被廣大民眾視為是以民意為依歸的，即使該項政策對其利益有害也願意接受。人民之所以願意接受或容忍一項他們所反對，或者有損其利益的政策，箇中原因在於他們對國家具有信心，願意接受政治過程的合法性。由此可知，一旦社會普遍存有此一認同現象，就充分顯示人民心裡認同並支持政治系統，而有助於維持政治的穩定。

（二）經濟發展

　　在國家發展過程中，政治穩定與經濟發展兩者往往是相伴而生，且互為因果關係。開發中國家為推動經濟發展，除具備資本、技術與人力等生產要素外，尚需依賴擁有充足能力的國家機關制定良好的經濟政策，以維持經濟的持續發展。

　　大抵上，開發中國家大多採行「經濟民族主義」（economic nationalism）以引導經濟發展，其最大特色乃是以國家利益為最高訴求，並強調國家安全及軍事實力在國際體系中的重要性（Gilpin, 1987: 46-50）。事實上，國家不僅能轉換經濟本質，亦可透過產業政策來調整本國經濟的特質，從而改變本國在國際經濟體系中的地位（Gilpin, 1987: 181; 周育仁，1993：44）。換言之，國家可經由對市場的干預和介入，設定產業政策的優先順序，從而改變和創造比較利益。

　　此種現象經常出現在後進工業化國家（later industrializing countries），主要原因在於此一類型的國家長期處於經濟落後的狀態，因此從事發展時勢必比先進國家遭遇更多的困難，例如（1）其領導性工業（leading industry）缺少比較優勢；（2）工業體系過於脆弱；（3）工業結構是以中小企業為主，因而不利於發展資本或技術密集的工業。基此，後進工業化國家為了趕上工業先進國家的水準，國家機關經常訴諸干預手段（Gerschenkron, 1962: 7）。

　　面對此一情境，國家機關須有充分的能力，方能制定一個全面性的計畫，領導整個國家的經濟發展，以期在最短期間內克服這些困難，進而使資本得以

累積。一般而言，國家機關所採取的策略大略有下列三者：（1）以計畫經濟方式取代自由經濟，亦即由國家機關訂定發展目標再由相關企業配合政府政策；（2）由國家與企業合作推動工業化，以加速資本累積；（3）由國家先行獨力發展重點工業並支持工業發展目標（Soong, 1992: 103; 宋鎮照，1995：135-6 & 1996：28-9）。

　　由於經濟發展過程充滿不確定性，國家機關的持續參與尤顯重要。過去三十多年來，部分開發中國家，尤其是亞洲四小龍的國家機關採取健全的發展政策，同時兼顧經濟成長與所得分配，因而在發展經濟學中建立了新典範（World Bank, 1993）。雖然其間曾發生金融危機，以致對國家機關干預經濟發展的作法發生質疑，但正如前節所言，泰半學者仍認為國家機關能力的強弱對經濟發展具有顯著的影響力。

（三）民主鞏固

　　民主政體的鞏固並不會在社會真空中發生，也就是說，民主體制是否續存仍舊受限於政治、經濟、社會等條件。因此為求長期的民主鞏固，除了政治穩定與經濟發展等結構條件外，社會改革的回應能力亦是必備條件。

　　眾所皆知，當政治與經濟發展達到某種程度，整個社會結構會逐漸由單一社會演變成多元社會，傳統權威和價值體系也隨之日趨瓦解。這原本是自然現象，但問題在於舊有政治制度已經無法滿足人民的需求，新的權威與價值體系又未能及時建立，因而產生許多社會脫序現象。

　　針對此點，政治學家L. W. Pye曾指出，開發中國家在發展過程中，因無法順利解決問題不免產生許多危機，例如自我認同危機、合法性危機、參與危機、政策貫徹危機、資源分配的危機（1966: 65）。為防範上述危機的產生，一國欲維持民主的鞏固實有賴政策、制度以及行為層面上的改變。然而，先決條件便是國家機關必須強化本身能力，以有效處理社會環境變遷所引發的新挑戰和新需求。基於此一觀點，以下擬就社會共識以及法治社會的建立兩面向加以論述加強民主鞏固的方法：

　　（1）社會共識的建立：民主政治的維持必須建立在共識的基礎上，否則共識瓦解，非但人民的團結與和諧招致破壞，民主穩定恐將無法持續維持。為形成並發展此一共識，國家機關與民間社會應加強政治溝通。具體而言，國家機關的重大政策決定應事先徵詢民意，並整合、反應其意見於政策之中。一旦建立共識，國家便能據此制定政策，引導整個社會發展；反之，如果未能事

先取得社會共識，政策勢將搖擺不定，無法發揮引導國家發展的功能。這樣一來，不僅使得民眾對國家機關能力與決心產生質疑，亦會造成民眾對公權力喪失信心，給予不法者有機可乘，終究影響政策的推行。

（2）法治社會的建立：民主政治就是法治政治，一個社會若缺乏法律的準繩，則會陷入無政府狀態，以致民主政治淪為暴民政治。為防範此一情形發生，人民能夠知法、守法固然是必要條件；負責執法的國家機關更應依法行政，同時接受立法、司法與監察機關的的審查與監督。否則，民主政治將會發生公權力的濫用，整個社會因而充滿爭執與衝突。情形嚴重者，將產生社會疏離感與不信任感，導致維持社會秩序的遊戲規則無人遵守。是故，以法治國乃是持續民主政治的基本要件。

由此觀之，社會共識以及法治社會的建立都直接有助於國家機關能力的提升，而有利於民主的鞏固。然而，欲具體體現，則有賴國家機關政策執行人員平日多加強與民間社會的互動以廣徵民意；執行政策時，則必須有擔當與魄力且能公平執法，如此方能避免落入分贓政治與恩寵政治的陷阱，使民主體制得以續存。

（四）施政績效

國家機關能力對國家發展的第四項影響在於施政績效的良窳。國家長期發展的目的是保護人民權利，並提供人民所需的基本服務。因此亟需一個具有能力的國家機關來維持社會秩序、公正執行政策、興建基礎設施、防衛國家安全以及徵收租稅以支應上述政策推動所需的經費。

誠如Donald Stone所言，發展的主要障礙在於行政而非經濟（1965：62），因此，國家機關欲提高施政績效，應即提升管理的理性以及決策品質。由於開發中國家面對的環境相當複雜，為了作成周全的決策，首要條件便是提升管理的理性。亦即，國家機關要強化能力，方能克服社會日益分化所產生的壓力，並能回應或限制社會因要求平等而引發的參與和分配危機。除此之外，國家機關更應提高決策品質以因應挑戰及維繫競爭力。毋庸多言，決策品質的優劣與施政績效的高低有著極密切的關係。決策品質係指國家機關對於政策問題的確實認定、政策方案的妥善規劃、有效執行與正確評估等方面的具體能力表現。國家機關如能雙管齊下，同時重視管理理性與提升決策品質，那麼施政績效自然向上提升，而能持續面對與因應新的問題。

二、國家機關能力對政策執行之影響

國家機關能力不僅影響整個國家發展，對政策執行亦有顯著影響力。就常理而言，當國家機關能力越強，其政策執行力或效果連帶就越高。前述提及，國家機關能力大致可分為三大類型：深入能力、汲取能力、商議能力。其中，深入能力包括兩個層次的意義：第一層次係指國家機關能夠深入社會，並與社會團體直接互動的能力；第二層次意義則是社會成員支持政權的程度。所謂汲取能力，意指國家機關從社會取得重要資源，以維持國家機關持續運作的能力；商議能力則強調國家機關與社會團體，經過相互協調、整合意見，再行提出策略的能力。

承上所述，政策欲有效執行，必須在付諸執行之前，針對未來可能遭遇到的機會、障礙做一確認，並擬定一套因應計畫以利政策推動。在第四章中，我們認為政策執行的效果可從政策對應性、普及度與貫徹力三方面觀之。於下，我們將就國家機關能力的三大類型如何影響政策執行效果做一分析。

（一）政策內容往往包括各種作為與活動，而政策執行結果與原定政策內容相一致即是具有政策對應性。這項指標主要在分析法定政策（enacted policy）與實際執行政策（implemented policy）間吻合的程度如何？是否完全符合，有無縮小或是擴大的情形？大體而言，政策不同於有著詳細具體辦法的方案或方法，政策執行過程的各項細部活動大半未能在法定政策內容中明定，因此，政策預期結果是否能達成，端賴執行人員的順服度以及標的團體配合度而定。以下擬先分析執行人員的順服度，標的團體的配合度則留待下一章討論。

政策執行成功與否，不僅需要執行人員具有行事的能力，更需要他們誠願採取行動，配合政策的執行。倘若欠缺此一基本的行事信念，則難以使政策有效執行。從深入能力角度觀之，國家機關可從課責（accountability）面向來深化執行人員的順服度。一般所言的責任政治，其實就是要求國家機關的作為須以民意為依歸，並且向人民負責。因此，課責是提高民主治理的核心方式，主要目的係促使執行人員對其行事負責，以確保良好公共政品質。為實踐此一目的，國家機關除了消極要求執行人員依法行政，遵守組織的正式法令規章外，更應積極的要求他們盡其本分，冀使方案能夠充分反映民意、產生預期的結果且使方案的經費被正確的使用。

在傳統官僚體制的組織中，泰半是透過層級節制的系統，由下而上逐級向

上負責。國家機關設若具備足夠深入能力,將能利用課責制度的設計,使政策過程符合課責要求,遵守民主規範。此外,運用各種機制或技術,例如資訊系統、成本效益分析、目標管理、計畫評核術等等,抑或是透過各種管道,監督公共服務績效,提升效率與效能,亦能夠促使政策順利執行完成。

其次,就汲取能力而言,即涉及到國家機關的鑲嵌自主性。前述提及,具有能力的國家機關非但能夠反應社會團體的利益需求,更能追求自身的利益。職是之故,國家機關在執行政策時,會設法爭取社會的支持以便掌握當時的環境,減低各種影響力量;另一方面,國家機關亦須積極改善自身處理錯綜複雜問題的能力。

具體而言,國家機關在執行政策之前,須做好各項準備工作,以防範政策脫軌(policy derailment)情形的發生,舉如持續修正計畫、無止境延展計畫、不斷附加新計畫、問題認定錯誤或運用錯誤解決方式、成本與時間超出預期計畫、官僚作業過於繁複等等(Benveniste, 1989: 230-1; 林水波,1999b:84-5)。由於問題常隨著情境的變化,是以國家機關須具備因應環境變遷的能力,提出有效的解決策略。

再者,國家機關可從商議能力的強化來提高政策對應性。質言之,就是國家機關運用不同策略,經由協商議價過程,以爭取政策參與者的支持,提高政策預期結果與實際結果間的吻合度。針對此點,國家機關於執行過程中,必須一改以往不信任執行人員,採取防弊措施的態度,制定各種標準作業程序加以防範;取而代之的,就是授予執行人員適當的裁量權。

多數情形下,法令或政策內容大半僅止於原則性的規定,因此執行過程中,執行人員運用裁量權來決定採取或不採取行動方案是無可避免之事。其實,從另一角度觀之,裁量權的運用亦可視為補充法律不足的一種方法。機關如果一味的要求執行人員謹守法規,而不授予適當的裁量權,將出現目標錯置、甚或難以應付危機,以致未能達成政策目標的情況;相反地,國家機關如能授予執行人員適當的裁量權,將可針對不同的政策環境,選擇不同的行動方案,充分發揮因地、因時、因人制宜的彈性,藉此亦可提高政策的對應性。

(二)政策普及度即是政策應受惠者得到利益的程度。這項指標是衡量政策執行所使用的資源與相關的行動指向原定政策服務對象的程度。準此而言,國家機關如有充分的深入能力,將能促進資源運用的極大化,使需要政策服務的對象得到妥適的服務;反之,國家機關深入能力一旦不足,將會出現涵蓋過多,徒然增加國家機關的負擔,或是涵蓋不足,以致浪費有限資源的情形。不

論屬於何種情形，皆無法達成政策目標。其次，國家機關如具有充分的汲取能力，將可充分提供政策執行所需的資源，例如人力、資訊、設備與足夠的權威，增加服務的對象。再者，國家機關設若擁有良好的商議能力，將能降低執行人員的抵制或脫軌行為，擴大政策服務的範圍。有時亦能引導非政府組織（non-governmental organization）加入服務行列，透過其綿密的社會安全網，將可提供更多的公共利益。國家機關若能充分授能（empowerment），一方面可減輕本身的負荷，另一方面可利用其彈性靈活、快速回應以及與社會相連結能力的優勢，提升政策普及度。

（三）政策貫徹力即政策執行達到既定水準的程度，這項指標主要是衡量執行作為是否達到期望的水準。為方便討論，我們選定時效性（timeliness）、回應性（responsiveness）、公正性（equity）以及投入度（involvement）做為探討政策貫徹力的重要指標。於下，先解釋四者的意義，爾後再探討國家機關能力對其所造成的影響。

時效性是指政策或方案是否能迅速而且充分的解決政策問題。由於政策問題本身常隨著情境發生變化，因而充滿動態性與不確定性；因此基於時效性，在政策執行時，執行人員除了謹守緊急處理原則（principle of emergency），針對問題的輕重緩急，採取適當、適時的行動之外（Kaplan, 1973: 55-6），同時也必須注重效率與協調原則。如此，方能控制各項政策方案執行的進度。

回應性是指政策方案滿足標的人口需求、偏好或期望的程度（吳定，1998：295-6）。為符合此一特性，執行機關除了具備充足的人力、物力與財力資源外，對標的人口的要求以及執行人員解決問題的程序均需隨時關注。如此一來，非但可以有效運用資源，亦可避免第三類型錯誤（Errors of the Third Type）的產生，出現「制定周全的政策，卻解決錯誤問題」的窘境（Raiffa, 1968: 264）。

公正性是指政策的結果與影響在標的團體之間公平分配的程度。一般說來，凡有下列四種情形之一者，皆符合公正性原則：（一）使個人福利極大化；（二）保障最少福利；（三）使淨福利極大化；（四）使重分配的福利極大化（吳定，1998：270-1）。

投入度意指，政策執行人員對一項政策所付出的心力與時間。大抵上，執行人員的政策信服以及認同度與政策執行的投入度緊密相關（林水波，1994：108-9）。一旦執行人員對政策有較深的投入度，其承諾感將隨之增加，而不會出現違抗或延擱等情事，致使政策無法順利推行。

在瞭解衡量政策貫徹力指標之後,我們接著分析國家機關能力對其所造成的影響。茲就深入能力、汲取能力、商議能力逐一探討如下:

首先,就深入能力而言,由於國家機關能與主要社會團體保持良好互動,深知民意取向,因此能夠針對重大政策實施後所產生的問題,在最短時間內做出正確的反應,充分掌握時效性,不至於因延誤契機,導致問題日益惡化,產生難以挽回的態勢,平添天怒民怨。其次,政策往往是為了解決某些問題而制定的,實施一段時間後,客觀環境發生改變,問題自然也有所不同。此時,國家機關可透過民間管道,瞭解問題的動態發展情形,並能針對問題提出切要的處方,適時解決問題,回應人民的需求。再者,國家機關為推行政策,經常制定一些規則來規範人民的行為,基於公平性,國家機關必須本著實事求是的精神,以客觀的態度徵詢人民意見,提出確實可行的規則;如此,政策執行方能可長可久,避免衝突抗爭情形發生,導致政策急轉彎。最後,國家機關如具有充分的深入社會能力,將能瞭解問題情境,提出與問題具有因果關係的解決方案;執行人員在推動政策過程時,亦會投入大量心力,以永續經營的態度推行政策,不致出現「雷聲大、雨點小」、「虎頭蛇尾」及「一曝十寒」的情況(林水波,1994:174-8)。

其次,就汲取能力而言,國家機關一旦具備此項能力,能掌握的資源也越多,無論是有形的人力、資訊、設備,或是無形的權威,皆能發揮一定的政策效果,加速政策的推行。順此脈絡,國家機關將能提高政策回應力,滿足人民的需求。除此之外,國家機關亦能憑藉鑲嵌自主性,以公正無私的態度,將所有政策利害相關人的利益予以通盤考量,使政策利益能普及多數人,而非僅侷限於少數人。再者,當執行人員的執行意願不高,整個單位如同勉強結合的執行夥伴(reluctant partners),以致在執行過程中屢屢出現相互矛盾的情形,造成政策延滯(Stoker, 1991)。值此之際,國家機關仍可運用自主性,由裡而外找出問題癥結所在,運用新的策略或措施將問題予以消弭,進而採取激勵措施,以利取得執行人員的認同與支持,促進政策目標的達成。

最後,就商議能力而言,國家機關可以運用於政策協調,取得一致的政策行動。眾所皆知,政策執行是一個複雜的聯合行動,有賴其他人或單位配合,方能成事,但往往因為欠缺溝通、協調,以致綿密的網絡(seamless web)(Pressman & Wildavsky, 1973: xv)出現迷失的連結。有鑑於此,國家機關亟需透過商議,調適執行人員、決策者以及相關政策執行人員的行動,化解彼此間因立場及行政程序不同所引起的爭議。國家機關倘若具有充分的商議能力,

將可縮短溝通協調所耗費的時間，掌握解決問題的最佳時機，做出適當的回應。相同道理，國家機關亦可透過對話的平台，制定具有可行性的執行規則，以維持社會的公平分配。此舉將有利於築造良善的政策環境，增進社會團體與國家機關間的互動，如此一來，可吸引更多的公民參與，蓄積社會資本，提高政策執行力。

第五節 結 語

本章主要是探討國家機關能力在治理關係中所扮演的角色。文內首先說明國家機關能力的意涵。由於學界對國家機關能力的解釋非常分歧，以致沒有單一的說法以說明國家機關能力的每個面向。因此，本文嘗試提出一個較為廣泛的定義，將國家機關能力視為規劃政策目標，並且將其付諸執行的能力。詳言之，包括決定政策目標的優先順序，動員所需資源與人力將政策內容予以實現的能力。其次，根據國家機關與社會團體在治理關係中，係相互連結與互賴的觀點，提出國家機關的三種能力：深入能力、汲取能力以及商議能力。最後，針對國家機關的角色扮演做一分析，分別由國家機關能力對國家發展，以及對政策執行的影響兩方面詳加論述。

從討論過程中，我們得知國家機關能力的高低攸關著國家發展與政策執行的結果。在現代的社會中，國家機關往往透過公共政策深深影響人民的權益；然而，我們亦不可因過分強調國家機關功能而忽略公民社會的角色。正如J. S. Migdal所強調的，政治權力存在於許多的領域中，並非僅存在於行政部門的政治頂層而已（2002: 3）。言下之意，乃意謂著國家機關與社會並非對立的零和關係。

事實上，社會因素也會影響公共政策的發展，因此單憑國家機關的努力，並不能保證政策執行的成功。近年來，由於國家機關的過度膨脹以及經營的無效，引起學界鼓吹「管理越少的政府，便是好政府」的觀點，繼而提出企業型政府的管理型態，試圖將僵化的官僚組織轉換成具有創新精神的小而美政府。抑有進者，部分學者主張，社會團體比決策者深知政策問題癥結，因而倡議由公民社會來取代國家機關的功能。依其觀點，不論是提供財貨與服務、促進經濟繁榮、鞏固民主體制或是提升人民權利，公民社會所發揮的功能皆遠勝於貪污腐敗的國家機關（Putnam, 1993b; Fukuyama, 1995; Cellner, 1994; O'Connell,

1999）。

　　儘管如此，我們仍然相信國家機關有其不可取代的功能，尤其是在應付內、外在危機。但要強調的是，執行過程並非如同部分理論所持的假定，認為政策執行經由國家決策者理性控制後即可達成預期目標（Elmore, 1985）。從本章的探討中，我們得知執行過程中，尚需取得社會團體，尤其是政策利害關係人的合作，方可排除障礙，達成預期目標。因此，國家機關必須體認公民參與有其時代的必要性。基於永續發展的期望，國家機關必須進行自我調適，對社會團體持續要求增加的政治參與，抱持建設性合作的心態來取代排他性對抗的態度，如此方能營造雙贏的局面，真正達到共存互利的境界。

第六章　社會資本對政策執行之影響

第一節　導　論

　　上一章論述了國家機關對於國家發展與政策執行的影響，我們緊接著將討論社會資本對於公民社會形成以及政策執行之影響。顧名思義，公民社會的主體是公民。然而，公民資格（citizenship）的取得，乃是公民在確認本身於社會中所處地位之後，所形成的一種個人與國家之間相互權利與義務關係。公民社會之所以存在，主要在於公民能夠體認公民資格的真義，進而與他人或整體社會產生共同體的意識。基此，公民社會本質上係奠基在社群主義（communitarianism）之上。

　　社群主義的主要概念，乃是社群成員對於社群內的公共事務具有利害與共、感同身受的共識。經由此一共識的強化所產生的自發性群我關係，將直接有助於成員的自我認同，也能間接促進成員對社群所持的共享價值產生認同感與歸屬感，進而認知到整個社群係屬一個命運共同體。

　　推而廣之，一旦整體社會成員之間存有命運共同體的關係，往往會超越以自我利益為中心的想法，培養一種利他的公共精神，成就公共利益。不僅如此，社群意識更能促進成員體認共存共榮的價值，進而緊密團結、主動關心或積極參與公共事務。而此等公民態度、奉獻投入的情懷以及主動積極的配合，皆是政策有效執行的要素（林水波，1999a；張秀雄，1999；吳英明，1995；蔡吉源，1995）。

　　在成熟的民主環境之下，健全公民社會對民主的持續發展、強化及鞏固有著極深遠的影響。因此，大半國家莫不竭力建構一個能夠容納廣泛公民團體參與的民主體制。事實上，多數政治與社會的理論認為，公民團體的參與能夠跨越國家與社會的分歧，培養民主治理所需的技能與知識；更重要的是能夠建立共同利益的共識（Diamond, 1999: 239-50）。然而，這些自明（self-evident）之理並未能解釋公民是否有足夠的意願與能力參與公民活動。

　　公民意識的培養，固然可以透過公民教育的紮根，促使公民明瞭本身在國家與社會整體系絡關係中所應盡的責任，從而建立主體性。但是，深一層思索，我們可以發覺公民對於權利與義務所持的觀點，深受該國政治背景影響，

諸如歷史經驗、政治文化、社會結構以及政治制度等等，因而表現出不同程度的參與意願。

　　從此一角度觀之，在分析公民社會參與情形時，除了研究政治體系（Verba et al., 1995）與國家機關能力之外，尚需要涵蓋社會與文化因素。關於此點，G. A. Almond & G. B. Powell曾經為文指出，政治體系的生存與運作深受政治文化影響。具體而言，他們認為政治體系與政治文化之間的關係，可以透過政治體系的三個層次加以分析，亦即體系文化、過程文化與政策文化。其中，政策文化係指，公民對於公共政策的政治態度，深深影響公共政策的運作。如果多數社會成員對於政治體系的運作感到滿意，國家機關的政策功能就能較為順利的推行（1996: 36-9）。

　　由此觀之，運用社會與文化因素分析，方能對公民參與以及政治發展之間的動態關係有一較完整的解釋。其實，政策分析早已開始運用因素解釋來分析政策變遷。從現有文獻中，可以得知其成果是豐碩的，也提供了另一個思考空間。本章擬延續其研究途徑，探討社會資本（social capital）對於公民社會形成以及政策執行的影響。第二節說明社會資本意涵，以釐清社會資本的意義與特性。第三節是分析社會資本的構成要素。第四節則進一步探討社會資本的重要性，分別由社會資本對公民社會形成的衝擊，以及社會資本對政策執行的影響兩個面向加以論述。第五節為扼要的檢討與結論。

第二節　社會資本的意涵

　　現今社會科學逐漸重視社會資本的概念以及它對於解決集體行動困境的功能（Wall et al., 1998）。探究其因，主要是與公民參與的重要性有關。一個多元民主社會，由於知識傳遞迅速加上教育普及，公民參與的情形將日漸增加。本質上，社會資本的累積係源自公民參與特定社會活動，然而，當國家機關依賴此一自願性活動以維持政策運作時，它仍可扮演潛在社會支持的動力來源。簡言之，社會資本蓄積越多，人民支持政策的程度亦隨之增加（Montgomery, 2000: 227）。

　　由於社會資本可以解釋政策執行的因果關係，因而廣被不同領域學者運用，冀望能夠解決日益增加的社會問題，諸如社會理論與經濟發展、家庭與青少年行為問題、學校教學與教育、民主與治理以及一般的集體行為研究報告

（Woolcock, 1998: 193-6）。然而，儘管社會資本突破原本的研究疆界，提供了新的解釋與觀點，但由於學者的專業背景以及問題系絡的不同，以致對社會資本的定義不一，甚難窺其全貌。是以，欲暸解社會資本的本質，根本之道是釐清「社會資本」的定義及其構成要素。

一、社會資本的意義

社會資本就字面意義而言，「資本」係指一項資產（asset），若加上「社會」兩個字，就隱含著藉由社群成員的身分而取得的一項資產。不過，仔細審視表6-1所臚列的定義，可以明顯看出學者對於社會資本的看法不一。事實上，社會資本內容經緯萬端，因此貿然採取單一定義從事分析，往往無法讓人全盤理解，甚至有斷章取義之嫌。基此，本章先將相關的定義作摘要整理，再論述其特性。

表6-1　社會資本的定義

作者	年代	社會資本定義
W. Baker	1990	社會資本乃是行為者自特定的社會結構中所獲取之資源，並可加以運用以追求自身利益；它常隨著行為者關係的改變而發生變化。
M. A. Belliveau et al.	1996	社會資本就本質而言，乃是一種個人的人際網絡以及與菁英所建立的關係。
P. Bourdieu	1986	社會資本是實際與潛在資源的總合，常與一個具有持久性的網絡相連結，其中成員或多或少具有相互認識的關係。
P. Bourdieu & L. J. D. Wacquant	1992	社會資本是一種實際或虛擬資源的總合，係由相互認識所產生。
J. Brehm & W. Rahm	1997	社會資本是指公民透過合作關係所形成的網狀組織，具有協助解決集體行動所產生問題的能力。
R. Burt	1992	社會資本是藉由與朋友、同儕或一般人接觸之後，取得機會運用其財務資本以及人力資本。
R. Burt	1997	社會資本係指掮客（broker）在網絡中謀取佣金（brokerage）的機會。

作者	年代	社會資本定義
J. S. Coleman	1990	社會資本可從功能角度定義之。它並非是一單一實體（entity），而是由眾多不同實體所組成。它具有兩個共同的特徵：首先，它係由社會結構的部分面向所構成，對個人的活動極有助益。其次，如其他形式的資本一般，社會資本具有生產性功能，對特定目標的達成極為重要，一旦缺少此項資本，特定目標將無法達成。
F. Fukuyama	1995	社會資本乃是團體或組織成員為達成共同目標，一起合作打拼的能力。
R. Inglehart	1997	社會資本是一種信任與寬容的文化，主要係由眾多自願性團體（voluntary association）的網絡所組成。
P. Maskell	2000	社會資本係由整個社群透過互動與學習的過程所蓄積而成。
J. Nahapiet & S. Ghoshal	1998	社會資本是由網絡和資產（assets）所組成，因而可以藉由網絡加以動員。
A. Portes	1998	社會資本是指行動者藉著具有社會網絡或其他社會組織成員的身分，從中獲利的能力。
R. D. Putnam	1995	社會資本是關於社會組織的特質，諸如網絡、規範和社會信任，這些特質有助於協調與合作，並能達成互惠目的。
C. Y. Thomas	1996	社會資本乃源自公民社會，主要係指一種有助集體目標達成的自發性（voluntary）手段和過程。
M. Woolcock	1998	社會資本是指存在於社會網絡中的資訊、信任及互惠的規範。

資料來源：作者整理

　　如表6-1所示，學界對於社會資本持有不同甚至相互衝突的定義。探究其因，可由下述三個面向討論：（一）分析層次；（二）分析途徑；以及（三）處理方式。茲分述如下：

（一）分析層次的不同

　　雖然多數學者贊同，社會資本係因關係的建立而存在的一種資產（assets），但部分學者，例如R. Burt採取微觀（micro）的角度，將社會資本視為個人因為位處組織內的有利位置，得以控制訊息流通因而獲利（1997: 340）。其他學者則採中觀（meso）或是宏觀（macro）的觀點加以分析，例

如R. D. Putnam即以中觀的觀點從事研究，正如他所云：「當一個社群積存足夠的社會資本，那麼達成目標的情形，將比缺少社會資本的社群來的容易」（1993a: 35-6）。此外，J. S. Coleman亦認為，經由義務、期望與值得信任感的建立，資訊管道的設計，以及具有約束力規範的形成過程所產生的社會關係，將可構成對行動者有用的社會資本（1988: 103-4）。至於採取宏觀觀點加以論析者，則是以F. Fukuyama為代表，其主張社會資本的存在與否，將可決定一個國家經濟的繁榮與競爭力（1995: 7 & 33）。由此可知，社會資本雖是學者共同使用之名詞，但可以運用在不同的分析層次中，包括微觀、中觀以及宏觀三種。

（二）分析途徑的不同

就分析途徑而言，多數的社會資本定義大致可區分為兩類：一是以「自我為中心」（ego-centered），另一則是以「社會為中心」（socio-centric）（Sandefur & Lauman, 1998）。前者主要認為以個人為中心的社會資本，其最大特徵在於注重個人與他人的直接關係，或是透過具有直接關係者以取得聯繫。換言之，其較重視個人的外部聯繫（external linkage）關係。從表6-1中，可知P. Bourdieu（1986）與A. Portes（1998）等人的社會資本定義即屬於此類。相對地，以社會為中心的社會資本，所重視的是集體行動者（例如，團體、組織、社群或是國家）的結構特性，其特徵是著重凝聚力和共同的利益。因此，其較偏重內部的聯繫（internal linkage）。學者R. Inglehart（1997）與C. Y. Thomas（1996）的定義則屬於此類。

（三）處理社會資本的方式的不同

社會資本固然可以使個人受惠，但是方式有所不同。進一步言之，當社會資本被視為具有公共財性質時，其產生的利益將可平均地分布於整個社會，個人僅是間接受益者（Putnam, 1993b; Fukuyama, 1995）；反之，當社會資本被視為私有財時，個人將可直接受惠，並藉以提高個人聲望、地位與財富（Belliveam et al., 1996）。

由以上的討論可知，學者對於社會資本採取的分析層次、途徑與處理方式並不相同，所下的定義亦有所差異，致使後繼的研究很難有完整的概念。因此，本章針對上述分歧看法，略做整理於表6-2。

表6-2　社會資本的種類及其差異比較表

特性 ＼ 社會資本	公共財	私有財
分析的途徑	以社會為中心	以個人為中心
分析的層次	宏觀及中觀	微觀
個人受惠	間接	直接
集體受惠	直接	間接

資料來源：改寫自Leana & Van Buren（1999: 541）

　　基本上，不論社會資本係屬於私有財或公共財，大抵皆強調建立信任關係的重要性。然而，在此應說明的是，若是個人在團體之中，為了追求私有財性質的社會資本而忽略整體利益，則該團體勢必無法累積充足的社會資本，更遑論達成集體追求的目標（Coleman, 1988）。基此，多數政治學者以及發展經濟學者均主張，一個健全的公民社會，其社會資本係屬公共財，沒有任何成員或機關擁有獨佔性的使用權（Adler & Kwon, 2000: 93）。

二、社會資本的特性

　　瞭解社會資本定義後，需要進一步說明社會資本的特性。眾所皆知，不同經濟時代所重視的資本不盡相同。在農業經濟時代，所重視的是創造財富的實質資本（physical capital），包括土地、勞力以及天然資源；工業經濟時代則轉而注重財務資本（financial capital），例如技術、資本與廠房設備；到了服務業經濟時代則開始強調人力資本（human capital）的重要性，著重人才的訓練。布特南（R. D. Putnam）認為現今的社會，尤其是開發中國家正處於經濟、政治與社會的轉型期，因而需要更多的社會資本（1993a: 38）。

　　就特性而言，社會資本與上述的實體資本、人力資本和財務資本，存有許多相似與相異之處（Alder & Kwon）。首先就相似處而言，約有下列數端：

　　（一）社會資本係屬一種投資於未來的資本，雖然不確定其報酬率，但總會令人希望在握。前文提及，社會資本係一強調關係取向的無形資本，是以，投資之後並未能確定將可得到多少報償；但可以確定的是，個人或團體將可延展外部關係網絡，建立多重連結管道，促進相互交流，獲取珍貴資訊。再者，亦能藉此發展內部關係，強化成員的認同感，提升管理能力。

（二）社會資本類似其他資本，具有可挪用（appropriable）以及可轉換（convertible）的特性（Coleman, 1988; Bourdieu, 1986）。此一特性主要強調社會資本係日積月累所形成的網絡，因而可以充當生產資源，在團體中相互流通，建立新的人脈，並且藉以取得其他形式的資本。

（三）社會資本對其他形式的資本而言，具有替代性與補充性。關於前者，主要是指行動者以豐沛的人脈來彌補金融與人力資本的不足；至於後者，則係指社會資本能減少交易成本，藉以提高經濟資本的效率。

就相異處而言，大致有下述兩點：

（一）社會資本是越用越多，並無所謂的折舊率；惟彼此關係一旦結束，社會資本將隨即消失。此一特性十分類似人力資本，平時即需要加以維護，方能厚植人際互信互動的基礎，發揮應有的功能（Lesser, 2000: 8）。

（二）社會資本與其他資本形式的最大相異之處，乃是強調關係的重要性。它必須由成員間的互動來創造價值，若成員自相互連結的網絡中退出，則既有的社會資本將化為烏有（Burt, 1992: 58）；相反地，成員間如存在密切的關係，將能減少私利競逐，而有利於集體合作的活動。

綜合上述學者對社會資本所下的定義以及特性的討論，本章將「社會資本」界定為「本質上是一種稟賦（endowment），主要植基於團體成員間的互信關係。在有效規範約束之下，成員彼此具有對等互惠的信念，因而有助於集體目標的達成」。所謂「稟賦」係指各種有形與無形的資源，能被行動者所動員以追求利益。就特定行動者而言，其所擁有的稟賦包括自身的特徵以及其他自身以外有形與無形的資源。因此，稟賦的多寡實隱含著行動者在從事一項活動時，所擁有的意願、機會、能力與限制；再者，當行動者與其他行動者互動時，隨著活動所涉及的利害關係，其稟賦將會發生增減消長的現象（蕭全政，1994：43-4）。定義中所指稱的「互信」、「信念」與「規範」等重要名詞，將在次一節一併詳細討論。

第三節　社會資本的構成要素

有關社會資本構成要素的論點學者多有論述，但依舊莫衷一是，言人人殊。為有系統分析，本章遂將相關學者所提出之社會資本構成要素，歸納彙整於表6-3。

表6-3　社會資本的構成要素

作者	年代	網絡	規範	信念	信任
J. Brehm & W. Rahm	1997	公民參與			
R. Burt	1997	結構的隔閡（structural holes）			
J. S. Coleman	1988；1990	封閉性以及多重的關係			
F. Fukuyama	1995		規範	共同目標	信任
D. Nachmias	1985			組織目標	信任
J. Nahapiet & S. Ghoshal	1998	結構面向（網絡關係、結構與合宜性）	關係面向（信任、規範、義務與認同）	認知面向（共同語言、譯碼與陳述）	
K. Newton	1997	網絡	規範與價值		
A. Portes	1988		價值灌輸以及互惠規範	有限制性的連帶關係	
R. D. Putnam	1993a	網絡	規範		信任

資料來源：作者整理

　　由於大半學者係根據個案研究方式，提出不同的社會資本構成要素。如此雖然有助於吾人瞭解社會資本與政策執行成效之間的因果關係，但是採用單一學者所認定的要素，難免會有掛一漏萬情形；況且，從定義中並無法澄清每項要素的重要性以及要素之間的關係。

　　基此，本章擬採用上述學者在探討社會資本定義時所涵蓋的四項特質，包括：網絡（networks）、規範（norms）、信念（beliefs）以及信任（trust），做為社會資本的構成要素。於下，將依序討論這些要素的特質，以及它們對於社會資本累積的影響。

一、網　絡

　　「網絡」意指一群界定清楚的成員（包括個人、團體、組織，乃至社區或是整個社會），透過社會關係相互連結所形成的組織（Lincoln, 1982）。本質上，社會資本係探討個人與團體之間的關係，所以多數學者將社會網絡視為社會資本的重要構成因素。一般而言，社會網絡影響行動者的方式，可

以經由直接聯繫，或是藉著網絡所建立的關係進行間接聯繫（Tichy, 1981; Scott, 1991）。惟不論以何種方式聯繫，其皆是個人獲得支持以及資源的管道（Burt, 1992; Coleman, 1988; Granovetter, 1973）。

再者，網絡的結構亦可影響行動者的行為。以J. S. Coleman（1988）的觀點而言，一個較為「封閉」（closure）和「多重關連」（multiplex ties）的網絡，較易形成有效的規範以及信任感，藉以達成累積社會資本目的；相反地，在一個較為開放的網絡中，人們易違反規範且不易信任他人，而導致社會資本的流失。R. D. Putnam（1993b）引用寇門的論點，主張一個綿密的網絡將有助於信任感與共同規範的建立。

然而，運用網絡結構來分析行動者的行為，也可能產生不同的見解。Mark Granovetter（1985）就認為，「強的關連」（strong ties）例如家庭成員以及關係密切的同儕，因為彼此瞭解甚深與互動頻繁之故，以致未能提供新的資訊；反之，「弱的關連」（weak ties）將有助於資訊的取得。根據此一觀念，格恩歐威特主張，藉著建立具有策略位置的「弱的關連」，將有助於社會資本的發展。此外，R. Burt（1992）亦持相同觀點，認為一個較少重複連結的網絡，將能夠提供更多的社會資本。依其觀點，當資訊流通僅限於一個團體內部而非團體之間時，網絡內部將會出現「結構隔閡」（structural hole）的現象。此時，充當連結此一隔閡的掮客（broker），藉由資訊的搜尋與傳達，不僅累積了個人的社會資本，同時也解決了團體之間的共同問題。

基本上，前述兩種不同的觀點，顯示學者所持的研究焦點並不相同：封閉性的結構較重視一個組織或是社群內部的凝聚力；結構隔閡的觀點則較注重活動者的外部連結。然而，不論是綿密或鬆散的網絡結構皆能產生利益。至於何者產生較多利益，端賴其是否具備其他的社會資本要素，以及行動者本身所處的系絡因素而定。

二、規　範

「規範」係指團體成員經由互動所產生的共同行為準則（Wellman, 1988: 23），而一套明確的共同規範對網絡成員關係的維持是相當重要的，尤其是當團體成員對於共同期望的認知以及規範對行為影響的程度呈現一致時。成員在團體中所表現的行為，或多或少受到社會文化的規範內涵所影響。因此，成員的行為可以根據團體所持有的共同期望來加以解釋。

　　不過,規範的內涵並非一成不變,即使是在一個相當穩定的社會文化中,規範亦會隨著社會情境、成員認知與解釋的不同而發生變化。一旦規範改變,網絡中既有的社會關係亦隨之變動,此時社會資本的累積亦將受到影響,甚至不復存在(Edwards & Foley, 1997: 671)。

　　由此可知,社會資本必須予以適當的維護,否則社會關係極易消失,義務與期望亦將連帶地隨著時間枯萎,而單憑例行性的溝通會導致規範失去約制作用(Coleman, 1990: 321)。既然規範對於社會資本的累積具有顯著影響力,則如何建立一套主要的哲學觀點和一致性的規範,便是亟待解決的問題。

　　針對此一問題,學者認為建立普遍互惠規範係可行之道。眾所皆知,欲改變一個人的行為,單憑強制管理的方式無異緣木求魚,無法顯現效果。因此,根本之道乃是運用動機因素,引導其改變行為。行為動機可區分為兩種:第一種動機為「義務性」(consummatory),其行為主要係根據內化的規範(internalized norms)而成;由於規範內化的效果,使得人們認知到在特定情境之下,有義務採取特定行為。第二種動機係屬於「工具性」(instrument),其行為是基於互惠(reciprocity)原則而成,其與義務性動機最大不同點在於,工具性動機是以計算以及理性判斷為基礎(Portes, 1998)。

　　依據A. Portes(1988)的觀點,不論是經由非計算過程或是經過計算過程的社會交易(social exchange),皆能增進社會資本的累積。R. D. Putnam(1993b)則進一步指陳,普遍互惠規範將可促進人們行為的改變:由鑽營私利、以自我為中心、不願承擔義務的心態,轉變為具有命運與共、追求公益的精神。毋庸多言,此一具有公益精神的規範將有利於解決集體行動的困境。

三、信　念

　　「信念」(beliefs)意指一群人藉由互動,溝通彼此的理念,使之對於整個世界的責任與期望持有共同的觀點。易言之,透過溝通的機制,促使人們的共同經驗具有意義並能激發他們的參與行為,進而形成社會資本。正如A. Portes(1988)所強調的,擁有共同經驗而產生的信念,將易於強化團結以及隨之而生的社群感。相反地,當生活於同一社群中的人民,未能彼此瞭解對方所持有的信念,將很難形成或累積社會資本。

　　信念經常形成於團體對某項策略之觀點和意義的詮釋過程中。因此,無論就理論或實務而言,此一過程迥異於規範性價值的取向(Nahapiet & Ghoshal,

1998）。惟個人是否有意願參與集體行動（亦即個人的行為是否可以直接使集體受惠，而個人亦能因此間接受惠），端視其所持的信念。當一個組織的成員具有能力與意願配合整體追求的目標與行動時，這個組織事實上已建立了「和諧感通」的關係（Leana & Van Buren, 1999: 541-2）。

　　和諧感通的特質與社群意識（sense of community）極為接近，均是強調能與他人密切互動、且有能力與意願犧牲個人所希冀的目標，以利集體目標的追求。因此，和諧感通與集體性文化的特質非常類似，非常重視合作與集體的利益（Hofstede, 1980; Ouchi, 1980），而和追求自我滿足與控制的個人主義不同（Early, 1989: 567-8）。

　　一個團體如果具備和諧感通的特質，集體目標將如同隱性的規範可以引導個人與集體的行為。無形之中，具有集中與目標導向的功能。簡言之，具有和諧感通特性的信念，對於一個團體社會資本的增加，以及社會資本是否能夠有利於集體行動，具有不可輕忽的影響力。

四、信　任

　　就概念而言，信任在本質上涉及個人的心理狀態，因而具有多面向的特質。學者間對於信任與社會資本的關係持有不同的看法：有些學者，例如F. Fukuyama（1995）將信任視同為社會資本；有些學者，例如R. D. Putnam（1993b）則將信任視為構成社會資本的要素；更有部分學者，例如J. S. Coleman（1988）將信任視為社會資本的一種形式（form）。

　　由前述分析可知，社會資本是社會結構的一項特質，因而在本質上與強調心理狀態的信任不盡相同，惟信任是社會資本累積的先決條件與結果。詳言之，信任是產生社會資本的要素，對於有效集體行動的產生助益甚大；另一方面，由於集體行動的成功，成員之間亦會建立起高度的信任關係，進而達成累積社會資本的目的。因此，信任是維持穩定社會關係不可或缺的要素，當社會關係是處於高度信任狀態，人們將有較高的意願與他人進行社會交易（social exchange）或合作性的互動。

　　個人之所以相信對方，主要是立基於信任對方意圖採取的行動，將對個人產生有利的結果。然而，信任關係是充滿不確定性因素，蓋信任者（trustor）無法完全掌握受信任者（trustee）的行為與承諾，因而存有風險性，甚至有受到傷害（vulnerable）的可能。弔詭的是人們雖明知有受到傷害的可能，卻

仍然願意相信對方,探究其因,主要關鍵在於信心的建立。關於此點,可由四個面向加以解釋:(一)相信對方的良善意圖以及交易方式(Ouchi, 1981; Pascale, 1990);(二)相信對方的能力(competence)(Sako, 1992; Szulanski, 1996);(三)相信對方具有可靠性(reliability)(Giddens, 1990; Ouchi, 1981);(四)相信對方的態度坦誠(open)(Ouchi, 1981)。一旦四個面向皆為正向時,代表兩造對彼此的信任程度很高,因而願意承擔風險,進行交易行動(Mishira, 1996)。

同理,信任與合作也是經由互動而相互影響:信任是合作的潤滑劑,合作則滋長了信任。在一個合作與競爭並存的環境中,將可以創造出個人與團體互利共存的新契機。然而,欲持有此一性質的信任,必須透過學習,亦即團體成員學習如何創造一個既有競爭且互相受益的共識。經由此一學習過程所產生的信心,將有助於合作性規範的建立。而且隨著時間的演化,集體信任感(collective trust)逐漸形成為一種潛在的期望資產(expectation assets)(Knez & Camerer, 1994),而有助於集體採用合作與協調方式解決共同問題(Kramer, Brewer & Hanna, 1996)。

根據上述的討論,吾人大致瞭解信任不但是一種有效集體行動的要件,更是信心建立與相互學習的過程。惟信任感係如何產生,值得進一步探討。關於此點,一個團體產生信任感的基礎大致有四項,分別是:(一)熟悉瞭解;(二)情感認同;(三)主觀認定;(四)理性計算(鄭錫鍇,1999;許道然,2001)。茲分述如下:

(一)熟悉瞭解

熟悉是產生信任的根本來源,由於熟悉進而瞭解對方的行為動機,將能產生一種安全感。雙方經由長期的互動,透過觀察與經驗所取得的相關訊息,可以做為判斷與預期的依據;兩造之間一旦深信對方能夠秉持誠信原則行事,信任感便自然產生。

(二)情感認同

信任感的建立可能是植基於認同對方的人格特質或者所持的價值觀。詳言之,當雙方彼此欣賞對方的學識才能、行事作風、擇善固執以及善意感受時,信任感往往就會日漸滋生。本質上,此種基於情感認同而產生的信任係屬於間

接與非人格化（impersonal），與上述經由直接認識或是互動所產生的信任感有所不同。相較而言，此一具有「普遍化」（generalized）性質的信任，將比「面對面」（dyadic）的信任，更能累積較多的社會資本（Putnam, 1993b）。

（三）主觀認定

主觀認定的信任主要源自於對法律制度或社會規範的信心。由於信心所產生的普遍支持效果，不僅個人會主動自願遵守，也預期他人會同樣遵守，此種同理心應可創造信任。然而，成員一旦認為法律或規範的制約內容形同虛設而失去信心，既存的信任感勢必逐漸降低，甚至蕩然無存。

（四）理性計算

產生信任的最後一個來源是個人的經濟理性計算。誠如O. E. Williamson所言：「信任是對未來合作可能性之計算」（1993: 455）。因此，此種信任是一種功利性思考，也就是說，雙方本於自利動機的考量，當所獲得的利益高於成本時，才會進一步與他人建立信任關係。此一含有計算性質的信任猶如市場的買賣行為，當交易雙方發覺有利可圖或是投資風險較低時，方會與對方有所往來。不言而喻，根據計算而建立的信任，主要是基於可預期的報償心態，因此性質上較為脆弱（fragile）；相反地，前三項信任基礎是立基於關係與信心，因而較具彈性（resilient）。一般而言，社會資本累積較多的團體，所呈現的信任感大半屬於前者；反之，社會資本累積較少的團體，即使成員之間互動頻繁且直接，但是其信任感大半來自於後者（Leana & Van Buren, 1999: 542-3）。

討論至此，吾人可以發現構成社會資本的四項要素，除了彼此之間具有相互依賴以及引導關係外，每一項要素對於社會資本的形成，亦能構成獨特的影響。其中，信任與社會資本之間的相關性最為顯著，彼此具有相互加強的效果。換言之，豐沛的社會資本有利於信任關係的建立；而信任關係一旦建立，必然會回頭過來幫助社會資本的累積。深一層探究，我們亦可發現構成社會資本的其他三項要素，對於信任感的建立亦具有某種程度的影響力。順此脈絡，我們不難理解，人際之間能夠建立信任關係，乃是雙方彼此熟悉、具有相同信念以及遵守共同規範的結果。是以，構成信任的要素與構成社會資本的要素具有密不可分的關係。

第四節　社會資本的角色扮演

　　根據上述的討論，吾人已知公民社會的基本精神是鼓勵公民積極參與公共事務，而成熟的公民參與對政策執行效果的提升有莫大的助益。至於社會資本與公民參與間的關聯性，學界雖然至今尚未有定論，但泰半學者認為，豐沛的社會資本將有助於建構一個充滿活力的公民社會，增強公民參與的能力與意願，進而影響公民社會的形成與政策執行（Berman, 1997; Newton, 1997; Evans, 1996; Encarnacion, 2001）。以下將就此做一分述：

一、社會資本對公民社會形成的衝擊

　　社會資本是社會團體追求共同目標不可或缺的要素。一旦社會團體具有豐沛的社會資本，不僅較易協調社會團體的行動，並可提高改善社會效率（Put-nam, 1993b: 167）；更由於對等的互惠特性，每個人會配合他人的行動完成個人份內的責任，同樣也會促使他人盡其本份，無形之中有助社會資本的蓄積。大體而言，社會資本對於公民社會形成的助益，具有以下數端：

（一）凝聚目標共識

　　社會資本較多的社會，由於網絡之間彼此具有高度的信任感，因此擁有眾多提供資訊情報的管道。此時，除了直接有利於主要行動者，獲得新的技能與知識之外，更能基於資訊分享所產生的外部經濟效果，達成社會整合的功能（Parson, 1949）；亦即成員能夠凝聚共識，積極認同目標，進而共同謀求解決問題之道。

（二）增進和諧氣氛

　　由於成員之間持有相同的理念，建立和諧感通的處事方法，因此在面對問題時，往往可經由理性的互動與對話，將個人目標與社會整體目標加以結合，採取一致行動。此一環境非但可以降低成員互動時所潛存的不確定性（Luh-mann, 1988），減少猜忌與對立；更有助於成員將社群視為一個大家庭，彼此形同夥伴關係（partnership），形塑強烈的認同感及向心力，願意奉獻一己之力於公共事務。

（三）誠願承擔責任

對社會整體目標積極認同的結果，促使成員建立休戚與共的意識，深感社會的榮辱興衰與個人息息相關。基於此一使命感，成員對於團體以及社會的責任，將具有高度承諾感（commitment）（Montgomery, 2000），而不是經過計算成本與利益之後再採取行動。由於出自誠願，因而對共同目標與行動，能夠任勞任怨的付出，積極的投入。

（四）充分信任授能

倘若成員體認到和諧感通的真義，社群之內將存在「普遍信任感」。基於任務的有效達成，將會非常重視專業且能充分授權。成員因為獲得尊重，有機會表現，以致願意接受團體課責。如此一來，整個社會能夠匯聚成員的向心力與所需的人力資源，而蘊藏促進行動的潛能，持續維持競爭優勢。

總之，社會資本係屬一種持續信任與互惠的關係，因而具有協調和蓄積個人與社會團體行動的能力。一個累積較多社會資本的公民社會，將較易形成連帶感、互惠感、互信感與合夥感，因而對整體所欲追求的目標，及必須採取的集體行動具有相當的助益。

二、社會資本對政策執行的影響

公民參與的精神主要是彌補代議制體制下，人民因為所處的地位和資訊不對稱（information asymmetry），以致未能真正表達意見，或與國家機關進行雙向溝通，而產生社會疏離感以及政治冷淡感的困境。

畢竟，公民與日常公共事務息息相關，也最瞭解政策問題癥結所在。因此，國家機關倘能尊重公民主權，培養公民參與的能力，並將其納入決策體系，使其承擔公民應盡的責任，那麼在推動政策時，除了較易取得標的人口的政策順服之外，亦可減少暴力抗爭等情事發生，降低社會成本的付出，更能提高國家的治理能力。

關於此點，大半民主國家皆已體認公民參與決策的重要性，並將其視為一項寶藏或資產。此種情況，導致公民參與的重要性備受關注，並與政策執行相提並論。本節擬探討社會資本如何影響政策執行的三個面向：政策對應性、普及度與貫徹力。茲逐一分述如下：

（一）政策對應性

　　係指國家機關所推動的政策，依照原定政策內容一一付諸實現的幅度。正如第五章的說明，欲使法定的政策與實際執行的政策相吻合，除了需要國家機關執行人員對於政策目標的順服與責任心之外，尚需要標的人口的參與意願及行動配合方能成事。因此，一旦政策目標被視為恰當而為社會所接受時，如何提高標的人口的參與意願及行動配合，便成為決策者努力的目標。

　　有言道：「徒法不足以自行」。由此顯示政策執行絕非如T. B. Smith所言：「政策一旦制定完成，就會自動執行，而產生的結果將與決策者所預期的相差無幾」（1975: 197-8）。蓋政策執行係一動態過程，充滿不確定因素，無法如預期般的順利執行。由此觀之，不難明白何以制定了政策，也未必能完全實現其目標。大體而言，政策如欲順利執行，除了考量政策目標是否清楚、資源是否充足、執行機關特性、機關間的溝通與協調、執行者意向以及經濟社會政治環境因素之外（Van Meter & Van Horn, 1976），標的人口對政策執行的影響力也有必要加以分析。

　　標的人口參與意願的高低，主要繫於其對政策的認知或所持的信念是否與政策目標相一致。認知是一種心智的理解結果，不僅能夠反應個人或團體的態度，更影響到其行為動機與模式。前述提及，當成員願意將個人所追求的目標與行動和整體的目標與行動加以配合時，這個團體就已形成了「和諧感通」的關係，其所表現出來的外顯行為即是積極參與以及支持政策。

　　在充滿和諧感通的情境下，國家機關政策將減少不確定因素的產生。標的人口主動的參與政策，除了可彌補專家能力的不足，擴大方案選擇的範圍外，更可增進國家機關管理複雜政策環境的能力，加速社會適應環境變遷的過程。此一互蒙利益的情境，將相對減少國家機關的介入程度，減輕政策執行所需的成本。

　　再者，政策的推行，單憑國家機關能力是無法奏功的，因此仍有賴政策標的人口的行動配合。然而，標的人口是否願意配合政策，採取適當行動，則取決於其對決策過程的信任程度。蓋信任是維持穩定社會關係的要素，一旦建立高度的信任感，將使得成員有較高的意願與他人或國家機關進行合作性的互動。職是之故，決策者莫不汲汲於政策的經營，以博取人民信任，取得政策合法性。

　　民主國家一大特徵是信守「主權在民」與「人民同意」原則，主張人民擁

有最後的決策權。基此，凡是與人民權利與義務有關的決策，無不以民意為依歸。質言之，國家機關不再獨享決策權，取而代之的是提供參與機會，試圖藉由雙向溝通化解雙方歧見，建立最後共識。

　　基本上，民意與政策運作具有互動的雙向關係（吳定，1995：523-4）。申言之，國家機關應摒棄私見，敞開心胸，一改以往「民可使由之，不可使知之」的防堵心態，而以疏瀹的心態，使人民瞭解整個決策過程；此外，讓人民明白國家機關何以採行此一政策也是有必要的。如此一來，國家機關方能建立一個開放、平等、相互尊重及聽說平衡的對話機制，不但能聽到人民真正聲音，回應其需求，亦能藉此教育人民，使其知曉國家政策的目的與動機。面對此一改變，一般人民甚或標的人口，因為對國家機關的信任度日漸提高，並基於相同信念與彼此互惠的特性，樂於主動貢獻一己之力於公共事務。無形間，也提高了其對國家機關的向心力與政策配合度。

（二）普及度

　　就普及度而言，主要係指國家機關所採行的政策是否使得政策標的人口得到實際服務。質言之，政策是否滿足標的人口需求、偏好或價值的程度是衡量政策執行成功的一項指標。基於資源的有限性，為發揮最大效用，有必要將標的人口的大小和問題範圍界定清楚，才不致產生過度涵蓋（overinclusion）和涵蓋不足（underinclusion）的現象（Rossi & Freeman, 1989: 136-7）。

　　標的涵蓋範圍太大固然不妥，但若太小也不盡理想，蓋此種偏差非但浪費有限資源，也可能排除原本應接受政策服務的對象。不論是何種情況，均會導致決策者的公信力遭受質疑。因此，正如第五章所述，國家機關針對此一問題，往往會採行合理的政策設計，著眼點分別是標的人口的選定以及政策工具的選擇。

　　然而，即使選定標準非常完備明確，終究是由決策者為之，難免未能考慮政策系絡因素以及體察標的人口的真正需求，致使所選擇的政策工具無法發生預期效能，真正解決政策問題。

　　因此，設法鼓勵標的人口參與方案的服務系統便是可行之道（李允傑、丘昌泰，1999：276）。惟標的人口數目有時甚多，欲一一認定並探詢其需求，有其先天上的限制。退而求其次的方式，便是透過公民參與所提供的政策學習機會，瞭解以往國家機關所採用之政策工具被接受的程度，並以此做為選

擇政策工具的參考基礎（林水波，1999a：295）。

　　本質上，政策學習是正常決策過程的一部分，主要是運用過去政策經驗或新蒐集的資訊，來調整國家機關的管理技術，以便達成治理的最後目標（Hall, 1988: 6）。具體而言，政策學習包括三種形式：（1）現行的政策工具；（2）不同政策工具的使用；以及（3）政策目標的學習。採取政策學習的最大優點在於政策參與者經由不斷辯論的過程，能正確認定政策問題、訂定適當政策目標及獲得最佳政策結果（May, 1991: 203）。最重要的是，藉著此一種過程將可以幫助決策者瞭解何以某些政策執行成功，有些則失敗。

　　為擴大政策學習的效果，決策者應廣徵民間意見，以期尋求較佳的政策備選方案。而一個社會資本積累甚多的公民社會，由於網絡之間具有高度的信任感，因而擁有眾多的正式與非正式管道得以獲取資訊情報。基於生命共同體的體認，社會團體樂於將這些資訊情報提供給國家機關；決策者如能取得善加運用，將可發揮截長補短功能，彌補專家知識的不足。此舉將有助於提高政策普及度，滿足標的人口的需求、偏好或價值。由此觀之，社會資本可以視為達成政策目標的重要資源以及工具（Inkeles, 2000: 245-68）

（三）貫徹力

　　就貫徹力而言，係指國家機關所推動的政策達成預期結果或影響的程度。亦即將實際達成的政策結果與原定的預期水準相比較，以明瞭政策是否產生預期的結果與影響。如此，不但可以掌握政策對應性與普及度，亦可明瞭政策資源使用情形以及政策對社會問題所造成的實質影響。在第五章中，我們已經提及時效性、回應性、公正性以及投入度係探討政策貫徹力的重要指標。於下，吾人擬運用這些指標，就社會團體所累積的社會資本對政策貫徹力的影響做一概略分析。

　　所謂時效性是指，政策或方案是否能迅速而且充分的解決政策問題；所謂回應性是指，政策方案滿足標的人口需求、偏好或期望的程度（吳定，1998：295-6）；所謂公正性是指，政策的結果與影響在標的人口之間公平分配的程度；所謂投入度意指政策執行人員對一項政策所付出的心力與時間（林水波，1994：108-9）。乍看之下，這四種特性似乎與社會團體沒有多大關連，而與國家機關能力有關；惟細加思索，政策是否能夠完全貫徹，仍倚賴社會團體的瞭解與配合。

　　首先，就政策時效性而言，由於公共政策有其時間限制，若不能及時解決問題，往往因為延誤時機，以致問題益加嚴重。基此，政策規劃時便應著重預測性及可行性分析。惟國家機關囿於資源與時間，難免掛一漏萬，無法面面俱到。

　　此時，國家機關倘能藉助於社會團體的力量，彼此互通有無，將能促進政策的有效執行。一個社會資本豐厚的社會團體，成員之間較易凝聚共識，積極認同目標，因而易於動員配合政策，提高國家機關的治理能力。正如R. D. Putnam所言：「國家機關如擁有充足社會資本，將可克服公民追求私利，解決集體行動的困境，進而提高民主治理能力」（1993a: 37）。

　　其次，就政策回應性而言，政策目標不僅要明確，且要與手段間具有因果關係。正如J. L. Pressman & A. B. Wildavsky所言：「在政策範圍之內，除了要具體呈現導致政策問題的主要因素之外，也要正確地連結每個因素與冀欲目標間的關係」（1973: xiv-xv）。如此才能提出合理政策，滿足標的人口的需求。然而，採取由上而下的決策模式，往往未能體察民意，甚至與社會主流價值相悖離，導致政策被接受的程度降低。

　　人民既是政府的主人，也是政策服務的對象，國家機關若能與人民建立合夥關係，將可透過溝通過程獲知其立場、利益與觀點，從而能夠制定符合人民偏好與需求的政策。由此可知，一國之內實有必要存有一股獨立於政治勢力以外的社會力量，以超然、客觀甚至是反思的角色，進行政治運作的監督。這股力量越大，社會資本就相對越多。對於一個社會資本蓄積較多的社會團體而言，其成員相對較具社會責任感，願意積極投入於集體目標與行動。果真如此，不僅可以減輕執行機關的負擔，更能提高政策回應性。此一發展情形，將可印證歐斯本與蓋伯勒（David Osborne & Ted Gaebler）所言：「一項計畫要能真正成功，被服務的對象就要親自參與」（劉毓玲譯，1993：64）。

　　再次之，就政策公正性而言，國家機關欲順利推行政策，必定有一套明確的執行規則。規則既是要求所有成員遵守，當然必先確定規則本身具有可行性。也就是說，意圖以不能行、不可行或有窒礙的規則要求成員遵守，將會出現「上有政策，下有對策」，競相挑戰公權力的現象。因此，規則本身如不能被接受，無論國家機關花費多少時間與金錢，都不易見著冀欲的結果。

　　為了落實政策，除了考慮技術可行性外，根本之道在於政策須符合公正性，亦即政策的投入與產出能夠在團體之間有公平的分配。若能如此，社會團體將對規則存有不可侵犯的信念，衷心的順服。而一個社會資本蓄積較多的團

體，更能夠發自內心的遵守，在有效規範約束下，很少人願意或嘗試違犯。此一情況，將有助於國家機關建立一個值得信任的執行規則，順利推行政策。

最後，就政策投入度而言，一項政策欲順利執行達成效果，除了政策執行人員的意願、資源配置情形、執行機關的規則之外，執行人員對政策所投注的心力與時間亦是關鍵要素。然而，不容否認地，決策者視野與專家知識有其侷限性，因此，社會團體的引進與使用亦有其必要性（林水波，1999a：3-26 & 29-53）。

如前所述，國家機關與社會團體擁有甚多共同追求的目標，彼此之間也互有所長。倘若國家機關與社會團體能夠相互調適心態，領略「皮之不存，毛將焉附」的真義，這樣一來，方可透過公民參與，使得政策執行過程成為兩造互動的空間。此時，社會資本蓄積較多的團體將能奉獻人力、物力與時間，分擔機關部分工作，以利國家機關集中有限資源於政策目標的貫徹。

綜合以上各點，我們可以清楚的看出，社會資本的存在與否對政策執行具有關鍵性影響。職是之故，國家機關為求政策順利推行與永續發展，必須重視與妥善經營社會資本；而社會團體亦應有顧全大體的意識，盡其應盡的義務，負其應負的責任。一旦雙方有此體認，遵守對等互惠規範，經過長期接觸互動之後，將可逐步形成互信感，進而建立合作機制，累積更多的社會資本。

第五節 結 語

公民參與和政策執行之間的因果分析經常為學者所重視與探討，蓋公民參與乃是建構健全民主的核心。不可諱言地，社會團體的參與動機與意願，並不容易從行為者或團體的表象探知。因此，本章進一步採取社會資本觀點加以探討。唯有如此，方可瞭解公民是否具備意願及能力參與社會團體活動，進而明白社會團體係如何形成公民社會以及影響政策執行。

再者，社會資本的成因相當複雜，本章主要係從網絡、規範、信念以及信任四大要素進行分析。由本章的分析可以發現，社會團體能夠形成一股力量，主要關鍵在於其所累積的社會資本；一旦蓄積足夠的社會資本，社會團體或整個公民社會將建立連帶感、互惠感、互信感與合夥感，因而對集體行動會產生莫大的助益。同樣的道理，社會資本對國家機關政策目標的達成也是相當重要的。基於合作共榮的互惠理念，社會團體所積累的社會資本，將能為政策執行

者所用或者積極配合政策推行。此一情況，促使國家機關所執行的政策，無論是在對應性、普及度與貫徹力等面向上，皆能獲得顯著改善。

　　然而，社會資本並非萬靈丹。換言之，它也可能產生許多負面效果，舉其犖犖大者，大致有下列四項：一、維護和建立關係所需付出的成本；二、過分強調內部團結，因而限制個人自由；三、過多的行為規範，導致創新能力降低；四、主要團體互動過於頻繁，時日一久，形成眾多的既得利益團體，其結果不僅會造成好同惡異的團體盲思，且為了持續享有特權，更會抗拒改革以及排斥其他團體取得新知識與技能的管道等等。這些負面效果交互作用之後，產生許多不良後遺症，諸如排外（xenophobic）的孤立心態、搭便車（free-rider）的投機心態、鄰避情結（NIMBY）的症候群，致使整個社會承擔風險或付出慘痛的代價。職是之故，如何避免上述弊端的發生，同時善用社會資本，使其產生良性循環，成為實現政策目標的資源，是一個值得正視與思索的問題。

　　除此之外，就理論而言，本章所探討的面向，主要是從社會團體的角度分析。不容否認地，社會團體活動以及所積累的社會資本對國家機關治理能力有相當的影響力。是以，如獨採國家中心論，將明顯忽略社會行動者所具有的影響力。此一現象便會導致利益表達的嚴重扭曲，致使政策無法公正與客觀。相同地，以社會資本觀點分析社會團體的功能，係屬社會中心論。而此一研究途徑最大缺點，乃是忽略國家機關與公民社會係相互影響的事實。以此種角度觀之，不難明白社會資本是否能夠真正動員發揮作用，乃深受國家機關結構與政策的影響（Newton, 1997）。基此，欲明瞭政策執行結果與其背後動機，實有必要連結國家機關與公民社會，從整合性觀點詳加分析。

第七章　治理互賴對政策執行之影響

第一節　導　論

　　由前述兩章的討論，吾人大致明瞭國家機關的基礎建構能力對國家發展本身，諸如政治穩定、經濟發展、民主鞏固以及施政績效等方面，有某種程度的影響。此外，構成基礎建構能力的三種能力，包含深入能力、汲取能力以及商議能力對政策執行效果的三個面向，亦即政策對應性、普及度和貫徹力具有顯著影響力。另一方面，透過公民積極參與所積累的豐沛社會資本，對形塑公民社會的內涵，例如凝聚目標共識、增進和諧氣氛、誠願承擔責任、充分信任授權也有實質助益。換言之，社會資本對政策執行具有不容忽視的深遠影響。

　　不過，由圖4-1治理互賴模型所示，可知上述的影響力是分別自國家機關能力以及社會資本的觀點加以探討。因此，欲進一步提升治理能力，仍需雙方能夠通力合作，不能光靠任何一方獨撐，否則冀望藉此提高執行效率，將有如海市蜃樓一般。就事實而論，國家機關必須強化基礎建構能力，方可自公民社會取得所需的資源以利維持整個系統的正常運作；而公民社會也需要國家機關的持續支持，方能積累社會資本從而建立連帶感、互惠感、互信感以及合夥感。根據我們在第四章治理互賴模型中所提出的假定，國家與社會的實質關係是相互依賴、互補以及緊密連結的，本章擬進一步由治理互賴的觀點，探討國家機關的基礎建構能力與公民社會的社會資本是如何相互影響，以及兩造建立合夥關係後，由此所產生的綜效對政策執行結果所構成的影響。

　　眾所周知，一個具有治理能力的國家，往往具備一個有效的治理結構，用以協調不同領域機關的行動，國家計畫因而能夠取得社會團體的配合與支持，不致於產生政策目標與結果相互脫節的情形。針對此點，大半民主國家均謀求對策，試圖讓政治民主體制發展以及社會資本形成一個良性的循環。為達此一目的，國家機關除藉由制度設計冀以提升本身的能力之外；另一可行之道，乃是建立完善的民主參與和協商機制。兩種方式皆為不同學者所支持，部分學者主張，透過公民參與活動不但可以蓄積社會資本，更可促進經濟的發展與政治民主化（Putnam, 1993b）；而亦有學者則從國家機關的立場出發，主張藉由制度設計將可提升國家機關的能力，進而影響其行政績效（Lowndes &

Wilson, 2001）。

　　事實上，從功能角度而言，上述兩種方式具有相互加強的效果。正如R. D. Putnam所言，一旦積極公民參與的社會能與具有治理能力的國家機關緊密連結，將出現「良性循環」（virtuous circle）（1993b: 117）。引申之，公民社會往往藉著國家機關的創造性活動（creative action）以培育社會資本，因此國家機關如果具備足夠能力必能促進社會資本的形成；而社會資本一旦積累充沛，將反過來提升國家的治理能力。基於此一觀點，本文第二節將先行探討國家機關能力對社會資本積累的影響。第三節則分析社會資本對於國家機關能力提升的影響。第四節則闡述國家機關與公民社會若能真正體會合作共榮的真義，建立互惠、互助的關係之後，由此所產生的綜效對政策執行的影響為何。第五節則提出結論。

第二節　機關能力對社會資本積累的影響

　　現今民主國家的運作面臨前所未有的壓力，國家機關不僅頻於應付社會有增無減的政策需求，顯現出筋疲力盡之感；另一方面又必須面對預算的縮減，以致有巧婦難為無米可炊之嘆。種種現象，導致國家機關不但未能適時、適當的解決問題，甚至衍生更多、更嚴重的社會問題。連帶使得人民質疑國家機關的能力，對政策是否能夠產生預期結果，抱持不信任態度，終至造成國家與社會逐漸疏離，難以建立生命共同體。

　　針對此一現象，釜底抽薪之計乃是國家機關應設法提升基礎建構能力，方能處理層出不窮的社會問題。前已提及，所謂基礎建構能力係指深入能力、汲取能力以及商議能力。國家機關一旦擁有這三項能力，將可具備防範未然以及機動處理問題的能力。本節擬深一層針對國家機關能力如何影響社會資本的蓄積做一分析。以下將依序自深入能力、汲取能力以及商議能力的三個面向逐一探討。

一、深入能力對社會資本積累的影響

　　深入能力（penetrative power）主要係指國家機關能夠深入社會，且與社會團體直接互動，從而促使社會成員支持國家機關，俾利政權取得正當性。

是故，國家機關若具備足夠的深入能力，對社會資本的積累將能發揮如下的影響：

（一）形塑網絡關係

　　每一個政策領域均可形成一個特殊政策網絡（Warrden, 1992），因此從網絡中可以觀察公私部門在執行過程中彼此的互動、資源交換以及因而所形成的相互依賴關係（Rhodes & March, 1992）。社會資本是實際與潛在資源的總合，常與一個具有持久性的網絡相連結，其中成員或多或少具有相互認識的關係（Bourdieu, 1986: 24）。由此可知，網絡是透過社會關係而連結的組織，本質上是一個開放、具有擴張性的結構；只要持有相同的價值觀以及共同追求目標即可成為網絡一份子（Lincoln, 1982: 1-38; Castells, 1996: 470）。網絡中的成員有相互依賴性，彼此之間的繫屬（ties）不論是水平或垂直，均包括有形與無形資源的流通，因而具有互惠的性質。

　　然而，網絡關係的形成與維持並非是自然形成的，而是需要持續投入方能產生回饋。具體而言，成員間如能持續接觸、相互連結，將可增進社群內部的凝聚力。一旦社會中各個網絡內部建立起和諧感通的關係，勢將有助於社會資本的形成。由於該項資本係屬公共財，難免會出現搭便車者，為確保社會資本得以持續積累，國家機關除了擁有鑲嵌自主性，更必須與公民社會建立適當的連結機制。

　　在具備自主性情況下，相連結（connectedness）將有助於國家與社會間網絡關係的形成。國家機關若具備充分的深入能力，除有益於形塑網絡關係，更可進一步由國家機關主動建立政策網絡，將主要社會團體納入其中。在網絡之中因為設有多元制度性管道，所以政策並非由行政官僚單獨決定，而是兩造經由例行的廣泛討論所產生的，因此對政策目標以及手段共識的取得有實質的助益。

（二）建立團體共識

　　公私部門若欲藉由協力合作，彼此分擔責任，共同解決問題，首要之務便是在公民社會內部建立共識感。不可諱言，集體行動中每位參與者對政策目標和政策工具選擇往往持有不同的看法，極易產生齟齬。因此團體共識的建立對有效集體行動的產生便顯得更為重要。如果機關具有充分的深入能力將可介入

社會活動進行協調，再綜合多數人意見，擬定各方皆能接受的政策方案，如此可避免個人決策或投票暴力情形（Lindblom & Woodhouse, 1993: 34-44）。質言之，國家機關可以設法提供誘因或開放更多參與管道，吸引人民參與，一則能夠贏得人民信任，建立相互認知與共識；二則可跳脫原有視框，找出問題盲點，尋得更佳的政策方案（Lowndes & Wilson, 2001）。

（三）體認民間感受

俗諺：「民猶水也，君猶舟也；水能載舟，亦能覆舟」。由此可知，民與君的關係就好比水與舟關係般之密切。國家機關若能夠體察民意，制定符合民意的政策，則決策者在推行政策時將猶如順水推舟般，其間或有驚濤駭浪，但終究能夠順利達成目標。是以，自古以來，各國賢君無不汲汲探求民意，以期能夠制定回應人民需求的政策。

我國亦不例外，近年來頗為流行的政府再造即是一例，主要目的之一便是藉此強化因應外在環境變遷以及回應人民日增訴求的能力。然而，卻因組織慣性、權力集中化、缺乏競爭等因素，以致未能顯著提升行政效率。尤有甚者，國家機關往往未經縝密的思考，即貿然提出一項政策，非但無法適時解決人民問題，反而引發更多的非預期結果。國家機關一旦無法有效改善長久以來的積弊，將迫使人民必須參與集體行動，涉入不同的政策議題，希冀藉由參與管道提出訴求，得到國家機關的重視。此時，具有深入能力的機關往往會深入民間，傾聽人民聲音，並從中相互學習，建立有意義的互動，進而將人民的意見納入政策之中，透過政策的執行，讓政策標的團體的訴求得到適當回應。

（四）活絡民間力量

民眾透過對話方式，積極參與公共事務，公共政策的決定因而能夠充分反映人民的偏好、價值與優先選擇（Cooper, 1991）。更由於個人融入社會活動中，彼此之間的信任、關懷將可取代原有的疏離、無力感。不僅於此，人民從公共事務的處理中可以學習自我尊重、團體認同，以及處理事務的能力、合作協力的價值，社群之間的和諧感通感遂得以形塑。因此，國家機關如能摒棄以往過度控制及宰制的心態，深入社會洞察民意，並以共同使命及公共利益的追求為前提，融合民間力量，培養休戚與共的意識；民間因為分享權力，共同承擔政策成敗責任，在效能感驅使下，將促使公民組織的力量發揮更大效果，民

間力量自是非常活絡。而透過民間力量的積極配合，國家機關推行政策所需的資源，將不斷更新源源不絕。

（五）順勢建構夥伴

由上述的討論可知，國家機關與公民社會並非呈現零和關係，而係合作共榮互惠的關係。兩造一旦建立制度化的連結，實質上並無損國家自主性，反而有助於提升基礎建構能力。基於此一前提，在逐漸重視參與民主精神下，國家機關應深入社會，並與公民社會建立夥伴關係，共同推行政策。一旦建立合作關係，不僅可將民間的創業精神與成本效益觀點導入國家機關，提高行政績效（江明修，1999：153），雙方更能以平權精神，針對不同論點，採取論述方式，整合雙方歧見，尋得最後政策共識，做為共同追求的指標。

二、汲取能力對社會資本積累的影響

就政策執行而言，國家機關必須擁有充分資源方能成就目標。不論是有形或無形的資源，對面臨財政困難的國家機關而言，均是寶貴資產。惟如何取得這些資源，就涉及國家機關的汲取能力。所謂汲取能力，意指國家機關從社會取得重要資源，以維持國家機關運作的能力。以下僅就五個面向分析汲取能力對社會資本的影響：

（一）豐厚可用資源

政策執行所需要的資源甚廣，如人力、經費、設備、技術與權威等等，因此充分資源的提供是政策執行成功的要件之一。不論政策內容如何的詳盡規劃，一旦執行機關或人員缺乏足夠的資源，將導致政策執行失敗。即使資源並非是萬靈丹，但吾人仍不可輕忽其重要性。現今大半國家因財政困難而無法順利推動政策，正好可以說明資源的重要性。

面對資源籌措日趨困難之際，國家機關戮力開發新資源已是刻不容緩的工作。事實上，公民社會已逐漸體認生命共同體的重要性，從公共利益的角度提出合理適情的需求，更能運用自身力量解決生活周遭問題以減輕國家機關的負擔。抑有進者，部分社會團體常基於理性、主動奉獻於公共事務的推行，惟國家機關往往輕忽或未充分運用社會民間所潛藏的充沛量能，以致未能解決資源稀少的困境。平心而論，國家機關若能以新的思維重新思考，促進公民參與，

並與主要社會團體建立夥伴關係，將可引導這股能量，進而轉化所積累的社會力量以達永續發展的目標。如此一來，不僅可善加運用公民參與所導入的資源，減輕國家機關沈重的負擔；同時因為人民被納入決策過程中，具有高度意願參與公共事務的推行，亦可藉此縮小民間需求與政府回應力之間的差距。

（二）有效分配資源

　　與前者緊密相關的是國家機關如何有效配置資源。在現實情況中，國家機關經常面臨資源不足的問題，處於如何減少施政成本以及提高服務效能的「雙環困境」（catch-22 situation）之中（江岷欽、林鍾沂，1997：219）。因此，國家機關必須從公民社會取得推行政策所需的資源，再由有能力的機關加以充分運用，以轉化成對本身及其服務對象有用的型態。一旦政策推行成功，國家機關理應設法讓全國人民能夠分享成果，以實現「取之於社會，用之於社會」的目標。

　　然而，以財政預算分配為例，證諸我國過去的經驗，中央與地方政府每年總是為統籌分配款的分配比率而爭論不休。箇中原因，在於其將問題聚焦於純財政的思考上。事實上，根本解決之道，係採統籌分配稅款方式，並將其列為各級政府的收入來源，以加強統籌分配稅款之運用（翁興利，1999：1-36）。再者，應將預算資源的使用權予以分權化，讓地方決策者對預算的使用細節有充分的自主空間，希冀藉由分權提高參與、認同與創造力（Lynch & Lynch, 1997）。另一方面，以預算使用結果做為政策課責基礎，方可改變管理者的心態，從以往追求預算極大化，轉為有限資源之下的最大成就（Cothran, 1993）。如此一來，國家機關既能發揮汲取能力，有效分配資源，達到資源共享的目的；又能引進民間技術與資金，共同合作開發經營，達到公共造產目的。

（三）符應民間需求

　　國家機關設若具有很強的汲取能力，不但能夠保護公民社會，避免生存空間受到威脅，更能積極回應民眾的需求。畢竟，公共利益是政策制定的主要目標，因此決策者應戮力形塑一個具有共享公共利益觀點的集體行動（Denhardt & Denhardt, 2000: 554）。在面對人民與日俱增的服務需求時，國家機關為維持統治的正當性，無不設法提高決策品質與行政績效以符應人民的需求；甚至

將企業精神引進到公部門，包括裁併相關部門、建立激勵制度、全面品質管理
以及重視管理策略等等。然而，公部門已經習慣的政策思維模式積習已深，以
致單單採取私部門的彈性措施，並未能明顯改善行政績效，因而必須藉助公民
社會的力量。

　　俗云：「瞭解實際狀態的人，才能說是對問題有所瞭解」。公民與政策存
有利害關係，是以對政策內容與執行工具均能有獨道的見解，只要有適當的參
與管道泰半願意貢獻於政策執行中。準此，國家機關應該積極構築健全公民社
會的兩大要件：公民資格與公共服務（Ibid., 556），開放參與管道，從中吸納
更多的資訊，並對政策進行必要的調整或重新制定政策。此時，政策因民間資
源的注入，往往能夠獲得更多的協助，貫徹執行目標，進而符合人民需求。

（四）彌補資源不足

　　社群主義意指在國力有限，民力無窮理念下，由民間自發成立組織，其目
的在凝聚社區居民感情，以建立生命共同體的互動方式，協助國家機關推行
政策。然而，民間資源終究有其侷限性，因而國家機關所扮演的角色並不僅只
於控制者或領航員，而是適時提供協助以解燃眉之急。因此，國家機關除了
強化汲取能力，應將所取得的公共資源，予以妥當運用、配置，冀以對民間
社會進行最佳的價值分配。由於同時符合分配公平以及程序正義原則（Rawls,
1971），既可提高人民對政策的支持，更能擴大政權正當性的基礎。

（五）協助資源開發

　　國家機關的汲取能力除了扮演有效分配資源、制定符應民間需求政策以及
彌補民間資源不足等功能外，尚可進一步協助民間開發新資源。而該項功能正
好考驗著國家機關的治理能力——如何在「何者該管」與「何者不該管」之間
掌握的恰到好處。其實，要解決此一困境並不困難，大凡民間有能力勝任者，
政府就不應該干預；而需要國家機關公權力介入方能推動政策者，政府便需要
適時介入。

　　由於社會民間團體並未具備權威或權力，因此需要國家機關大力協助，開
發新資源，以提升競爭力。國家機關具有一定的功能，例如市場失靈時便需要
國家機關的介入；另外，不同團體利益發生衝突時，也需要國家機關擔任團體
的談判平台。除此之外，國家機關應超越本位主義的立場，放棄以往一味干預

的心態；改採宏觀、互利的眼光思考政策，制定公平合理的競賽規則，且與民間社會建立合作機制，方可有效整合、運用民間參與所導入的資源。這種情況下，必能開創新資源以顧及民間的需要，同時因為具有機動調配資源的特性，而能促使政策執行更加順遂。

三、商議能力對社會資本積累的影響

政策制定過程中，由於問題本身具有高度複雜性，或對社會構成的衝擊面甚廣，往往引發眾多人民與團體涉入，無形中增加國家機關處理問題的困難度；嚴重者將削弱機關的執行決心與能力，致使政策目標無法落實。因此，國家機關尚需擁有商議能力，方能與社會團體相互協調，並整合其意見，提出較具共識的策略。至於商議能力對社會資本積累的重要性，擬由下述五點逐一說明：

（一）化解彼此衝突

國家機關與公民社會彼此的價值終究有所差異，最顯著者莫過於國家機關有其所欲追求的目標、任務與條件，而會與公民社會產生衝突（Stewart & Walsh, 1992）。解決之道乃是加強國家機關商議能力，適時宣導國家立場之外，更應深入民間傾聽民間的聲音，以利雙方價值及觀念的表達；且透過相互學習與說服的過程，接納不同意見，爾後再進行意見整合。此一過程不僅能夠排除兩造不當的對立、猜忌、輕視以及不信任，營建一個良好氣氛的論述空間，更能藉此集思廣益，找到問題癥結所在，選擇適當因應對策。

（二）減輕合作困難

一項政策的推動需要不同部門以及民間共同參與、齊心協力方能成事。惟參與者彼此的視框以及思維方式並不相同，以致有不同的處事理念、問題認知以及價值追求。如果執行前未能協調取得共識，必定出現「一人一把號，各吹各的調」的窘境，增加合作的困難度。由此可知，政策溝通與協調乃是成功政策執行不可或缺的要素。參與者之間若能建立和諧感通的關係，在休戚與共的環境下，彼此開誠布公，不再堅持本位主義，誠願承擔份內的責任（林水波，2001），則彼此間既無間隙存在，又可眾志成城，達成共同目標。

（三）減少政策耗損

在現實政治生活中，吾人不難發現不少設計完善的方案與實際執行的結果出現極大的差距。探究其因，此種政策耗損（Policy slippage）（Schneider & Ingram, 1997: 102-49）的產生，大致有如下七種原因（Pressman & Wildavsky, 1973: 99-100）：

（1）政策承諾互異：既定政策目標以及理念與執行參與者本身的承諾相衝突，以致未能達成預期目標。

（2）政策偏好殊異：參與者眾多且所持偏好不同，在未能取得協調情形下，致使執行過程中出現參與者彼此相互對立的情形。

（3）迫切意識不同：由於執行參與者並非皆有迫切意識，故往往會導致政策延宕，平白浪費有限資源。

（4）權責未能相符：由於執行過程中真正負責推動者不具實際權力，以致無法持續維持熱忱，難以貫徹政策目標。

（5）職司立場互異：執行過程中參與者因意見觀點不合，且未能取得政策共識，以致執行步驟難以協調統一，增添許多執行變數。

（6）法律程序不一：法律規定有時與執行程序相互抵觸、相互牽制，增加問題的複雜度。

（7）多元政策承諾：執行過程中由於參與協調單位過多，致使執行步驟更加繁複。而過多的政策承諾，往往使得問題難以順利解決。

由前述可知，政策耗損對國家機關政策推動工作造成相當大的傷害，最顯著者乃是綿密的執行網絡不復存在，取而代之的是「糖密症候群」，使得整個機關被裹在黏稠的糖漿中，動彈不得。更壞的情況是出現「動物農莊症」，因權責劃分不清，導致機關就如同農莊裡的動物一般，為爭奪食物而形成無數個小圈圈相互奪利（楊美齡譯，1997：62）。為減低政策耗損，實有必要建立一個合作的執行體系，加強參與者間的協調與溝通，以利形塑積極的夥伴關係以及建立休戚與共的意識。

（四）調適政策走向

公共政策的決定是未來取向的，因此經由事前縝密規劃，設計出合理可行的方案是不可省略的步驟。但這並不意謂，政策一旦宣布即保持不變；相反地，它需要隨著問題情境做適當的調整。基此，國家機關與公民社會必須以互

信的態度保持互動，一則以利適時適地調整政策內容；二則同時考量雙方訴求，避免造成不當的誤判與曲解，以致政策脫軌（policy derailment）而悖離民意；三則提供未來集體行動的潤滑劑，俾以應付瞬息萬變、無法預測的外在環境。

（五）啓發兩造再思

政策場域中主要參與者對問題的思考架構並不相同，以致對問題認定以及備選方案的選定持有不同的看法，進而引發政策爭論（林水波，1999a：98）。因此，機關與社會團體之間若能進行有效互動與商議，便能對政策問題的本質、範疇的界定與陳述的方式帶來新的思維方式。此種具有引發（trigger）作用的機制，常常能夠激勵參與者進行自我視框反省（frame reflection）（Schon & Rein, 1994）。換言之，兩造溝通之後，反思本身原有的視框，將能夠跳脫共同決策陷阱（joint decision trap）（Scharpf, 1988），消弭彼此歧見，藉此相互學習，重新釐清問題，審慎擬定政策目標及選定政策工具，冀望能以更有效的方式解決問題，達成治理的目標。

任何組織都必須常保活力，才能維持運作與永續發展。欲達此一目標，國家機關必須善用民間社會豐沛潛能。根據此一觀點，本節以構成基礎建構能力的三種要素：深入能力、汲取能力以及商議能力，來探討其對社會資本累積的影響。綜上所述，吾人發現一國發展力的興衰實與基礎建構能力的強弱息息相關；當基礎建構能力甚強時，每每可以藉助社會資本，強化國家的發展力，降低不可治理性的產生，反之亦若是。下一節我們將反過來分析社會資本對國家基礎建構能力的影響。

第三節　社會資本對國家機關能力提升的影響

由第六章的討論，吾人大致可知社會資本係一種持續的信任與互惠的關係，具有協調和積累個人與社會團體行動的能力，因而對於追求共同目標所採取的集體行動具有相當的助益。由此觀之，社會資本並非僅是歷史或是有利政策環境下的副產品；相反地，社會資本可以被視為達成政策目標的重要資源以及工具（Inkeles, 2000: 245-68）。正如R. D. Putnam所言：「國家機關如擁有充足的社會資本，將可克服公民追求私利的行為動機，解決集體行動的困境，

進而提高民主治理的能力」（1993a: 37）。事實上，社會資本積累的結果除了直接影響公民社會的形成與發展之外，其所衍生的外部效果也攸關著國家機關的能力。以下將就社會資本對國家機關基礎建構能力的影響做一分述：

一、社會資本對國家機關深入能力的強化

社會資本具有潛在支持動力的特性，因而可做為國家機關與公民社會之間的橋樑，增進彼此的信任與合作，進而成為一個協力體，互通有無（吳英明，1995）。大抵上，公民社會所蓄積的社會資本對國家機關深入能力的強化具有如下的作用：

（一）建立互信關係

社會資本係一項資產，常隨著人民的密切互動與合作而增加。互動日趨頻繁，雙方的信任感遂愈加深厚。一旦公民社會充滿相互信任與寬容的文化，將可解決集體行動所產生的困境（Putnam, 1995: 67）；反之，集體行動將因缺乏互惠關係而受到侷限，淪為私利的競逐（Boix & Posner, 1998: 13）。

是以，公民社會若能建立共同關懷，則可將狹隘的「我要什麼」轉變成以公利為思考點的「我們要什麼」。此時，國家機關如能順勢而為深入民間，同時在與公民社會的互動過程中，以務實觀點考量雙方的立場與利益，就能形塑以互信為基礎的政策網絡。由此所建立的多元管道對資源與訊息的流通有極大的裨益，進而有利國家機關推行政策。

（二）化解民間疑慮

民主政治是民意政治，是以國家機關的政策應以民意的歸向做為政策的依據。惟人民因未能與決策者直接接觸，而對政府存有一種遙不可及的感覺，以致對其行為或承諾有所質疑，連帶使得社會大眾對公共事務產生疏離與無力感，甚至因而與國家機關處於對立關係。一旦兩造之間存有質疑，將出現信任的失落、忠誠的消失。正如O. A. Hirschman（1970）所言，當人民對國家機關的施政表現不滿或質疑時，將會運用發言權表達異議，或者乾脆選擇離開，甚至表現不忠誠的行為。

針對此一現象，國家機關其實可以透過公民參與來化解彼此的誤解，蓋公民參與係公民基於主權的認知與實踐，透過對公共事務的相關知識與資訊的

吸收，藉由公開平等的參與管道，貢獻一己之力於公共事務的處理，無形之中，將有助於社會資本的積累。是以，國家機關除積極深入民間瞭解民情之外，應同時開放多元管道，方便民眾參與。一旦公民擁有參與公共事務的機會，上述的誤解、衝突問題將可迎刃而解。因此讓公民參與活動與國家機關直接互動之後，不僅能夠化解其對政策的疑慮，還可因為參與公共事務而建立休戚與共感，轉而主動關懷國家機關政策運作情形。

（三）彌補機關不足

國家機關如能重視社會資本，讓民眾透過參與影響政策，非但能夠落實主權在民的理想，亦可消除不必要的規則與控制，減少內部層級，破除層級體制的藩籬。深究其因，主要是信任關係的存在，會促使國家機關適當程度的授權公民團體，進而使得民眾體察到公平正義的存在，對未來的政策結果產生信任（Carnevale, 1998）；更能幫助人們瞭解本身的需求，進而提升民眾的合作態度以及對目標的認同感。

在高度信任的環境中，雙方將能以建設性合作精神取代排他性對抗，集思廣益、共謀良策、彌補政策不周全的缺點，設計出一套因時、因地、因事制宜的方案。不僅於此，由於民眾提供政策工具實施的經驗以及所需的資源，既可彌補國家機關施政能力的不足，又能減輕財政赤字的壓力。

（四）減輕國家負擔

國家機關如能將社會資本導入政策運作過程中，將可發揮截長補短的作用。對國家機關而言，兩者的功能或許不盡相同，但國家機關若能建構積極參與的公民社會，以平等互惠的方式進行社會整合，並將現有的計畫整合成一套邏輯一致的政策方案，透過兩造分工合作的方式，設定目標優先順序，將可逐一貫徹目標。

正如W. Bennis & B. Nanus所強調的，信任如同黏著劑具有將組織成員緊密結合的功能，又像潤滑劑使得組織在運作時能夠減少摩擦。這些功能均不是一紙命令或是用金錢收買人心所能奏效，而須靠平日用心經營來累積（1985: 153）。此種融合由上而下的施政理念以及由下而上的回饋修正，由於社會人力、資源以及理念的導入，且與國家機關共同承擔公共財的提供與傳送（delivery），一則使得公共利益得以付諸實現；二則減少政策目標和執行能力之

間的嚴重落差；三則減輕國家分配有限經費的困擾。

（五）降低交易成本

前已述及，社會資本具有協助集體目標達成的功能。易言之，國家機關應能深入社會，並經由協調機制，將兩造共同追求的價值貫穿於政策之中，再以政策落實價值。此時，所積累的社會資本將可解除民眾的自我防禦心態，願意真誠順服政策，而不是基於交易成本或是害怕懲罰的考量做為配合政策的前提（Dyer & Singh, 1998; Lewick & Bunker, 1996）。依常理，個人之所以順服政策主要是基於：（1）順服政策所獲得的利益大於不順服政策所損失的成本；（2）不順服政策將招致嚴厲的制裁。因此，光靠利益或懲罰措施所獲致的執行成果將非常有限。然而，在社會資本積累較多的社會，民眾泰半會以公共利益為出發點，為顧全大局而主動配合政策，如此一來將可減少設置控管系統或實施政策監測的花費，連帶降低國家機關執行政策的成本。

二、社會資本對國家機關汲取能力的強化

國家機關需要充足的資源方可維持正常運作，一旦資源不足將會顯現組織熵（entropy）的徵兆，使得組織逐漸衰微，未能持續推行既定的政策；嚴重者將危及機關繼續存在的必要性。所謂「根衰則樹枯，蒂壞則果落」，基於此一觀點，國家機關應防範未然，提升汲取能力，方能從社會環境中取得政策執行所需資源，以達永續發展的目標。本節將由下述五個面向探討社會資本對國家機關汲取能力的影響：

（一）蓄積國家資源

國家機關必須持續注入源源不絕的活力，方能與時精進，否則只是一灘死水，遲早會與時脫節，遭受淘汰的命運。國家為因應業務的需要，不斷擴張規模及職權，日積月累的結果竟便是組織過於膨脹而難以有效管理。在強調企業型政府的同時，如何積極有效改革僵化的官僚體系，便成為國家機關責無旁貸的首要目標。

D. Osborne & T. Gaebler（1993）所提出的第三種選擇中，認為引用民間力量參與公共事務，將可提升政府服務的效能，更可藉此重建人民對政府的信心（劉毓玲，1993：85-91）。言下之意，國家機關應重視社區居民的力

量。事實上社區所蓄積的社會資本，不僅可以促進成員的溝通、減少個人投機主義，更重要的是其可建立起蘊含合作文化的社會信任與網絡（Putnam, 1995）。社區成員一旦具有高度的使命感與任事願，將較易開發潛能，創造出新的動力而有利於國家資源的蓄積。由是觀之，社會資本積累愈多的國家，相對愈能提升治理能力與品質。

（二）開發潛在資源

政策執行須有一定的資源方能成就目標，但不可諱言，機關本身所擁有的資源相當有限，因而隨時有斷炊之虞。此時，國家機關如有充分的汲取能力，便能自公民社會取得所需資源，甚至開發潛在資源。社會資源是無限的，有些需要國家突破傳統，以各種方法加以挖掘，為國家本身與社會開創有利的新機。基此，國家機關必須深入社會，並與主要社會團體或個人結為一體，在共享的目標與信任基礎上，以正式或非正式方式共同達成政策目標。

在多元的社會中，公民於公共服務傳送過程中所扮演的角色，其實不僅只是政策接受者而已，尚扮演多重角色，包括：（1）資源者；（2）主權者；（3）合產者；（4）購買者；（5）使用者；以及（6）受造者（L. A. Leng-nick-Hall, 1996: 797; 林水波，1999d：231-4）。但泰半公民並未察覺本身角色扮演的重要性及多元性，以致發生資源誤置、流失的情形。須知，社會資本本質上是一種潛在待開發的資源，是否能夠發揮功能，端視國家機關妥善規劃能力而定。國家機關如能拋棄舊有的包袱、跳出固定的巢臼、開放參與管道、提供參與誘因、設計適合公民參與的活動，並且透過政策學習，思考各種政策的合理性。經一段時期後，一旦公民意識覺醒，養成謙恭明理（civility）的德行，願意承擔份內的責任，在民氣可用情形下，只要國家機關適當導入、管理，將可減輕政策負擔。

（三）提升知識技能

時代進步的速度很快，以往用以處理問題的思維及行動，面對今日動態、複雜、多元性的問題，逐漸出現捉襟見肘的窘境。因此，國家機關除了掌握民意的歸趨以及環境的變遷，適時調整保守的規劃風格外，尚應以前瞻性眼光、突破性思維、創新性視框，蒐集各種新的資訊與知識，引進各種最新的技術，方能提升解決問題的能力。

　　儘管如此，國家機關或許受限於法令及成本等因素，以致未能突破技術供需的瓶頸及資源缺乏的困境，造成新知識與技能的引進未能普及化，連帶使得施政績效未能大幅改善。反觀私部門因受到的限制較少，故而能夠大量投資於產業知識及新技術的引進。面對此一情境，國家機關應該與私部門緊密合作、共同規劃，以便各種新興知識技能逐漸擴散。一旦奠定良好基礎，公私部門的體質皆臻健全，方能在加乘作用下，將政策執行力向上提升。

（四）促進資源共享

　　政策目標的達成，單憑國家機關本身的力量是無法克奏膚功；而民間力量在經濟發展之後，蘊含無窮的潛力，如能適當地引入與運用，當可彌補國家機關能力不足的問題。惟國家機關與公民社會在政策執行過程中，一定要資源共享，方有助於兩造的發展與互動。否則，在私利心的驅使下，兩造必定相互掣肘，無法營造良好的合作氣氛，更遑論成為夥伴關係。

　　在公私部門資源結合的過程中，國家機關必須捨棄以往無助於效能、效率提升的消極防弊措施，取而代之的是在互信、互重的基礎上，透過各種法令的修改，提供足夠的誘因來保障私部門的合理利潤，進而可以積極鼓勵私部門投入公共服務的行列。誠如A. Smith（1976）所言，人類私利的經濟理性，往往能夠在追求自身利益的同時，增進社會的公益。J. M. Buchanan（1980）更進一步指出，於公共政策的決策過程中，應盡可能降低參與者的競租行為，俾使在追求合理私利的範圍內，增進公共利益。有鑑於此，國家機關在制定公共政策時，若能同時兼顧公利與私益，將有利國家機關與社會團體建立信任基礎，積累相關行動者的社會資本。由於社會資本係一項公共財，為共同享有的資產，且愈用愈多並無所謂的折舊率，因而更易促成雙方成為工作夥伴，分享政策資源，對集體行動目標的達成具有極大的裨益。

（五）加速資源流通

　　國家機關與公民社會在合作過程中，除了重視有效溝通，使相關參與人員能夠心意相通之外，應更進一步促進資源流通。上述提及，國家機關的重要性是受到肯定的，但畢竟資源有限，因此其仍有賴民間力量的加入以彌補不足之處。然而，是否能夠藉由資源共享，促進資源流通，就有賴兩造能否開誠布公，相信對方是值得信賴的夥伴，不再心存猜忌及疑慮。此時信任將可發揮

其功能,使網絡內的成員相互尊重,並促使其對集體行動目標產生高度承諾
(Nyhan, 2000)。

　　一旦形成信任的循環(cycle of trust)(Ryan & Oestreich, 1998),整個
治理結構將產生休戚與共感;凡事設身處地的為他人著想,並相互支援,互通
有無。對於政策的執行,將竭力提供人力、物力與財力資源的協助,避免在缺
乏資源的情況下無法持續發展。基於「人溺己溺,人飢己飢」的認知,每個人
不僅獨善其身,關切自己的權益,也兼善社會,關懷他人的安危。在主動合
作、協助或奉獻心力以維持整體福祉與利益的情境下,自當使得資源加速流
通,裨益人盡其才、物盡其用、貨暢其流。

三、社會資本對國家機關商議能力的強化

　　隨著文化日趨多元以及民主發展的進步,人民參與意願大幅提高,不但能
夠勇於針對問題提出己見;尤有甚者,不俟國家採取行動,便積極動員解決
切身事務。如此一來,固然落實主權在民的理想,但也導致社會共同行為規範
失靈,使人無所適從。此時,國家機關如何化解彼此扞格衝突意見,讓各種民
意反應到制度之中,進而形成政策,就有賴商議能力的提升。準此,本節將由
社會資本的觀點探討如何提升國家機關商議能力。以下將分由五個面向逐一
論述:

(一)減少商議負擔

　　國家機關與公民社會含有諸多差異性,較顯著者為國家機關必須在不同的
利益主張與觀點之間求取平衡,方能為公共利益服務。由此可知,當兩造共同
推動政策時,若未經事先溝通取得共識,行動將無法協調一致,甚至流於形式
或情緒之爭,致使問題未能獲得妥善處理。是以兩造如能事先經過協商,進行
意見交換,消除方案盲點,逐一克服障礙,將可建立日後繼續合作的基石。

　　然而,國家機關日理萬機,勢必無法針對每項問題與社會團體進行商議。
此時社會資本蓄積較多的社會,往往會主動與國家機關進行協商,共同推行政
策,成為工作合夥。在互信基礎之上,人民不僅願意分擔責任,國家機關更有
雅量釋出部分權力,讓人民擁有更多的自主性。由於雙方在交流互動過程中,
存有共同的願景與共識;在相同的思維架構下,便可縮短商議流程以及減少協
調所付出的成本。

（二）消弭宰制思維

在治理結構中，國家機關與公民社會間的關係是互賴的，並以商議的方式共謀政策。在相互協力與合作的過程中，不僅可以發揮截長補短之效來取代有損雙方自主性的舉措；更可透過這些集體行動，在兩造之間建立以信任為基礎的社會網絡關係，社會資本遂得以有效累積。

反之，國家機關如一味實施管制性政策，非但不能誘使民眾發表意見，亦無法產生民主方式的政治動員（Lowi, 1979）。且凡事使用強制性手段，試圖宰制民意的結果，不僅壓制公民意識的增長及能力的培養，更會引發對抗及無謂的內耗。正如A. Dunsire所揭示的，管制型模式的概念太過偏狹，本質上是一種線性模式，無法面對複雜、動態與多元的環境（1993: 27-31）。由是觀之，國家機關應該摒除宰制的思維，將中央集權式的管制性政策予以適度解除，輔以彈性的行政運作流程，雙方方能營造有效的互動，降低交易成本，進而發展為工作夥伴關係。

（三）提供學習空間

在現代工業社會中，任何決策的擬定，必須善加利用相關政策場域內的知識，方能產生切中時弊的政策。大體而言，國家機關平日主要是由學者專家提供相關知識技能，然而，藉由公民參與公共事務的過程中，亦可獲得寶貴經驗與知識。首先，就經驗學習而言，公民社會可以提供國家機關政策學習的機會；而國家機關亦能從公民社會中獲悉過去政策結果，以及所選擇政策工具的成敗，並將其作為政策調整的依據（Hall, 1993）。其次，就知識提供而言，公民參與亦可彌補專家學者的思維盲點。由於自身即是政策標的人口，因而能夠提出切身見解，以供決策者參考，有利協助其制定較具可行性的政策。

然而，欲解構原本的思維架構，創造重新學習機會（Gabriel et al., 2000: 265），必須在高度信任的環境中進行。原因在於此種環境中，成員係以真誠態度互動，資訊自然流通；相反地，在缺乏信任感的環境中，彼此心懷不軌，極易造成雙方產生誤解或衝突。為免於涉入紛爭之中，成員於是不願與外界互動，久而久之，常形成自我封閉的情況，甚至引發自我防禦的行為。

由此可知，上述信任危機是環環相扣的，如果國家機關與公民社會對政策意見存有分歧，彼此又無法開誠布公、交換意見，將導致自我效能感的喪失，形成學習障礙（Moingeon & Edmondson, 1998）。所謂信任是結構性變革的要

素（Mink, Shultz & Mink, 1991），欲鼓勵機關成員重新學習，進行思維的重建以及視框的反省，先決條件便是提升彼此的信任度，如此方能在共同願景之下，充分發展自我，不斷創新和超越自己；同時能與社會相連結，建立相互依賴的關係。

（四）凝聚政策共識

　　國家機關與公民社會之間，在重大決策之際，泰半持有不同的價值觀。針對這些不同的價值觀，國家機關若未能透過商議進行觀念溝通，消弭彼此的疑慮，是無法進一步集思廣益，建立最後的政策共識。上述提及，社會資本是有利於集體行動的組織活動副產品（by-product）（Nahapiet & Ghoshal, 1998: 243）。若社會資本蓄積豐沛，網絡之間彼此具有高度的信任感，且擁有多元管道提供資訊情報；由於資訊分享的結果，將有助於社會意見的整合。一旦凝聚共識，制定雙方皆能接受的方案，儘管無法達到完全的客觀，但多數人民仍會遵守行為規範，支持政策目標，不致有投機行為者甘冒風險，違背既有共識招致發社會撻伐。

（五）協助議題管理

　　國家機關與民間因持有不同的視框與思維方式，對社會議題解決方式以及工具選擇自然持有不同的主張與觀點。一旦處理不當，極易引發對立及衝突，並付出代價甚高的社會成本。藉由商議過程，在社會資本蓄積較多的社會中，人民因信賴國家，連帶擁有較高的認同感與向心力，於是能夠體諒國家立場，進而協助解決困難。亦即，以整體性觀點取代片段式思考，使政策設計和執行不再侷限於個人或團體的偏狹角度，而將視野擴大到整體層次（郭進隆譯，1994：10-1）。由此推論可知，一個被信任的機關通常有較大的彈性去擬定具有競爭性的合作策略，從而有利建立互信基石，提升績效（Andalleeb, 1995）。

　　總之，社會資本係一種持續的信任與互惠的關係，對國家而言是一項極為重要資產。在互信與互惠關係下，彼此遵守行為規範，對集體目標的達成有顯著的裨益。事實上，從本節的討論中，吾人可知社會資本對國家機關基礎建構能力的提升具有正面功能，連帶亦會影響施政績效以及國家競爭力。

第四節　機關能力與社會資本對政策執行的影響

　　上述兩節係分別探討國家的基礎建構能力與社會資本間的相互影響，吾人從中大致瞭解兩者具有「合則兩利，分則兩害」的相輔相成功能。本節擬進一步分析，兩造若能在互信、互惠的基石上，開誠布公、分享資訊、互通有無、相互支援與學習，將能產生綜效，引導治理結構產生無限的動能，而有利於政策目標的達成。茲將其影響分述如下：

一、綜效對政策對應性的影響

　　政策對應性（integration）主要係指法定政策（enacted policy）與實際執行政策（implemented policy）間的吻合程度。一項政策是否能夠依照原定政策內容逐一付諸實現，達成政策冀望實現的預期結果，而無縮小或擴大的情形，端賴執行人員順服度以及標的團體配合度而定。以下擬由四個面向依次說明國家機關與公民社會緊密合作之後，所產生的綜效對政策執行所造成的影響。

（一）縮小政策間隙

　　機關所設定的目標若能夠符合民眾的期望，則政策執行後將產生預期的結果，不會出現太多沒有效果（no effect）的政策。然而，一項不爭的事實是，機關的決策縱使是根據專家學者的專業知識所擬定形成，亦難免出現相同的議題，在不同時空下，對不同社群有不同的認知與詮釋，以致政策問題的認定與實際需求之間產生間隙（gap），連帶使得政策錯誤發生的機率隨之增加，而出現政策正當性不足的缺憾。

　　基此，國家機關一方面仍須提升深入與汲取能力，方能本著人民主權的理念，具體落實主權在民的觀念，將公民社會所擁有的經驗與智慧納入決策過程中，做為政策考量。而社會資本積累豐沛的公民社會，因為和諧感通關係的形塑，深知個人目標的實現需要他人的行動配合，因此會積極參與公共事務。如此，不僅可以彌補專家學者的思考盲點，以免因判斷錯誤而制定錯誤的政策，更可增進國家機關處理複雜問題的能力。

　　一旦兩造經由合作建立高度信任感，國家機關便可進一步透過授能，將部

分權力與能力賦予特定對象，一則藉由溝通化解雙方歧見，建立政策共識；二則因為被授能者會自我管理與反思，負起應盡的責任，不致互相推諉塞責，將可減輕國家機關的負擔；三則透過彼此知識與資源的互換，而有助於縮小政策結果與預期目標之間的間隙。

（二）防止政策溢出

政策執行之所以錯誤，乃是決策者制定超乎能力或不切實際的目標（Drucker, 1980）。具體而言，決策者常常基於政治考量，將規模較大、具有良好政治關係的標的團體納入決策過程，此舉無疑增添執行成本。尤有甚者，並非每位參與者皆對政策目標持有相同的認同感；對許多參與者而言，其參與的工作或許不是組織的核心功能，所以不會加以重視，或將其列入優先處理事項。然而，就政策執行而言，該項工作卻是不可或缺的，任何執行不力或延遲皆會妨害其他事務的推動，產生許多非預期的副作用。最直接而明顯的結果便是政策績效難以產生，導致國家機關的公信力與公權力遭受質疑。

公共政策往往具有外部性（externality）或外溢效果（spill-over effect）。原因之一乃是不同行動者各自擁有政策執行所需要的知識與資源，因而在執行過程中具有不同的影響力。大抵上，執行結構網絡內若是參與者愈多，則愈需要花費時間溝通與協商彼此的認知與策略，因此欲藉由集體性的整合力量產生預期結果並非是一件易事（Bryson & Crosby, 1992: vi）。

換個角度而言，國家機關若能加強深入和商議能力，並與公民社會緊密合作，便可藉由網絡間的多元管道提供相關資訊情報，而有利於主要行動者獲得新的知識技能。除此之外，資訊共享所產生的外部經濟效果，將有助於成員能夠凝聚共識；在高度認同感及向心力情況下，成員對政策目標具有高度承諾感，誠願奉獻一己之力，如此即可有效降低政策外溢效果的產生。

（三）化解執行偏差

以往國家機關居於高高在上的威權心態，偏好使用管制性政策，且泰半能夠達到當初預期的結果。然而，近年來管制性政策的實施似乎陷入困境，以致無法具體落實政策目標。推究其因，一方面與標的團體的政策順服度降低有關；另一方面則是與執行機關執法不公有關。進一步而言，兩種因素係互為因果，且相互影響。

　　眾所皆知，若法律有明文規定，且執行機關亦能確實依法行事，則政策執行的正當性自無疑問；相反地，執行人員若是缺乏執行能力與意願，在有意無意間不斷放鬆法律的限度，運用裁量權而偏袒某些團體，則法令便形同具文，無法發揮效果。更有甚者，可能出現執行人員圖謀不當利益的現象，讓人聯想有權有勢的人可以運用金錢取得方便之門；相較之下，處於弱勢的社會團體則必須遵守法令規定，完全悖離「法律之前人人平等」的精神。所謂法律平等係指所有人不分貴賤與貧窮，在法律之前皆能接受公平的對待。基於此一精神，國家機關若未能及時調整此種執行偏差，非但造成問題的日益惡化，更容易導致人民對執行機關的執行決心產生懷疑。一旦社會普遍存有此種心態，將直接衝擊政策的正當性，甚至政治體制的合法性，迫使國家機關必須付諸強制力才能貫徹政策目標，維持體制的正常運作。

　　由上述分析可知，國家機關雖然握有政策執行主導權，但執行效力的高低則端視公民社會的配合度而定。有鑑於此，國家機關必須注重深入與商議能力，同時開放參與管道，將專家與人民納入決策體系之內，經由互動過程，彼此交換意見、調整思維，再提出兩造均可接受的方案以及執行工具。如此一來，既可減少執行人員依自己偏好行事的情況，又可增加目的與手段之間的連結性，更重要的是能增加人民對政策的順服度，以利政策目標的達成。

（四）消除形式主義

　　國家機關在制定決策之前，應當體察當前的時空背景與民意取向，方可制定一套與時精進的政策。不過，執行機關與人員擁有強烈的目標認同與支持亦是執行成功的關鍵要素（Sabatier & Mazmanian, 1979: 489）。機關執行人員如果對政策目標的投入度與承諾感不強，則其對減少政策執行所付出的心力與時間勢必不高；欲期待他們提出創新性與建設性的方案，藉以提升行政績效、徹底貫徹目標，無疑是一項侈言。基此，國家機關務須加強深入以及商議能力。蓋社會資本積累較多的公民社會，社會成員不僅扮演知情公民的角色，更會主動關懷公共利益，積極投入公共事務的處理，因而能夠彌補國家機關的不足。在此同時，也帶給國家機關無形的壓力，迫使機關必須自我反思，坦然面對情境的變化，自行調整本身組織（Rhodes, 1997: 53），一改過往率由舊章的作風，致力尋求新的對策，以符應環境的變遷，進而提升政策的回應力，滿足社會大眾的訴求。一旦治理結構能力得以提升，將可減輕國家機關資源的負擔，

也提供削減預算的合理性（Stoker, 1998: 18）。

二、綜效對政策普及度的影響

政策普及度（scope）主要係指國家機關所採行的政策是否能使標的團體得到實際服務。這項政策指標通常是用來衡量政策執行所使用的資源與相關的行動，指向原定政策服務對象的程度。基於資源的有限性，為發揮最大效用，國家機關有必要將標的人口的大小和標的問題界定清楚，方不致產生過度涵蓋（overinclusion）或涵蓋不足（underinclusion）的現象（Rossi & Freeman, 1989: 136-7），從而引發利益、價值分配不公的爭議。本節擬探討國家機關與公民社會如何共同協力合作解決此一問題。

（一）提升達及比例

根據上述普及度的意涵，成功的政策執行並不是以接受政策服務人數較多做為標準，而是（1）所服務的對象正是政策所欲服務的對象；（2）能夠適當的鼓勵標的團體參與和切身相關的活動；（3）標的團體所作的選擇並不會阻礙政策效果的產生（Hogwood & Peters, 1985; Ingram & Mann, 1980）。

欲達成上述目標，國家機關應設法採行合理的政策設計並審慎選擇政策工具，藉以提升深入和汲取能力。政策設計係指有系統地探討問題與解決方案之間的因果關係。詳言之，其不僅著重技術分析，也重視政治分析，同時亦結合政策問題與政策方案、政策過程與政策結果的連鎖（朱志宏、丘昌泰，1995：27-8；林水波，1999a：174）。至於政策工具的選擇則攸關於執行機關和標的人口是否能夠採取和政策目標相一致的行動（Schneider & Ingram, 1990）。政策設計與政策工具如能相互連結，將可避免以蔑視的條件（例如種族、社會、經濟、性別差異等）來認定標的人口，引起嚴重的道德問題。此外，亦能避免將所有的財貨服務提供給特定的團體，致使執行計畫招致民意的反對，喪失社區的支持（Schneider & Ingram, 1997: 193）。

就此點而言，社會資本積累較多的公民社會往往能夠主動參與公共事務，所以國家機關可藉助公民參與所提供的資訊選定真正的標的人口，進而透過公民所提供的政策經驗選定正確的政策工具，以積極或消極的誘因（提供補助、津貼或施予懲罰、制裁）來加強或改變標的人口的行為（Ingram & Schneider, 1993: 68-97），進而針對需要提供適切的服務，提高政策普及度。

（二）發現幽靈人口

公共政策的本意之一是使社會的弱勢者亦能夠得到妥善的照顧。然而，由於社會與政治的建構（social and political construction），往往使得擁有權力者和正面評價的優勢者（the advantaged）被挑選為利益政策優先考量的對象，享有各種社會福利，但鮮少成為成本分擔的對象。如此一來，將造成「錦上添花」或「雪上加霜」的現象，亦即將有利的政策直接提供給社會優勢者，而將不利的政策提供給社會弱勢者（Ingram & Schneider, 1991: 353）。

此種過度涵蓋的對象，將沒有實際需求的團體納入政策服務範圍內，會造成許多幽靈人口。就社會優勢者而言，不僅享受過多的補助經費（over-fund），同時亦使得其政策偏好較易反應至政策內容中，或是其所認同的議題能夠優先列入政策議程中（Ingram & Schneider, 1997: 193）。另一方面，就社會弱勢者而言，非但未能分霑到有利的社會福利，反而必須負擔政策成本。種種不合理現象說明政策設計違反了分配公平以及民主正義原則，使得國家機關有限的經費，在厚富薄貧情形下，造成過度擴張支出，又未能發揮照顧多數人福利的功能。

面對此一情境，國家機關無疑應該提升深入和汲取能力，除了適時調整機關，回歸專業減少政治力介入之外，也應該進行預算重分配，避免出現「富者愈富，貧者愈貧」的馬太效應（Matthew effect）。在此同時，社會資本蓄積較多的社會，由於公民參與的熱絡，產生不少附加價值，諸如政策知識的累積、政治效能感的提升以及政治支持度的提高等等，因而易於形塑一個具有道德資源的社會網絡；成員泰半願意遵守共同規範追求公益，而較少有心存投機心態者意圖取得額外的財貨和服務（Powell, 1996）。

（三）找出失聯對象

與上述情形相反者是出現涵蓋不足的現象。也就是說，國家機關對標的人口的界定過於狹隘，致使急需政策服務的風險團體（population at risk）被排除在外（Rossi & Freeman, 1989: 68）。由於這些團體大半缺乏組織，無法有效動員，以致其聲音無法喚起社會的注意。縱使國家有提供一些福利措施，也只是箋箋之數，與優勢者所享受的優惠措施相較，實有天壤之別。時日一久，社會弱勢者遂成為被忽視的一群人。較常見的情形是國家機關對一些弱勢團體做出一些承諾，但事後又予以反悔，或無能力兌現，以致這些團體對新政策的

憧憬有失落感,造成日後對政策失去信任感,而有礙政策的執行及政策目標的達成。

　　針對此種情形,解決之道乃是國家機關必須強化本身的深入與商議能力,一改以往作業方式,重新界定標的團體,將需要服務的標的團體納入政策服務範圍內。如果機關無法立刻提出解決方案,至少要讓其瞭解國家是有解決問題的誠意。另一方面,公民社會亦應積極建立公民意識,一旦建立權能感將能積極的向機關爭取自己的權益,同時表達對政策問題的主張和意見。社會資本積累較多的社會,較易發揮合作網絡的效用:藉由網絡之間的多元管道,成員的意見可以充分被表達,並以此做為磋商的基礎,將有助於機關對標的人口的界定。如此一來,對於弱勢團體的處境,每每能夠基於公共精神與公共情誼,透過集體力量代為表述與傳達,俾益其改善生活狀況。

(四)尋得新增對象

　　不可否認,社會上有些人生活遭逢驟變,頓失依賴而處於社會邊緣地帶,其最大特徵是對社會的共同價值觀抱持冷漠態度甚或疏離感;加上缺乏足夠的知識與資訊,以致本身並無能力改變目前狀況。由於國家機關未將其利益列入考量,以致於一些必要的福利措施仍是付之闕如。對於這些新增的標的人口,國家機關唯有加強深入與商議能力方能順利解決問題。詳言之,機關應當蒐集相關資料以深入瞭解問題,並回歸制度面改革的正軌,採取新的因應措施,設法使其脫離困境,同時培養能力,防止其再次淪為被剝奪權益的一群人。

　　另一方面,國家機關應主動與社會團體聯繫,共同解決問題。一般而言,社會資本積累較多的社會,由於關心者與參與者眾多,在和諧感通情境下,整個社群被視為一個大家庭,成員間具有深厚的情誼與聯繫。是以能夠迅速的匯聚成員向心力以及所需的人力與資源,透過社區服務方式,解決生活適應問題;並協助將其關心的議題排入政策議程,爭取機關的注意。更重要的是,可藉此讓他們融入社會,培養友善的人際關係,從中建立自信心,為日後自力更生奠定良好基礎。

三、綜效對政策貫徹力的影響

　　政策貫徹力主要係指國家機關所推動的政策達成預期結果或影響的程度。藉由將實際達成的政策結果與原定的預期水準相比較,便能明瞭政策是否產生

預期的結果與影響。如此，不僅可以掌握政策對應性與普及度，亦可明瞭政策資源使用情形以及政策對社會問題所造成的實質影響。在前述兩章中，我們曾經自時效性（timeliness）、回應性（responsiveness）、公正性（equity）以及投入度（involvement）四個面向，分別探討國家機關能力與社會資本對政策貫徹力的影響。在本節中，吾人將深一層分析國家機關與公民社會通力合作後，所產生的綜效對政策貫徹力的影響。

（一）擴大既有思維

國家機關欲提高政策的貫徹力務必強化深入社會與商議能力，主要原因在於機關決策者單獨的思維往往有其盲點，因而習慣於援引舊例，以致制定出來的政策與時空脫節，無法符應環境變遷的需求。即使勉強付諸執行，非但無法徹底解決問題，反而引發更多非預期的問題，影響民眾對國家的向心力。釜底抽薪之計，乃是決策者主動邀請民眾代表參與決策過程，設法掌握人民的不滿及需求，並利用對話平台，讓所有參與者針對執行過程進行反省式的對話。一旦參與者之間具有和諧感通性，將能跳脫以個人利益為出發點的思維方式，改以設身處地的心態參與對話。各方在合作、信任環境下，透過集思廣益方式，方能提出一套因應環境變遷的對策。國家機關在加強事先防範與隨機應變能力後，將連帶提高政策執行力，而有利於預期目標的達成。

（二）強化目標管理

將問題予以明確認定乃是政策執行成功的先決條件（Rochefort & Cobb, 1994）。但如何有效貫徹執行目標，則尚需參與者透過溝通與協調共同設定目標，俾使參與者的目標不致相互衝突，進而引發共同完成工作的動機。畢竟，公私部門的參與者皆有自身所欲追求的目標，如果本位主義過強，難免發生競逐私利的情形，而無法順利完成聯合行動。因此，國家機關應加強鑲嵌自主性，一方面保有相當的自主性來規劃機關目標；另一方面亦須透過制度連結與共同合作的夥伴進行溝通協調（Evans, 1995: 72-3）。

由於社會期望以及對國家機關回應力的要求逐漸增加，為適時制定出好的決策，目標管理因而顯得更為重要。主要原因在於國家機關已經無力單獨承擔執行責任，而公民社會又有許多重要資源，正好可以彌補國家機關能力的不足。兩造一旦有共同合作的成功經驗，將產生相互依賴關係，終至形成一個政

策網絡。相伴而生的是，聯合執行過程隨著參與者的增加而日益複雜，此時決策者應當捨棄以往由上而下的傳統管理方式，取而代之的是有利於兩造合作的夥伴關係。果能如此，兩造將有高度意願互換資訊，並以互惠的方式尋求問題解決之道（Teisman & Klijn, 2002）。

（三）減緩問題惡化

隨著社會多元化發展，社會問題在數量上亦與日俱增。問題若未能及時排入政策議程，將會日益惡化，嚴重者將對社會造成相當的傷害。不過，決策者日理萬機，必須在有限時間內做出決定，自然無法針對問題的結構性因素逐一詳細分析，再提出可行的解決之道，因此泰半將焦點集中於短期內可立即見效的解決方案。惟此種短視近利的作法，僅能「頭痛醫頭、腳痛醫腳」，解燃眉之急。殊不知，這種解決問題的方式，只會加深問題的惡性循環，陷入更大的危機。

正本清源之道，乃是國家機關必須藉助政策分析人員，選用正確的問題認定方法，蒐集充分及正確的資訊來釐清問題的本質（吳定，2001：144-52）。再者，亦可深入社會探求民意歸向，並運用協商方式取得共識。既然透過觀念及價值的調整，方能尋獲具有前瞻性的解決方法，因此國家機關應先行心理調適，以疏導的方式取得積極性的協調結果（Scharpf, 1994: 40）。如此一來，公民社會將會立基於信任，提出針砭之見，導引執行機關制定完善的政策，適時解決問題。

（四）減少依賴人口

政策問題最終是否能夠獲得解決，關鍵在於標的團體對於政策的配合度。在有限資源情況下，國家機關除了努力開源節流之外，設法培養標的人口自行解決問題的能力亦是一項刻不容緩的工作：既可減輕其依賴程度，又能減輕國家機關的責任（林水波，1999a：230）。以福利政策為例，國家機關除了建構福利服務網絡，提供基本的福利措施之外，亦應提供管道使其學習一技之長，早日脫離依賴人口的地位。此外，透過公民社會的互動，進而形塑自我責任意識；在和諧氣氛中，社群集體鼓舞將激發依賴人口的潛能，自我要求完成份內的工作。

第五節　結　語

　　由前述的討論，我們大抵瞭解在治理結構中，國家機關能力與公民社會所積累的社會資本具有相輔相成的功能，而兩造若能體認合作共榮的真諦，在和諧感通情境下進一步通力合作，將對政策的推行產生綜效。

　　然而，為體現本章所鋪陳的優勢，國家機關首先應調整以往由上而下的統治心態，進而重組決策過程以及調整現行的制度結構，俾能建構一個讓公民社會能夠共同參與的治理結構；並冀望藉由治理能力的提升，處理日趨嚴重的不可治理性問題，以使國家機關的政策運作能夠更為順暢。

　　另一方面，積極形塑一個以公共利益為取向的公民社會亦是一項重要的課題。公民如對公民資格有所體認，認知本身的權利與義務，將能發揮「謙恭明理」（civility）的精神，關懷公共事務，協助國家機關共同思索公共問題，尋求解決之道。進一步言，公民一旦具備公民社會的核心價值：高度參與意願、責任意識以及誠心願意奉獻的情懷，將能與國家機關進行密切的互動與溝通，在政策執行的聯合行動中成為密不可分的夥伴關係（Teisman & Klijn, 2002）。

　　此一強調夥伴關係的治理結構，最大特徵在於國家機關不再是傳統觀念下擁有絕對權威與權力的控制者，而係網絡的協調者與導引者。亦即，國家機關與公民社會是各自擁有自主性，但因認知相互依賴的重要性而自然形成政策網絡。不可諱言，基於主權與課責的特性，國家機關在制定政策目標與排定優先順序時，具有較多的影響力；但在網絡中仍只是一個行動者，主要職責是使網絡中的成員能夠持續互動，並由此產生一個能夠因地、因時制宜的行動方案。因此，治理能力並非僅強調管理，事實上亦同時注重公共服務的有效提供（Stoker, 1998; Denhardt & Denhardt, 2000）。

　　一言以蔽之，由於環境以及政策的複雜性、動態性與多元性，「多一點治理、少一點統治」是決策者應有的體認。為成就政策目標，國家機關與公民社會必須捨棄以往相互分離的單邊關係，轉而強調互動的雙邊關係（Kooiman, 1993: 35），並且透過合法的規範，自我管制以及相互協調，在存異求同的原則下，方能以新的思維方式尋找出解決方案，進而透過有效的集體行動，共同解決問題（Mayntz, 1993: 15）。

第八章　台灣積體電路產業租稅調整之探討：政策網絡中的工具選擇觀點

　　二次大戰後，政府身兼重建社會經濟的責任：1960年代實施出口導向政策，以擴張生產、促進外銷為主，1970年代轉成進口替代，推動鋼鐵、石化等重化工業，調整我國經濟結構和生產政策，一系列的干預政策讓我國順利創造經濟成長，並縮小貧富差距。在1980年代中期前的台灣，可說是發展型國家的典範，在威權政府的主導下，國家機關擁有高度自主性及職能，透過政策干預措施，決定產業結構發展的趨勢。然而，隨著全球化和民主政治轉型，國家機關於1990年代逐步調整政策方向，除了藉由自由化的措施回應，並推動高科技產業，強化經濟發展的競爭力；而國內經歷解嚴、開放黨禁、報禁、國會全面改選、總統直選等重大變革，人民的民主意識高漲，國家機關也面臨前所未有挑戰，在持續進行產業升級工程中，必須慎選政策工具做為回應。

　　本章運用政策網絡中的工具選擇觀點進行探討，強調政府所採行的政策工具深受政策網絡的特質所影響，易言之，政策執行的效果並非單由政府所運用的政策工具所決定，而是同時受到政策系絡因素影響，特別是政策網絡內與政策問題相關行動者的特質（De Bruijn & Hufen, 1998: 16）。文內所謂「政策工具」是指政策執行機構賴以達成政策目標或產生政策效果的手段。本質上蘊含著兩項重要的概念：「多元性」只可運用不同方法達成特定的預期目標；「價值性」指政策工具的選擇須符合決策者或社會的價值偏好（翁興利，1998：340-1）。由於不同的政策工具類型或方式有著不同的實行條件，對於標的團體行為改變的要求也可能不一，標的團體接受的程度就隨之不同，政策設計時自然應該儘量採用標的團體比較願意接受的工具，以提高順服或參與程度。另一方面，本章將政府與企業團體視為一個具有相互依賴、持續互動特質的網絡。本質上，網絡即是一個系統，主要是內部的行動者為了解決政策問題，而發展成較為持久的互動方式。再者，為達成任務，網絡中的成員彼此交換資源（包括權威、資金、正當性、資訊等），以利合作與建立共識（Rhodes, 1988:

110-6）。

　　本章主要探討在經濟發展過程中，國家機關如何選擇政策工具以輔導企業，由於積體電路產業是政府主導並扶持成功的案例，故選擇其做為個案研究的對象，並以「產業創新條例」中的營利事業所得稅做為政策工具，分析影響其立法通過的因素。綜此，全章共分七節進行分析，除導論與結論外，第二節運用文獻分析法將臺灣IC產業發展歷程依據「獎勵投資條例」、「促進產業升級條例」及「產業創新條例」為主軸，劃分三大時期進行探討；第三節為理論探討，說明政策網絡和政策工具選擇；第四節研究設計，依據理論和文獻基礎建構本章的研究架構，提出假設並設計問卷之提綱進行施測。為進一步釐清問題癥結所在，針對五位產、官、學界之代表進行訪談，以說明影響政策工具採用之關鍵影響因素；第六節則是針對結果進行討論，並提出建議。

第二節　台灣IC產業發展歷程

　　半導體產業主要涵蓋：一、積體電路；二、光學元件；三、分離式元件；以及四、感應元件四大領域。其中，以積體電路的市場最大；1995年積體電路工業之產值高達2,143億元新台幣[1]，約佔當年半導體產業總值87%左右，是半導體產業當中最主要的產品，由此可看出我國積體電路產業（Integrated Circuit；IC）的重要性。本章根據關鍵政策的修正，將IC產業的發展歷程分為三大時期：一、獎勵投資條例時期，國家在威權體制下，干預市場運作以扶植國內產業的發展；二、促進產業升級條例時期，此時邁入民主社會，國家減少干預的管制形式，促進經濟自由化，但對於策略性政策仍有主導權；三、產業創新時期，在知識經濟的來臨，國家透過多元方案協助產業創新和改善產業環境以提升台灣的產業競爭力，概述如下：

一、IC產業在「獎勵投資條例」的發展（1960年～1990年）

　　獎勵投資條例在1960年制定，經過二度的延長，於1990年終止實施，共歷經三十年的時間。1960年間主要透過出口擴張，鼓勵外銷、獎勵儲蓄，期

1　參見《產業技術白皮書1995》，經濟部技術處編印，1996年6月第87頁。

能累積國內資本。直到1970年，由於國際政經環境的劇變，政府調整經濟結構和生產政策，轉向重視資本技術密集和加工發展工業。1980年的經濟自由化時期，政府轉向發展高附加價值的「策略性工業」。

二、IC產業在「促進產業升級條例」的發展（1991年～2009年）

相對於1970年外部的國際政經危機和衝擊，1980年的壓力已趨減緩。1989年美蘇結束東西冷戰關係，全球進入所謂的「後冷戰時期」，新的國際秩序也牽引著國際間經濟合作的關係。由於此時的產業型態已日趨成熟極需適時轉型，加上獎勵投資條例也即將期滿，政府財經部會進行全面性的檢討與評估，在「國際化、自由化、制度化」及「提高國民生活品質」之經濟發展政策下，全面促進產業升級，以鼓勵資本大眾化，顧及整體產業之均衡發展。經過專家、學者及相關單位的評估後，對於租稅減免部分的觀念有重大的改變，改以功能性之獎勵替代過去產業別的暫時獎勵方式。

三、IC產業在「產業創新條例」的發展（2010年～2012年）

由於透過高科技產品代工所創造的經濟發展優勢，逐漸被其他後起國家，如中國大陸、東南亞或東歐國家所威脅，因此技術的創新和產品的突破，勢必是突破瓶頸的最重要發展策略。為順應新的經濟發展形勢，以及面對2009年底「促產條例」的屆期，爰將促產條例章節及條文作全面檢討調整，配合未來產業發展之需要，政府研擬「產業創新條例」草案做為接續，以持續推動未來產業創新、維持產業競爭力的政策工具。由於「兩岸經濟合作框架協議」（ECFA）簽署在即，政府將「產創條例」列為ECFA的重要配套方案，希冀藉由兩者的相互配合，發揮加乘效果，推動台灣成為「全球創新中心」、「亞太經貿樞紐」及「台商營運總部」。

經由上述，可知「獎勵投資條例」制定於1960年，其政策目的是要改善投資環境，加速經濟發展、創造就業機會，理論上還是透過給予特定的產業政策優惠，突破市場限制，以促進經濟的發展。當時的政治氛圍係屬戒嚴時期，從歷次營所稅率的調整來看，國家機關的自主性強，在制定過程中並未遭遇重大的僵局，幾乎在三個月內完成立法。1987年解除戒嚴後，國會隨之全面改

選、總統直接民選，台灣政治歷經重大轉型，逐漸步入了民主政治的年代。在實施「促進產業升級條例」之際，國家機關依舊擁有極大的力量，對於策略性產業保有選擇權，此時主要以高科技產業來奠定產業發展的結構。但是，從歷年營所稅率的演變情形，明瞭制定過程曠日廢時，參與立法的立委各自代表不同的團體而爭執不休，議事癱瘓的情形屢見不鮮。此時，國家機關不似威權時期擁有高度的自主性。時至今日，民主發展的成熟，「產業創新條例」的制定更是備受矚目，面對多元行動者的利益需求，關於營所稅率部分，從政府堅持的20%，有立委提出15%，經過民進黨提出17.5%。最後，國民黨提出17%，期間因幾次協商的破局，導致整個法案延宕一年多。

綜上，本章針對三個條例發展過程中，營所稅率修正過程（詳見附錄一）的演變情形（參見表8-1），藉以瞭解國家機關運用營所稅率這項政策工具，如何受到先前系絡環境的影響。由於社會的動態性，國家機關的職能不斷遭受挑戰，須與私部門進行合作，調整其職能角色。

表8-1　營所稅率之演變

條例	獎勵投資條例 （1960年～1990年）	促進產業升級條例 （1991年～2009年）	產業創新條例 （2010年～2019年）
營所稅率	1.1961年：生產事業18%。 2.1971年：生產事業25%；新創重要生產事業22%。 3.1974年：生產事業35%；新創重要生產事業30%。 4.1974年12月27日：生產事業30%；新創重要生產事業22%；股票公開上市並全部發行記名股票之生產事業25%。 5.1977年：生產事業25%；重要生產事業22%。	1.1991年投資抵減率：5%～20%。 2.2000年投資抵減率：5%～20%，R&D及人才培訓為5%～25%。 3.2002年投資抵減率：5%～20%，R&D及人才培訓為35%。	1.2010年：17%。

條例	獎勵投資條例 （1960年～1990年）	促進產業升級條例 （1991年～2009年）	產業創新條例 （2010年～2019年）
功能	依產業別[2]	依功能別[3]	多元化政策工具（功能別租稅減免、補助、直接降稅）
目標	鼓勵外銷、獎勵儲蓄，累積國內資本	促進產業升級，健全經濟發展	促進產業創新，改善產業環境，提升產業競爭力
特色	威權時期	威權轉型時期	民主時期

資料來源：本章整理

第三節　理論探討

　　為提高政策效能，決策者應當充分瞭解可供使用解決政策問題的政策工具種類以及每項政策工具的特質。可是，多數決策者卻不願多付出些心力，以利區別工具之間的差異；卻常依循慣例做為選擇工具的方式，而不思索其他工具，謀求改善。此種方式，就短期而言，雖然較為穩定，但時日一久，終將未能適應急速變遷的環境。事實上，政策工具具備權變的特質，過去證明有效的政策工具，並不保證依然有效。易言之，政策工具常隨著執行過程中非預期的因素而發生改變，例如參與者對其所持的觀點，以及政策標的團體試圖規避政策工具影響所採取的策略而發生變化（Peters & Nispen, 1998: 4）。

　　一旦忽略此項特質，因政策標的團體習於特定政策工具，使得該項工具出

2　為特別獎勵創業投資事業、大貿易商，及基本金屬製造工業、重機械工業、石油化學工業或其他合於經濟及國防工業發展需要之資本密集或技術密集之重要生產事業及政府指定之重要科技事業，其營利事業所得稅及附加捐總額，不得超過全年課稅所得額百分之二十。

3　「促進產業升級條例」為促進產業升級需要，取消產業別的五年免稅優惠，改採功能別的投資抵減，抵減率為5%～20%，抵減對象如：一、投資於自動化設備或技術。二、投資於資源回收、防治污染設備或技術。三、投資於利用新及淨潔能源、節約能源及工業用水再利用之設備或技術。四、投資於溫室氣體排放量減量或提高能源使用效率之設備或技術。五、投資於網際網路及電視功能、企業資源規劃、通訊及電信產品、電子、電視視訊設備及數位內容產製等提升企業數位資訊效能之硬體、軟體及技術。另外，公司投資於研究與發展及人才培訓支出於條件內亦有抵減優惠。

現與時脫節,未能發揮應有功能,導致政策走向終結的命運。而決策者面對原有政策工具效能遞減現象,往往是尋找其他工具取而代之,結果是出現了政策積累現象(policy accumulation)(In't Veld, 1998)。這也解釋何以愈來愈多的政策僅是處理以往政策所遺留下來的殘局,並非針對現今社會所面臨的問題(Wildavsky, 1979)。

眾所皆知,政策目標的實現有賴政策參與人員選擇適當的政策工具。而政策工具的選擇本質上乃是一種思維取向,亦即決策者在衡量決策情境、理性思考後,再決定採納何種工具,以期順利解決政策問題。是以,政策工具是否能解決政策問題,常取決於決策者對政策工具與政策問題間契合程度的判斷能力。

政策工具的選擇之所以造成政策治理危機,主要原因在於政策執行係一眾多行動者參與的過程;每位行動者或多或少擁有自主性,在集體行動過程中行動者存有互賴關係,必須緊密合作方能成就目標。然而,每位行動者對政策工具選擇的判斷能力不一,以致人言言殊。因此,政府必須經過協調、溝通,形成共同見解,方能克盡其功;反之,如果參與行動者堅持本位主義,以各自單位的利益做為政策工具選擇的依據,勢將無法以整體觀進行資料蒐集與政策研擬。毋庸多言,在政策目標與工具基本條件不符情況下,政策目標的實現如同緣木求魚一般。

有鑑於此,在選擇政策工具時,除了考量效能因素外,尚需將政策工具的適當性(appropriateness)特質一併考慮。事實上,設計政策工具並非是充分自由地,而係經由整個政治系統的考量。因之,決策者甚少未經全盤思索,便採納全新的工具。由此可知,政策工具的設計具有漸進發展的特質,多半是以提高治理能力為著眼點,而極少思考到少數人的利益。一項政策工具若能符合政策網絡內部成員普遍所持有的價值觀、道德規範、傳統與規定,這項工具便具備適當性。

一、政策網絡的特性

就政策系統觀點而言,政策工具的選定就是在做可行性的檢定。設若政策工具在環境系絡中具有高度的可行性,則政策目標的達成度亦相對提高。因此,決策者在選擇政策工具時,必須合乎整體系絡的要求,否則極易受到直覺、意識型態或是個人的熟悉度影響(Linder & Peters, 1989: 50),造成決策

者在政策工具選擇上出現盲點，不僅無法對應政策問題，也導致目的與手段之間無法相連結（林水波，1999：235）。以下就政策網絡的特性做一探討。

　　政策網路本身可視為一個社會系統，主要是內部的行動者為了解決政策問題，而發展成較為持久的互動方式。再者，為達成任務，網絡中的成員彼此交換資源（包括權威、資金、正當性、資訊等），以利合作與建立共識（Rhodes, 1988: 110-6）。其主要特質包括下述四項：

　　（一）多元性：政策網絡是由許多次級組織所組成，且每個組織均有不同的影響力。由於行動者對於指示訊息（guidance signal）的影響力與敏感度並不相同，以致政策網絡呈現多元性。

　　（二）隔離性：網絡中的成員擁有不同程度的自主性，因而與外在環境是相對隔離地。此外，成員持有不同的參考架構（frame of reference），並且對於符合參考架構的訊息相當敏感。典型上，他們是相當獨立地，只願與相同參考架構的成員相互來往。這意涵著決策者選擇政策工具時，須將標的團體的參考架構列入考量。

　　（三）相互依賴性：網絡成員間是相互依賴（例如：金錢、能力、政治支持、地位等），但此關係可能是非對稱性（asymmetric）與非同步化（asyn-chronous）。值得一提的是，在相互依賴關係中，多數成員不願破壞現狀，因此衡量政策工具的方法除了重視目標達成程度之外，亦重視現有關係的維持。凡是政策工具能夠持續支持現存正面社會關係時，將可視為是一項適當的工具（Bagchus, 1998: 55; Bressers & O'Toole, 1998）。再者，政府在政策網絡中的角色，並非是單純的支配者，除重視政策目標的達成，亦同時重視政策工具的提出是否符合民主原則與正當性。

　　（四）目標共識程度：網絡成員如具有高度的目標共識較易形成向心力，產生同化作用，無形中會出現一個選擇圖像，對政策目標的達成相當有助益；反之，則因成員的觀點與價值偏好不同，而產生衝突、分歧看法，不利政策目標達成。

　　上述四項特質彼此間相互影響，致使政策網絡結構呈現動態性，也構成了政策治理的（亦即將相關技術轉化成為有效的應用工具）威脅與機會，如表8-2所示。

表8-2　政策網絡特質與其優劣分析

政策特質	多元性	隔離性	相互依賴性	目標共識
威脅	1.組織內部：組織中的標的單位無法影響其他單位。 2.組織之間：行動者對不同的指示訊息相當敏銳。	指示訊息也許會因為標的團體的隔離而無法傳導。	標的團體會運用依賴關係謀求私利，因而會產生許多非預期與預見的效果，甚至妨礙管理。	政策目標與標的團體意圖追求的目標不一致時，易遭致反抗，無法達到政策效果。
機會	1.網絡中部分的行動者對指示訊息的改變相當敏感，而其他行動者易被這些行動者影響。 2.多元性組織對指示訊息敏感度不一，以致呈現分裂狀。	1.隔離性暗喻自主性；標的團體具有自主性對有效治理是需要的，其中之一是防範具有破壞性指示訊息的擴散。 2.孤立的行動者對符合其參考架構的指示訊息相當敏感。	領導者可運用互賴關係打破隔離性。	一旦兩者目標相一致時，執行機關可經由溝通，採取達成政策目標的有效行動。

資料來源：整理自De Bruijn & Ten Heuvelhof, 1998: 71.

二、政策工具的性質

選擇政策工具時，決策者首先會考慮到的是政策問題為何？意即先有一些大家共同認可的問題存在，爾後再以分析及規範的思維來尋求問題的原因及解決方案（McDonnell & Elmore, 1987）。當決策者正確認定政策問題為何之後，進一步便須瞭解各類政策工具的特質、特性、功能，進而選擇最合適的工具來解決問題。因此，政策工具本身也是影響政府考量因素之一。過去學者對於政策工具的性質也多有研究，基本上，各類政策工具的性質可區分為以下幾項（Bressers & O'Toole, 1998: 226-30）：

（一）規範性訴求

政府以合法性權威控制人民，以鼓勵目標的選擇，或否決其他的行為。管

制性工具便具有此項特性。

（二）對稱性

標的團體要求與政府回應之間的對稱性。政策工具的對稱性高，代表政府與人民之間的互動愈好、資訊的流通愈順暢，政府也愈能回應人民的要求。

（三）對標的團體提供／取回資源

給予標的團體資源，使其順從政府的政策；抑或當標的團體的行為與政府意願相違時，取回標的團體的資源。

（四）標的團體對工具應用的選擇權

意指標的團體是否能自由選擇採行或拒絕政府所使用的政策工具。例如當政府使用資訊工具，教導人民要勤於打掃環境、防制病媒蚊時，人民便有自由可選擇是否要配合政府的宣導，而不必擔心因違反政策而受到懲罰。

（五）決策者在政策執行時所扮演的角色

在政策執行過程中，決策者介入的程度。政策工具的選擇並非是完全內控行為，而是具有外控性（Howlett & Ramesh, 1995）。上述政策網絡的特質對政策工具選擇確實具有顯著影響力，惟政府決策者的心態亦是一項不可疏忽的因素。一般而言，決策者對凝聚力較強的團體，唯恐其集體反對政策目標，而大多掌握政策工具的決定權。因此，當政策網絡具有高度關聯性時，政府並不鼓勵標的團體共同參與執行，而由決策者本身或相關的（affiliated）機關負責執行。但所面對的標的團體具有高度凝聚力和低度相關聯性時，政府往往設立中介組織協助決策者推動政策。一旦面對的標的團體具有低度關聯性與凝聚力時，決策者並未感受到外部壓力，因此大多授權或是給予少數指導，而由標的團體負責執行。

上述探討可用圖8-1表示。簡言之，國家機關在選擇一項政策工具時，須就特定的歷史條件和政策網絡的利害關係人加以瞭解。本章以營利事業所得稅做為政策工具，依據初始環境系絡、政策問題、國家機關職能、標的團體屬性和政策可行性五面向，做為分析影響租稅工具採用的因素。

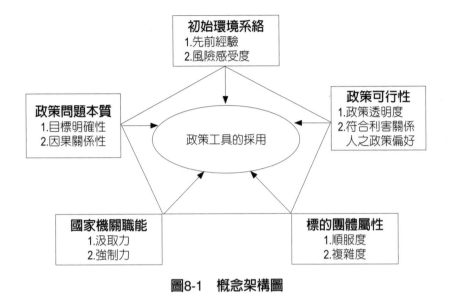

圖8-1　概念架構圖

資料來源：本章整理

三、理論運用

　　承上，國家隨著政經環境的演變，透過各種獎勵措施、相關補助和輔導來幫助各種產業面對全球化的挑戰，並改善整體的經濟環境，提升產業競爭力。以下，就理論與IC產業個案作一綜合說明：

（一）環境系絡與問題本質

　　國家機關在戒嚴時期享有絕對的自主性，和民間社會存在著不對等的政經權力分配關係，藉由「發展經濟」的名義，汲取社會資源以完成各項政策措施。在國家強力推動財經改革措施，經濟也開始起飛並蓬勃發展。然而，在1970年代初國家除了必須面臨全球石油危機之外，尚需克服外交困境，不論是退出聯合國、中美斷交或中日斷交等皆讓政府的權威遭致質疑，民間社會團體也出現改革聲浪，國家機關在此時遭遇合法性的危機。據此，政府乃發展重化工業及擴大公共建設的投資，以開放的政策來輔導產業，例如：租稅獎勵、優惠融資、民營化等等，透過解除管制、自由化方式因應。之後，並輔導傳統產業，使其轉型為資本密集產業。

　　1987年的解嚴，政治結構出現巨大的變化，國家機關的滲透與支配力量開始消退，國民黨對社會團體的掌握逐漸鬆動；國民黨獨佔政治資源的狀態被打破，反對黨加諸於國民黨的選戰壓力日益升高；民選政治菁英在決策過程中的地位日益提升。在此同時，社會運動的蓬勃興起，使得過去以「成長為優先」的經濟發展策略面臨嚴峻挑戰；經濟國際化與自由化的浪潮更迫使國家機構大幅調整自身的經濟管理職能，政府逐漸喪失直接介入產業投資與生產活動的政策工具，經濟管制措施被迫逐一解除（朱雲漢、包宗和，2000：1）。整體而言，自1980年代後，政府的經濟與社會角色和職能，在國內外層次同時面臨深切的挑戰，導致政府公權力、公信力與公能力的癱瘓和社會的失序，而有政治民主化的發展（蕭全政，2000：45-46）。

（二）國家與企業的互動

　　Weiss（1998）認為國家機關與企業間具有良好之互動關係，國家在執行政策時之阻礙愈少。而國家與企業的連結與互動，是國家職能最重要之來源；國家與企業間之關係，為國家適應環境變遷所需的轉形能力（state's transformative capacity）提供穩固基礎。在先進國家中，國家與企業間之凝聚力以及連結性愈緊密，國家迅速回應經濟變遷所展露革新之職能表現則愈強。以下分由國家機關職能與企業團體屬性兩方面探析其互動關係：

(1) 國家機關職能

　　國家與企業關係之演變從戒嚴時期開始，在威權體制下，政府可免於受到利益團體與選舉的競爭壓力，不受國會、反對黨、社會運動，以及媒體的牽制，為經濟技術官僚提供一個寬廣而自主的政策選擇空間，因而有利於經濟發展的規劃和經濟改革的進行（朱雲漢，2004：4）。因此，政策規劃時不必徵詢民間企業的意見，成為典型官僚決策模式。政策執行時，政府體認資訊產業相當重要，因此將其制定為策略性工業，而由國家提供獎勵措施要求民間企業配合（陳恆鈞，2000：123）。但是，在國際經濟環境變遷以及國內政治體制的改革後，經濟官僚在推動經濟發展的職能已逐漸減低，加上民間企業資本與技術的成熟，廠商的數目也逐年增加，逐漸脫離依賴政府的管制。

(2) 企業團體屬性

　　就企業團體而言，台灣IC產業的廠商數目在政府一系列的建構下開始成

長，以1966年美商高雄電子設廠裝配電晶體開始，1973年國資的萬邦電子也開始生產電晶體，工研院於1976年與美國無線電公司技術合作，引進IC製造技術，聯電於1980年成立，至此國內進入IC時代，歷年IC廠商數的變化如圖8-2所示。

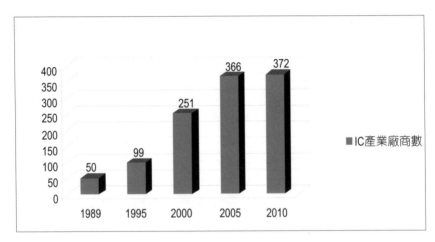

圖8-2　台灣積體電路產業歷年廠商數目

資料來源：本章整理

　　運用國家職能和政策次級體系的複雜性程度兩個指標，可說明政策工具的抉擇（Linder & Peters, 1989）：1.國家職能的高低程度：係指政府機關影響社會行動者（主要指標的團體）之能力；2.政策次級體系的複雜性程度：政府機關執行政策必須面對行動者的複雜性程度。就IC產業發展過程中，國家機關在整個經濟發展上的功能角色以及IC產業的異質性，兩個面向交叉結果形成的四個象限，如圖8-3所示：

		政策次級體系複雜度	
		高	低
國家職能高低	高	市場工具	管制工具
	低	自願工具	混合工具

圖8-3　政策工具選擇圖

資料來源：整理自Linder & Peters, 1989: 35-8.

進言之，由圖8-3不難明瞭國家機關在戒嚴時期對社會具有顯著影響力，因此可依自身的偏好制定政策，不受企業團體的壓力，也有能力對經濟活動進行干預，汲取社會資源。但是，在民主轉型和全球化的衝擊之下，國家的影響力逐漸下降，既無法抗衡企業團體的壓力，也無力去汲取財政資源。在此過程中，國家機關必須符合民間社會期望的發展目標，並與民間團體或企業相互合作，藉其能力帶動社會經濟的運作和發展。

（三）政策可行性

民主化之後的政經新結構，必然對原有的產業發展體系產生新的衝擊。舊有的產業發展制度，隨著國際政經情勢的轉化和國內政治環境的變遷，以徹底地重新排列組合來適應新的情況。而制度中的決定性因素也隨之產生變化，例如：政府扮演的角色、工業政策的工具本質及產業結構等等（劉鴻暉，2000：185）。

以產業創新條例制定過程來看，因其在審議過程中，朝野意見分歧，所以2009年6月經濟委員會舉行「產業創新條例草案」公聽會，邀請政府人員、相關人員、學者專家出席，希望能廣納意見。而朝野於12月月底確定協商後處理。2010年3月行政院長吳敦義率領相關部會主管分別至新竹科學園區、台南科學園區與廠商座談，希望在立法院正式審議產業創新條例前，聽取廠商意見，力求更貼切國家產業發展需要。2010年4月公平稅改聯盟、台灣農村陣線等數十個社運環保團體發表聯合聲明，強烈質疑行政院版產創條例草案，將提供財團減稅及炒作土地的無限可能等相關問題。政府部門為了使各界能更瞭解該條例的內容，並提高政策的可行性，也於該年5、6月分別在北中南舉辦三場「產業創新條例宣導說明會」。

由前述可知，國家機關為適應更複雜的行政體系，積極協調中央對地方以及地方對地方之間等水平與垂直合作問題。就產創條例的立法過程而言，在民主化之後，國家面臨新的行政與立法互動關係，行政部門必須和立法部門相互溝通與協調，謹慎處理公共利益的問題、回應不同選區及不同利益團體的各種政策需求；當然，在民主意識的升高下，基層民眾與社會團體運動的日益挑戰政府的施政作為，而在大眾媒體的監督機制下，政府必須公開透明的原則，方有助於提高政策執行力。

（四）政策工具的採用

國家機關會運用各種工具來達成其政策目標，不論是從間接的方法如道德勸說、金錢誘因或者是牽涉到政府較為直接的服務提供（Linder & Peters, 1989: 35）。當然，政策工具的選擇在從事政策設計時，應做通盤的考量。本章的政策工具是指營利事業所得稅，從歷次「獎勵投資條例」、「促進產業升級條例」及「產業創新條例」之營所稅率的調整以及減免對象的修改，可知「獎勵投資條例」制定於1960年，其政策目的是要改善投資環境，加速經濟發展、創造就業機會，理論上主要還是透過給予特定的產業政策優惠[4]，希望突破市場限制，以促進經濟的發展。而在「促進產業升級條例草案」中，取消產業別的五年免稅，改採功能別的投資抵減，抵減率為5%～20%，全面促進產業升級，帶動產業長期穩健的成長。在「產業創新條例」中，則是面對新興工業國家之崛起，政府將營所稅率一律調降為17%，租稅獎勵對象不再限企業規模及產業別，大中小企業均一體適用，並採用多元化的方式，如功能別租稅減免、補助、直接降稅等方式，期能塑造良好之產業發展環境。同時，為協助產業持續創新，實行差異化策略，以提高產品附加價值，進而提升產業競爭力。

第四節　研究設計

一、研究架構

上述對台灣發展型國家變遷的闡述，可進一步協助本章的研究。在研究架構中的五個構面包含初始環境系絡、政策問題、國家機關職能、標的團體屬性和政策可行性五個面向，做為分析影響政策工具採用的研究架構（見圖8-4）：

---

4 在生產事業方面之營利事業所得稅及附加捐總額，不得超過其全年課稅所得額百分之二十五；特別獎勵創業投資事業、大貿易商，及基本金屬製造工業、重機械工業、石油化學工業或其他合於經濟及國防工業發展需要之資本密集或技術密集之重要生產事業及政府指定之重要科技事業，其營利事業所得稅及附加捐總額，不得超過全年課稅所得額百分之二十。

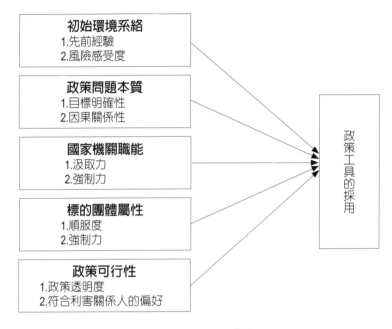

圖8-4　研究架構圖

資料來源：作者整理

二、研究假設

根據文獻探討與研究目的，本章提出研究假設如下，並以 $\alpha=0.05$ 檢驗之：

假設1：若與初始環境系絡契合度愈高，則政策工具的採用就愈能發揮效用。

假設2：若政策問題本質愈明確，則政策工具的採用就愈能發揮效用。

假設3：若國家機關職能愈高，則政策工具的採用就愈能發揮效用。

假設4：若標的團體屬性愈顯著，則政策工具的採用就愈能發揮效用。

假設5：若政策可行性愈高，則政策工具的採用就愈能發揮效用。

三、研究對象

本章對象以積體電路發展最早和最完整的新竹科學園區內的公司做為研究

主體,新竹科學園區內的IC公司共有191家。本章以普查方式,一間公司以二份為代表進行問卷的發放。

四、研究問卷之發放

前測結果分析後,將剩餘題目重新編碼,和指導教授確認並修正後,彙整出正式問卷如表8-3。本問卷寄發出382份進行施測,問卷於2011年5月20日起發放,2011年6月27日回收完成。期間除了以郵寄方式之外,並至園區內發放問卷,希望提高回收率。剔除無效問卷之後,共計回收166份,並進行資料登錄的動作,以統計軟體SPSS 12.0進行描述性統計分析、皮爾森積差相關分析及多元迴歸分析進一步檢視。

表8-3　正式問卷

初始環境系絡
一、先前經驗
1.就獎勵投資條例和促進產業升級條例而言,國家機關和企業團體在推動IC產業發展時,會受到先前政策經驗的影響。
2.國家機關在推動IC產業發展時,企業團體主要是配合政策。
3.先前和國家機關的協商互動經驗,讓我有繼續合作的意願。
二、風險感受度
4.對於台灣IC產業在全球和國內的發展前景我感到擔憂。
5.我感受到全球和國內經濟競爭環境所帶來的威脅。
政策問題
一、目標明確性
6.我認為國家機關調降營所稅率以促進產業創新、改善產業環境、提升產業競爭力的政策目標是明確的。
7.我認為國家機關對於調降營所稅率為17%的政策目標,是可衡量且具體的。
8.我認為國家機關調降營所稅率為17%的政策目標是切合實際的。
二、因果關係性
9.我認為營所稅率的調整,是一個有效能的政策工具。
10.國家機關調降營所稅率為17%,可以促進產業創新並改善產業環境。
11.除了上述目標,國家機關調降營所稅率為17%,也可以提升產業競爭力。

國家機關職能
一、汲取力
12.國家機關在調整營所稅率時，並未遭遇企業團體重大的阻力。
13.國家機關對於營所稅率的調整幅度，有充足的評估能力。
二、強制力
14.IC廠商必須遵守國家機關調整營所稅率的政策。
15.國家機關在調整營所稅率的政策上並無執行的能力。
16.國家機關有能力規範IC廠商。
標的團體屬性
一、順服度
17.我願意配合國家機關調降營所稅率的政策。
18.對於國家機關調降營所稅率的政策，我表示支持態度。
19.即使營所稅率的調降幅度並不符合我的預期，我也願意表示支持態度。
二、複雜度
20.隨著IC廠商數量的成長，國家機關對於營所稅率的調降程度必須更加廣納企業的聲音。
21.IC產業族群的增加，使得國家機關在調整營所稅率時，愈難滿足IC產業族群的需求。
22.IC產業族群愈複雜，國家機關在調整營所稅率時，所遭遇到的爭議就相對愈小。
政策可行性
一、政策透明度
23.國家機關在調整營所稅率時的政策資訊是公開的。
24.我認為營所稅率的調整幅度，是透過國家機關和企業團體充分的討論。
25.我認為國家機關在調整營所稅率時，企業團體有參與的管道。
二、符合利害關係人的政策偏好
26.我認為國家機關在制定相關政策時，有納入大型企業的意見。
27.對於營所稅率降為17%的政策我感到滿意。
政策工具採用
28.我認為營所稅稅率調降的實施性很高。

資料來源：本章整理

五、深度訪談

　　為探討營所稅率的運作成效進行，訪談對象主要以相關單位人員及竹科園區之IC廠商為受訪樣本，進行面對面訪談，訪談提綱如表8-4。

表8-4　訪談題綱

變項	變數	題綱
初始環境系絡	先前經驗	請問您，政府和企業之間的互動情形會不會影響到營所稅率調降的政策？
	風險感受度	請問您，我國當前的整體經濟環境為何？面對全球環境的衝擊，會不會影響到營所稅率的調降？
政策問題本質	目標明確性	如果利用調降營所稅的這個政策改善產業環境，您認為這個政策目標可行嗎？實際嗎？
	因果關係性	您認為國家機關調降營所稅率為17%與促進產業創新、改善產業環境、提升產業競爭力的政策目標是否有相互關聯性？
國家機關職能	汲取力	請問您，國家是否有能力制定出最適合的營所稅率？
	強制力	針對營所稅率的調整，國家機關是依照自己的想法主導嗎？有無受到企業團體的壓力而改變？
標的團體屬性	順服度	您認為企業團體的態度是否會影響國家機關調降營所稅率的政策？
	複雜度	您認為企業在種類和數量上的成長對於國家機關調降營所稅率政策的影響力為何？
政策可行性	政策透明度	您認為該項政策在修法過程中，政策資訊透明公開的情況為何？請問企業有參與政策制定的管道嗎？
	符合利害關係人的偏好	請問您，營所稅率經多次的調整，對於調整幅度有何看法？

資料來源：作者整理

　　本章的訪談對象包含竹科管理局、園區內IC企業以及學者，合計五位訪談對象，詳如表8-5所示。

表8-5　受訪名單

編號	訪談對象	服務單位
A	研究員	竹科管理局企劃組
B	副研究員	竹科管理局投資組
C	董事長	○○科技股份有限公司
D	經理	○○科技股份有限公司
E	學者	國立○○大學○○學系

資料來源：本章整理

第五節　實證分析

一、各變數的描述性統計分析

　　本章問卷設計為五等量表，以五大構面為依據，共十個自變數和一個依變數。各變數的平均數與標準差如表8-6所示：

表8-6　各變數的描述性統計分析

構面	變數	題項	平均數	標準差
初始環境系絡	先前經驗	1～3	2.27	0.54
	風險感受度	4～5	2.01	0.69
政策問題本質	目標明確性	6～8	2.46	0.74
	因果關係性	9～11	2.53	0.74
國家機關職能	汲取力	12～13	2.79	0.62
	強制力	14～16	2.63	0.51
標的團體屬性	順服度	17～19	2.38	0.62
	複雜度	20～22	2.27	0.55
政策可行性	政策透明度	23～25	2.41	0.75
	符合利害關係人的政策偏好	26～27	2.61	0.71
政策工具的採用（依變數）		28	2.57	0.65

資料來源：本章整理

　　此外，以Pearson相關係數探討「初始環境系絡」、「政策問題本質」、「國家機關職能」、「標的團體屬性」和「政策可行性」五個構面與「政策工具的採用」構面之間的相關程度，分析結果各個構面均呈現顯著相關。再者，各變數間之相關係數介於0.077至0.659均小於0.7，顯示各變數之間沒有高度相關，因此各預測變數之間無「共線性」存在。

表8-7　自變數與政策工具採用之相關係數分析

構面		政策工具的採用
初始環境系絡	先前經驗	0.228**
	風險感受度	0.402***
政策問題本質	目標明確性	0.381***
	因果關係性	0.358***
國家機關職能	汲取力	0.238**
	強制力	0.249**
標的團體屬性	順服度	0.411***
	複雜度	0.227**
政策可行性	政策透明度	0.474***
	符合利害關係人的政策偏好	0.719***

資料來源：本章整理

表8-8　各變數之相關係數分析

	先前經驗	風險感受度	目標明確性	因果關係性	汲取力	強制力	順服度	複雜度	政策透明度	符合利害關係人的政策偏好
先前經驗	1.000									
風險感受度	.214**	1.000								
目標明確性	.376***	.103**	1.000							
因果關係性	.180**	.204**	.659***	1.000						
汲取力	.077	.307***	.282***	.336***	1.000					
強制力	.377***	.151***	.210**	.109	.187*	1.000				
順服度	.413***	.105**	.323***	.255**	.241**	.514***	1.000			
複雜度	.322***	.405**	.287***	.204**	.125	.359***	.402***	1.000		
政策透明度	.378***	.211**	.275***	.215*	.163*	.350***	.357***	.544***	1.000	

	先前經驗	風險感受度	目標明確性	因果關係性	汲取力	強制力	順服度	複雜度	政策透明度	符合利害關係人的政策偏好
符合利害關係人的政策偏好	.136*	.077***	.392***	.446***	.255***	.153**	.340***	.233***	.470***	1.000

資料來源：本章整理

二、各變數之迴歸分析

如表8-9所示，迴歸模式的相關係數R為0.764，屬於高度相關；而整體的決定係數（R平方）為0.583，調整後的決定係數（調整後之R平方）為0.557，顯示本迴歸模式10個預測變項可以解釋58.3%的變異量。且根據模式之變異數分析，F改變值＝21.711（P＝0.000***＜0.001），迴歸效果達顯著水準。

表8-9 迴歸模式摘要

				變更統計量	
Model	R	R平方	調整後的R平方	F改變	顯著性
1	.764（a）	.583	.557	21..711	.000（a）

a 預測變數：（常數）符合利害關係人的政策偏好、風險感受度、先前經驗、汲取力、複雜度、強制力、因果關係性、順服度、政策透明度、目標明確性
b 依變數：政策工具的採用
資料來源：本章整理

由表8-10的迴歸係數表，得知迴歸方程式為：政策工具的採用（Y1）＝.022先前經驗＋.107風險感受度＋.084目標明確性－.030因果關係性＋.023汲取力＋.019強制力＋.145順服度－.096複雜度＋.160政策透明度＋.593符合利害關係人的政策偏好。

表8-10　迴歸係數

模式		未標準化係數		標準化係數	t值	顯著性	共線性統計量	
		B之估計值	標準誤	Beta分配			允差	VIF
1	（常數）	2.566	.043		59.535	.000		
初始環境系統	先前經驗	.018	.053	.022	.344	.732	.666	1.502
	風險感受度	.089	.044	.107	2.009*	.046	.955	1.047
政策問題	目標明確性	.070	.062	.084	1.121	.264	.481	2.081
	因果關係性	-.025	.061	-.030	-.407	.685	.499	2.003
國家機關職能	汲取力	.019	.047	.023	.412	.681	.837	1.194
	強制力	.016	.054	.019	.292	.771	.645	1.551
標的團體屬性	順服度	.121	.056	.145	2.140*	.034	.587	1.703
	複雜度	-.080	.055	-.096	-1.466	.145	.629	1.590
政策可行性	政策透明度	.134	.059	.160	2.249*	.026	.528	1.893
	符合利害關係人的政策偏好	.495	.056	.593	8.854***	.000	.598	1.672
* p＜0.05　　** p＜0.01　　*** p＜0.001　　　N＝166								

a 依變數：政策工具的採用

資料來源：本章整理

　　上述模式一的容忍度值（允差欄數值）介於.481至.955間，VIF值介於1.047至2.081之間，未有大於評鑑指標值10，表示進入迴歸方程式的自變項間沒有線性重合的問題。進一步檢視各自變數對於政策工具是否有解釋性，以及其預測力的大小，以檢驗本章之研究假設是否成立，分述如下：

（一）針對假設一分析

　　發現先前經驗（X1）其t值＝0.344；Beta值＝0.022（P＝0.732＞0.05），未達顯著性。然而，在風險感受度（X2）中，其t值＝2.009；Beta值＝.107（P＝0.046＜0.05），顯示「風險感受度」對於台灣IC產業發展之政策工具的採用有正向且顯著的影響。當企業團體的風險感受度愈強時，則政策工具的採用

就愈能發揮效用。依此，對於假設一：若與初始環境系絡契合度愈高，則政策工具的採用就愈能發揮效用，其在統計上獲得部分支持。

（二）針對假設二分析

目標明確性（X3）其t值＝1.121；Beta值＝.084（P＝0.264＞0.05）與因果關係性（X4）其t值＝-.407；Beta值＝-.030（P＝0.685＞0.05），顯示「政策問題」的問題和目標之間的關連與否對於台灣IC產業發展之政策工具的採用沒有顯著的影響。所以，假設二：若政策問題愈明確，則政策工具的採用就愈能發揮效用，未獲得統計支持。

（三）針對假設三分析

汲取力（X5）其t值＝.412；Beta值＝.023（P＝0.681＞0.05）與強制力（X6）其t值＝0.292；Beta值＝0.019（P＝0.771＞0.05），顯示「國家機關職能」的汲取能力和強制能力之高低對於台灣IC產業發展之政策工具的採用沒有顯著的影響。因此，假設三：若國家機關職能愈高，則政策工具的採用就愈能發揮效用，未獲得統計支持。

（四）針對假設四分析

順服度（X7）其t值＝2.140；Beta值＝0.145（P＝0.034＜0.05），顯示「企業團體的順服度」有正向且顯著的影響。當企業團體的順服程度愈強時，則政策目標的達成率就會愈高，所以政策工具的採用愈能發揮效用。另外，在複雜度（X8），其t值＝-1.466；Beta值＝-0.096（P＝0.145＞0.05），未達顯著性。據此，對於假設四：若標的團體屬性愈顯著，則政策工具的採用就愈能發揮效用，其在統計上獲得部分支持。

（五）針對假設五分析

發現顯著性最高者為符合利害關係人的政策偏好（X10），其t值＝8.854；Beta值＝0.593（P＝0.000＜0.05），顯示政策可行性「符合利害關係人的政策偏好」對於台灣IC產業發展之「政策工具的採用」有正向且顯著的影響。當政策對於利害關係人的政策偏好考量程度愈強時，則政策的執行就愈順利，所以政策工具的採用就愈能發揮效用。第二則是政策透明度（X9），

其t值＝2.249；Beta值＝.160（P＝0.026＜0.05），顯示「政策透明度」對於臺灣IC產業發展之「政策工具的採用」有正向且顯著的影響。當企業團體愈能參與政策的制定，則政策工具的採用就愈能發揮效用。依上述說明，對於假設五：若政策可行性愈高，則政策工具的採用就愈能發揮效用，其在統計上獲得全部支持。

三、綜合討論

依據上述實證分析，本章透過與5位專家學者、廠商進行深度訪談，以解釋實證結果，詳述如下：

（一）初始環境系絡

任何政策皆與其環境系絡密切相關，易言之，特定政策之發展、沿革與歷史背景因素形塑了政策內涵及其成效。就IC產業的發展而言，在不同時期的政經環境下，政府為改善整體的經濟環境、促進經濟發展，透過各種獎勵措施、相關補助和輔導，幫助各種產業面對全球的動態挑戰。因此，風險感受即是其中一個重要因素，因此不論營所稅率效用多顯著，其風險感受度對政策工具的採用具有一定的影響：

(1) 國家機關缺乏和企業之合作互動

在先前經驗因素當中，無論是科學園區管理局研究員，或者是廠商和專家學者皆認為國家機關在採用營所稅率這項政策工具時，仍是以國家機關為主導，並未強調與企業的雙向互動。對此一觀點，園區管理局研究員A表示如下：

他們當然是希望能對高科技產業維持更多的優惠啊，可是財政部長林全認為應該要……所以應該也沒有採納業者的意見，我覺得是沒有……（A-1）

廠商D也持有類似的意見：

這些政府調這個厚，還是以這個經濟部的官員為主啦！政府他執行這

種，這是算……一個執行的權力的啦。（D-1）

　　針對先前經驗無法對政策工具的採用產生顯著的影響，學者E歸因為產業公會的代表性不足，減少其對政府的影響力：

　　這種東西厚，一定都是雙方面，但是他會找公會來談，他不會找企業啦。你可以把竹科全部找來，沒幾家啊，可是你如果擴大到所有的產業，那故事就不一樣囉……在降的幅度上面就有限……（E-1）

(2) 風險感受度是影響政策工具採用的關鍵之一

　　由實證分析可以得知，風險感受度除了對政策工具呈現正向顯著外，其各個題項都有相當不錯的同意程度。對此觀點，科學園區管理局研究員A和B都持認同態度：

　　當然他一定衡量說設立的時空背景或者說廠商獲利程度，他考慮的很多啦，或者說公平性啦、或者說廠商都已經茁壯啊或者說國家的財政收入啊。比如說他們在全球的地位，……主要還是他的技術跟市場變動的關係。（A-2）

　　另外，包括很多非人為因素的影響，包括這個SARS啦、921大地震啦、還有甚麼，還有這個民進黨執政啦。……是很多非經濟的因素的影響。（B-4-2）

　　同樣地，廠商C也認為營所稅率的調整是為了因應產業界的變化和挑戰：

　　他25%掉到17%後，那是因為因應產業界厚，產業界的變化，政府給予一些優惠的措施，讓企業的製造業有一些競爭力。（C-1）

　　學者E亦認為營所稅率的調整幅度應考量鄰近國家的情勢做為準則：

　　我覺得會，因為附近的國家都在做的話，你就不得不做……。鄰近國

家給你的壓力啦。（E-6）

依據訪談結果，初始環境系絡中的風險感受度，對政策工具的採用有相當的影響力。除此之外，先前經驗並未能在統計分析中達到顯著。經歸納整理後，分述如下：

（1）國家機關在調整營所稅率的幅度時，缺乏和企業之間的合作，影響企業對該政策工具之認同，故如何培養和企業團體良好的互動，值得國家機關深思。

（2）營所稅率的調整深受整體環境系絡的影響，國家機關能細膩地觀察全球市場的脈動和鄰近國家的情勢，適時調整營所稅率以因應產業界的變化。

（二）政策問題本質

政策除了能具體呈現直接促成政策問題的全部主要因素外，同時還要正確地聯貫每個因素與冀欲目標間的關係。如此一來，方能贏取標的團體的支持，使政策有效的執行。當然，如果政策目標愈簡單明瞭，也愈容易使標的團體有共識而取得支持，在政策工具的採用上更為順利，包含目標明確性與因果關係性兩個影響因素，分述如下：

(1) 政策工具的採用所欲達成的目標應更明確，並非只是政策宣示

目標明確性對於政策工具的採用並未有顯著影響，對此一觀點，科學園區管理局研究員A和B表示政策目標是很多元的，因此獎勵對象不夠具體明確：

因為政府推出一個新的政策取代一個舊的政策，他的政策目標是很多元的。（A-4）

不過這個只是政策宣示而已啦。你其他配套你沒有去執行的話，就沒辦法發揮。我跟你講，你一個產業啊，要用的完善，像水電啊，那個都是關鍵因素。（B-3）

同樣的受訪廠商C也有類似的意見：

不是實際的，那～那只是其中一個方法而已啊，那應該說，對有錢人

賺更多啊，對於有錢的大集團，但是你減稅，減稅是一個策略嗎，不是耶。（C-3）

雖然政策目標並不夠具體，但學者E認為就成本角度而言，仍有其效用：

　我覺得會，至少台商回流他會更有意願，這是我的看法厚。成本角度絕對是可行的，那其他我不看好。（E-3）

(2) 應強化政策工具的採用和欲達成之政策目標的關聯性

　　科學園區管理局研究員A和B對於營所稅率這項政策工具的看法持保留態度，認為該項政策工具並非主要的關鍵因素，必須考量其他參數項目，並配合完善的配套措施，以提高其效用：

　如果租稅或者成本能夠變成這些高科技廠商的競爭手段的話，那中國大陸不就老早就扶植出世界一流的半導體產業。問題不是只是在租稅，其實是在一個投資環境，包括水電、環保還有技術人才的來源，這些都是很重要的。……所以你可以考慮一下多元性。（A-8-2）

　你光靠租稅優惠來扶持產業，是不可能的啦……你要很多配套措施。……比如說基礎設施是一個，國家的那個這個資源是一個啦，各種資源啦，配套措施包括這個租稅啦，整體經濟環境啦、投資獎勵啦、還有公部門什麼這個單一窗口服務啦、行政服務啦！再來就是這個產業面，產業面他們自己的生產、資金、股票啊、市場健不健全、資金來源，夠不夠健全，有沒有那個很完善資金管道！再來就是那個產業它自己形成的聚落，它的產業結構怎麼樣，這些都是、都是重要的因素。（B4-1）

　　受訪廠商C和D對此議題亦採負面的態度，認為該項政策工具對欲達成之目標並無直接關連性與實質幫助，應有具體的改善手段：

　沒有，那只是富人條款，就是說對大企業有幫助，會幫他減稅，減輕他的稅，那他公司賺錢，因為他減稅就增加獲利率，這個獲利率相對會給

員工給他賺更多錢，就這樣子而已。（C-4）

　　因為他……一般傳統產業他也不會因為調降營所稅就把它拿到做產業的創新啊……賺的錢其實不見得會拿進去做產業的創新啊。對啊，產業創新其實對企業都還是一個蠻大的負擔。（D-4）

　　學者E對該項政策工具的態度亦趨保留，認為仍需考量其他因素：

　　調降為17啊，我覺得成本的角度會啦，其他的不一定。啊因為這樣就會創新或怎樣，我覺得不見得啦。有些時候品牌的效益還大一點啦。（E-4）

　　依據訪談結果，可以得知17%的營所稅率這項政策工具在政策問題本質這個構面上，仍有許多地方是需要改進的，經歸納整理後，分述如下：

　　（1）多元的政策目標易導致政策工具的採用淪為政策宣示，故相關單位可以再多加著墨，使政策目標更為具體可行。

　　（2）政策工具的採用缺乏完善的配套措施，使其與欲達成目標之間因果關係微弱。

（三）國家機關職能

　　國家機關須具備相當的職能，將國家意志轉換成目標的實現之外，更重要的是國家和社會網絡的協調合作能力。而政策工具的執行則代表國家職能的展現，故國家機關職能對政策工具的採用，也相當重要。

(1) 國家機關在汲取能力的表現上未符合企業團體的期待

　　經訪談科學園區研究員A和B得知，為避免有獨厚高科技產業之疑慮，國家機關在調整營所稅的過程中，乃積極尋求出最佳的稅率，擴大其獎勵範圍及對象，一律將營所稅率調降17%，不分產業別皆可適用：

　　政府要照顧的是全國的產業，換句話說，政府的思維已從被政府認定的高科技產業跳脫出來。……因為傳統的產業或者服務業或各方面也可以高科技化，高科技不應只是定義在某些被認定的行業裡頭。而是說各種行業只要有這些功能的，都應該是受到獎勵和扶持的。（A-5）

政府當然是要積極去協助去調降這個一些相關稅率……可以尋求那個最佳化，就是你調低一點點啊，他反而會促進稅收，可是調太低啊，你稅收又收不到，他會有這種效應。（B-5）

然而，統計資料顯示國家機關的汲取能力是同意度最低的一個因素，背後的原因為何，經訪談園區廠商後，得知廠商C認為該項政策工具的採用，只是獨厚大企業，並未照顧到中小企業：

17%有沒有把真正創造的機會成本轉化出給需要幫助的人，這就要減稅嘛。那不是賺更多錢，賺更多錢誰在賺，剛剛講過了，富人條款啊，那些錢大部分由政府企業拿去而已啊，真正需要的製造業並沒有拿到獲利率啊……（C-5）

學者E則認為國家機關仍有汲取能力，但要明確設定優惠的對象為何，避免因標的不明確而讓利害關係人產生誤會：

我覺得有啦，主要原因你可以參考附近國家啊，那成本算一算啊，我們再降多少，我們總成本就會怎麼樣啊，這個就可以算啊。……而且我還可以說所助是優惠哪些產業，這是國家是可以這樣子來做嘛。（E-5）

(2) 強制力受到政治因素的影響而弱化

國家機關在制定政策的同時，會受到各方團體壓力的影響，因此國家機關無法透過強制的規範和控制來要求企業，園區管理局研究員A和B表示：

這中間，從促產到產創，其實也給他就是拖延了很久。其實你也曉得這個醞釀期就是他們在爭取時間，應該那時候有發揮一點效用。（A-6）我們那個、那個2008、09的時候調降管理費也是一樣，那是因為產業界啊、公會啊要求降低那個管理費。（B-6）

企業C亦提出政治是影響經濟最重要的因素，政策工具的採用也無法避免：

　　當然會啊，就像我跟你講的啊，白海豚會轉彎啊，政治影響經濟啊，這台灣最大的地方啊。所以說選總統啊，要不要企業去贊助，都有啊。（C-6）

　　然而，企業D認為國家機關仍保有其強制力，主要還是以國家政策為主，對於企業團體的意見僅供參考，決定權掌握在國家手中：

　　經濟部不會因為企業要怎樣他就會改變他的政策，他都是以國家政策為主啦，……那個國家要求他們做甚麼他們就做什麼，他不會以企業的角度去考量。因為他們的決定性都還是在他們老闆……專家顧問、還有像顧問團，但是顧問團也不是企業界的人，也是國家的人……他是會參考，但不見得會採納企業界的建議啊。（D-6）

　　除此之外，學者E則認為國家機關的壓力並非來自企業團體，主要是因為鄰近國家相似的政策手段，讓企業廠商有比較之對象，使得政府必須做出回應：

　　但是這種壓力不會是企業團體，而是鄰近國家給你的壓力啦。……鄰近的壓力可能來自於……他們也要發展一些產業，譬如說，三星、韓國他們搞不好也會這樣來做。（E-6）

　　依據訪談結果，得知營所稅率的調整在國家機關職能這個構面上，仍有需要加強的地方。此外，可發現國家政策制定的過程易受到政治因素的影響。經歸納整理後，分述如下：
　　（1）政府和企業團體雙方對於該項政策工具的認知有極大的落差，政府希望該項政策工具能針對所有產業一體適用；然而，企業廠商卻認為該項政策只獨厚大型企業，並未照顧到中小企業。
　　（2）國家機關在制定政策的同時，會受到各方團體壓力的影響，因此國家機關無法透過強制的規範和控制來要求企業。

（四）標的團體屬性

　　任何公共政策之制定，其目的皆在影響、管制標的團體的行為，或在引導標的團體按照政府所規定的規則和目標行事。是以，確保政策能否成功推行以及政策工具能否發揮效用的關鍵，其中包含了企業團體順服度、複雜度兩個影響因素，分述如下：

(1) 順服度對政策工具的採用有顯著影響

　　對於企業團體的順服度，園區管理局研究員A和B認為有企業龍頭做為榜樣，使得國家機關更能放手去做：

　　如果你有注意到張忠謀也曾經說，台積電並不靠租稅獎勵來增強他競爭力。既然他都這樣說了，其他的業者或政府更可以放手去做。具有世界級競爭力的公司，他們不擔心這個。只有沒有競爭力的公司他們會在這個成本上計較。（A-7）

　　企業當然是調愈低愈好啊。沒有到他們想要的地步的話，他們也無可奈何啊，因為企業界歸企業界啊，這個政府跟企業界他中間要取得一個最佳化的那個平衡點。（B-7）

　　另一方面，對於調整營所稅率為17%該項政策，經訪問園區廠商後，得知企業C、D對於此項政策工具不甚滿意，但也無具體抗爭作為：

　　我們台灣的政府完全是非政府，就是un-control，台灣在這幾年都沒有再站起來了，都把國家送到中國對岸去啦。（C-7）

　　其實我覺得可能影響不大啦。對啊，營所稅那沒有用啦。他應該要投入比較多的研發的經費啊，補助他們做研發的經費啊。（D-7）

　　政府部門和企業之間對營所稅率的調整存有大相逕庭的看法，學者E認為企業必須是大廠才有其影響力，而中小企業只有在選舉時可發揮影響力：

　　我覺得……企業團體的壓力來自於有沒有大廠，第二個如果沒有大廠
哩，相反的是很多中小企業，中小企業就代表什麼，他是選票，那這個時
候他有沒有影響力，有～但就是在什麼，在選舉的時候。選舉啊，因為政
府就會到處去跟廠商座談什麼什麼，那個時候就有可能。（E-8）

(2) 企業團體對於政策工具的採用其影響力有限

　　對此議題，園區管理局研究員A認為企業團體的複雜性程度對於營所稅率
的調整有影響力，且是正面貢獻。因為在公平正義的時代趨勢下，國家機關認
為企業廠商不論是在數量或種類上的成長，也會展現其成熟和穩定度，對公平
也有一定的認知：

　　廠商數量成長應該對國家是有貢獻……就好比說，以前對就只有軍公
教，後來老人也有老農，或者其他的，社會弱勢者也可以享受到，這種是
一種時代趨勢和公平正義的認知。他如果不能以我本身技術的領先或者優
越的人力資源來……（A-8）

　　另一方面，企業D則不認為其廠商種類和數量的成長對於營所稅率的調整
有其影響力，即便組成公會，仍無法影響：

　　單一個公會的力量還是不夠啦，你要結合各個產業的公會……你只有
一個產業的公會，其實影響力，是不會有什麼有太大的影響力，那就是要
結合各個公會，那你要結合各個公會困難度就很大啦。（D-9-2）

　　廠商與國家機關之間會存有如此差距的看法，學者E認為這與公會相關：

　　數量大概不會啦，是透過公會，然後是在選舉的時候啦。……他才
會有影響力，那這個他要影響政策也比較有可能嘛，團結是力量嘛。
（E-8）

　　依據訪談結果得知，由於營所稅率的調整涵蓋了許多利害關係人，也牽涉
環境層面，以致仍有很多地方做的還不夠。其考量的因素歸納整理後，分述

如下：

（1）企業廠商必須要是大型企業才有可能影響政策，然而，大型企業本身資源較充沛，不需依賴政府；另一方面，中小企業需要政府政策的扶植，卻對於政策無影響力。

（2）企業廠商隨著數量的成長，即便組成公會，對於國家政策仍缺乏足夠的影響力。另外，在選舉制度的影響下，政策容易被候選人操作，以致於選舉結束後，民眾對於政府又無約束力。

（五）政策可行性

該項政策工具若能融入政策利害關係人的價值偏好之幅度，並考量到其利害關係人的心聲，評斷解決問題政策工具之妥適性，則有助於政策取得正當性的地位，使政策有效的執行。

(1) 參與的管道要確實，否則易成為一種形式上的意義

由實證分析可以得知，政策透明度對於政策工具的採用呈現正向顯著外，政策透明度各個題項都有相當不錯的同意程度。然而，受訪者中以廠商D意見較為分歧，認為相關的公聽會、座談會只是一種形式上的意義，並無實質的影響：

25%降17%是政府在發布而已啦。企業對這個厚，絕對沒有影響力，政府說多少就多少啦。但我們認為這個是富人條款啦，有錢人條款啦，小廠絕對沒有資格講一句話啦。以政府的作法他一定都是公開用專家論壇……其實公開也就只是形式而已啊……他不會因為座談的結論跟政策不一樣，他就會去改政策。（D-9-1）

通常你都是要很大的公司，那個政府才會參考你的作法……最終還是在政府的政策，因為政策他訂出來，絕對不可能更改的啦。（D-9-2）

然而，站在政府部門的立場，園區管理局研究員A、B認為有提供以下各種管道、機會給予企業廠商表達意見：

對，公聽會或者在立法院開的公聽會，或者到這邊開過很多次的座談

會，其實是公開的。有，我們有在公會辦座談跟說明。（A-9）

　　這以前啊公會通常都會舉辦類似的公聽會、立法院也會辦公聽會⋯⋯事前先討論一下，看調降這個、調降這個一半啊、或是幾個百分點，看這樣好不好，他們都會先討論。（B-9）

　　因此，對於企業廠商無法認同參與管道的實質效益，學者E對此表示政府舉辦的相關公聽會、座談會皆有其意義性，並能瞭解利害關係人的想法。然而，對於企業廠商的歧見，學者表示其中一個原因是因為企業廠商對於公聽會或者座談會的實質效益之認知是有落差的：

　　有意義啦。至少政府會知道，喔原來大家在想什麼。所以還是要有公聽會啦。（E-9）

　　他們也會有機會參與，而且他有可能就會把那個檔案厚，傳給他認為應該要看的人，而不會⋯⋯你人來開會，你坐在這裡，資料才拿給你，你哪有時間反應啊！講到公聽會，很多人都會有那種印象，公聽會的時候你就要給我答案。⋯⋯事實上公聽會很多東西都還不確定啊。（D-10-2）

(2) 國家機關若能具備同理心，則有助於政策工具發揮其效用

　　受訪企業C認為國家機關在選擇政策工具時，並未真正理解IC產業所面臨的困境為何，也未設身處地的去思索企業廠商真正的需求為何，因此企業廠商並無法感受到國家機關的作為，因而政策工具也無法發揮其最大的效用：

　　企業對這個厚，絕對沒有影響力，政府說多少就多少啦⋯⋯小廠絕對沒有資格講一句話啦⋯⋯我們的政府是非常的，民主中最不民主的國家，厚，啊我們的媒體都是壟斷的啦，啊我們政治會影響經濟啦，經濟會影響民生啦。創造富人跟窮人之間差距愈大⋯⋯但政府有感受嘛，沒有感受嘛，⋯⋯因為我們的政府官員，那些大官每個孩子沒有一個在做製造業⋯⋯。（C-10）

　　對此議題，園區管理局研究員A、B認為對於政策工具的採用，是針對鄰近國家做過研究和比較，應可提供企業廠商做為優惠的措施：

　　其實我們比鄰近國家，說真的也並不算高了。比鄰近的新加坡、韓國或者日本，這些他們都比較過了，認為我們的營所稅已相當低……如果是站在全體製造業來考慮，他是認為說我們的投資環境已經是很好了。（A-10-1）

　　台灣那個稅制算是相較於大陸啦、相較於日本啦、相較於那個新加坡啦算是蠻優惠啦。……台灣的GDP比不上新加坡、比不上日本、甚至比不上韓國，可是啊，他們稅制方面啊、稅率方面算是蠻優惠的啦。（B-10-1）

　　對於廠商與政府部門之間的意見相左，學者E表示除了應該要彈性運用該項政策工具之外，國家機關在制定政策時也應與政治因素切割，考慮長遠性規劃的問題，並經過全盤性的考量來制訂配套措施：

　　我覺得應該是要機動啦，所謂機動就是說看鄰近國家啦……這種稅率不能降為零，主要原因是政府才會有一個工具可以操作。譬如說弄個三年條款、兩年條款甚麼之類的，這樣來調一調……幫產業度過那個難關啦。（E-10-1）

　　可能政府要有一套的，怎麼樣的機制喔，要跟台灣的選舉看能不能切開啦，那個會影響台灣能不能做事很重要。政府體制裡面應該要去考慮到這種所謂長遠性規劃的問題啦。（E-2）

　　根據訪談得知，政策可行性中的符合利害關係人的政策偏好因素，對於政策工具的採用有相當的影響力。除此之外，統計資料中顯示政策透明度對於政策工具的採用有顯著性，但受訪的企業卻認為參與政策的管道只是一種形式的象徵，或許也表示了國家機關在舉辦相關的公聽會與座談會時，應傾聽並回應企業界的意見和看法，分述如下：

（1）國家機關在制定政策時，會公開舉辦公聽會和座談會的交流意見的

活動，然而，企業界即便能夠傳達意見，對於既定政策未必有其影響力。

　　（2）國家機關在選擇政策工具時，並未真正理解IC產業所面臨的困境為何，也未設身處地的去思索企業廠商真正的需求為何，因此企業廠商並無法感受到國家機關的作為。

第六節　結　論

　　本章以新竹科學園區中的IC公司為研究對象，探討國家機關在推動積體電路產業發展的過程，從獎勵產業投資條例、促進產業升級條例及至今的產業創新條例制定歷程中，其國家機關的功能轉變及和企業團體的互動關係進行檢視，且以營所稅率做為政策工具對推動積體電路產業發展是否能發揮效用。以下，分別提出研究發現和建議：

一、研究發現

　　本章旨在探究國家機關於決定營所稅課徵稅率時，所遭遇的重要影響因素。

（一）國家機關從父權式的管制者轉為功能性的推動者

　　從獎勵投資條例、促進產業升級條例到產業創新條例的立法沿革，可知國家機關從管制性的產業別獎勵到功能別的投資行為獎勵，如今為所有企業均一體適用的17%稅率，減少其選擇性的產業管制，希望能透過更多元的政策工具來幫助產業提升競爭力。綜合上述，國家機關在推動IC產業發展過程中，面臨全球化及民主轉型的挑戰，已不再直接介入產業發展，但仍扮演產業發展方向的掌舵者；其角色已非威權時期父權式的工業管制型態，而是更有效率的功能性推動者（劉鴻暉，2000：204）。

（二）影響國家職能變遷的重要變數

(1) 在「初始環境系絡」面向

　　先前經驗（X1）其t值＝0.344；Beta值＝0.022（P＝0.732＞0.05），未達

顯著性。然而，在風險感受度（X2）中，其t值＝2.009；Beta值＝.107（P＝0.046＜0.05），具有正向且顯著的影響。據此，假設一在統計上獲得部分支持。國家機關若能準確觀察全球市場的脈動和鄰近國家的情勢，則能因應產業界的變化選擇最佳的政策工具。此外，由於我國特殊的政治環境，也必須特別考量到產業西進的問題。換言之，國家機關若能在全球競爭浪潮下，敏銳的分析我國目前產業環境的整體結構，並設定一套完善的政策工具和相關配套措施，則該政策工具的效用也能發揮到最大。

(2) 在「標的團體屬性」面向

順服度（X7）其t值＝2.140；Beta值＝0.145（P＝0.034＜0.05），達正向且顯著的影響。另外，在複雜度（X8），其t值＝-1.466；Beta值＝-0.096（P＝0.145＞0.05），未達顯著性。據此，假設四在統計上獲得部分支持。標的團體之所以順服某一項政策或遵守某項法律，是經過成本利益的考量之後，該政策或許會和標的團體利益相衝突，但在顧全大體的意識下，仍會順服該項政策（林水波、張世賢，2006）。因此，政府在調整營所稅率時主要是考量最大多數的產業，即便IC產業不甚滿意的情況下，但在公平原則的驅使下，仍舊會配合政府的政策。

(3) 在「政策可行性」面向

顯著性最高者為符合利害關係人的政策偏好（X10），其t值＝8.854；Beta值＝.593（P＝0.000＜0.05），其次為政策透明度（X9），其t值＝2.249；Beta值＝.160（P＝0.026＜0.05），顯示該假設有正向，且顯著的影響。因此，國家機關在採用政策工具的考量，須融入政策利害關係人的價值偏好，若能考量到其利害關係人的訴求，評估政策工具之妥適性，將有助於政策取得正當性。

二、個案分析

量化研究成果如表8-11所示。其中，不顯著的構面為政策問題本質與國家機關職能，經深度訪談後，提出下列解釋：

表8-11　量化研究成果

構面	變數	依變數	是否達顯著性
初始環境系絡	先前經驗	政策工具的採用	✕
	風險感受度		○
政策問題本質	目標明確性		✕
	因果關係性		✕
國家機關職能	汲取力		✕
	強制力		✕
標的團體屬性	順服度		○
	複雜度		✕
政策可行性	政策透明度		○
	符合利害關係人的偏好		○

註：打○者：達顯著性；打✕者：未達顯著性
資料來源：本章整理

（一）在「政策問題本質」面向

(1) 目標多元性之衝突

　　目標明確性不顯著的原因，經訪談得知，國家在追求多元發展時，各個目的存在內在衝突，無法兼顧彼此之間的均衡，導致國家功能的失調。因此，國家機關若要協助IC產業發展，應先明確設定可達成的目標為何，並針對IC產業不同的類型加以區分，協助IC產業鏈上不同製程的需求，才能幫助IC產業的發展。

(2) 政策缺乏回應性

　　因果關係性不顯著的原因，經訪談得知，不論是政府部門、廠商及學者皆認為營所稅率的調整，無法改善產業環境、促進產業創新以及提升產業競爭力。政府部門認為必須先考量整體的環境並搭配更完善的配套措施；再者，廠商則認為調降營所稅率所增加的獲利率並不會應用到創新的研發，因此無法達到政府所欲的目標。學者亦認為政策工具的採用必須還要考量其他更多元的因素，其影響性可能會更大。因此，單一政策工具無法發揮全面性的效用，須搭

配完備的配套措施，才能發揮最大的效用。

（二）在「國家機關職能」面向

(1) 國家機關與企業團體對於政策工具的採用存在認知上之差異

國家機關為避免有獨厚高科技產業之疑慮，在調整營所稅的過程中，乃積極尋求出最佳的稅率，擴大其獎勵範圍及對象，將營所稅率調降為17%，不分產業別皆可適用。然而，統計資料顯示國家機關的汲取能力是同意度最低的一個因素，部分訪談的園區廠商表示，該項政策工具的採用，只獨厚大企業，並未照顧到中小企業，因此無法認同國家的能力。主要癥結在於國家機關應深入探究利害關係人的真正需求為何，並分析該項政策工具是否足以解決真正的問題。

(2) 政治因素弱化國家機關的強制力

經由訪談得知，國家機關雖是政策工具採用的設計者，但在民主轉型和全球化的衝擊下，國家機關在政策制定過程必須面對多元的行動者和利害關係人，間接削弱國家的強制力，尤其是政治因素的影響更為明顯。值得注意的是，部分廠商認為國家政策易受政治的影響；另一部分廠商認為國家機關仍保有其強制力，可以主導政策的發展，因此該假設在統計上並不顯著。

三、研究建議

1980年代後，在經濟自由化的開放下，國內產業遭遇一些困難，如：勞資糾紛、環保問題、工資上升等造成產業經營成本的增加導致產業外移；1990年代之後，中國大陸成為台商的主要根據地，同時也取代美國成為台灣出口工業產品最多，連結全球最為密切的國家（王振寰，2010：2）。由此可知，不論是國家機關或是企業團體都必須提升自身的競爭力，以面對日趨多元的競爭者。由本章的分析結果可知，國家機關必須調整其所扮演的角色，並與企業團體進行合作研發，才可能在全球的市場中嶄露頭角。經實證研究後，本章以下提出數項建議：

（一）國家機關適時調整功能角色：從領航邁向合作

高科技產業是台灣的經濟命脈之一，而IC產業又是重要推手，不可忽略其重要性。而政府在推動高科技產業的發展與升級時，必須適時的扮演關鍵角色。王振寰（2010：7）強調台灣在資訊電子產業的發展過程中，國家機關的角色是從帶領產業到與廠商合作，例如：最早期從選擇技術類型、與外資合作從事技術移轉、資金供給，到協助市場開發，各方面都有政府從上而下的介入和帶領發展。但是，當廠商發展到一定地步，國家機關的角色逐漸從帶領轉換到以公共研發機構來與廠商合作，共同開發和學習新的技術。

（二）國家機關適時做出適當回應

所謂回應性係指政策方案滿足標的團體的需求、偏好、或期望的程度（吳定，1998），具有回應性的政策方案，在決策過程中，能傾聽相關利害關係人的聲音，注入溝通理性，將實踐的知識納入考量，如此將能形塑標的團體對政策的信任，提高政策的接受度（林水波，1999）。由上述可知，國家機關若能靈活而迅速地因應全球產業競爭型態，並針對國內特殊的產業特性及社會文化，擬定適切的政策工具來達成其目標，除了可提高人民對國家的支持和認同之外，亦可提升國家產業的競爭力。

（三）強化標的團體的參與及討論機制的實質效用

政策工具的選用，涉及不同利益團體的既得利益，相對提高交易成本。在追逐本身利益或效用極大化的同時，利益團體之間透過互相結盟，各取所需。此情況下，其政策工具的採用很有可能是不恰當的。基此，政府宜強化管道聽取各標的團體所提供的政策建議，不論是在行政部門、民意代表、利益團體間，產生制衡的作用，且因多元化的成本與利益並陳，可提高彼此勾結的成本（孫克難，2002）。如前所述，若國家機關能夠透過政策對話機制與各標的團體進行商討，除可提升標的團體對政策的認知外，亦可提高政策的執行力，對於政策工具的效用將有正向助益。

附錄一　營所稅率歷次的修正情形

時間	提案者	內容	決議
1960/06/29 立法院第二十五會期第十三次秘密院會	行政院	第五條： 　　生產事業之營利事業所得稅及其附加捐總額，不得超過其全年所得額<u>百分之十八</u>。所得稅稅率條例中之稅率及其附加捐，如高於本條例之標準時，仍適用本條之規定。	交立法院經濟、財政、內政、交通四委員會審查。
1960/08/28 立法院公報第二十五會期第十六期	立法院經濟、財政、內政、交通四委員會報告審查行政院函請審議獎勵投資條例草案	第六條（修正移列）： 　　生產事業之營利事業所得稅及其附加捐總額，不得超過其全年所得額百分之十八。所得稅稅率條例中之稅率及其附加捐，如高於本條例之標準時，仍適用本條之規定。 　　<u>合於第三條政府規定獎勵標準之農、林、漁、牧業及新建國際觀光旅館業，準用所得稅法第三十九條減稅百分之十之規定</u>。 　　第一項規定自中華民國五十年一月一日起實施。	照審查案修條文通過（1960/08/31 三讀通過）
1963/07/11	行政院	第六條： 　　生產事業之營利事業所得稅及其附加捐總額，不得超過其全年所得額百分之十八。 　　合於第三條政府規定獎勵標準之各種生產事業，減徵營利事業所得稅稅額百分之十；但應受前條第四項規定之限制。 　　第一項規定自中華民國五十年一月一日起實施。	交立法院經濟、財政、內政交通、僑政五委員會審查，同行政院修正條文通過。（1964/12/22 三讀通過）
1979/10/17 第一屆立法院第四十六會期第七次會議	行政院	第十條： 　　生產事業之營利事業所得稅及其附加捐總額，不得超過其全年所得額<u>百分之二十五</u>。	交立法院經濟、財政、內政三委員會審查

時間	提案者	內容	決議
1970/12/15 第一屆立法院第四十六會期第二十四次會議	立法院經濟、財政、內政三委員會審查	第十條： 　生產事業之營利事業所得稅及其附加捐總額，不得超過其全年所得額百分之二十五。但為特別獎勵技術性較高設備耐用年限較長，利潤開始較遲而風險較大之<u>新創重要生產事業其營利事業所得稅及其附加捐總額得在不低於全年所得額百分之二十二範圍內核減之</u>。其類目與標準由行政院定之。	審查修正表決通過，於二讀時被保留
1970/12/24 第一屆立法院第四十六會期第二十七次會議紀錄	張志智委員等二十一人提出修正動議	第十條： 　生產事業之營利事業所得稅及其附加捐總額，不得超過其全年所得額百分之二十五。但為特別獎勵技術性較高、設備耐用年限較長，利潤開始較遲而風險較大之新創重要生產事業其所得稅及其附加捐總額超過全年所得額百分之二十二者，得酌予核減；其適用範圍及核減標準，由<u>行政院定之</u>。	照修正動議條文修正通過（三讀通過）
1973/12/26		第十條： 　生產事業於本條例施行後，中華民國六十二年十二月三十一日前，開始營業或開始提供勞務者，其營利事業所得稅及附加捐總額，不得超過其全年所得額百分之二十五。但為特別獎勵技術性較高、設備耐用年限較長、利潤開始較遲而風險較大之新創重要生產事業，其營利事業所得稅及附加捐總額超過全年所得額百分之二十二者，得酌予核減；其適用範圍及核減標準，由行政院定之。 　在中華民國六十二年十二月三十一日前，業經核准尚未開始營業或開始提供勞務之新投資創立及增資擴展之生產事業，準用前項規定。但除經主管機關專案核准延長者外，以在中華民國六十四年十二月三十一日前開始營業或開始提供勞務者為限。 　自中華民國六十三年一月一日起，生產事業之營利事業所得稅及附加捐總額，除適用前兩項規定者外，不得超過其全年所得額百分之三十五。但為特別獎勵技術	營利事業所得稅於民國63年調高為35%

時間	提案者	內容	決議
		性較高、設備耐用年限較長、利潤開始較遲而風險較大之新創重要生產事業。其營業事業所得稅及附加捐總額超過全年所得額百分之三十者，得酌予核減；其適用範圍及核減標準，由行政院定之。 為增加稅收，提高所得稅之比重，故將生產事業營利事業所得稅及附加捐總額之限率，加以提高。惟在民國六十二年十二月三十一日以前，業已開始營業或業經核准投資之生產事業，其營利事業所得稅及附加捐之課徵，仍按原定「百分之二十五」之優惠辦理，以實踐過去之承諾，而維政府之信譽。	
1974/09/27 立法院第一屆第五十四會期第四次會議紀錄	行政院函請審議獎勵投資條例第十條、第十二條及第十七條條文修正草案	第十條： 　　生產事業於本條例施行後，中華民國六十二年十二月三十一日前，開始營業或開始提供勞務者，其營利事業所得稅及附加捐總額，不得超過其全年所得額百分之二十五。但為特別獎勵技術性較高、設備耐用年限較長、利潤開始較遲而風險較大之新創重要生產事業，其營利事業所得稅及附加捐總額超過全年所得額百分之二十二者，得酌予核減；其適用範圍及核減標準，由行政院定之。 　　在中華民國六十二年十二月三十一日前，業經核准尚未開始營業或開始提供勞務之新投資創立及增資擴展之生產事業，準用前項規定。但除經主管機關專案核准延長者外，以在中華民國六十四年十二月三十一日前開始營業或開始提供勞務者為限。 　　自中華民國六十三年一月一日起，生產事業之營利事業所得稅及附加捐總額，除適用前兩項規定者外，不得超過其全年所得額百分之三十五。但為特別獎勵資本密集之生產事業、技術密集之生產事業或股票公開上市並全部發行記名股票之生產事業，其營利事業所得稅及附加捐總額超過全年所得額百分之二十五。資本密集或技術密集生產事業之範圍由行政院定之。	交立法院經濟、財政兩委員會審查

時間	提案者	內容	決議
1974/12/12 立法院公報第六十四卷第三期委員會紀錄	一、劉松藩等十六位委員；黃順興委員 二、劉平委員；蔡萬財委員	一、 劉松藩等委員： 第十條 　　第一項及第二項照行政院原案。 第三項文字修正如次： 　　自中華民國六十三年一月一日起，生產事業之營利事業所得稅及附加捐總額，除適用前兩項規定者外，不得超過其全年所得額<u>百分之三十</u>；但為特別獎勵<u>基本金屬製造工業、重機械工業、石油化學工業或其他合於經濟發展需要之資本密集或技術密集之新創重要生產事業，其營利事業所得稅及附加捐總額超過全年所得額百分之二十二。</u> 　　前項特別獎勵生產事業之適用範圍由行政院定之。 黃順興等委員： 第十條 　　主張對特別獎勵部分的石油化學工業及列舉的文字刪除，仍恢復行政院原案規定資本密集技術密集字樣，較為妥善。（擔心國家壓力過重） 二、 第十條第五項（劉平委員） 主張在劉松藩委員第十條修正案之後<u>增加第五項</u>，文字如下： 　　合於第三項規定股票公開上市並全部發行記名股票之生產事業，其所得稅及附加捐總額不得超過全年所得額百分之二十五。 第十條第五項（蔡萬財委員） 主張在劉松藩委員第十條修正案之後<u>增加第五項</u>，如下： 　　合於第三項規定，全部發行記名股票之生產事業，其營利事業所得稅及附加捐總額不得超過全年所得額百分之二十五。其它全部發行記名股票之生產事業，其營利事業所得稅及附加捐總額不得超過全年所得額百分之三十。	一、劉松藩等提案表決多數通過 二、劉平委員提案表決多數通過

時間	提案者	內容	決議
1974 96.759	汪漁洋委員等三十七人提出修正動議	第十條： 　　生產事業於本條例施行後，中華民國六十二年十二月三十一日前，開始營業或開始提供勞務者，其營利事業所得稅及附加捐總額，不得超過其全年所得額百分之二十五。但為特別獎勵技術性較高、設備耐用年限較長、利潤開始較遲而風險較大之新創重要生產事業，其營利事業所得稅及附加捐總額超過全年所得額百分之二十二者，得酌予核減；其適用範圍及核減標準，由行政院定之。 　　在中華民國六十二年十二月三十一日前，業經核准尚未開始營業或開始提供勞務之新投資創立及增資擴展之生產事業，準用前項規定。但除經主管機關專案核准延長者外，以在中華民國六十四年十二月三十一日前開始營業或開始提供勞務者為限。 　　自中華民國六十三年一月一日起，生產事業之營利事業所得稅及附加捐總額，除適用前兩項規定者外，不得超過其全年所得額百分之三十。 　　前項生產事業及股票公開上市並全部記名發行，其營利事業所得稅及附加捐總額不得超過全年所得額百分之二十五。 　　特別獎勵之資本密集、技術密集之生產事業或新投資之重要生產事業，其營利事業所得稅及附加捐總額超過全年所得額百分之二十二。 　　前項獎勵範圍由行政院定之。 　　六十三年一月一日以前之生產事業及六十三年一月一日以後前項特別獎勵之生產事業，其股票公開上市並全部記名發行，其營利事業所得稅及附加捐總額超過全年所得額百分之二十。	留待表決，多數通過審查修正條文（二讀通過）

時間	提案者	內容	決議
1974/12/27 三讀通過	立法院經濟、財政兩委員會審查修正條文	第十條： 　　生產事業在中華民國六十二年十二月三十一日前，開始營業或開始提供勞務者，其營利事業所得稅及附加捐總額，不得超過其全年所得額百分之二十五。但為特別獎勵技術性較高、設備耐用年數較長、利潤開始較遲而風險較大之新創重要生產事業，其營利事業所得額及附加捐總額超過全年所得額百分之二十二者，得酌予核減；其適用範圍及核減標準，由行政院定之。 　　在中華民國六十二年十二月三十一日前，業經核准尚未開始營業或開始提供勞務之新投資創立及增資擴展之生產事業，準用前項規定。但除經主管機關專案核准延長者外，以在中華民國六十四年十二月三十一日前開始營業或開始提供勞務者為限。 　　自中華民國六十三年一月一日起，生產事業之營利事業所得稅及附加捐總額，除適用前兩項規定者外，不得超過其全年所得額百分之三十。但為特別獎勵基本金屬製造工業、重機械工業、石油化學工業或其他合於經濟發展需要之資本密集或技術密集之新創重要生產事業，其營利事業所得稅及附加捐總額不得超過全年所得額百分之二十二。 　　前項特別獎勵生產事業之適用範圍，由行政院定之。 　　合於第三項規定，股票公開上市並全部發行記名股票之生產事業，其所得稅及附加捐總額不得超過全年所得額百分之二十五。 ‧條文第三項修正，將一般生產事業之營利事業所得稅及附加捐總額由百分之三十五減為百分之三十，特別獎勵之生產事業採列舉與概括並重其最高稅額由百分之二十五降為百分之二十二，並增列第四項授權行政院訂定適用範圍增列第五項將公開上市全部發行記名股票之生產事業稅額限定百分之二十五。	

時間	提案者	內容	決議
1977/06/03 立法院第一屆第五十九會期第二十五次會議記錄	行政院	第十條： 　　生產事業在中華民國六十二年十二月三十一日前，開始營業或開始提供勞務者，其營利事業所得稅及附加捐總額，不得超過其全年所得額百分之二十五。但為特別獎勵技術性較高、設備耐用年數較長、利潤開始較遲而風險較大之新創重要生產事業，其營利事業所得額及附加捐總額超過全年所得額百分之二十二者，得酌予核減；其適用範圍及核減標準，由行政院定之。 　　在中華民國六十二年十二月三十一日前，業經核准尚未開始營業或開始提供勞務之新投資創立及增資擴展之生產事業，準用前項規定。但除經主管機關專案核准延長者外，以在中華民國六十四年十二月三十一日前開始營業或開始提供勞務者為限。 　　自中華民國六十三年一月一日起，生產事業之營利事業所得稅及附加捐總額，除適用前兩項規定者外，<u>不得超過其全年所得額百分之三十</u>。但為特別獎勵基本金屬製造工業、重機械工業、石油化學工業或其他合於經濟發展需要之資本密集或技術密集之新創或增資擴展之重要生產事業，其營利事業所得稅及附加捐總額不得超過<u>全年所得額百分之二十二</u>。 　　前項特別獎勵生產事業之適用範圍，由行政院定之。 　　合於第三項規定，股票公開上市並全部發行記名股票之生產事業，其所得稅及附加捐總額不得超過<u>全年所得額百分之二十五</u>。	交立法院經濟、財政、內政三委員會審查

時間	提案者	內容	決議
1977/06/22 立法院公報第六十六卷第七十六期委員會紀錄	駱啟連委員提出修正條文	第十條： 　　生產事業之營利事業所得稅及附加捐總額，不得超過其<u>全年所得額百分之二十五</u>。但為特別獎勵基本金屬製造工業、重機械工業、石油化學工業或其他合於經濟發展需要之資本密集或技術密集之重要生產事業，其營利事業所得稅及附加捐總額不得超過全年所得額百分之二十二，其適用範圍由行政院定之。 　　中華民國六十三年一月一日後，經核准之新投資創立或增資擴展之生產事業，一律適用前項規定。 　　股票公開上市，並全部發行記名股票之生產事業，其所得稅及附加捐總額不得超過全年所得額百分之二十四。 　　前兩項自中華民國六十六年一月一日起實施。	予以保留
1977/07/06	魏壽永等9位委員提出修正條文	第十條： 　　生產事業之營利事業所得稅及附加捐總額，不得超過其全年所得額百分之二十五。但為特別獎勵基本金屬製造工業、重機械工業、石油化學工業或其他合於經濟發展需要之資本密集或技術密集之重要生產事業，其營利事業所得稅及附加捐總額不得超過全年所得額百分之二十二，其適用範圍由行政院定之。 　　前項自中華民國六十六年一月一日起實施。 一、為期公允，將一般生產事業之納稅限額一律規定為百分之二十五，特別重要生產事業規定為百分之二十二。 二、第五項規定股票公開上市並發行全部記名股票之生產事業，在第十一條亦有獎勵，因已刪除，並將全條予以簡化。 三、原第三項但書規定之特別獎勵，其適用對象以新投資創立者為限，不包括增資擴展者在內，以致業者為取得此項特別獎勵每多不願擴展原經營事業，而另行創立公司，實有違大規模合理經營之現代工業原理。茲為促進業者擴大經營原有事業以	

時間	提案者	內容	決議
		降低成本，增加對外競爭能力，而杜前述流弊，爰於本條第三項但書規定增列「增資擴展」，以資適用。	修正通過（1977/07/13 三讀通過）
1980/05/29 立法院第一屆第六十三會期第二十七次會議記錄	行政院	第十條： 　　自中華民國六十六年一月一日起至六十七年十二月三十一日止，生產事業之營利事業所得稅及附加捐總額，不得超過其全年所得額百分之二十五。但為特別獎勵基本金屬製造工業、重機械工業、石油化學工業或其他合於經濟發展需要之資本密集或技術密集之重要生產事業，其營利事業所得稅及附加捐總額，不得超過全年所得額百分之二十二。 　　自中華民國六十八年一月一日起，生產事業之營利事業所得稅及附加捐總額，不得超過其全年課稅所得額百分之二十五。但為特別獎勵基本金屬製造工業、重機械工業、石油化學工業或其他合於經濟及國防工業發展需要之資本密集或技術密集之重要生產事業，其營利事業所得稅及附加捐總額，不得超過全年課稅所得額百分之二十二。 　　前二項所稱重要生產事業，其適用範圍由行政院定之。 一、本條第一項納稅限額原以「全年所得額」為計算基礎，致使依法核准免稅之生產事業在實質上無法獲得應享免稅優待。爰增訂第二項明定自六十八年一月一日起，生產事業之營利事業所得稅及附加捐總額之限額改以「全年課稅所得額」為計算基礎，使免稅部分所得不需再併入計算納稅限額。 二、為鼓勵公民營企業配合發展國防工業，爰於增訂第二項中將合於國防工業發展需要之資本密集或技術密集之重要生產事業亦納入獎勵範圍。另增訂第三項明定將第一、二項所稱重要生產事業，其適用範圍授權行政院定之。	交立法院經濟、財政、國防三委員會審查照案通過（1980/07/10 三讀通過）

時間	提案者	內容	決議
1980/11/04 立法院公報第六十九卷第八十九期院會紀錄	行政院	第十五條： 　　生產事業之營利事業所得稅及附加捐總額，於中華民國七十四年十二月三十一日前，不得超過其全年課稅所得額百分之二十五。但為特別獎勵基本金屬製造工業、重機械工業、石油化學工業或其他合於經濟及國防工業發展需要之資本密集或技術密集之重要生產事業其營利事業所得稅及附加捐總額，於中華民國七十四年十二月三十一日前，不得超過全年課稅所得額百分之二十二。 　　前項所稱重要生產事業，其範圍由行政院定之。 財政部張部長繼正： 鑒於現行規定，公司的稅率，遠低於一般大股東所適用之綜合所得稅率，故常保留盈餘分配，為避免此一現象發生，爰將本條文之實施期間訂為五年，以便屆時視實際情況訂定兩稅合一之課稅辦法。	交立法院經濟、財政、內政、交通四委員會審查
1980/12/09 立法院公報第六十九卷第一百期院會記錄		第十五條： 　　生產事業之營利事業所得稅及附加捐總額，不得超過其全年課稅所得額百分之二十五。但為特別獎勵基本金屬製造工業、重機械工業、石油化學工業或其他合於經濟及國防工業發展需要之資本密集或技術密集之重要生產事業其營利事業所得稅及附加捐總額，不得超過全年課稅所得額百分之二十二。 　　前項所稱重要生產事業，其範圍由行政院定之。	照審查修正條文通過（1980/12/26三讀通過）

時間	提案者	內容	決議
1982/05/14 立法院公報第七十一卷第三十九期院會紀錄	行政院	第十五條： 　生產事業及大貿易商之營利事業所得稅及附加捐總額，不得超過其全年課稅所得額百分之二十五。但為特別獎勵基本金屬製造工業、重機械工業、石油化學工業或其他合於經濟及國防工業發展需要之資本密集或技術密集之重要生產事業，其營利事業所得稅及附加捐總額，不得超過全年課稅所得額百分之二十二。 　前項所稱重要生產事業之範圍及大貿易商之標準，由行政院定之。 ‧目前我國一般貿易商之許可條件為：在申請前一年期間內，積有出口實績在二十萬美元以上，及實收資本額在新臺幣二百萬元以上。是以一般貿易商之規模甚小，對於拓展貿易，難以有效發揮其功能。為扶植大貿易商，爰增訂符合政府規定之條件者，其營利事業所得稅及附加捐總額，得適用百分之二十五之納稅限額，以促進並擴大其經營之績效。	交立法院經濟、財政兩委員會審查；1982/06/15審查照行政院提案通過；1982/07/16三讀通過
1984/06/28 行政院第1890次會議	行政院	第十五條： 　生產事業、大貿易商及創業投資事業之營利事業所得稅及附加捐總額，不得超過其全年課稅所得額百分之二十五。但為特別獎勵基本金屬製造工業、重機械工業、石油化學工業或其他合於經濟及國防工業發展需要之資本密集或技術密集之重要生產事業，其營利事業所得稅及附加捐總額，不得超過全年課稅所得額百分之二十二。 　前項所稱重要生產事業及創業投資事業之範圍暨大貿易商之標準，由行政院定之。	交立法院經濟、財政兩委員會審查；1984/10/18審查照行政院修正條文通過；1984/12/26三讀通過
1986年		所得稅稅率條例將營利事業所得稅最高稅率降為百分之二十五	

時間	提案者	內容	決議
1986/11/10 立法院第一屆第七十八會期第十六次會議	行政院	第十五條： 　　生產事業之營利事業所得稅及附加捐總額，不得超過其全年課稅所得額百分之二十五。但為特別獎勵創業投資事業、大貿易商，及基本金屬製造工業、重機械工業、石油化學工業或其他合於經濟及國防工業發展需要之資本密集或技術密集之重要生產事業，其營利事業所得稅及附加捐總額，不得超過全年課稅所得額<u>百分之二十二</u>。 　　前項所稱重要生產事業及創業投資事業之範圍暨大貿易商之標準，由行政院定之。	交立法院經濟、財政、內政、交通四委員會審查
1986/12/22 立法院第一屆第七十八會期第七次聯席會議	立法院經濟、財政、內政、交通四委員會審查〔獎勵投資條例部分條文修正草案〕	第十五條甲案： 　　生產事業之營利事業所得稅及附加捐總額，不得超過其全年課稅所得額百分之二十五。但為特別獎勵創業投資事業、大貿易商，及基本金屬製造工業、重機械工業、石油化學工業或其他合於經濟及國防工業發展需要之資本密集或技術密集之重要生產事業，其營利事業所得稅及附加捐總額，不得超過全年課稅所得額<u>百分之二十</u>。 　　前項所稱重要生產事業及創業投資事業之範圍暨大貿易商之標準，由行政院定之。 第十五條乙案： 　　生產事業之營利事業所得稅及附加捐總額，不得超過其全年課稅所得額百分之二十五。但為特別獎勵<u>政府指定之重要科技事業</u>、創業投資事業、大貿易商，及基本金屬製造工業、重機械工業、石油化學工業及合於經濟及國防工業發展需要之資本密集或技術密集之重要生產事業，其營利事業所得稅及附加捐總額，不得超過全年課稅所得額百分之二十。 　　前項所稱重要生產事業、<u>政府指定之重要科技事業</u>及創業投資事業之範圍暨大貿易商之標準，由行政院定之。	列甲、乙案提報院會討論

時間	提案者	內容	決議
1987/01/12 立法院第一屆第七十八會期第三十一次會議	立法院經濟、財政、內政、交通四委員會報告審查「獎勵投資條例部分條文修正草案」案。	劉平委員、朱如松委員提議擬將第一項照甲案，並在「或技術密集之重要生產事業」下加上「及政府指定之重要科技事業」，第二項照乙案通過，其修正後文字為： 　　生產事業之營利事業所得稅及附加捐總額，不得超過其全年課稅所得額百分之二十五。但為特別獎勵創業投資事業、大貿易商，及基本金屬製造工業、重機械工業、石油化學工業或其他合於經濟及國防工業發展需要之資本密集或技術密集之重要生產事業及政府指定之重要科技事業，其營利事業所得稅及附加捐總額，不得超過全年課稅所得額百分之二十。 　　前項所稱重要生產事業、政府指定之重要科技事業及創業投資事業之範圍暨大貿易商之標準，由行政院定之。	二讀逐條討論，修正通過；1987/01/16三讀通過
1990/03/08 立法院第八十五會期第五次會議	行政院	第七條： 　　為促進產業升級需要，公司得在下列用途項下支出金額百分之五至百分之二十限度內，抵減當年度應納營利事業所得稅額。當年度不足抵減時，得在以後四年度內抵減之： 　　一、投資自動化生產設備。 　　二、在規定期限內購置防治污染設備。 　　三、投資於研究與發展、建立國際品牌形象之支出。 　　四、投資於節約能源及工業用水再利用之設備或技術。 　　前項投資抵減，其每一年度得抵減總額，以不超過該公司當年度應納營利事業所得稅額百分之五十為限。但最後年度抵減金額，不在此限。 　　第一項各款投資抵減之適用範圍、施行期限及抵減率由行政院定之。	交立法院經濟、財政、內政、交通四委員會審查

時間	提案者	內容	決議
1990/05/09 第八十五會期	立法院經濟、財政、內政、交通四委員會第六次聯席會議	第七條條文 　　為促進產業升級需要，公司得在下列用途項下支出金額百分之五至百分之三十限度內，抵減當年度應納營利事業所得稅額。當年度不足抵減時，得在以後四年度內抵減之： 　　一、投資於自動化生產設備或技術。 　　二、本條例實施日起五年內購置防治污染設備或技術。 　　三、投資於研究與發展、人才培訓暨建立國際品牌形象之支出。 　　前項投資抵減，其每一年度得抵減總額，以不超過該公司當年度應納營利事業所得稅額百分之五十為限。但最後年度抵減金額，不在此限。 　　第一項各款投資抵減之適用範圍、施行期限及抵減率由行政院定之。	委員會審查修正通過
1990/12/06	彭百顯委員等五十人	本院委員彭百顯等五十人，為促進並落實臺灣產業升級政策，避免重蹈獎勵投資條例因扭曲國家資源配置，致延緩產業升級、阻礙經濟發展，爰擬具〔促進產業升級條例草案〕並請逕付二讀，與行政院函請審議之〔促進產業升級條例草案〕併案討論。 第六條： 　　為促進產業升級需要，公司得在下列用途項下支出金額百分之五至百分之三十限度內，抵減當年度應納營利事業所得稅額。當年度不足抵減時，得在以後四年度內抵減之： 　　一、投資於自動化生產設備或技術。 　　二、本條例實施日起五年內購置防治污染設備或技術。 　　三、投資於研究與發展、人才培訓暨建立國際品牌形象之支出。 　　前項投資抵減，其每一年度得抵減總額，以不超過該公司當年度應納營利事業所得稅額百分之五十為限。但最後年度抵減金額，不在此限。且前項投資抵減措施之採行，在連續五年之內，不得超過三年。	1990/12/07 改成修正動議提出

時間	提案者	內容	決議
		第一項各款投資抵減之適用範圍、施行期限及抵減率由行政院訂定並應送立法院核備後施行。其增減範圍時亦同。	
1990/12/27		朝野協商結果： 第六條第二項「由行政院定之」後，增列「並每二年檢討一次。」等字樣。 第六條： 　　為促進產業升級需要，公司得在左列用途項下支出金額百分之五至百分之二十限度內，抵減當年度應納營利事業所得稅額；當年度不足抵減時，得在以後四年度內抵減之： 　　一、投資於自動化生產設備或技術。 　　二、在本條例實施日起五年內，購置防治污染設備或技術。 　　三、投資於研究與發展、人才培訓及建立國際品牌形象之支出。 　　前項投資抵減其每一年度得抵減總額，以不超過該公司當年度應納營利事業所得稅額百分之五十為限。但最後年度抵減金額不在此限。 　　第一項各款投資抵減之適用範圍、施行期限及抵減率，由行政院定之，並每二年檢討一次。	全案提付下次會議表決 1990/12/28表決通過
1994/01/04 立法院第二屆第二會期第三十次會議	林明義、林志嘉、韓國瑜、吳德美、廖福本等二十三人，擬修正〔促進產業升級條例部分條文〕	主張：降低業界適用投資抵減優惠的規定標準。 理由：現行產升條例第六條條文中對企業投入於自動化生產、污染防治、研究發展、人才培訓及建立國際品牌形象等用途之花費，皆提供投資抵減優惠，但由於相關子法對於業者符合獎助條件的費用標準訂得太高，使中小企業在上述用途的實際投入，根本就達不到條例規定的水準，以致無法享受相關優惠。為落實中小企業發展，落實產業升級，本席主張上述相關費用標準，皆應按現行規定降低一半。 增加第四項：投資抵減適用範圍，應配合中小企業實際能力水準。	交立法院經濟、財政、內政及邊政、交通四委員會，與行政院提案及委員施台生等四十人提案併案審查

時間	提案者	內容	決議
1994/03/07 立法院第二屆第三會期經濟、財政、內政及邊政、交通四委員會第一次會議	繼續審查〔促進產業升級條例部分條文修正草案〕案	彭百顯委員建議將第六條第一項第一款之「生產」二字刪除。避免誤解獎勵對象只限於製造業。 林明義委員提議增加第四項：投資抵減適用範圍，應考慮各產業實際能力水準。 工業局長尹啟銘： 其牽涉到二個問題，第一為行政作業成本，若將標準降低，將造成稅捐機關作業上的困擾。第二個因素乃是稅收問題，經濟部要尊重大院的決定，但仍須顧及財政部的立場。	委員會修正通過
1995/01/06 立法院第二屆第四會期第三十四次會議	本院經濟、財政、內政及邊政、交通四委員會報告併案審查	行政院函請審議〔促進產業升級條例部分條文修正草案〕、委員施台生等四十四人、委員李宗正等二十七人、委員林明義等二十三人及委員蘇火燈等十七人分別擬具之〔促進產業升級條例部分條文修正草案〕案。 朝野協商條文： 　　為促進產業升級需要，公司得在下列用途項下支出金額百分之五至百分之二十限度內，抵減當年度應納營利事業所得稅額；當年度不足抵減時，得在以後四年度內抵減之： 　　一、投資於自動化設備或技術。 　　二、在本條例實施日起五年內，購置防治污染設備或技術。 　　三、投資於研究與發展、人才培訓及建立國際品牌形象之支出。 　　四、投資於節約能源及工業用水再利用之設備或技術。 　　前項投資抵減，其每一年度得抵減總額，以不超過該公司當年度應納營利事業所得稅額百分之五十為限。但最後年度抵減金額，不在此限。 　　第一項各款投資抵減之適用範圍、施行期限及抵減率，由行政院定之，並每二年檢討一次。 　　投資抵減適用範圍，應考慮各產業實際能力水準。	暫行保留，留待協商

時間	提案者	內容	決議
1995/01/10 立法院第二屆第四會期第三十五次會議	同上（本案於二讀後繼續進行三讀。）	第六條條文原已經朝野協商完畢，但上次院會有同仁表示異議，故又再度協商。經再協商，將第六條第一項第二款修正為：「二、投資於防治污染設備或技術」。請問院會，對第六條第一項第二款修正為：「二、投資於防治污染設備或技術。」有無異議？（無）無異議，修正通過。請問院會，對第六條除第一項第二款外，其餘均照朝野協商通過條文通過有無異議？（無）無異議，照朝野協商通過。	三讀通過
1999/04/20 立法院第四屆第一會期第八次會議	行政院	第六條　　為促進產業升級需要，公司得在下列用途項下支出金額百分之五至百分之二十限度內，抵減當年度應納營利事業所得稅額；當年度不足抵減時，得在以後四年度內抵減之：　一、投資於自動化設備或技術。　二、投資於資源回收、防治污染設備或技術。　三、投資於利用新及淨潔能源、節約能源及工業用水再利用之設備或技術。　四、投資於溫室氣體排放量減量或提高能源使用效率之設備或技術。　公司得在投資於研究與發展及人才培訓支出金額百分之五至百分之二十五限度內，抵減當年度應納營利事業所得稅額；公司當年度研究發展支出超過前二年度研發經費平均數，或當年度人才培訓支出超過前二年度人才培訓經費平均數者，超過部分得按百分之五十抵減當年度應納營利事業所得稅額；當年度不足抵減時，得在以後四年度內抵減之。　　前二項之投資抵減，其每一年度得抵減總額，以不超過該公司當年度應納營利事業所得稅額百分之五十為限。但最後年度抵減金額，不在此限。　　第一項及第二項投資抵減之適用範圍、核定機關、申請期限、申請程序、施行期限、抵減率及其他相關事項，由行政院定之。投資抵減適用範圍，應考慮各產業實際能力水準。	交立法院經濟及能源、財政、內政及民族、交通四委員會，與相關提案併案審查

時間	提案者	內容	決議
		一、第一項酌作修正： (一) 鑑於現行建立國際品牌形象支出投資抵減之獎勵，可能違反WTO規範，爰將現行第一項第三款有關投資於建立國際品牌形象之支出獎勵予以刪除。 (二) 為配合全國能源會議結論；推廣新及淨潔能源之應用，將利用新及淨潔能源之設備或技術，納入第一項第三款獎勵範圍；並增訂第一項第四款，對從事二氧化碳排放量減量或提高能源使用效率之獎勵。 二、為加強推動企業從事外部效果較高之人才培訓及研究發展之投資，爰將抵減率上限由現行百分之二十提升為百分之二十五，並將公司人才培訓或研究發展之支出如超過前二年度之平均數者，超過部分得按百分之五十，抵減當年度應納營利事業所得稅額，並另行規定於第二項。 三、現行第二項移列第三項。 四、現行第三項僅規定適用範圍、施行期限及抵減率，由行政院定之，惟對於申請期限、申請程序及其他相關事項，條文並無明確規範，為符法制，爰移列於第四項明確規範授權之範圍。另有關各項授權行政院訂定之事項不在此限。第一項及第二項投資抵減之適用範圍、核定機關、申請期限、申請程序、施行期限、抵減率及其他相關事項，由行政院定之。投資抵減適用範圍，應考慮各產業實際能力水準。	
1999/05/11 立法院第四屆第一會期第十一次會議	委員趙永清等三十二人擬具〔促進產業升級條例第六條條文修正草案〕案	說明： 一、有鑑於產業偶有特殊危機狀況，必須增加投資以為因應，在「促進產業升級條例」為促進產業升級、健全經濟發展之立法宗旨下，有必要將產業因應特殊危機狀況所增加之投資列入所得稅抵減範圍。	交立法院經濟及能源、財政、內政及民族、交通四委員會，與相關提案併案審查

時間	提案者	內容	決議
		二、原「促進產業升級條例」規定獎勵投資抵減之組織型態僅止於公司，未如該條例第一條第二項「產業」所涵蓋農、工、服務業等行業之廣泛，實有不足之處，應加入教育、文化、公益、慈善、醫療機關團體，及信用合作社、農漁會等行業。始為周延。 三、公元二千年資訊年序危機為全球性之危機，我國自不能免，其影響所及可能造成經濟衰退、作業失序，甚至危及人民生命財產安全。政府應以實際的獎勵措施督促各行業全面因應，故擬明定於條文中。 第六條： 　為促進產業升級或因應特殊危機狀況需要，公司、教育、文化、公益、慈善、醫療機關團體，及信用合作社、農漁會等行業得在下列用途項下支出金額百分之五至百分之二十限度內，抵減當年度應納營利事業所得稅額；當年度不足抵減時，得在以後四年度內抵減之： 一、投資於自動化設備或技術。 二、投資於資源回收、防治污染設備或技術。 三、投資於研究與發展、人才培訓及建立國際品牌形象之支出。 四、投資於節約能源及工業用水再利用之設備或技術。為因應公元二千年資訊年序危機之支出，準用第一項規定。 　第一項投資抵減，其每一年度得抵減總額，以不超過該單位當年度應納營利事業所得稅額百分之五十為限。但最後年度抵減金額，不在此限。 　第一項各款投資抵減之適用範圍、施行期限及抵減率，由行政院定之，並每二年檢討一次。 　投資抵減適用範圍，應考慮各產業實際能力水準。	

時間	提案者	內容	決議
1999/05/24 立法院第四屆第一會期經濟及能源、財政、內政及民族、交通四委員會第二次聯席會議	併案審查院會交付審查本院委員朱鳳芝等三十二人所提〔促進產業升級條例第三十七條條文修正草案〕、趙永清等三十二人所提〔促進產業升級條例第六條條文修正草案〕暨行政院函請審議〔促進產業升級條例修正草案〕案	經濟部尹啟銘次長： 由趙委員永清、黃委員明和等多位委員提案的第六條條文，係將投資抵減的範圍擴增到教育、文化、公益、慈善、醫療機關團體等，本人以為本條例目的在促進產業升級，<u>其主要的對象為產業界，若把該條例適用的對象擴大至教育、文化、公益、慈善等團體的話，可能與本條例適用對象</u>的規定，有所不符。其次，本條例為促進產業升級的<u>長期鼓勵措施</u>，若如大院三位委員提案第六條說明中所載是為了因應產業特殊危機而作此修正的話，則連公元二千年資訊年序危機的問題，最遲也必須在後年年一初獲得解決，因此類此突發性、短暫的、應急性的狀況，只要將目前條例作比照辦理的規定，即可解決這些問題。 賦稅署王得山署長： 主席、各位委員。第一點，原則上，本人贊成經濟部尹次長之意見，即本條按照行政院之版本來修正。第二點，為解決千禧年問題之經費支出，我們原則上同意除公司企業外，亦給與合作社、文教團體投資抵減以解決千禧年的危機問題，但因此修正版本是於民國九十年才開始適用，且為期十年，然而千禧年只有一年，故本人較支持修改現行條文，於第六條增訂第四項，即「公司、合作社、教育、公益、慈善團體處理公元兩千年資訊年序危機，所發生支出得視同第一項第三款研究與發展支出，適用投資抵減，即以增加第四項的方式，純粹來解決千禧年之投資經費可投資抵減的問題，而不是將促產條例的適用範圍擴大到其他行業。另外，趙委員永清所提之版本係將本法適用範圍擴大至文教團體，將會產生不完全以產業為主的問題。以上兩點意見提供各委員參考。	暫行保留

時間	提案者	內容	決議
1999/11/25 立法院第四屆第二會期經濟及能源、財政、內政及民族、交通四委員會併案審查〔促進產業升級條例修正草案〕案第六次聯席會議		陳委員定南： 本席認為修正條文的第一項第一款、第二款中關於自動化與防治污染不是促進產業升級。因自動化只降低成本，並沒有提高產品品質，而污染的防治則是法定義務，對於促進產業升級也沒有直接或間接關係。因此，本席建議，應將這第一項第一、二款刪除，並將第三、四款的款次調整為第一、二款；另外，在第二項中的百分之二十五改為百分之二十，其他照原條文。 陳委員定南所提修正意見： 第六條 　　為促進產業升級需要，公司得在下列用途項下支出金額百分之五至百分之二十限度內，抵減當年度應納營利事業所得稅額；當年度不足抵減時，得在以後四年度內抵減之： 　　　　一、投資於利用新及淨潔能源、節約能源及工業用水再利用之設備或技術。 　　　　二、投資於溫室氣體排放量減量或提高能源使用效率之設備或技術。 　　公司得在投資於研究與發展及人才培訓支出金額百分之五至百分之二十限度內，抵減當年度應納營利事業所得稅額；公司當年度研究發展支出超過前二年度研發經費平均數，或當年度人才培訓支出超過前二年度人才培訓經費平均數者，超過部分得按百分之五十抵減當年度應納營利事業所得稅額；當年度不足抵減時，得在以後四年度內抵減之。 　　前二項之投資抵減，其每一年度得抵減總額，以不超過該公司當年度應納營利事業所得稅額百分之五十為限。但最後年度抵減金額，不在此限。 　　第一項及第二項投資抵減之適用範圍、核定機關、申請期限、申請程序、施行期限、抵減率及其他相關事項，由行政院定之。 　　投資抵減適用範圍，應考慮各產業實際能力水準。	兩案並陳；1999/11/30進行朝野協商（國民黨、民進黨、新黨），1999/12/07協商結論暫行保留；1999/12/10照審查會所列兩案並陳院會處理

時間	提案者	內容	決議
1999/12/21 立 法 院 第四屆第 二會期第 十三次會 議（四）	立法院經濟 及能源、財 政、內政及 民族、交通 四委員會報 告併案審查	第六條係有關產業得抵減營利事業所得稅額之相關規定。本院委員趙永清等三十二人認為本條例原規定得適用之產業別，其範圍似嫌不足，並為因應公元二千年資訊年序危機，應將其適用對象，擴及教育、醫療及農漁業等行業，而提出第六條條文修正案。審查會經反覆斟酌，以本條現行適用產業別範圍已寬，似不宜再擴大，至二千年資訊年序危機之支出問題與本條例應無相干，亦不宜於本條例中規範。爰決議不予採取。而有關行政院提案部分陳委員定南認為投資於自動化設備、資源回收、防治污染等不應適用投資抵減；鄭委員永金及侯委員惠仙則主張應予維持，雙方意見難以一致！爰決議，列甲、乙兩案並送院會討論。 第六條： 　　為促進產業升級需要，公司得在下列用途項下支出金額百分之五至百分之二十限度內，抵減當年度應納營利事業所得稅額；當年度不足抵減時，得在以後四年度內抵減之： 　　一、投資於自動化設備或技術。 　　二、投資於資源回收、防治污染設備或技術。 　　三、投資於利用新及淨潔能源、節約能源及工業用水再利用之設備或技術。 　　四、投資於溫室氣體排放量減量或提高能源使用效率之設備或技術。 　　公司得在投資於研究發展及人才培訓支出金額<u>百分之五至百分之二十五限度內</u>，抵減當年度應納營利事業所得稅額；公司當年度研究發展支出超過前二年度研發經費平均數，或當年度人才培訓支出超過前二年度人才培訓經費平均數者，超過部分得按百分之五十抵減當年度應納營利事業所得稅額；當年度不足抵減時，得在以後四年度內抵減之。 　　前二項之投資抵減，其每一年度得抵減總額，以不超過該公司當年度應納營利	保留； 1999.12.28照朝野協商通過甲案

時間	提案者	內容	決議
		事業所得稅額百分之五十為限。但最後年度抵減金額，不在此限。 　　第一項及第二項投資抵減之適用範圍、核定機關、申請期限、申請程序、施行期限、抵減率及其他相關事項，由行政院定之。 　　投資抵減適用範圍，應考慮各產業實際能力水準。	
2000/05/16 立法院第四屆第三會期第十六次會議	立法院委員葉憲修等三十九人	為因應電子商務時代的來臨，達到促進中小企業升級及轉型之需要，並提高臺灣在全球的經濟競爭力，特別擬定「促進產業升級條例第六條、十一、二十二條」修正案。 第六條（一般資產抵減）： 　　為促進產業升級需要，公司得在下列用途下支出金額百分之五至百分之二十限度抵減當年度應繳納稅額；當年度不足抵減時，得在以後四年度內抵減之： 　一、投資於自動化設備或技術。 　二、投資於資源回收、防治污染設備或技術。 　三、投資於利用新及淨潔能源、節約能源及工業用水再利用之設備或技術。 　四、投資於溫室氣體排放量減量或提高能源使用效率之設備或技術。 　五、<u>投資或汰換公司資訊化、電子商務化所需軟、硬體的採購成本。</u> 　<u>前項第五款之規定，適用於資本額一千萬元以下之中小企業。</u> 　　公司得在投資研究發展及人才培訓支出金額百分之五至百分之二十五限度內，抵減當年度應納營利事業所得稅；公司當年度研究發展支出超過前二年度研發經費平均數，或當年度人才培訓支出超過前二年度人才培訓經費平均數者，超過部分得按百分之五十抵減當年度應納營利事業所得稅額；當年度不足抵減時，得以在以後四年度內抵減之。 　　前兩項之投資抵減，其每一年度得抵減總額，以不超過該公司當年度應納營利	交立法院經濟及能源、財政兩委員會審查

時間	提案者	內容	決議
		事業所得稅額百分之五十為限。但最後年度抵減金額，不在此限。 　　第一項及第三項投資抵減之適用範圍、核定機關、申請期限、申請程序、施行期限、抵減率及其他相關事項，由行政院定之。投資抵減適用範圍，應考慮各產業實際能力水準。	
2001/10/03 立法院經濟及能源、財政兩委員會併案審查「促進產業升級條例部分條文修正草案」案第一次聯席會議（第四屆第六會期）	併案審查行政院函請審議及立法院委員葉憲修、柯建銘、王昱婷、民進黨黨團等分別擬具「促進產業升級條例部分條文修正草案」等七案	柯委員建銘： 　　關於本條條文，本席建議第二項「公司得在投資研究發展及人才培訓支出金額百分之五至百分之二十五限度內，抵減當年度應納營利事業所得稅……或當年度人才培訓支出超過前二年度人才培訓經費平均數者，超過部分得按百分之五十抵減當年度應納營利事業所得稅額，…」中之「百分之五至百分之二十五」修正為「百分之五十」，而後段「百分之五十」則修正為「全部」。 財政部賦稅署林署長增吉： 　　有關葉委員憲修等提案條文第六條第二項「公司得在投資研究發展及人才培訓支出金額百分之五至百分之二十五限度內，抵減當年度應納營利事業所得稅」之規定，柯委員建銘建議將百分之五至百分之二十五的限度提高為百分之五十，個人認為此一提高幅度過大，可能對整個稅收造成影響，事實上，企業的投資研究發展及人才培訓支出，一般在查帳時已依照費用出帳，也就是從所得中扣除了，在此情況下，如果再將抵減額度提高，等於是給予多重優惠。因此，這個額度是否有必要如此大幅提高，恐怕有待斟酌。 　　另外，柯委員也建議將「當年度人才培訓支出超過前二年度人才培訓經費平均數者，超過部分得按百分之五十抵減當年度應納所得稅額」之規定中的「百分之五十」修正為「全部」。在此個人要向各位委員報告，之所以訂為抵減百分之五十，最主要是考量每年稅收免於大幅度的變動，倘若給予百分之百的抵減，那麼當年度廠家的營利事業所得稅等於是零，	

時間	提案者	內容	決議
		可是在下年度時，情形也許又有變化。因此，基於整個國庫調度上的考量，我們希望每年度的稅收能避免發生激烈的變動。換句話說，若是依照柯委員的建議，給予百分之百的抵減，勢必因廠家當年度都沒有繳稅，進而使得國庫稅收嚴重短少，以致產生調度上的困難，這點尚請各位委員多加考量。謝謝。 主席： 　　本條依照柯委員建銘之建議，除第二項修正為「公司得在投資研究發展及人才培訓支出金額百分之五十限度內，抵減當年度應納營利事業所得稅；公司當年度研究發展支出超過前二年度研發經費平均數，或當年度人才培訓支出超過前二年度人才培訓經費平均數者，超過部分得按全部抵減當年度應納營利事業所得稅額；當年度不足抵減時，得以在以後四年度內抵減之。」外，其餘均照葉委員憲修等提案條文通過。	
2001/10/25 立法院第四屆第六會期第五次會議（三）	立法院經濟及能源、財政兩委員會報告併案審查	第六條條文除第二項首句句中「百分之五至百分之二十五」等字修正為「百分之五十」及第五句句中「百分之五十」等字修正為「全部」外，餘照現行條文通過。	2001/10/31 協商後再行處理
2001/12/12	朝野黨團協商	第六條修正為： 　　為促進產業升級需要，公司得在下列用途項下支出金額百分之五至百分之二十限度內，抵減當年度應納營利事業所得稅額，當年度不足抵減時，得在以後四年度內抵減之： 一、投資於自動化設備或技術。 二、投資於資源回收、防治污染設備或技術。 三、投資於利用新及淨潔能源、節約能源及工業用水再利用之設備或技術。 四、投資於溫室氣體排放量減量或提高能源使用效率之設備或技術。	2002/01/04 照黨團協商條文通過

時間	提案者	內容	決議
		五、投資於網際網路及電視功能、企業資源規劃、通訊及電信產品、電子、電視視訊設備及數位內容產製等提升企業數位資訊效能之硬體、軟體及技術。 　公司得在投資於研究與發展及人才培訓支出金額<u>百分之三十五限度內，抵減當年度應納營利事業所得稅額；公司當年度研究發展支出超過前二年度研發經費平均數，或當年度人才培訓支出超過前二年度人才培訓經費平均數者，<u>超過部分得按百分之五十抵減當年度應納營利事業所得稅額</u>；當年度不足抵減時，得在以後四年度內抵減之。 　前二項之投資抵減，其每一年度得抵減總額，以不超過該公司當年度應納營利事業所得稅額百分之五十為限。但最後年度抵減金額，不在此限。 　第一項及第二項投資抵減之適用範圍、核定機關、申請期限、申請程序、施行期限、抵減率及其他相關事項，由行政院定之。 　投資抵減適用範圍，應考慮各產業實際能力水準。 　<u>公司投資於研究發展或人才培訓支出，依第二項規定抵減當年度應納營利事業所得稅額，經稅捐稽徵機關查核有重大不實情事者，自當年度起三年不得適用第二項規定。但以前年度尚未抵減之餘額不在此限。</u>	
2002/11/08 立法院第五屆第二會期第八次會議紀錄	立法院委員李俊毅等三十七人擬具「促進產業升級條例第六條、第七條及第八條條文修正草案」	本院委員李俊毅、王幸男、楊瓊瓔等三十七人，鑑於促進產業升級條例第六條、第七條及第八條對於公司或個人股東申請投資抵減時，均規定稅額應先抵減當年度應納營利事業所得稅額或綜合所得稅額，當年度不足抵減時，得在以後四年內抵減之，上述規定往往造成公司或個人股東當年度有新增之投資抵減皆須先行使用，致使已屆最後抵減年度之投資抵減金額。有可能無法使用而面臨失權的狀況，實與促進產業升級條例鼓勵企業投資之	交立法院經濟及能源、財政兩委員會，與相關提案併案審查

時間	提案者	內容	決議
		精神不符，爰提出促進產業升級條例第六條、第七條及第八條修正草案，明訂公司或個人股東適用投資抵減優惠時，得自當年度起五年內抵減各年度應納營利事業所得稅額或綜合所得稅額，以符實際需要。 第六條： 　　為促進產業升級需要，公司得在下列用途項下支出金額百分之五至百分之二十限度內，自當年度起五年內抵減各年度應納營利事業所得稅額： 　　一、投資於自動化設備或技術。 　　二、投資於資源回收、防治污染設備或技術。 　　三、投資於利用新及淨潔能源、節約能源及工業用水再利用之設備或技術。 　　四、投資於溫室氣體排放量減量或提高能源使用效率之設備或技術。 　　五、投資於網際網路及電視功能、企業資源規劃、通訊及電信產品、電子、電視視訊設備及數位內容產製等提升企業數位資訊效能之硬體、軟體及技術。 　　公司得在投資於研究與發展及人才培訓支出金額百分之三十五限度內，抵減當年度應納營利事業所得稅額；公司當年度研究發展支出超過前二年度研發經費平均數，或當年度人才培訓支出超過前二年度人才培訓經費平均數者，超過部分得按百分之五十抵減當年度應納營利事業所得稅額；當年度不足抵減時，得在以後四年度內抵減之。 　　前二項之投資抵減，其每一年度得抵減總額，以不超過該公司當年度應納營利事業所得稅額百分之五十為限。但最後年度抵減金額，不在此限。 　　第一項及第二項投資抵減之適用範圍、核定機關、申請期限、申請程序、施行期限、抵減率及其他相關事項，由行政院定之。 　　投資抵減適用範圍，應考慮各產業實際能力水準。	

時間	提案者	內容	決議
2002/11/28 第五屆第二期	立法院經濟及能源委員會併案審查	財政部賦稅署林組長全： 　現行的條文規定，當年度新發生的投資抵減，要先在當年度抵減應納營利事業所得稅額，抵減不足，才在以後四年度內抵減；但若是發生的當年度要先抵減的話，會把四個年度中最後的一年抵減機會排擠掉，業者有時候沒機會抵減稅額。現在條文修正後，除了在處理上徵納雙方都很方便，而且兼顧到業者的權益，所以我們同意修正。 經濟部施次長： 　本條因委員提案將第一項第四行文字修正為「自當年度起……」因此第二項「抵減當年度應納營利事業所得稅額」之文字亦要改成「自當年度起五年內抵減各年度應納營利事業所得稅額」，文字上稍做補充會比較完整；此外，第二項「當年度不足抵減時，得在以後四年度內抵減之」之文字要刪除，因為前面是自動化等項目的規定，後面則是關於研究發展的部分，在文字方面應該一致。 審查會： 　本條條文，除第二項修正如下外，餘照案通過：一、第二句「抵減當年度應納營利事業所得稅額」等字，修正為「自當年度起五年內抵減各年度應納營利事業所得稅額」。二、末兩句合併修正為「超過部分得按百分之五十抵減之。」。	審查修正通過
2002/12/20	朝野黨團協商		照審查會修正通過；2003/01/07三讀通過
2009/05/01	行政院	所得稅法第五條： 　營利事業所得稅起徵額、課稅級距及累進稅率如下： 　一、營利事業全年課稅所得額在十二萬元以下者，免徵營利事業所得稅。 　二、營利事業全年課稅所得額超過十二萬元者，就其全部課稅所得	通過

時間	提案者	內容	決議
		額課徵百分之二十。但其應納稅額不得超過營利事業課稅所得額超過十二萬元部分之半數。	
2009/05/01立法院第七屆第三會期第十一次會議	行政院	第三十一條： 　　為鼓勵公司運用全球資源，進行國際營運布局，在中華民國境內設立達一定規模且具重大經濟效益之營運總部，其下列三類所得，免徵營利事業所得稅： 　一、對國外關係企業取得管理服務或研究開發之所得。 　二、自國外關係企業取得之權利金所得。 　三、投資國外關係企業取得之投資收益及處分利益。 　　前項所定達一定規模且具重大經濟效益之營運總部，其規模、適用範圍、申請認定程序及其他相關事項之辦法，由中央主管機關會同財政部定之。	交立法院經濟委員會審查
2009/06/03立法院第七屆第三會期經濟委員會第十五次全體委員會議	立法院經濟委員會審查丁守中、蕭景田等委員（修正動議）	第三十一條： 　　為鼓勵公司運用全球資源，進行國際營運布局，在中華民國境內設立達一定規模且具重大經濟效益之營運總部，在中華民國境內之營利事業所得累進稅率，最高按百分之十五課徵所得稅；其下列四類所得，免徵營利事業所得稅： 　一、對國外關係企業取得管理服務或研究開發之所得。 　二、自國外關係企業取得之權利金所得。 　三、投資國外關係企業取得之投資收益及處分利益。 　四、自國外關係企業取得的利息所得。 　　前項適用百分之十五營利事業所得稅率之營運總部，以未依本法第三十條申請研究與發展及人才培訓支出抵減者為限。 　　第一項所定達一定規模且具重大經濟效益之營運總部，其規模、適用範圍、申請認定程序及其他相關事項之辦法，由中央主管機關會同財政部定之。	保留

時間	提案者	內容	決議
2009/06/04 立法院第七屆第三會期經濟委員會第十五次全體委員會議	立法院經濟委員會審查	第二十九條： 　　為鼓勵公司運用全球資源，進行國際營運布局，在中華民國境內設立達一定規模且具重大經濟效益之營運總部，<u>其營利事業所得稅按百分之十五稅率課徵。但不得適用本條例其他關於租稅減免之規定。</u> 　　前項營運總部得選擇按所得稅法第五條之稅率課徵，其下列三類所得，免徵營利事業所得稅： 　一、對國外關係企業取得管理服務或研究開發之所得。 　二、自國外關係企業取得之權利金所得。 　三、投資國外關係企業取得之投資收益及處分利益。 　　第一項所定達一定規模且具重大經濟效益之營運總部，其規模、適用範圍、申請認定程序及其他相關事項之辦法，由中央主管機關會同財政部定之。	條次變更，修正通過；與相關提案併案討論；2009/12/22併案協商後處理。（協商時間04/06、04/07、04/09、04/13、04/14）
2010/3/30 立法院第七屆第五會期第六次會議	同上	<u>民進黨提出營所稅一律調降為百分之十七‧五，要求刪除所有獨厚財團的租稅優惠條款。</u>	進行廣泛討論
2010/04/11	馬英九	發表五點意見： 1.兩岸經濟協議已進入協商洽簽階段，產創條例將是台灣未來非常重要的戰略配套法案，二者相輔相成，將使台灣產業競爭力出現加乘效果，吸引更多台商與外商分別以台灣為全球及亞太營運總部。 2.雖然民進黨對產創條例的內容提出若干意見，但透過協商，朝野達成部分共識，表示肯定。 3.民進黨主張營所稅率調降至百分之十七‧五，<u>國民黨從未排除稅率調降的可能量</u>，會更周延考量。稅率調降有助引進國外直接投資、提升跨國企業在台灣設置亞太營運中心的意願，為加速產創條例完成立法，請行政院與國民黨團研議降稅可能性。	

時間	提案者	內容	決議
		4.中小企業是帶領台灣經濟成長先鋒，呼籲民進黨認同國民黨照顧中小企業與勞工的立意，支持產創條例中有關鼓勵中小企業，在一定條件下，每增聘一名員工得給予補助的規定。 5.「開放一定興旺，閉鎖一定萎縮」，這是政府推動經濟政策的核心理念。產創條例攸關台灣未來經濟發展的重大法案，希望朝野能理性溝通、儘速立法。	
2010/04/12	國民黨立院黨團召開黨團大會	討論產業創新條例草案中營所稅版本。經討論後，國民黨團敲定支持將營所稅從百分之二十降至百分之十七；另外國民黨團也堅持將「創新研發」留在免稅項目中，以及保留企業聘僱員工補助等條文。	和民進黨團繼續協商
2010/04/16 立法院第七屆第五會期第六次會議	行政院建議條文	以行政院建議條文為修正版本進行協商 第二十五條： 　　為鼓勵公司運用全球資源，進行國際營運布局，得在中華民國境內申請設立達一定規模且具重大經濟效益之營運總部。 　　前項所定達一定規模且具重大經濟效益之營運總部，其規模、適用範圍、申請認定程序及其他相關事項之辦法，由中央主管機關會同財政部定之。	協商通過；三讀通過
2010/04/16 立法院第七屆第五會期第九次會議	民主進步黨黨團	所得稅法第五條： 　　營利事業所得稅起徵額、課稅級距及累進稅率如下： 　一、營利事業全年課稅所得額在十二萬元以下者，免徵營利事業所得稅。 　二、營利事業全年課稅所得額超過十二萬元者，就其全部課稅所得額課徵百分之十七點五。但其應納稅額不得超過營利事業課稅所得額超過十二萬元部分之半數。	協商後再行處理

時間	提案者	內容	決議
2010/04/23 立法院第七屆第五會期第十次會議	中國國民黨立法院黨團	所得稅法第五條： 營利事業所得稅起徵額、課稅級距及累進稅率如下： 一、營利事業全年課稅所得額在十二萬元以下者，免徵營利事業所得稅。 二、營利事業全年課稅所得額超過十二萬元者，就其全部課稅所得額課徵<u>百分之十七</u>。但其應納稅額不得超過營利事業課額所得稅超過十二萬元部分之半數。	本案經復議通過，決定：逕付二讀，與相關提案併案協商，並請王院長召集協商
2010/05/28 立法院第七屆第五會期第十五次會議	國民黨黨團提案建議採<u>記名表決</u>	所得稅法第五條： 營利事業所得稅起徵額、課稅級距及累進稅率如下： 一、營利事業全年課稅所得額在十二萬元以下者，免徵營利事業所得稅。 二、營利事業全年課稅所得額超過十二萬元者，就其全部課稅所得額課徵<u>百分之十七</u>。但其應納稅額不得超過營利事業課稅所得額超過十二萬元部分之半數。	在場委員76人，44人贊成，32人反對，贊成者多數，通過

資料來源：本章整理

第九章　社會資本與都市再生計畫推動之關聯性：以大稻埕歷史風貌特定專用區再生計畫為例

第一節　前　言

　　在高唱公民參與以及政策對話的今日，公民參與對政策的推動具有眾多重要功能，舉如：政策較易獲得公民的支持、培育民主素養、增加公民向心力和實踐民主化生活等。依常理，政府倘能體認公民參與的重要性，提供更多的參與管道，人民將以更有效的方式參與公共事務。然而，以往決策者基於議題的複雜性、成本考量以及不確定等因素為由，一味的規避人民參與，不但造成公共事務延誤處理，更使得多數人對於政治熱衷僅止於討論；對於如何正確掌握政治運作的實態，卻有無力感甚至疏離感，以致形成少數人對公共問題保持關心。

　　民主行政（democratic administration）主要針對傳統公共行政的本質與價值觀進行反思後所提出的一種新觀念，強調公共行政的本質，並不只是在追求管理效率的達成，更考慮政治民主、經濟平等與社會公平正義的實現。在民主行政思潮下，公民參與被視為是矯正行政弊端的一種極佳方式（Osborbe & Gaebler, 1992）。申言之，公民社會的主體是公民，而公民資格（citizenship）的取得，乃是公民在確認本身於社會中所處地位之後，所形成的一種權利與義務關係。公民社會之所以存在，在於公民能夠體認公民資格的真義，進而與他人或整體社會產生共同體的意識（林水波，2007）。而公民參與特定社會活動，時日一久將逐漸積累社會資本，政府若能充分運用此一自願性活動以維持政策運作時，它將可扮演潛在社會支持的動力來源（Montgomery, 2000: 227）。

　　然而，社會資本並非萬靈丹（Arrow, 2000: 3-5; Stiglitz, 2000: 47），它也可能產生負面效果，諸如：維護和建立關係所需付出的成本；過多的行為規範，導致創新能力降低；主要團體互動過於頻繁，其結果不僅會造成好同惡異的團體迷思（groupthink），且為了持續享有特權，更會抗拒改革以及排斥其

他團體取得新知識與技能的管道等等。這些負面效果交互作用之後，產生許多
不良後遺症，致使整個社會承擔風險或付出慘痛的代價。因此，本章將以大稻
埕都市再生個案為例，驗證社會資本對都市再生計畫推動之影響。

　　本章所謂的「社會資本」（social capital）係指具有公共財特質的社會資
本，主要由於社區團體成員間存有互信關係，在有效的規範約束下，成員彼此
具有對等互惠的信念，因而有助於集體目標的達成。[1]而「都市再生」（urban
regeneration）則是將舊市區的風格與形式視為資產，專注於如何有效利用舊
市區的特色，兼顧遺產與永續發展目標（Roberts & Sykes, 2000: 14）。正因為
此一特色，社會資本可否達成大稻埕歷史風貌專用區之經濟、文化與政治等相
互衝突目標即是本章探究的問題，而研究步驟依序是：一、依據立意抽樣法與
主要參與者進行初測訪談，以明瞭其對大稻埕都市再生政策之看法，俾利進一
步建構本文之研究架構以及訪談題綱；二、針對訪談內容，進行交叉分析，找
出共同的變項，再將變項加以彙整分類；三、依據理論，提出相關變項之操作
定義、問卷題目與尺度；四、進行前測，再從項目分析、效度與信度檢驗問
卷；五、則是正式測試與結果分析。綜上，本章共分六節，除前言與結論之
外，第二節是相關理論之探討，第三節為個案背景說明，第四節是質化訪談結
果分析，第五節為實證分析及綜合討論。

第二節　理論探討

一、民主行政之重要性

　　社群主義概念乃是社群成員對於社群內的公共事務具有利害與共、感同身
受的共識。經由此一共識的強化所產生的自發性群我關係，將有助於成員的
自我認同，促進成員對社群所持的共享價值產生認同感與歸屬感，進而認知到
整個社群係屬一個命運共同體。一旦公民之間存有命運共同體的關係，往往會
超越以自我利益為中心的想法，培養利他的公共精神，成就公共利益。不僅如
此，社群意識更能促進成員體認共存共榮的價值，進而緊密團結、主動關心或

1　亦有學者稱此種具有公共財特性的社會資本為橋樑式（bridge）社會資本（Putnam,
　　2000），或是弱連結（weak ties）網絡（Granovetter, 1973）。

積極參與公共事務，而此等公民態度、奉獻投入的情懷以及主動積極的配合皆是民主行政的體現。

瞵諸現實，政府解決問題的方式，不外乎訴諸公權力的介入，政府憑藉層級節制，以權威強制方式解決問題。然而，此種方式難免產生政府失靈。進言之，這可歸因於行政官僚的不健全心態，將參與決策權賦予菁英，而輕忽公民貢獻。此外，由於政策執行具有迫切性，如果任由公民參與，往往需要花費較多的成本在政策協調上，延誤問題處理的最佳時機。儘管社會每一個人應有相同的發言機會，但上述原因卻促使政府授權菁英，以犧牲公民參與作為代價（Dye, 2001: 1-2）。

由行政官僚、專家甚或是民選代表全權處置與統一指揮，雖是權宜之計，但問題癥結在於菁英是否擁有足夠的知識與能力，承擔政策推行重任？如果菁英能夠在廣泛的議題上，充分回應人民需求，列為政策制訂參考依據，那麼菁英統治仍是符合民主的，惟現實政治生活中並非完全如此，主要理由有二：

首先，由於現代民主社會無法徹底實施直接民主制，因而由行政官員或民意代表負責政策的研擬，故在決策過程中，行政官員及民代享有相當自由度。儘管如此，仍可能面臨兩難困境：如何在社會公益與選民利益間作一抉擇。理論上，行政官員與代表的職責應是為民喉舌、化解衝突；惟面對連任因素的考量，最後政策選擇可能偏向照顧選區利益，而將政策成本轉嫁於整個社會。尤有甚者，一些重要但無利於選舉的議題，常被擱置未能妥善處理，以致無法制定適當政策。

其次，由於行政官僚能力及知識的侷限性，必須延攬專家學者，參與決策過程，冀望藉助其專業能力與知識，制定有效政策。但是，專業學者的視野，畢竟也有侷限，不可能完全與主政者，抑或社會主流價值相契合，導致分析結果未獲採納。針對此點，C. Lindblom曾剴切指出，期盼以專家分析的結果來完全取代治理互動，將是不切實際的想法，且有其危險性（1959: 79-88）。換言之，專家學者若欲提出有效的政策分析，除了以公民與政府的需求為依歸，另一方面則要體認政策分析有其侷限性的事實（Lindblom & Woodhouse, 1993: 13-22）。即便如此，專家學者卻常利用其專業知識取得權威，甚至權力來宰制社會價值的分配，如同另類的「專業知識專制」，對公民基本權力與尊嚴造成傷害（Stone, 1992）。

正如J. S. Migdal所強調的，政治權力分布於許多領域之中，並非只存在於行政部門的政治頂層（2002: 3）。言下之意，政府與公民社會並非對立關

係。解決之道，便是透過對話機制或運用公共關係，化解雙方歧見，尋求政策承諾以及行動支持。基於此一觀點，本章將探討社會資本對推動都市再生計畫的影響。

二、都市再生計畫推動與社會資本之關係

「都市再生」（urban regeneration）是都市規劃的新趨勢，其不僅有復甦都市機能，改善都市景觀之作用，更有切合居民需求，節省經費的優點，且強力引進居民參與的機制，俾使辦理再生計畫的地區得以兼顧改善社會、經濟、實質環境之目的。爰此，學者相繼投入進行研究，[2]綜整相關文獻，學界對都市再生計畫之探討，大致可分為三種面向，分別是：動員能力、知識運用及關係取向。

首先，就動員能力而言，主要研究如何動員政策利害關係人，以及挑戰既存的治理方式，因此該類的研究泰半聚焦於動員技巧、學習過程以及產生有效集體行動的要素（Tarrow, 1994; Innes & Booher, 1999）；其次，知識運用類型的研究則專注於如何經由社會互動而產生的新知識與轉移；換言之，這類型的研究不僅重視靜態的知識，也著重觀察互動後，所產生的默會知識如何形塑人們的思維與行為（Schon & Rein, 1994）。第三種類型的研究則分析社會資本及其相關要素，例如網絡、信任與互惠觀點的角色扮演以及社會建構所產生的認同（Berger & Luckmann, 1967）。

本章將採用第三類型，將社會資本視為意圖實現目標行動者所運用的關係資產。具體而言，政府對於政策雖然具有深遠的影響，然而，這並不意味政府不受公民社會力量影響。事實上，政府與社會是共生的，在互動的過程中持續形塑對方，改變對方的結構與目標（Migdal, 2001）。是故，政府的自主性以及決策目標的優先順序並非是固定的。此種情況使得政府在推動政策時，必

2　市中心的復甦計畫主要歷經三個階段：第一階段為都市更新（urban renew），認為老舊市區的空間形式與機能無法順應時代潮流，應予以拆除重建，並經公部門直接介入透過徵收進行開發，惟都市更新並未真正解決都市問題。因此，第二階段，亦即都市再發展（urban redevelopment）認為舊市區之所以發展受限，乃是公共建設不足所造成，所以公部門便透過傳統都市計畫與設計手段，利用公共領域及土地提供新設施，吸引私部門進行街區或結構更新改善，但成效仍然有限。近年來，都市發展逐漸進入都市再生（urban regeneration）階段，其特色是將舊市區的風格與形式視為資產，專注於如何有效利用舊市區的特色，達到都市再生目標（Pierson & Smith, 2001）。

須結合社會力量方能達成預期目標。尤其是面對一個複雜、動態且多元參與的環境，政府著實很難持續以往的管理方式，必須摒棄以往的單向（由上而下）統治，轉而採取注重雙向互動的治理方式，如此方能降低治理危機的產生（Kooiman, 1993）。

在真實生活中，政府並非是決策過程中唯一的行動者，因此，欲瞭解其施政效能有必要自社會關係網絡加以觀察，蓋政府施政是人民政治取向的重要參考依據，一旦整體社會的認知、價值和情感反應未能達到相當水平，無形中將導致兩者產生零和的緊張關係，甚至發生衝突；反之，兩者若能積累豐厚的社會資本，將可互補彼此的不足，有利於政策推動。

社會資本主要係植基於團體成員間存有互信關係，在有效的規範約束下，成員彼此具有對等互惠的信念，因而有助於集體目標的達成。由此可知，社會資本是一種屬於社會共享的資產（Nahapeit & Ghoshal, 1998: 256）。民間社會如能蓄積充足的社會資本，將有利於政策目標共識的凝聚以及增進治理結構的和諧氣氛。基此，學者將社會資本視為一種關係資產，對社會組織發展具有深遠影響（Coleman, 1990; Bourdieu, 1986; Krishna, 2000）。

至於社會資本構成要素的論點，學者多有論述，但依舊莫衷一是，言人人殊。為有系統分析，本章依據 Janine Nahapiet 與 Sumantra Ghoshal（2000: 121-35）將社會資本區分為三種取向：結構取向（structural dimension）主要為社會系統中的網絡關係，意指成員與團體之間的關係；關係取向（relational dimension）主要藉由信任、信念、規範來維持網絡關係，主要強調關係鑲嵌的概念，用以描述人們長期的互動，所發展出來的個人關係，如發展社交、友誼、互惠與聲望等；認知取向（cognitive dimension）則來自共享性意涵與共同的價值，亦即組織擁有一些資源，提供成員共享的表達方式、詮釋及意義系統。[3]

---

[3] 本章將運用上述三個面向加以探討，所涵蓋的四項特質包括網絡（networks）兩種特性、規範（norms）、信任（trust）以及信念（beliefs），加上從訪談找出共同變數情感認同、成本考量與義務道德做為社會資本的構成要素，而網絡內部互動特性、網絡組織結構特性為「結構取向」；「關係取向」為信任、規範、道德義務；「認知取向」為成本考量、情感認同、信念，以及它們對於社會資本累積的影響（詳見表9-9）。

三、制度安排之重要性

　　一般而言，關係網絡的參與者大致包含政府、私部門、非營利組織等，因而具有複雜、流動與演化等特性，後繼學者據此認為政府與公民社會的權力關係，在本質上是屬於非零和（non zero-sum）的概念，若能經由授能與課責等措施，將可提高政府的治理能力。儘管如此，隨著公民對公共問題的態度轉為積極，以及主張由生活在同一社群的公民決定自身公共事務，無形中導致各種團體不斷成立，政治對於價值的權威性分配情形，並不只是在政府機關中運作，同時也在社會團體中運作。於是，公私部門之間難免會產生衝突，因此相互授權關係的存在，不可視為理所當然，而是端賴兩者是否能夠保持適度的連結與互動而定（Kohli & Shue, 1996: 323）。具體而言，這意指制度安排的重要性，政府與公民社會雖享有實質自主性（Stoker, 2000），但能否達成目標，端賴制度安排（institutional arrangement），以及經由此一安排所形成的地方性公民結構（civic structure）能否結合眾多參與者，在合作與相互受益的規範下，追求集體目標（Morton, 2003）。[4]

　　進言之，制度安排、公民結構與「地方意識」（sense of place）三者有著緊密關係，經由地方意識可產生團體認同，進而有助於社會的凝聚（Honneth, 1995; Jenkins, 1996）；地方意識愈強，政策利害關係人將愈積極投入，影響整個地方的參與情形，對地方城市的轉型與生活品質的改善十分有助益（Healey, 1998）。是以，制度安排的概念意涵，超越了正式組織及機關的執行技術，而包含地方治理文化以及連結政府組織以及公民組織的關係網。反映到實務中，都市發展與管理大半依賴非正式的活動，而不是事先規劃的理性計畫（Cars & Engstrom, 1997）。易言之，每個地方的歷史發展軌跡與特色皆不相同，所顯示的制度安排與公民結構也有所差異。

　　不少學者運用社會資本的積累程度來解釋制度能力能否充分展開，探討的焦點是社會資本是否為行動目標達成的限制或助長因素？（Ostrom, 1994; Hall & Taylor, 1996: Turner, 2000）。誠如R. Putnam所言：「一旦缺少公民參與、健全的社區制度、互惠的規範以及信任，社會制度將逐漸喪失影響力」（1998: v），因之社會資本是制度產生效能的重要條件之一。制度本身不僅

---

4 地方性的公民結構是具有公共財的社會資本，強調在地方所形成的眾多網絡具有多元與動態的複雜社會關係，對於所追求的集體利益具有相當共識（Morton, 2003: 104）。

對行動者先前所選擇的架構非常重要，對於事後與集體相關事務的溝通與互動也有相當影響力。因此，針對每個地方所做的制度安排，進行效率與效能評估，即可顯示制度能力（institutional capacity）的高低。再者，制度能力有時指涉地方的社會資本高低（Putnam, 1993），意指隨著制度能力的演變，透過社會關係所積累的社會資本將發生變化。

　　由此可知，社會團體能夠形成一股力量，關鍵因素在於其所累積的社會資本；一旦蓄積足夠的社會資本，公民社會或社會團體將可建立連帶感、互惠感、互信感與合夥感，而所積累的社會資本，果若能為政策執行者所用，對集體行動產生莫大的助益（Serageldin & Groottaert, 2000: 55）。

第三節　大稻埕都市再生計畫個案說明

　　「中藥、南北貨、年貨大街」是一般人對迪化街最鮮明的記憶，然而，除了熱絡的商業活動，它更是台北市現存少數幾條具有歷史意義的老街。全長雖僅一公里的街道，櫛比鱗次地排列了三百多棟面貌各異的街屋，卻反映了老街獨一無二的建築風華，代表不同的歷史記憶與社區文化（劉乃瑄，2005）。

　　大稻埕全盛時期的重要特點在於它的現代化；做為全台第一個全球貿易的通商口岸，大稻埕在出口本地產品的同時，也從國外進口了西方現代都市文化。矗立在迪化街兩旁的牌樓厝，便深受西方建築文化的影響。台灣最早的現代服務業，像是保險業、金融業、郵政、電報服務等，也都在這裡首次出現。除此之外，西方文化像是繪畫、古典音樂、戲劇等大半也是在此地被引進，大稻埕因此扮演西方現代化的接收器角色（曾旭正，1997）。

　　可是，新市區不斷的擴張發展，使得大稻埕街區慢慢退縮到都市的邊緣，昔日繁華的景象，逐漸衰退而失去了舊有風貌，取而代之的是「落後」、「窳陋」和「破敗」等負面標籤，成為台北市外圍老舊地區。另一方面，由於早期商業發展鼎盛區域，而貴德街早期更曾被規劃為「洋人居留區」，大稻埕地區因此分布極多具有特色之建築物。其中，大稻埕核心地段之迪化街經台北市政府有計畫的保存下，街區建物仍維持古城的樣貌，且每段街區（南街、中街、北街）皆有特色，以致本區建築發展史兼具豐富的人文色彩，非常適合發展觀光。

　　由於迪化街發展至1970年仍維持7.8公尺的道路寬度，台北市政府於1977

年為配合迪化街南側道路之拓寬，報請內政部核定「變更迪化街寬度案」，將
迪化街的道路拓寬為20公尺道路，台北市政府新建工程處根據此項計畫，進
行兩側一部分土地的徵收，同時也開啟了大稻埕一連串的都市改造。大抵上，
整個都市規劃可分為三個階段：都市更新（renew）、都市再發展（redevelop-
ment）與都市再生（regeneration），[5]如表9-1所示：

表9-1　大稻埕街區都市規劃演變過程

時期	都市更新	都市再發展	都市再生
時間	1977年至1995年	1995年至2000年	2000年迄今
市長	吳伯雄、黃大洲	陳水扁、馬英九	馬英九、郝龍斌
依據辦法	1977年「變更迪化街寬度案」	1995年6月「大同區都市再發展計畫」	2007年5月「大稻埕古城重現推動計畫」
特質	居民爭取自身權益；政策目標不明	居民與政府相互協商；政策進入明朗化	居民與政府建立協力關係；政策具有永續發展精神
推動方式	直線命令控制型政府：由公部門主導，居民配合執行，無主導權。	政府治理，民間配合：居民可反映意見，兩者關係逐漸趨向平行溝通。	協力夥伴關係：政府、民間團體及第三部門緊密合作。

資料來源：本文整理

　　這三個規劃時期，各有其發展重點與特色，惟本章將聚焦於都市再生時
期。這段時期（2000年迄今），大稻埕街區在新興城市成長壓力下，實質與
非實質環境已面臨不堪負荷的窘況，都市更新的意涵，逐漸演化為都市「再
生」，以提升與促進都市之多元的機能為主。因此，都市再生不只是老屋換新
屋，或是振興房地產市場給予容積獎勵，而是要因應新世代社會、經濟、交通
模式、都市與區域結構的改變（都市更新研究發展基金會編，2002）。整體
而言，大稻埕街區再生計畫大致有三項特色：

5　三者最大差異在於「都市更新」強調對都市內老舊區域進行廣泛的更新，「都市再發
　展」是基於環境因素的考量而發展新的計畫以替代原有的主要計畫，至於「都市再生」
　則是兼顧遺產與永續發展（Roberts & Sykes, 2000: 14）。

一、翻轉軸線再造西區

　　馬英九上任市長後，有鑑於西區日漸沒落，遂積極推動「翻轉軸線，再造西區」政策，主要方式是將「現代」與「歷史」、「全球」與「在地」及「經濟」與「生活」相互結合，利用舊市區歷史文化的優勢，配合地方推動地區環境的改造促使街區再生，以活化傳統及特色產業帶動地區再發展。在推動都市更新過程中，馬英九市長結合「社區規劃師制度」，分別在大同、萬華成立都市更新工作室，藉其專業規劃，由下而上診斷社區的問題，擬定可行的行動方案，交由政府部門落實，期使各計畫符合社區需求做為導向，並整合各項資源，有效達到目標。

　　此時期之最大特色，乃是市府推動「雙圈雙軸，舞動大同」，塑造「北生活文化圈」及「南物流文化圈」，並透過「東西向文化軸線」串連孔廟、保安宮一帶特有文化資源及「南北向門戶軸線」重新打造都市新門戶。其中，針對大稻埕歷史風貌特定專用區發展策略之「南物流文化圈」，進一步提出以產業流通的便利性所需之公共建設，與營造具有地方特色之購物環境目標，奠定街區再生計畫雛型。

二、特定專用區制度實施期

　　2000年台北市針對大同區老舊社區更新提出「大稻埕歷史風貌特定專用區主要與細部計畫案」。為配合都市計畫之實施，確定了迪化街維持7.8公尺寬與特定專用區範圍內建築，須依都市設計管制規範設計的法令依據。基於平衡促進地區整體再發展與保存歷史街區聚落之雙重目的，該計畫同時對未來發展提出下列幾點構想：

　　（一）大稻埕地區的再發展，不能單獨以維護迪化街的傳統街道為標的，必須結合鄰近地區，以迪化街為主軸，涵蓋周邊主要聯絡街道，形成一具競爭力的商業活動區域；

　　（二）指定計畫區內具歷史價值的建築物，並透過歷史性建築物之認定，結合保存維護獎勵及容積移轉機制，使歷史資源護育與民間開發權益得以兼顧；

　　（三）充分利用計畫區的文化及歷史資源，並建立都市設計準則，延續歷史街道之傳統風貌，以營造各主要街道之多樣化街道空間與景觀。

　　特定專用區計畫的公告實施，除了確定保存迪化街兩側建物之法令依據外，同時兼顧都市景觀塑造與居民權益補償。至此，大稻埕歷史街區之發展定

位正式確定，民間與政府皆須依據都市計畫與相關法令規範執行開發與更新計畫，進行歷史街區的保存工作。同年，市府為落實「南物流文化圈」之大稻埕歷史風貌特定專用區發展策略，提出下述積極作法：

（一）制定「大稻埕歷史風貌特定專用區歷史性建築認定作業要點」，並劃定「歷史街區」的範圍，以做為歷史建築認定之依據；

（二）制定「大稻埕歷史風貌特定專用區都市設計管制要點」，以保存歷史建築及強化街區特有之空間型態、韻律，並延續歷史街道之傳統風貌；

（三）制定「大稻埕歷史風貌特定專用區容積移轉作業要點」，以維護本計畫區內土地與建築物所有權人的開發權益，創全國第一個縣市政府為保存歷史街區而辦理容積移轉案例。

自大稻埕歷史風貌特定專用區計畫實施後，透過歷史建築物之登錄、歷史街區風貌維護、都市設計準則之擬定及容積移轉之執行，使得大稻埕地區在兼顧歷史街區保存與發展的前提下，以劃設「歷史風貌特定專用區」的方式，達到保存傳統市街的目的。此外，台北市都市更新處於2004年3月3日正式成立，接掌都市更新重任，成為全國第一個成立都市更新專責單位的縣市政府。該處以「翻轉軸線、西東併舉、重現風華」、「更新窳陋、再生優質」為更新目標，希冀藉由都市機能更新、地區環境再造及公私合夥推動都市的改造，縮短「舊」與「新」市區的距離，平衡地區發展（台北市都市更新處年刊，2004/2005：68）。

2005年原永樂市場樓上「大同區都市更新工作室」，因人員編制不足問題與工作室喪失原設置於迪化街之必要性，於是決定暫停運作，將人力與資源與相關更新作業回歸至原都市更新部門。同年，台北市都市更新處委託台灣歷史資源經理學會進行「大稻埕歷史風貌特定專用區計畫」之修訂作業，該計畫初步從歷史風貌復原，生活提升、環境改善、產業振興，以及相關法令機制修訂等課程，提供政府部門修訂計畫參考建議。

市府逐步擬定多項的保存計畫，並確定大稻埕歷史風貌特定專用區的發展定位與規劃方向，相關配套法令亦相繼著手研議，如大稻埕碼頭水岸空間規劃案、迪化街道路景觀改善工程、迪化街招牌美化、迪化街年貨大街、補助歷史性建築物維修計畫、使大稻埕歷史風貌特定專用區之未來發展已有相當程度規劃。歷史性建築的修復與容積移轉的申請件數大幅增加。至2008年底，有251處建築基地進行整建，其中有一百多處已完工，對歷史街區的保存十分有助益。

三、大稻埕古城風貌再現

　　2007年郝龍斌當選市長，持續推動馬英九時期的大稻埕地區再發展專案。在政策論述上主要以「都市再生」的概念推動都市更新，藉由歷史街區再生方式，以「引入都市再生，營造永續環境」、「淡水河岸再生，提升城市魅力」、「多元都市更新策略，創新多樣都市活動，增進地方特色並活絡地方產業發展」，以及「建構完善的都市更新機制，有效推動都市更新」等策略，透過公私合夥的經營方式，冀使迪化街商圈繁榮再生。

　　2007年郝龍斌在首次的「都市再生方案」專案會議上，認為「大同區老街文化再現計畫」應列為首要優先重點，針對「大稻埕古城風貌重現」計畫，提出老街整治應該排除先拆後建的方式，適度的創意和包裝可以展現歷史老街的風貌，活化當地產業與強化當地居民對街區的認同。2007年2月舉行第二次都市再生方案專案會議，吳秀光副市長指示由都市更新處研擬大稻埕古城推動計畫，提出引導地方產業注入新活力，充實觀光資源與設施、改善觀光交通動線與設施、研擬觀光行銷計畫、保存迪化街歷史風貌之都市實質空間形式、提升街區治理能力，提供相關部門初步的理念。並於5月8日召開市府相關單位研商會議，規劃各項策略短中長期具體計畫內容，如表9-2所述：[6]

表9-2　「大稻埕古城重現」推動方案會議結果

	工作項目	權責單位
短期 2007年3月至2008年2月	1. 針對特色產業加強輔導	建設局、商管處
	2. 輔導街區申請國民旅遊卡特約商店	建設局、商管處
	3. 配合大稻埕碼頭公路與街區節慶活動，規劃各式觀光旅遊行程	交通局、新聞處
	4. 改善交通問題	交通局、停管局
	5. 製作街區導覽地圖	大同區公所、交通局
	6. 培訓街區導覽人員	新聞處、文化局、商管處
	7. 全面調查大稻埕地區歷史資源，以整體觀重新定義街區之文化價值與風貌	文化局

6　整理自台北市都市更新處96年5月11日會議紀錄。

	工作項目	權責單位
中期 **2008年3月至2010年12月**	1.檢討修訂都市計畫	都市發展局
	2.永樂市場再利用	建設局、市場處、商管處、文化局
	3.公有建物再利用（260號消防隊、民西路原有派出所、仁安醫院與迪化街127號）	都市發展局、消防局、警察局、文化局
	4.規劃整體人行步道系統，設置道路與設施指標	都市發展局、交通局
	5.提升街區治理能力，輔導商圈成立組織自治自管	建設局、商管處、大同區公所
長期 **持續執行**	1.賡續執行現行都市設計與容積移轉機制	都市發展局、都市更新處
	2.配合區內重要節慶與傳統文化辦理節慶活動	民政局，大同區公所

資料來源：本文整理

　　透過推動方案的討論，學者專家、產業公會、在地團體及市府相關單位達到共識，將設置一個大稻埕工作小組，小組成員包括都市發展局、文化局、交通局、商業處、文獻會、觀光傳播局、市場處、都市更新處等相關單位共同研議推動，將大稻埕歷史風貌特定專用區定位為「復古加上創新」，並納入區外特色景點，如淡水河岸等景觀。

　　對於如何進行公私協力及凝聚居民共識，市府相關單位認為是目前當務之急，因此共舉辦四次工作小組會議。為充分瞭解居民的心聲，更於11月7日，由都市發展局擴大邀請在地相關組織舉行座談會，[7]研議如何結合產業團體、學校社團、基金會等在地組織，「以文化觀光體系帶動地域再生」，共同推展行銷大稻埕歷史風貌及文化觀光資源。

　　2008年1月，大稻埕工作小組認為永樂市場具有迪化街觀光發展策略旗艦位置。然而，由於永樂市場存有空間低度使用、動線不良、設施無法支援大稻埕地區觀光需要、使用型態無法提供迪化街區文化觀光機能等問題，於是在5月1日的「再生方案」會議，經市長裁定後，優先提出永樂市場整建計畫改善

---

7 轉引自台北市政府都市發展局96年11月7日召開推動「大稻埕古城重現」在地相關組織團體座談會會議紀錄。

方案。為廣納建議，特別召開地區說明會，說明「大稻埕古城重現－迪化街周邊地區整體風貌活化計畫」，[8]將以永樂市場周邊地區為主要規劃設計地區。會中，多數議員對於市府規劃迪化街永樂市場前，應先向地區民眾溝通及協調，尊重在地的特色與文化。當地區民也提出一些建議：[9]

　　（一）以生活與文化為主軸，並結合河岸景觀設置腳踏車族休憩空間；

　　（二）規劃城隍廟紀念品空間並與民間企業，當地銀行相結合；

　　（三）結合活動帶動街區發展，考量年貨大街與大稻埕歷史風貌街區的關係；

　　（四）規劃迪化街夜間活動的經營及學生創意產業的進駐與活動；

　　（五）議員應發揮積極角色，朝整體方向規劃設計，而非僅調整現況。

　　都更處於2008年6月負責推動迪化街歷史街區公共環境更新改善規劃案，整合地方文史工作者、專家、學者共識，共同打造歷史街區，透過當地具有故事性方式執行，讓民眾主動參與，訴說每個店家的歷史。藉此塑造迪化街文化商圈特色、改善街區意象。同時由公共環境改善、整體景觀意象創造以及行銷策略運用，塑造南大同物流園區中傳統物流業發展，活絡地區觀光產業機能，促進大稻埕地區再生，並提升整體大稻埕歷史街區特色街道。再者，都市發展局於仁安醫院現址規劃成為全國第一棟「社區營造中心」之駐點，期望將「歷史保存」與「社區營造」結合，賦予其新的時代意義，而且在2009年1月於迪化街一段127號設置工作室，由學者專家進駐，進一步推動社區營造及落實民眾參與。

　　歸結言之，為保存迪化街歷史街區風貌，台北市政府自2000年1月27日公告實施「台北市大同區大稻埕歷史風貌特定專用區都市計畫」，建立都市設計準則與容積移轉制，在市府幾乎沒有投入財務資源下，需保存再生約一百多處的街區建築。但是，傳統商業挹注及歷史街區更新活化，就亟需社區（里辦公處、社區發展協會、耆老、相關公會等）、學術（學校、文史工作者、專家學者等）以及公部門（區公所、更新處、發展局、文化局）三者將資源運轉到再生計畫中。基於此，塑造良好的合夥環境與必要機制是公部門責無旁貸的優先任務，政府可依據產官學的意見，開放若干事務以做為示範，並逐步擴大推動，使大稻埕街區得以永續經營。

8　整理自台北市政府都市發展局97年5月15日召開推動「大稻埕古城重現－迪化街周邊地區整體風貌活化計畫」地區說明會會議紀錄。

9　整理自台北市都市更新處97年4月15日會議紀錄。

第四節　訪談結果分析

　　本章主要分析社區營造與社會資本之間的關聯性，據此，根據立意抽樣法與主要參與者進行初測訪談，以明瞭其對大稻埕都市再生政策之看法，俾利進一步建構本文之研究架構以及訪談題綱。

一、初測訪談

　　本章訪談對象主要依據郝龍斌市長任內相關說明會的出席紀錄，選出積極參與都市再生方案者共9位進行訪談，訪談對象見表9-3。

表9-3　受訪者名單與背景資料

訪談對象	任職單位	編號	背景資料
地區代表	里長	A	歷任三屆大有里里長
	理事長	B	歷任四屆大稻埕社區理事長。同時也居住在迪化街，是地主與本案有相關利害關係
地居居民	里民	C	積極參與說明會；同時也居住在迪化街，是地主與本案有相關利害關係
	里民	D	
民意代表	大同區市議員	E	連續四屆擔任台北市大同區議員，是在地人對大稻埕有很強的使命感
公部門	都市更新處股長	F	負責都市再生方案單位之股長
	文化局承辦人	G	負責此古蹟維護負責人
專家學者	大同區規劃師	H	市府榮聘為社區規劃師
	台灣歷史學會執行長	I	街區保存的創始民間單位 現為推動都市再生計畫之委員

資料來源：本文整理

　　再者，根據個案，擬訂下列訪談題綱如表9-4，以檢證社區是否存有豐厚的社會資本，有助於都市再生計畫之推動。

表9-4　訪談題綱

（1）整個大稻埕歷史風貌特定專用區街區的發展，可否簡單說明這個歷程？
（2）里民的主要需求為何？
（3）社區居民對於大稻埕歷史風貌特定專用區（迪化街）的規劃方式看法為何？
（4）公部門的主張有沒有跟社區居民溝通？兩者之間的衝突，您覺得要如何解決？
（5）居民如何向都發局與都更處表示對大稻埕歷史風貌特定專用區（迪化街）的期望？
（6）居民現在有什麼管道與負責單位溝通？
（7）對於劃定大稻埕歷史風貌特定專用區的再生過程瞭解程度？
（8）對於迪化街街區再生，是否還有值得關注的議題？
（9）迪化街街區再生案從被漠視，到規劃成大稻埕歷史風貌特定專用區，您認為關鍵因素為何？是社區居民積極的投入？媒體引發社會的關注？還是各屆市長的強力支持？
（10）您在參與過程中，所面臨的最大困難是什麼？社區動員情形如何？
（11）您是基於何種動機參與迪化街的社區事務？您所期待迪化街地區的願景為何？
（12）大稻埕歷史風貌特定專用區至今尚無法形成共識，您認為較理想的解決方式為何？
（13）這個案子在市政府內部涉及到相關單位，諸如都發局、文化局、建設局，甚至大同區公所，市府如何整合相關意見？
（14）針對迪化街街區未來的規劃方向，都更處是完全配合社區居民的意見嗎？有無自己的想法？
（15）針對迪化街再生案，議員除了反應民意之外，是否還有他的角色扮演？而就議員您本身是如何引導雙方形成共識？

資料來源：本文整理

二、訪談結果分析

　　本文根據九位受訪者的訪談內容，進行交叉分析找出共同的變項，再將變項彙整成對迪化街再造個案之重要影響因素。分述如下：

（一）網絡內部的互動特性

公民參與政策的執行，必須透過網絡取得重要訊息、資源、瞭解政策，更可建立凝聚力。

從里長訪談中，歸納出其實社區裡面有其良好互動關係，彼此需要幫忙時，大部分里民都會相互協助，形成一個互惠的網絡：

自民國83年7月……理念是想為里民服務，並積極瞭解地方事務建設之需求，因此勤走基層與里民溝通……並與公部門協商溝通（A-1）。

以前……民眾自發的組織，透過一些非正式的途徑（如抗議及請願）表達意見參與。現在委員會與居民站在同一條線上相互幫忙……居民是會互相傳播訊息的（A-10）。

而社區理事長也認同社區透過組織動員，可結合民意提出訴求：

就是要去融合大家的意見，再去分析跟政府溝通（B-8）。
我跟你說我社區動員是可以動員迪化街的地主啦……如果說他們有通知當地的地主居民，讓他們參與開會啊。多開會或打電話就多瞭解自身權益（B-10）。

即使迪化街從以前商業圈逐漸轉向社區發展方向，居民彼此間有共識與互助不再是單一的商業行為：

彼此之間其實迪化街那邊每個都是做生意的……組織從本來就不容易形成，到現在居民互相可以凝聚起來那種共識……可以有個共同的理念，可這邊也漸漸成形，目前我雖已看出他們組織有社會網絡也會互助（H-4-2）。

文化局承辦人認為，居民面對共同問題會相互學習、關懷：

就是你很嚴格……比如說剛剛你有提到居民相互認同合夥關係……不

過我覺得還是有共同的意識表達出來，雖然是個案但居民還是會傳來傳去問建築師，所以……居民對共同的問題相互學習（G-9）。

居民C指出要滿足社區公民的期望，亟需透過社區網絡才可能達成：

應該都沒有……社區理事長也是迪化街出身的……但是他什麼都沒有關心到，……的困難需要我幫你們忙的……就直接找議員…我們遇到問題求助他們，……我們簡短的陳述之後，他們片面的瞭解，……鄰長、里長這種作用……幫我們解決這樣的問題，……我們這地方並沒有展現出這種效果……大家就是這樣子悶著，各自遇到問題各自想辦法（C-6）。

從C君與都市更新處課長的訪談內容中，顯示居民對於公共事務的參與，大半是以己身利益為主所形成：

瞭解歷史街區……牽涉到本身居民的利益……就會組成一個組織或找一個頭相互約束相互幫助傳遞消息來解決都更的問題（C-7）。

其實……要能夠活化能夠發展，社區的參與我覺得很重要，……像那個大稻埕地區不是有一個迪化商圈促進發展協會……感覺好像也是以商業型態為主（F-7）。

與公部門互動，理事長覺得政府大半係依據專家學者的建議，對於接受民意，這一點政府須再加強：

不是依據學者專家的看法嗎，……學者他們自己想怎麼樣規劃就規劃，所以才會有衝突……去抗議呢，……他們規劃出來的跟當地實際的環境一丈差九尺，現在雖然有比較好一點但市政府還是沒有認真聽我們的心聲（B-3）。

而C君認為政府的溝通工作，並未達到預期效果，無法適時回應，導致居民與政府之間的互動並不熱絡：

在一點……說明會他們有沒有給我們這些溝通，……充分的溝通，……有充分溝通才會使得這個活動或是訊息上能夠散發的更廣或是活動辦得更好，但是我發現……不是太好的一個結合，這是我到目前的一個個人想法（C-2-2）。

其實……我們的通病，……管理單位能夠跟我們一起來座談，……當然一般生意人說這個沒有意義的事情，講了以後都沒有什麼訊息，……所以一般都不太踴躍，……部門的話應該多深入瞭解一些狀況。……他們有難處我們也是有難處啦，……沒辦法去溝通（C-4）。

里長、都更處承辦人指出，社區領導者，例如里長、理事長具有中介者身分，除了傳遞重要訊息給居民，亦可將居民需求傳遞給學者專家與公部門供作參考：

成立一個民間組織「大稻埕迪化街繁榮促進會」，……與市府相關部門協調溝通之橋樑。他們是有組織的，具我所知他們會相互詢問重要資訊並且連繫一起，溝通彼此的理念，合作並透過我向公部門獲得特定資源或資訊（A-1）。

一般里民如碰到問題，……找里長幫忙，再請議員向負責單位詢問，並由議員召開公聽會，由負責單位向里民解說法律規章……瞭解法規的要求（A-6）。

民眾的需求大部分都是站在他們的角度在看，不管是在地區說明會，還是透過議員來表達，或者是透過里長那邊來跟我們發聲（F-2）。

但有里民持相反意見，認為社區領導者與社區組織之間的溝通並不順暢，以致無法得到資訊來源：

鄰長、里長作用最主要就是要幫我們解決這樣的問題，可是我覺得在我們這地方並沒有展現出這種效果跟型態，所以我們太多的問題……大家就是這樣子悶著，各自遇到問題各自想辦法（C-6）。

　　歸結言之，社區組織的網絡，不論是透過正式或非正式的接觸，皆可獲得所需資源。其中，最有價值的資源就是資訊。換句話說，社會網絡關係就是最好的資訊媒介，透過網絡關係獲得資訊，可減少蒐集成本。再者，從一些訪談對話中，得知少數居民雖不贊同里民之間存有互助精神，以及認為里長、理事長的功能對里民的助益並不顯著，但大部分受訪者認為互動可提升成員的參與感。

（二）網絡組織的結構特性

　　就網絡組織結構特性而言，社區成員之間若能互動瞭解，網絡內部不會有隱藏資訊問題（Coleman, 2000: 23-27），而社會資本累積的關鍵因素在於資訊要有流通性（林勝偉、顧忠華，2004）。由前述可知，里辦公處的里長與社區發展協會的理事長是訊息傳播者，對里內的資訊流通扮演重要的角色：

　　並告知里民獎勵方案如何處理容積移轉，並且召開說明會，讓里民親自參與，並由里辦公處通知（A-2）。

　　如果有衝突……我會先蒐集民意然後下一次公部門提出，有時透過區公所公文或任何會議或市議員管道，不然就是在有相關會議時提出，……直接找市長幫忙，如現在有里長聯誼會就可以提出（A-4）。

　　居民遇有問題，大致會透過學者專家與公部門獲得所需資訊，因此期望市府設立一個窗口，解決居民對大稻埕政策的疑惑：

　　公部門又成立工作室，居民只要有需求就去找他們，使居民漸漸開始瞭解都市更新是什麼要如何去維護自己的權益（A-1）。

　　現在都市更新也有設工作室在迪化街一段127號，……迪化街歷史建築物仁安醫院並成為「社區營造中心」，進一步推動社區營造及落實民眾參與，以協助迪化街建構市民充分參與之社區營造機制新據點（B-1）。

　　那我是一直想要建議說是否能有一個管道，……對我們這些特定區的

居民能夠有一個單一窗口，什麼都能問就像1999一樣，……我覺得這是最好的（C-4）。

另一方面，市議員覺得當地居民與市府的溝通互動，有一種強迫中獎的感受，導致居民對於政策參與缺乏意願：

　　……市政府跟地方上的溝通，……作法上是需要有修正……做這個改建的草案的時候，他們沒有先跟當地的攤商做溝通，……草案出來之後才去跟居民說明，居民會有一種趕鴨子硬上架……這中間我們發現有很大的落差（E-3）。

都市更新處科長也表示，僅靠里長、理事長、議員、社區領導者進行政策溝通成效有限，如果市府能夠直接聽取里民的需求，適時提供解答，對大稻埕街區改造應有更佳效果。因此，在大稻埕街區內，設立首座社區營造中心與工作站以廣納民意：

　　其實……里長是一個管道，……覺得民眾透過議員的比較多，……比較年輕的下一輩還蠻常打電話進來，有些也會來這邊找我們，但是只有年輕的會，這是站在居民的角度來看，……公部門的角度，設置工作站就很重要了（F-5）。

　　……還蠻需要這種社區參與的工作室，……我們目前已經有規劃幾個要駐點的工作室，除了第一個仁安醫院就是目前開幕……社區營造的部分，……我們是在迪化街一段127號，……永樂市場的七樓也要設一個駐點，……今年年中的時候才會開放，那迪化街127號已經有局部開放了，……提供民眾發聲的機會（F-3）。

另一位受訪者認為規劃師面對居民時，同時扮演諮詢者以及規劃者角色，透過工作室將可與民眾面對面的溝通，提供在地化服務：

　　我在市政府裡面是最基層的執行者，……是第一線面對的人，……就是我要把民眾的意見反映到我們要執行的計畫上面，或是讓長官瞭解到實

際上他們的想法（H-3-1）。

　　我們等於說是從下而上，……跟地方的一個溝通，……所以變成說我們是第一線跟民眾有相當大的關係……在地的工作室，民眾會來做一些面對面的溝通，……跟民眾相互的交流，……我們有達到所謂的民眾參與（H-1）。

　　理事長認同市府設置工作室，除能直接溝通、迅速解決問題之外，並將資訊傳遞給里民：

　　之前在迪化街有一個工作室，……被裁撤掉了，但現在就不會了，工作室裡面有建築師、學者專家、……不過比以前還要透過里長、市議員或區公所就快很多了，……透過他們跟公部門溝通，而且他們也聽到我們的心聲（B-6-1）。

　　市府文化局承辦人認為，街區的里民具有相互傳遞資訊的功能，對於共同問題會相互學習討論：

　　……比如說你有提到居民相互認同合夥關係，……有共同的意識表達出來，雖然是個案但居民還是會傳來傳去問建築師，……那是一個居民對共同的問題相互學習（G-9）。

　　學者I認為社區組織如沒有領導者，將無法與政府進行溝通協調，浪費物力與人力等，唯有領導者才能有效解決社區問題：

　　……政府再規劃好的政策，如果沒有一個領導站出來，社區就不會有進步。（I-1）……但民意如流水……這二十多年，物力、人力、財力投資那麼多，……現在這個社區是個學習型社區居民會相互溝通，學習幫助（I-3）。

　　綜上得知，社區組織如沒有領導者，將無法與政府進行溝通協調，然而，單單依賴社區領導者也無法將政策傳達到社區每一個人，所以社區組織的結構

特性是一項重要變項。

（三）規　範

　　規範是可解決社區集體行動之困境，隨著義務關係的確定，個人競租（self-seeking）行為將轉而追求共同的利益，尤其在地方性社區的運作模式。規範制約成員之行動，具有外溢效果；只要少數人遵守規範，其他成員將隨之效法，使社區組織發展更趨健全：

　　民間組織基於自己理念需求相互共同的價值感，與對迪化街的歸屬感決定去市府抗議等或找議員等等辦法……。還有迪化街……我們促進會有一定的規範與理念透過彼此間對居住在迪化街情感，共同要把迪化街做好（A-3）。

　　……公部門要與社區居民與民間有規範的組織多溝通，以相互幫忙互惠精神來執行政策，不然永遠沒辦法成功（A-4）。

　　從社區理事長的訪談，可知社區協會的運行如能透過自治條約，使委員踴躍參與社區組織，使其瞭解社區事務與自己有切身關係：

　　社區發展協會的條約就是協助居民與地主儘量參與會議，進而促進都市更新達到居民的要求（B-2）。

　　受訪者C認為只要牽涉集體權益就自然會有領導者、正式或非正式組織的產生，社區宜制定共同公約，俾能互助達到目標：

　　最主要還是牽涉到本身居民的利益，我們就會組成一個組織或找一個頭相互約束相互幫助，傳遞消息來解決都更的問題（C-7）。

　　都更處科長明確指出，大稻埕居民唯有透過合夥方法，才能發揮更大功能：

……要從公部門的角度去改變……是不夠的，雙方要共同努力，尤其居民更要透過組織有共同的行為準則，才能發揮功能，……（F-7）。

根據上述，顯示大稻埕社區為了自身的利益會相互團結，透過規範與共同公約，有效約束投機者，解決集體行動之困境。

（四）信　任

信任與社會資本之間關係是互為表裡；社會資本可維持信任關係，信任關係也可創造社會資本。換言之，不論在緊密或鬆散關係中，雙方因為信任而逐漸累積社會資本。另一方面，社區營造理論相當強調社區領導者的角色，最重要者是能使參與者在既有的互動平台上進行意見、資訊的交換。然而，前提是社區居民對於社區的領導者存有相當程度的信任感。

(1) 居民對於社區領導者、政府與學者專家的信任

為解決公私部門的衝突，社區組織勤與居民、公部門、學者協商溝通，共同處理公共事務：

其實居民跟公部門這邊的溝通平台還蠻微妙的，……其實溝通的管道大概就是里長或是議員，很少居民會直接來找公部門討論，……，所以才需要里長或里幹事幫我們發聲（F-3）。

另一方面，也有居民覺得里長與理事長對於解決里內的問題，充滿不確定性：

應該都沒有，……大有里的社區理事長也是迪化街出身的，……他本身要瞭解本地的需求……他什麼都沒有關心到，……為什麼這房子蓋這麼久你要去瞭解，讓居民知道嗎，或者說你們有什麼樣的困難需要我幫你們忙的（C-6）。

但學者一語道破，指出大稻埕街區領導者對於都市再生計畫推動之重要性：

　　政府再規劃好的政策，如果沒有一個領導站出來，社區就不會有進步（I-1）。

　　C君與規劃師指出，居民對於政府或學者專家的協助規劃有相當程度的信任，覺得公部門有心改善大稻埕社區需求：

　　政府有這種美意當然是非常好啦，同時也希望我們所有的里民能配合……所以也是應該能夠配合政府啦，配合是蠻好的（C-1）。

　　現在居民互相可以凝聚起來那種共識，……有個共同的理念，……已看出他們組織有社會網絡也會互助，……執行者跟地方的信任與居民之間信念才是重點……就是要堅持（H-4-2）。

　　政府在規劃工作一定要有所堅持，同時善用學者專家的建議，居民才會信任政府是為居民做事，值得信賴：

　　……工作室裡面有建築師、學者專家、……比以前還要透過里長、市議員或區公所就快很多了，……透過他們跟公部門溝通，而且他們也聽到我們的心聲（B-3）。

　　或請教專業的建築師、設計師，才能知曉內容，而且透過專家學者的幫忙，互相都可以得到好處（A-7）。

　　我們有問題會找建築師或理事長或里長，有關建築的部分會問（D-6）。

　　其實還可以去找幾個在地的建築師，……聽聽他們的意見，其實以設計者的角度來看，他的看法應該是不太一樣的（F-10-1）。

　　一旦居民相信政府有充分能力回應需求，彼此之間就日漸產生信賴關係：

　　……那針對這個街區產業的活化還有觀光的部分，……市政府就有提

出一個大稻埕古城重現的計畫，……哪些地方是缺乏的我們要去補，……所以我們在規劃……是以整個大面向來看，我們希望能對這個街區更有一些幫助（F-1）。

(2) 居民之間充分的信任

果若居民體認到和諧感通的真意，社區內將普遍存有信任感，方能匯聚居民的向心力，與所需的人力資本，達到居民的遠景與期望。

我覺得公部門要與社區居民與民間有規範的組織多溝通，以相互幫忙互惠精神來執行政策不然永遠沒辦法成功（A-4）。

迪化街再生的角度，……要去……里民去請教，而不是我一個人的看法就是正確的。就是要去融合大家的意見，再去分析跟政府溝通（B-8）。

由都市更新處承辦人的訪談得知，大稻埕社區的確落實公民參與精神，凝聚居民理念，並透過社區領導者與政府協商溝通：

大稻埕特定區蠻多的問題……但是街區能不能活化就是在於居民的認知和意願，……居民如果對這個街區其實信任非常強的話，……事實上對街區是比較有凝聚力的，……社區的參與我覺得很重要，……但有一定的組織水準（F-7）。

要居民參與要磨合，……就是要聽大家的意見，然後公部門也要提供一些專業度和規劃的參考，雙方其實要互相磨合，……我覺得重點應該是在這邊（F-8）。

然而，文化局承辦人與學者認為里民對於政策規劃的反應卻相當冷漠：

我現在接觸到的很多所有權人根本沒有看法，他只是想要通過，……很少遇到那種真正有想法，知道該怎麼做的人（G-4）。

　　迪化街就是？錢為目的，也就是只有小我沒有大我，社區沒有共同利益也沒遠景，與都市發展局與文化局有代溝，可以說是冰庫、金庫、倉庫。……以後他們不愛自己的家鄉與社區，政府是不會替他們想的，這就是問題的點（I-1）。

　　所以我們太多的問題，可能是我們這邊居民的特性吧，大家就是這樣子悶著，各自遇到問題各自想辦法……（C-6）。

　　但學者I與社區規劃師H指出，大稻埕社區已從原來的冷漠逐漸轉變：

　　現在這個社區是個學習型社區，居民相互溝通，學習幫助（I-4）。

　　到現在居民互相可以凝聚起來那種共識，……目前我雖已看出他們組織有社會網絡也會互助，可是我覺得執行者跟地方的信任與居民之間信念才是重點（H-4-2）。

　　根據上述內容，顯示大稻埕居民之間逐漸凝聚向心力。另外，對於社區領導者與政府學者專家也存有信任感，如此將能改善大稻埕的都市再生計畫推動。

（五）義務道德

　　個人與組織關係中的義務層面，係建立在個人與組織之間的互惠狀態。成員經由社會規範的內化，將產生個人義務或道德責任的承諾。從里長訪談中，瞭解居民與組織之間必須存有正式的規範，俾能推動政策：

　　我覺得公部門與社區居民間存有規範的，以相互幫忙互惠精神來執行政策（A-4）。

　　C君也認為大稻埕居民配合社區計畫的意願很高，進而推動社區事務：

　　政府有這種美意當然是非常好啦，同時也希望我們所有的里民能配

合，……，他們會商討以後整個計畫出來給我們，我們可以配合他，這樣統一出來不是蠻好的，又快不會拖那麼久，原來居民是有意願要配合（C-8）。

議員E與文化局承辦人F指出，居民對於文化資產覺得有義務繼續保存：

包括社區民眾的自覺，……大家對於文化資產保護意識的抬頭（E-6）。

所有權人跟市政府是有一定的承諾的……雙方是還有權利義務的關係（F-2）。

根據受訪內容，顯示大稻埕居民重視協議內容，認同雙方的任務及責任範圍。

（六）信　念

信念是指大稻埕社區居民藉由互動溝通彼此的理念，對於都市再生方案的期望持有相同觀點。大稻埕社區居民與學者專家透過溝通協調，使得社區居民分享共同經驗，並激發其參與動機。

受訪者A認為大稻埕的居民透過組織溝通協調，營造社區產業，讓迪化街商家能永續經營：

成立一個民間組織「大稻埕迪化街繁榮促進會」，……市府相關部門協調溝通之橋樑。他們是有組織的，……，溝通彼此的理念，並透過我向公部門獲得特定資源或資訊（A-1）。

迪化街里民的需求不外是交通變好、停車問題、容積移轉可帶來多少好處，政府是否對居民有共同承諾……帶來商機、促進迪化街繁榮等等（A-2）。

因為台灣唯一僅存的歷史老街不能讓它再衰落下去。……不僅希望對建築物靜態保存，更希望迪化街動態的商業活動更熱絡。……藉由公部門

與居民參與方式，以營造社區、產業及政府的合夥關係為目標，讓他們繼續永續經營，這才是迪化街居民最大的期望（A-5）。

提到對於大稻埕街區之未來發展，理事長存有休戚與共的感覺：

迪化街居民的需求，……把整個大稻埕歷史特定專用區做的能不能帶動商機出來，能帶動當地繁榮……，就是產業發展促進迪化街繁榮（B-5-1）。

大稻埕街區居民往往將不符合需求的政策，透過議員的協助，進行改變：

其實他們的訴求就是從剛剛講的，停車代金的免繳，這個已經突破了。還有包括設計層面，因為光就一個都市設計的審議、審查就曠日廢時（E-2）。

而規劃師H君與都更處科長F君則認為，居民由下而上的溝通方式是促使大稻埕街區繁榮的主要關鍵：

我們等於說是從下而上，是在地的工作室跟地方的一個溝通，……變成說我們是第一線跟民眾有相當大的關係……在地的工作室，民眾會來做一些面對面的溝通，……做到跟民眾相互的交流，……我們有達到所謂的民眾參與（H-1）。

大稻埕特定區蠻多的問題還需要作一些改善，……但是街區能不能活化就是在於居民的認知和意願，……其實這個街區要能夠活化能夠發展，社區的參與我覺得很重要……（F-7）。

文化局承辦人G也認為居民會藉由共同經驗分享，溝通彼此理念來解決問題：

……居民相互認同合夥關係，……有共同的意識表達出來，雖然是個案但居民還是會傳來傳去問建築師，所以我覺得……居民對共同的問題相

互學習（G-9）。

據上述內容，可知大稻埕居民具有共同經驗，同時瞭解追求的信念。

（七）情感認同

居民之間首先要認知到所持的信念對於目標相當重要，才能產生情感認同及投入。大稻埕社區居民有強烈的動機將街區做好，並與公部門合夥經營，正如A君所言：

我們是有組織的，……基於理念需求相互共同的價值感，與對迪化街的歸屬感……（A-1）。

居民能夠接受且對街區景觀、產業以及房屋改造有利的狀況下造成公私雙贏（A-9）。

居民C君和D君也有情感共識與認同，並為古蹟保存完整而感到驕傲：

我們在地人當然要有在地人參與的一個意願，當然包括都市更新的這個部分（C-2）。

……我是樂觀其成這個區域被設定成這個，……老建築有老建築美的地方，而且真的很不容易在台北市能夠保留迪化街這個區域……居民的想法也是一個很重要的元素（C-9）。

從都市更新處科長與文化局承辦人的訪談中，約略可知居民對大稻埕街區具有情感，且社區組織與領導者對於街區發展所付出的努力也得到居民認同支持：

但是街區能不能活化就是在於居民的認知和意願，他們對這個街區的看法，……事實上對街區是比較有凝聚力（F-7）。

到現在居民互相可以凝聚起來那種共識，我是覺得比較有進步

（H-4-2）。

（八）成本考量

　　街區居民要有相互託付的意識，認知所持的信念對於目標相當重要。此一持續性承諾除可提供個人獲得資訊與選擇機會，亦可促進互助思維。

　　公部門如與學者專家直接溝通對於更能得到最大效益，而在執行政策前先與居民溝通協調，才不會浪費有限資源：

　　　請教專業的建築師、設計師，才能知曉內容，而且透過專家學者的幫忙，互相都可以得到好處（A-7）。

　　　我知道學者專家也是對我們好，如丘教授等多接觸幾次就瞭解學者的苦心，……其實居民是會互相傳播訊息的，也就是好康到處報（A-10）。

　　居民之間唯有經過密切互動達到共識，可降低尋找資源，所需支付的成本，而公部門政策如能降低成本是居民樂於見到的：

　　　就是要去融合大家的意見，再去分析跟政府溝通（B-8）。

　　　對於取消停車代金這個事情，居民都很樂意，可以少付出一點（C-7）。

　　　社區規劃師最好是在地人，才能對大稻埕街區獲得最大的成本效益：其實對那邊迪化街的人來講的話，他們當然是希望說可以獲得最大的利益，不管是從作生意還是地產方面來講（H-2）。

　　　社區規劃師是在地的人想為地方做事，長期在這邊，跟地方有一定的人脈關係，……，慢慢把這個地方改善，……（H-5-2）。

　　反之，C君表示社區領導者對社區發展的幫助並不顯著，且未降低交易成本：

　　我們常常在講說鄰長、里長這種作用最主要就是要幫我們解決這樣的問題，可是我覺得在我們這地方並沒有展現出這種效果跟型態，…就是理事長……他應該很瞭解這些事情，……沒有提出什麼樣的意見，是蠻大的問題（C-6）。

　　但都市更新處的科長F君表示，社區組織與領導者還能反映多數居民的心聲：

　　民眾的需求大部分都是站在他們的角度在看，不管是在地區說明會，還是透過議員來表達，或者是透過里長那邊來跟我們發聲（F-2）。

第五節　研究分析

　　依據上述九位受訪者的訪談結果，進行交叉比對分析，找出共同的變項，再將變項彙整為對大稻埕都市再生計畫推動個案之重要影響因素。從相關文獻以及政府計畫，得知依變項為大稻埕歷史區都市再生計畫推動，包含三個構面：經濟面（觀光發展）、文化面（古蹟維護）、政治面（參與治理）；而自變項，也就是社會資本的構成要素，主要是依據訪談結果歸納而得，包括：網絡內部互動特性、網絡組織結構特性、規範、義務道德、信任、情感認同、成本考量與信念。這些要素依J. Nahapiet與G. Sumantra（2000: 121-35）的理論，可歸類為結構取向、關係取向、認知取向。因此，整個研究架構圖如圖9-1所示。

一、研究假設

　　從訪談內容整理出構成社會資本變項，但這些變項對於大稻埕歷史街區都市再生計畫推動是否有顯著影響力？以下先提出研究假設，並以$\alpha=0.05$檢驗之：

　　假設1：若里民結構取向愈強時，則大稻埕歷史街區都市再生計畫推動（經濟、文化、政治面）也愈有成效。

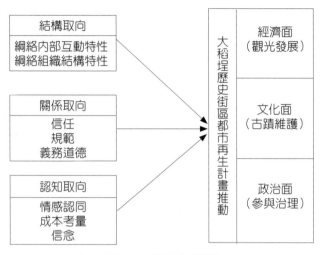

圖9-1　研究架構圖

資料來源：本文自繪

　　此結構取向為網絡內部互動特性與網絡組織結構特性，若結構取向增強則大稻埕歷史街區都市再生計畫推動觀光發展、古蹟維護與參與治理就愈有成效。

　　假設2：若里民關係取向愈強時，則大稻埕歷史街區都市再生計畫推動（經濟、文化、政治面）也愈有成效。

　　此關係取向為規範、義務道德、信任，若關係取向增強則大稻埕歷史街區都市再生計畫推動觀光發展、古蹟維護與參與治理就愈有成效。

　　假設3：若里民認知取向愈強時，則大稻埕歷史街區都市再生計畫推動（經濟、文化、政治面）也愈有成效。

　　此認知取向為情感認同、成本考量、信念，若認知取向增強則大稻埕歷史街區都市再生計畫推動觀光發展、古蹟維護與參與治理就愈有成效。

二、問卷題目設計

　　依據理論，提出相關變項之操作定義、問卷題目與尺度，如表9-5所示。

表9-5　相關變項之操作定義、問卷題目與尺度

構面	變項	操作定義	前測問卷題目	尺度
結構取向	網絡內部互動特性	社會網絡影響行動者的方式，可以經由直接聯繫或是間接聯繫，藉著網絡所建立的關係進行聯繫（Tichy, 1981; Scott, 1991）。不論是以何種方式互動，皆是個人獲得支持以及資源的管道（Burt, 1992; Coleman, 1988; Granovetter, 1973）。文中所謂網絡內部互動特性是指成員與團體之間的互動情形（Nahapiet & Ghoshal, 2000: 133-4），界定為政策利害關係人的互動。	1.請問您住家附近的居民您大部分都認識嗎？ 2.請問您有需要鄰居幫忙時，鄰居都會幫忙嗎？ 3.請問您與公部門之間進行互動時能獲得所需的資訊？ 4.請問您拜訪社區組織能獲得所需的訊息？ 5.請問您與學者專家之間進行互動能否獲得所需的資訊？	等距
結構取向	網絡組織結構特性	網絡結構特性是指結構孔道（開放性網絡），Burt（1992）與Coleman（1988）的封閉性網絡。Coleman（2000: 23-7）認為，網絡內部中，每位成員彼此瞭解，資訊較不易隱藏；而Burt認為處於中介者位置較易有隱藏資訊的問題。文中網絡結構特性，係指資訊開放性與封閉性，可界定為資訊開放性與封閉性的流通關係。	6.請問您覺得只要將資訊給您所熟悉的人知道，其他的人可以一概不管。 7.請問您覺得將資訊散播給別人，對自己而言並沒有很大的幫助。 8.請問您覺得將您所知道的訊息傳遞給鄰居知道是正確的作法。 9.請問您會為自己社區的發展而提供本身的資源與協助。 10.請問您覺得透過社區組織、社區領導者等傳遞資訊，對大稻埕街區是有益的事情。	等距
關係取向	信任	Ring和Van de Ven認為信任包含二個層面：1.對他人的期望有信心、可信賴且可預期；2.對他人的善意具有信心（1992: 488）；另外學者Rempel、Holmes & Zanna提出衡量信任的三個構面（1985: 98-107），包括：1.「可預測度」：從過去行為的一致性與社會環境的穩定性	11.請問您與社區組織有一定的默契存在嗎？ 12.請問您與居民有一定的默契存在嗎？ 13.請問您對於公部門對於大稻埕街區的都市再生方案規劃有信心，而且是值得信賴的嗎？ 14.請問您對學者專家規劃大稻埕街區的專業能力有信	等距

構面	變項	操作定義	前測問卷題目	尺度
關係取向	信任	所影響，根據以往互動的經驗知悉被信任者的一致性與穩定性形成信任的基礎；2.「可依賴度」：信任者依過去被信任者性格傾向去解釋對方各種行為之可靠性；3.「信心度」：對未來即使充滿不確定性，認為被信任者仍會回應或關懷。本文對信任的界定為居民、組織、專家及政府之間的信任。	心，而且是值得信賴的嗎？ 15.公部門能夠回應大稻埕居民的需求來解決問題，所以其是值得信賴嗎？ 16.學者專家能夠回應大稻埕居民的需求來解決問題，所以其是值得信賴嗎？ 17.請問您社區組織內的成員都很友善，會關懷有問題的居民嗎？	等距
	規範	規範係指團體成員經由互動所產生的共同行為準則（Wellman, 1988: 23）。規範的來源可能來自正式（如：法律規定、社區規章）或非正式的管道（如：人際壓力、相互約束力）；Putnam（1983）認為規範將可促進人們行為的改變，由鑽營私利、以自我為中心，不願承擔義務的心態，轉變為具有命運與共、追求公益的精神。本文將規範界定為對規範的認知與遵守。	18.請問您會依循本里的風俗民情來規範自己的行為？ 19.請問本社區組織認為重要的事，您也認為重要嗎？ 20.請問您，覺得本社區內應該有居民共同制定公約嗎？ 21.請問您會遵守本社區內居民共同的公約嗎？	等距
	義務道德	規範承諾強調個人與組織關係中的義務層面，此種承諾建立在個人與組織之間義務的互惠狀態。經由社會規範的內化作用，可產生一種接近個人義務或道德責任的承諾（Meyer & Allen, 1991）。本文將義務道德界定為組織與居民感受到的義務與道德約束。	22.請問您會配合公部門推動大稻埕街區都市再生方案的計畫嗎？ 23.請問您會配合社區推動本區的計畫嗎？ 24.請問您會希望將社區組織的事務做好嗎？ 25.請問您與社區組織之間能夠共同承擔本區的權利義務嗎？	等距

構面	變項	操作定義	前測問卷題目	尺度
認知取向	情感認同	學者Meyer和Allen（1991）認為組織承諾係由三種？類別所組成；其中，情感性是指員工對組織在情感上的依附、認同及投入程度。本文對情感認同界定為居民在協力活動中的情感認同與地方歸屬感。	26.請問您認同社區組織所做的努力嗎？ 27.請問您認同社區領導人所做的努力嗎？ 28.請問您認為大稻埕街區居民之間有強烈的情感嗎？ 29.請問您對大稻埕街區有歸屬感嗎？ 30.請問您有身為大稻埕街區的居民感到驕傲嗎？	等距
	成本考量	承上述，成本考量係指個人瞭解一旦離開組織，所面對的成本與風險認知。本文將成本考量界定為社群、組織、個人之信用與可利用性，以降低資訊交易成本。	31.請問您會考量資源獲得的成本，而與社區組織密切互動？ 32.請問您會考量資源獲得的成本，而與社區領導人密切互動？ 33.請問您會考量資源獲得的成本，而與學者專家直接溝通？ 34.請問您會考量資源取得的成本，而與公部門進行互動？ 35.請問您相信與公部門進行互動是有好處的嗎？ 36.請問您相信與學者專家進行互動是有好處的嗎？	等距
	信念	信念意指一群人藉由互動，溝通彼此理念，以期對於整個世界的責任與期望持有共同的觀點。個人有意願參與集體行動（亦即個人的行為是否可以直接使集體受惠，而個人亦能因此間接受惠），端視所持的信念。當一個組織的成員具有能力與意願配合整體追求的目標與行動時，這個組織事實上已建立「和諧感通」的關係（Leana & Van Buren, 1999: 541-2）。本文對信念的界定為共同目標設定與互惠的行為。	37.請問您認為大稻埕街區都市再生方案的成功對於居民的經濟情況是有改善嗎？ 38.請問您認為大稻埕街區都市再生方案的成功對於居民的公共環境情況是有改善嗎？ 39.請問您認為大稻埕街區都市再生方案的成功對於居民的交通情況是有改善嗎？ 40.請問您對於大稻埕街區未來的發展有命運與共的想法嗎？	等距

構面	變項	操作定義	前測問卷題目	尺度
經濟面	觀光發展	本文對觀光發展的界定為居民對大稻埕歷史街區的觀光發展的認知，以瞭解居民的贊同程度（田瑞良、游志青、何黎明等，2004）。	41.請問您與社區居民有共同追求大稻埕街區商業繁榮的精神？ 42.請問您，大稻埕歷史街區的觀光發展是當地主要經濟收入來源？ 43.請問您覺得都市再生計畫對大稻埕歷史街區觀光產業有幫助嗎？ 44.請問您認為大稻埕街區發展觀光活動可以提供民眾假日休閒活動的去處？	等距
文化面	古蹟維護	本文對古蹟維護針對態度的界定為對古蹟保存參與意願（文化環境基金會，1999）；社區居民對於古蹟維護參與意願的界定協助推廣的程度以及選擇參與的方式。	45.請問您覺得大稻埕歷史街區要妥善保存嗎？ 46.請問您知道公部門計畫進行大稻埕歷史街區保存工作嗎？ 47.請問您願意參加大稻埕歷史街區保存推動的活動與課程嗎？ 48.請問您覺得都市再生計畫對大稻埕歷史街區古蹟維護有幫助嗎？	等距
政治面	參與治理	P. Schmitter認為參與治理係指由受政策影響者參與制定與其息息相關的政策（2000）。本文將參與治理界定為對社區活動參與意願。	49.請問您願意參與社區組織大小活動嗎？ 50.請問您在能力範圍內願意付出時間來參加社區的大小活動嗎？ 51.請問您覺得參與對大稻埕歷史街區都市再生計畫的推展是有幫助的嗎？ 52.請問您認為社區的發展應由居民策劃，不受政府主導嗎？	等距

資料來源：本文整理

三、前測實施

（一）前測問卷發放

　　以隨機抽樣的方式發放，對象為大稻埕街區居民（大有、永樂、南芳）三個里，每里發放16份，共發放48份，預試實施時間為2009年4月1日至4月10日完成，總計共回收問卷47份。前測設有二題反向題，用以篩選無效問卷及剔除填答不完整的無效問卷，計得有效問卷45份，回收率達97.91%。

（二）前測問卷之預試及修正

　　本文共回收有效問卷45份，再從項目分析、效度與信度等三方面檢驗問卷，以確定問卷為一有效之測量工具。

(1) 項目分析

　　首先就結構量表題項進行項目分析，得知第1、5、9等三題之t檢定決斷值分別為0.551、1.123、1.626，顯著性未達0.05顯著水準；題項與總分的相關中，可以看出第1與第5與總分的相關很低，相關P值＜0.3，[10]且未達0.05的顯著水準，所以第1、5、9題項優先刪除，保留7題進行信度、效度分析（參見表9-6）。

表9-6　「結構取向量表」題項項目分析表

題項	題項內容	決斷值	相關	保留或刪除
1	請問您住家附近的居民您大部分都認識嗎？	0.551	.047	刪除
2	請問您有需要鄰居幫忙時，鄰居都會幫忙嗎？	4.601**	.501**	保留
3	請問您拜訪社區組織能獲得所需的訊息？	2.988*	.363*	保留
4	請問您與學者專家之間進行互動將能否獲得所需的資訊？	4.061**	.540**	保留

---

10 同質性檢核也稱為內部一致性檢驗，其方法是各題項與量表分之積差相關係數。若積差相關係數愈高，表示該量表題項在測量某一態度或行為特質，與量表其他題項所要測量的態度或行為特質上愈趨一致。相關係數在0.30以上，即達到顯著水準（吳明隆、涂金堂，2003：777-8）。

題項	題項內容	決斷值	相關	保留或刪除
5	請問您與公部門之間進行互動時能獲得所需的資訊？	1.123	.250	刪除
6	請問您覺得只要將資訊給您所熟悉，其他人可一概不管？	3.921**	.475**	保留
7	請問您覺得將資訊散播給別人對自己並沒有很大的幫助？	4.442**	.567**	保留
8	請問您覺得將所知道的訊息傳遞給鄰居知曉是正確作法？	4.588**	.558**	保留
9	請問您會為社區的發展而提供本身的資源與協助？	1.626	.318	刪除
10	請問您覺得透過社區組織、社區領導者等傳遞資訊，對大稻埕街區是有益的事情？	2.657*	.497**	保留

註：* p ≦ 0.05　** p ≦ 0.01　*** p ≦ 0.001　N＝45
資料來源：本文整理

　　依上述相同方法與步驟，可得到「關係取向」、「認知取向」與「大稻埕歷史街區都市再生計畫推動」量表項目分析結果，共刪除5題：1、5、9、22、52。而預試問卷刪除後，所保留的題項其決斷值均達到統計水準，呈現顯著相關，表示預試問卷之題目能鑑別出不同受試者的反應程度。

(2) 信度與效度分析

　　首先，針對結構取向量表進行信效度分析。「結構取向」量表原計有10題，經上述項目分析後，刪除3題，因此針對保留的7題進行信度與效度分析，分析後刪減1題，步驟說明如下：

　　1. 因素分析後取得二個因素，因素負荷量皆大於0.5，經過信度分析，將「項目刪除時的Cronbach's α」大於「整體的Cronbach's α」的第4題項予以刪題，萃取二個因素，命名為「網絡內部互動特性」、「網絡組織結構特性」。

　　2. 萃取二個因素，包含的題項與理論大致符合，只有「網絡組織結構特性」第10題「請問您覺得透過社區組織、社區領導者等傳遞資訊，對大稻埕街區是有益的事情」落在「網絡內部互動特性」構面，經檢視題意與「網絡內部互動特性」有關。

　　3. 將各構面題項、因素負荷量、特徵值、解釋變異量、累積解釋變異量

等資料整理如下表。結構取向量表的信度以Cronbach's α係數測量結果，刪題後整體量表信度為0.738，大於0.7顯示其信度高。[11]

表9-7　結構取向信度及效度分析表

因素	題次	問項	因素負荷量 因素1	因素負荷量 因素2	項目刪除α值
網絡內部互動特性	2	請問您有需要鄰居幫忙時，鄰居都會幫忙嗎？	0.655		0.707
	3	請問您與公部門之間進行互動時能獲得所需的資訊？	0.747		0.710
	4	請問您平時會拜訪社區組織並得到訊息。	刪題		刪題
	6	請問您覺得只要將資訊給所熟悉的人知道，其他的人可一概不管。		0.909	0.690
	7	請問您覺得將資訊散播給別人對自己而言並沒有很大的幫助。		0.406	0.653
	8	請問您覺得將您所知道的訊息傳遞給鄰居知曉是正確的作法。		0.900	0.680
	10	請問您覺得透過社區組織、社區領導者等傳遞資訊，對大稻埕街區是有益的事情。		0.674	0.705
特徵值			1.855	1.817	
解釋變異量			26.501	25.963	
累積解釋變異量			26.501	52.464	
各構面信度Cronbach's α			0.551	0.756	
整體信度Cronbach's α			0.738		

　　運用相同方法與步驟，得知「關係取向」量表，原計有15題，經項目分析仍保留15題，再進行信效度分析，分析後刪減3題，分別是第13、14、16

---

11 一份信度係數佳的量表或問卷，其總量表的信度係數最好在0.80以上，如果在.70至.80之間，算是可接受的範圍；如果是分量表，其信度係數最好在0.70以上，如果是在0.60至0.70之間，還可以接受使用，如果分量表（層面）的內部一致性係數在0.60以下或總量表的信度係數在0.80以下，應考量重新修訂量表或增刪題項（吳明隆，2007：5）。

題;「認知取向」量表,項目分析保留15題,進行信效度分析後刪減第23題;至於「大稻埕歷史街區再生計畫推動」量表,則刪減第41題。

四、發放正式問卷

　　本章研究範圍是大稻埕街區居民(大有里、永樂里、南芳里)對再生計畫的看法,因此施測對象針對三個里居民,以立意抽樣法方式,進行問卷調查(正式問卷參見附錄一)。問卷以三個里居民3%比例為抽樣基準,抽樣有效問卷為287份,預防過多無效問卷,故再加上100份,共發出387份樣本進行施測。問卷於2009年4月16日起發放,於2009年4月30日回收,回收問卷351份,回收率達90.6%,剔除無效問卷22份後,有效問卷係為329份,有效回收率達93.7%。茲將各里施測對象、問卷發放、回收情形,整理如表9-8所示。

表9-8　施測與回收統計表

施測對象	2009年2月人口數	施測對象人數(3%)	發放問卷	回收數	無效問卷	有效問卷	有效回收率
永樂里	2,229	67	100	91	7	84	92.3%
南芳里	3,080	93	126	113	5	108	95.5%
大有里	4,229	127	161	147	10	137	93.1%
合計	9,538	287	387	351	22	329	93.7%

資料來源:作者整理

五、研究結果與討論

(一)各研究構面資料統計分析

　　研究問卷的內容,包括結構取向(網絡內部互動特性、網絡組織結構特性)、關係取向(信任、規範、道德義務)、認知取向(情感認同、成本考量、信念)、大稻埕歷史街區再生計畫推動(經濟面、文化面、政治面);各個自變數的整體值為其施測題數的平均值。各變數的描述性統計如表9-9:

表9-9　各變數的描述性統計

研究構面	變數名稱	題數	平均數	標準差	問項同意強度前三名與平均值
結構取向	網絡內部互動特性	3	4.04	0.48	第1強度為5 第2強度為4 第3強度為6
	網絡組織結構特性	3	4.20	0.46	4.25、4.18、4.17
關係取向	信任	3	3.80	0.66	第1強度為15 第2強度為14 第3強度為16
	規範	4	3.91	0.53	平均值
	道德義務	4	4.06	0.52	4.13、4.07、4.05
認知取向	情感認同	6	4.00	0.63	第1強度為29 第2強度為21 第3強度為28
	成本考量	4	3.85	0.56	平均值
	信念	5	4.07	0.59	4.18、4.16、4.15
大稻埕歷史街區再生計畫推動	經濟面	3	4.18	0.56	第1強度為36 第2強度為35 第3強度為33
	文化面	4	3.97	0.62	平均值
	政治面	3	3.97	0.55	4.29、4.28、4.25

資料來源：本文整理

　　此外，利用Pearson相關係數來探討「結構取向」、「關係取向」、「認知取向」與「大稻埕街區都市再生計畫推動」構面之間的相關程度，驗證得知P值＜α（0.05），即假設一、二與三皆接受對立假設，分析結果各個構面均呈現顯著相關（參見表9-10）。

　　驗證得知P值＜α（0.05），即假設一、假設二與假設三皆接受對立假設。並顯示「結構取向」、「關係取向」、「認知取向」中八個自變數與經濟面、文化面、政治面、整體大稻埕街區都市再生計畫推動，有顯著關聯性，均呈現正相關，其相關係數介於0.312至0.712之間。綜合上述「結構取向」、「關係取向」、「認知取向」與經濟面、文化面、政治面、整體大稻埕街區都

表9-10　三個構面之相關係數分析表

構面	依變項 自變項 （因素）	經濟面		文化面		政治面		整體大稻埕街區都市再生計畫推動	
		Pearson 係數	顯著性（雙尾）	Pearson 係數	顯著性（雙尾）	Pearson 係數	顯著性（雙尾）	Pearson 係數	顯著性（雙尾）
結構取向	網絡內部互動特性	0.370	.000	0.429	.000	0.483	.000	0.492	.000
	網絡組織結構特性	0.368	.000	0.312	.000	0.484	.000	0.444	.000
關係取向	信任	0.443	.000	0.480	.000	0.557	.000	0.568	.000
	規範	0.477	.000	0.502	.000	0.594	.000	0.603	.000
	道德義務	.0611	.000	.0626	.000	.0639	.000	.0721	.000
認知取向	情感認同	0.563	.000	0.586	.000	0.562	.000	0.659	.000
	成本考量	0.608	.000	.0600	.000	.0597	.000	.0694	.000
	信念	0.539	.000	0.511	.000	0.468	.000	0.584	.000

* p ≦ 0.05　** p ≦ 0.01　*** p ≦ 0.001　N＝329
資料來源：本文整理

市再生計畫推動，有顯著關聯性，均呈現正相關，也驗證出從文獻、理論與訪談得知之社會資本的因素，對於大稻埕街區都市再生計畫推動有重大影響力。

（二）各變數間之相關分析

再者，自變項構面間之相關係數均小於0.7，依變項（經濟面、文化面、政治面）構面間之相關係數亦均小於0.7，顯示構面之間無「共線性」（mult-colinearity）存在。各個構面間之相關係數整理如表9-11所示。

表9-11　變數間之相關係數分析

	網絡內部互動	網絡組織結構	信任	規範	信念	情感認同	成本考量	道德義務	經濟面	文化面	政治面	整體都市再生計畫
網絡內部互動	1											
網絡組織結構	.402** .000	1										
信任	.524** .000	.441** .000	1									
規範	.425** .000	.463** .000	.471** .000	1								
信念	.374** .000	.349** .000	.482** .000	.428** .000	1							

	網絡內部互動	網絡組織結構	信任	規範	信念	情感認同	成本考量	道德義務	經濟面	文化面	政治面	整體都市再生計畫
情感認同	.504** .000	.452** .000	.636** .000	.527** .000	.671** .000	1						
成本考量	.455** .000	.368** .000	.498** .000	.484** .000	.500** .000	.562** .000	1					
道德義務	.426** .000	.407** .000	.495** .000	.516** .000	.564** .000	.585** .000	.627** .000	1				
經濟面	.370** .000	.368** .000	.443** .000	.477** .000	.539** .000	.563** .000	.608** .000	.611** .000	1			
文化面	.429** .000	.312** .000	.480** .000	.502** .000	.511** .000	.586** .000	.600** .000	.626** .000	.683** .000	1		
政治面	.483** .000	.484** .000	.557** .000	.594** .000	.468** .000	.562** .000	.597** .000	.639** .000	.564** .000	.624** .000	1	
整體都市再生計畫	.492** .000	.444** .000	.568** .000	.603** .000	.584** .000	.659** .000	.694** .000	.721** .000	.864** .000	.898** .000	.834** .000	1

* p ≦ 0.05　** p ≦ 0.01　N＝329

資料來源：本文整理

（三）各變數間與經濟面之迴歸分析

本節主要探討結構取向，包括網絡內部互動特性（X1）、網絡組織結構特性（X2）；關係取向包括信任（X3）、規範（X4）、道德義務（X5）；認知取向包括感情認同（X6），以及成本考量（X7）、信念（X8）這八項變數對經濟面：觀光發展（Y1）的影響力。多元迴歸模式分析如下：

(1) 迴歸模式摘要說明

如表9-12所示，本迴歸模式的相關係數R為0.711，屬於高度相關；而整體的決定係數（R2）為0.505，調整後的決定係數（調整後之R2）為0.492，顯示本迴歸模式8個預測變項可以解釋經濟面50.5%的變異量。且根據模式之變異數分析，F檢定值（F-value）＝40.778***（P＝0.000＜0.001），迴歸效果達顯著水準。再者，上述迴歸分析模式容忍度均在0.371以上，而變異數膨脹係數均在2.695以下，未大於評鑑指標值10，表示進入迴歸方程式的自變項間沒有共線性的問題。[12]

---

12 從容忍度（Tolerance）及變異數膨脹係數（VIF）可檢核迴歸分析是否有多元共線性問題，容忍度值愈接近0時，表示變項間愈有線性重合問題；而變異數膨脹係數值如大於10，則表示變項間愈有線性重合問題（吳明隆，2007：17-20）。

表9-12 經濟面之迴歸模式摘要

模式摘要					
模式	R	R^2	調整後的R^2	F檢定	顯著性
1	.711（a）	.505	.492	40.778	.000（a）

註：a 預測變數：（常數），道德義務，網絡組織結構特性，網絡內部互動特性，信念，規範，信任，成本考量，情感認同。b 依變數：經濟面。

資料來源：本文整理

(2) 各變數之說明

由表9-13的經濟性績效迴歸係數表，得知迴歸方程式為：經濟面（觀光發展）（Y1）＝－0.022網絡內部互動特性（X1）＋0.034網絡組織結構特性（X2）－0.006信任（X3）＋0.090規範（X4）＋0.236道德義務（X5）＋0.126情感認同（X6）＋0.274成本考量（X7）＋0.145信念（X8）。迴歸分析結果說明如下：

表9-13 經濟面之迴歸係數

模式		未標準化係數		標準化係數	t值	顯著性	共線性統計量	
		B之估計值	標準誤	Beta分配			允差	VIF
1	（常數）	0.645	0.251		2.564	0.011		
結構取向關係取向	網絡內部互動特性	-0.025	0.058	-0.022	-0.438	0.662	0.631	1.585
	網絡組織結構特性	0.042	0.059	0.034	0.712	0.477	0.687	1.456
	信任	-0.005	0.047	-0.006	-0.103	0.918	0.508	1.969
	規範	0.096	0.054	0.090	1.763	0.079	0.592	1.691
	道德義務	0.254	0.061	0.236	4.133***	0.000	0.474	2.109
認知取向	情感認同	0.113	0.058	0.126	1.949*	0.050	0.371	2.695
	成本考量	0.275	0.055	0.274	4.994***	0.000	0.515	1.943
	信念	0.138	0.053	0.145	2.604**	0.010	0.500	1.999
* $p \leq 0.05$　** $p \leq 0.01$　*** $p \leq 0.001$　N＝329								

a 依變數：經濟面

資料來源：作者整理

　　進一步檢視自變數對於經濟面的影響程度與是否達到顯著性，以檢驗研究假設是否成立，分述如下：

(1) 針對假設一分析

　　網絡內部互動特性（X1）其t值＝-0.438，Beta值＝-0.022（P＝0.662＞0.05）與網絡組織結構特性（X2）其t值＝0.712，Beta值＝0.034（P＝0.477＞0.05），顯示關於「結構取向」的里民互動與流通，對大稻埕歷史街區都市再生計畫的推動之「經濟面」並無顯著的影響。所以假設一：「若里民結構取向愈強時，則大稻埕歷史街區都市再生計畫推動也愈有成效」，在經濟面向上未獲得統計支持。

(2) 針對假設二分析

　　發現顯著性最高者是道德義務（X5），其t值＝4.133，Beta值＝0.236（P＝0.000＜0.05），顯示「里民道德義務」對於大稻埕歷史街區都市再生計畫的推動之「經濟面」（觀光發展）有正向，且顯著的影響。當道德義務愈強時，組織與居民義務與道德約束能力愈高，則經濟面愈高。當里民之間的信念程度愈強時，則對於里民的共同目標設定與互惠的行為會愈高，所以經濟面愈高。其他的變數，例如：信任（X3）之t值＝-0.103，Beta值＝-0.006（P＝0.918＞0.05）、規範（X4）之t值＝1.763，Beta值＝0.090（P＝0.079＞0.05）未達顯著性。依據上述說明，對於假設二：「若里民關係取向愈強時，則大稻埕歷史街區都市再生計畫推動也愈有成效」，在統計上獲得部分支持。

(3) 針對假設三分析

　　發現顯著性最高者為成本考量（X7），其t值＝4.994，Beta值＝0.274（P＝0.000＜0.05），顯示認知取向「里民成本考量程度」對於大稻埕歷史街區都市再生計畫的推動之「經濟面」（觀光發展）有正向，且顯著的影響。換言之，當里民對於成本考量程度愈強時，則對於社群、組織、個人之信用與資源可利用性就會愈高；其次是信念（X8），其t值＝2.604，Beta值＝0.145（P＝0.010＜0.05），顯示「關係取向之里民的信念程度」對於大稻埕歷史街區都市再生計畫的推動之「經濟面」（觀光發展）有正向，且顯著的影響；第三則是情感認同（X6），其t值＝1.949，Beta值＝0.126（P＝0.05≦0.05），顯示「里民情感認同」對於大稻埕歷史街區都市再生計畫的推動之「經濟面」（觀

光發展）有正向，且顯著的影響。當里民對街區情感認同與地方歸屬感愈強時，則經濟面愈高。依據上述說明，對於假設三：「若里民認知取向愈強時，則大稻埕歷史街區都市再生計畫推動也愈有成效」，在統計上獲得全部支持。歸結而言，八項自變數對於經濟面觀光發展的影響程度，依Beta值大小分別為，成本考量、道德義務、信念，以及情感認同。因受限於篇幅，以下僅將相同方法與步驟所得結果，簡單說明如下：

　　就文化面古蹟維護而言，假設一未獲得統計支持；假設二獲得部分支持，假設三：獲得部分支持。至於影響力大小，依序是道德義務、成本考量、情感認同，以及規範。

　　對政治面參與治理而言，假設一部分獲得統計支持；假設二獲得全部支持；假設三則是獲得部分支持。影響力大小分別為道德義務、規範、成本考量、信任，以及網絡組織結構特性。

　　就整體而言，亦即對大稻埕歷史街區都市再生計畫之推動，假設一未獲得統計支持；假設二在統計上獲得大部份支持；假設三在統計上獲得部分支持。至於影響力大小，依序是道德義務、成本考量、情感認同，以及規範。綜合上述，研究結果如表9-14所示。

第六節　結　論

　　民主行政強調決策參與及投入的公開，而公民參與正可體現該項精神，足以彌補代議制體制下，人民因為所處的地位和資訊不對稱，所產生的社會疏離感以及政治冷淡感。究其實，公民與日常公共事務息息相關，也最瞭解政策問題癥結所在。基於合作共榮的互惠理念，其所積累的社會資本，除了較易取得標的人口的政策順服之外，更能提高政府的治理能力。本文主要研究動機，就是藉由大稻埕都市再生個案探討，來檢證社會資本對都市再生計畫推動之影響，以下分別提出本文的研究發現與建議。

表9-14　量化研究成果

構面	社會資本成分	大稻埕歷史街區都市再生計畫推動種類	是否達顯著性
結構取向	1.網絡內部互動關係	經濟面（觀光發展）	×
		文化面（古蹟維護）	×
		政治面（參與治理）	×
		整體都市再生計畫推動	×
	2.網絡組織結構特性	經濟面（觀光發展）	×
		文化面（古蹟維護）	×
		政治面（參與治理）	○
		整體都市再生計畫推動	×
關係取向	1.信任	經濟面（觀光發展）	×
		文化面（古蹟維護）	×
		政治面（參與治理）	○
		整體都市再生計畫推動	×
	2.規範	經濟面（觀光發展）	×
		文化面（古蹟維護）	○
		政治面（參與治理）	○
		整體都市再生計畫推動	○
	3.道德義務	經濟面（觀光發展）	○
		文化面（古蹟維護）	○
		政治面（參與治理）	○
		整體都市再生計畫推動	○
認知取向	1.情感認同	經濟面（觀光發展）	○
		文化面（古蹟維護）	○
		政治面（參與治理）	×
		整體都市再生計畫推動	○
	2.成本考量	經濟面（觀光發展）	○
		文化面（古蹟維護）	○
		政治面（參與治理）	○
		整體都市再生計畫推動	○
	3.信念	經濟面（觀光發展）	○
		文化面（古蹟維護）	×
		政治面（參與治理）	×
		整體都市再生計畫推動	×

註：打○者：達顯著性；打×者：未達顯著性
資料來源：作者整理

一、研究發現

首先，就個案而言：

（一）經濟面

透過大稻埕街區推動歷程之分析，發現方案內容與所規劃的策略宜符應居民的利益，否則期望目標與政策結果將出現落差。P. Bourideu（1986）認為社會空間是由許多場域（champs）所組成，它如同市場體系般，進行多元競爭與交換，其目標即在累積和獨佔各種資本，俾利維護或提升在場域中的地位。

本章所謂的「經濟面」，係指藉由街區再生計畫能否創造相關特色產業的觀光價值，重現大稻埕繁華景象。從訪談中可明瞭里長、社區理事長與居民之主要訴求，正是如何促進商機，以帶動大稻埕歷史街區繁榮為首要目標。另一方面，從相關係數分析表9-10得知，「結構取向」、「關係取向」、「認知取向」與經濟面有顯著關聯性，且呈現正相關。再者，依據量化敘述性統計表，經濟面的平均數為4.18，為三項依變數中最高者，顯示多數街區居民對配合都市再生計畫，推動經濟的意願非常高。誠如R. D. Putnam（1993）所言，透過社區營造在建立社會資本過程中，由公民參與所形成的社會網絡關係，將可強化人際信任，而隨著信任度的增加，產生有效的集體行動，可提升個人與社區的利益。

（二）文化面

「文化面」係指都市再生計畫中，古蹟維護的程度。由訪談結果顯示，古蹟維護保存與大稻埕都市再生計畫內容緊密相關，相關係數分析表9-10說明「結構取向」、「關係取向」、「認知取向」與文化面存有顯著關聯性，呈現正相關。再者，依據量化敘述性統計表，文化面的平均數為3.97，顯示街區居民對再生計畫所推動的古蹟維護保存，持「同意」參與態度。在問卷題目中，街區居民對於「請問您覺得大稻埕歷史街區要妥善保存嗎？」以及「請問您覺得都市再生計畫對大稻埕歷史街區古蹟維護有幫助的嗎？」皆持「非常同意」，平均數分別是4.29與4.16，其強度分居第一與第四。由此可知，街區居民對於古蹟保存參與意願很高。

（三）政治面

　　本章「政治面」是指在都市再生計畫中，居民參與治理的程度。訪談資料得知街區居民參與社區意願非常高；從相關係數分析表9-10得知「結構取向」、「關係取向」、「認知取向」與政治面有顯著關聯性，呈現正相關。另外，量化敘述性統計表顯示，政治面的平均數為3.97，顯示街區居民對於街區都市再生計畫的社區參與意願持「同意」看法；而街區居民對於「請問您覺得您的參與大稻埕歷史街區都市再生計畫的推展是有幫助？」也持「同意」看法，平均數為3.98。不難明瞭街區居民參與街區都市再生計畫的意願很高，同時期望透過方案的推動能夠促進社區商業繁榮。

　　其次，就理論而言：

　　社區發展的目標主要是居民透過一連串相關行動加以表達、匯聚而成，其主要訴求是關於地方的公共利益。過程中涉及政策相關人透過正式與非正式網絡的連結與協調等活動（Wilkinson, 1990: 90）。因此，社區網絡以及互動結構影響地方行動能力甚深。一般的解釋是歸因於社會資本的重要性，但並未進一步區分社會資本具有公共性與私有性：前者認為行動結果所產生的利益，由整個社區居民共同分享；後者則認為是由少數政策利害關係人分享。本文嘗試延伸具有公共財的社會資本觀念，強調透過地方意識認同，所形成的公民結構。在此一公民結構中，最大特質是合作規範與互惠信念，一旦具備地方性的社會資本，將具備充分能力，以符地方居民需求。進言之，前述是基於制度安排觀點，著重政府與社會團體的互動與依賴性。這些特質難免影響政府的威信與強制力，惟經由個案的分析，可知面對不可治理的危機，若能結合公民社會豐沛的資源，經由和諧感通的關係（sense of community），建構一個有效運作的治理結構，政府執行政策擁有更多的影響力（Buss et al., 2006）。

二、研究建議

（一）增加互動以利滋生地方意識

　　由實證結果顯示，大稻埕街區再生計畫必須融入經濟誘因，才能有效推動再造計畫。然而，這只是權宜之計，最終仍得仰賴居民發自內心的認同與支持，才能達到社區再造的最終目標。由訪談中瞭解，大稻埕街區的活動舉辦不

應只是一年一次的年貨大街，如何凸顯整個迪化街的特色才是長久之計。針對此點，大稻埕街區內設置全國第一座「社區營造中心」之目的，就是期望透過社區活動的舉辦，有益於大稻埕街區社會資本的積累。果若街區居民能夠產生地方意識，再生計畫之推動將更為順利。

（二）強化社區組織與領導者之角色

社區再生要有穩固的價值、信念與集體認同方能成事，而社區組織與領導者是再生計畫的核心主軸，如何帶動居民參與，維繫社會網絡的發展便成為關鍵因素。本文建議社區組織與領導者宜妥善運用社區資源與人力，對社區公共事務的推行與人際關係的維持將有極大的助益。

（三）促進里長與社區發展協會之合作關係

早期的村里制與晚近興起的社區發展協會組織同時存在於社區之中，功能多所重疊，雙頭馬車的結果，極易造成雙方的猜忌，而利益團體藉機從中作梗，使得街區產業的經濟利益甚難有效分配，遑論取得居民的信任。因此，如何改善兩者的關係，使其有目標共識，共同推動大稻埕街區產業，方能造福街區全體居民。

附錄一：正式問卷

敬啟者：

　　您好！我是○○大學○○○○學系研究生○○○，現正於○○○教授的指導下，探討有關大稻埕歷史風貌特定專用區（迪化街）街區都市再生之相關問題。請您撥冗惠予回答下列問題，本問卷採匿名方式，問卷所得的資料僅做為學術研究之用，不對外公布。對於您的熱心協助在此致上誠摯的感謝。

　　敬祝您

　　身體健康！　事業順利！

○○大學○○○○學系

指導教授：○○○教授

研究生：○○○敬上

第一部分　網絡內部互動關係（單選，請教您的意見，在適合的□中打「v」）

	非常同意	同意	沒意見	不同意	非常不同意
1.請問您有需要鄰居幫忙時，鄰居都會幫忙嗎？	□	□	□	□	□
2.請問您與公部門之間進行互動時能獲得所需的資訊？	□	□	□	□	□
3.請問您覺得透過社區組織、社區領導者等傳遞資訊，對大稻埕街區是有益的事。	□	□	□	□	□

第二部分　網絡組織結構特性（單選，請教您的意見，在適合的□中打「v」）

4.請問您覺得只要將資訊給您所熟悉的人知道，其他的人可以一概不管。	□	□	□	□	□
5.請問您覺得將資訊散播給別人，對自己而言並沒有很大的幫助。	□	□	□	□	□
6.請問您覺得將您所知道的訊息傳遞給鄰居知道是正確的作法。	□	□	□	□	□

第三部分　信任（單選，在適合的□中打「v」）

7.請問您與社區組織有一定的默契存在嗎？	□	□	□	□	□

8.請問您與居民有一定的默契存在嗎？　□ □ □ □ □

9.公部門能夠回應大稻埕居民的需求來解決問題，所以其 是值得信賴嗎？　□ □ □ □ □

第四部分　規範（單選，在適合的□中打「v」）

10.請問您會依循本里的風俗民情來規範自己的行為？　□ □ □ □ □

11.請問本社區組織認為重要的事，您也認為重要嗎？　□ □ □ □ □

12.請問您覺得本社區內應該有居民共同制定公約嗎？　□ □ □ □ □

13.請問您會遵守本社區內居民共同的公約嗎？　□ □ □ □ □

第五部分　道德義務（單選，在適合的□中打「v」）

14.請問您會配合社區推動本社區的計畫嗎？　□ □ □ □ □

15.請問您會希望將社區組織的事務做好嗎？。　□ □ □ □ □

16.請問您相信與公部門進行互動是有好處的嗎？　□ □ □ □ □

17.請問您相信與學者專家進行互動是有好處的嗎？　□ □ □ □ □

第六部分　情感認同（單選，在適合的□中打「v」）

18.請問您認同社區組織所做的努力嗎？　□ □ □ □ □

19.請問您認同社區領導人所做的努力嗎？　□ □ □ □ □

20.請問您認為大稻埕街區居民之間有強烈的情感嗎？　□ □ □ □ □

21.請問您對大稻埕街區有歸屬感嗎？　□ □ □ □ □

22.請問您有身為大稻埕街區的居民感到驕傲嗎？　□ □ □ □ □

23.請問您與社區組織之間能夠共同承擔本社區的權利義 務嗎？　□ □ □ □ □

第七部分　成本考量（單選，在適合的□中打「v」）

24.請問您會考量資源獲得的成本，而與社區組織密切互動？　□ □ □ □ □

25.請問您會考量資源獲得的成本，而與社區領導人密切 互動？　□ □ □ □ □

26.請問您會考量資源獲得的成本，而與學者專家直接溝通？　□ □ □ □ □

27.請問您會考量資源取得的成本，而與公部門進行互動？　□ □ □ □ □

第八部分　信念（單選，在適合的□中打「v」）

28.請問您大稻埕街區都市再生方案的成功對居民的經濟 情況是有改善？　□ □ □ □ □

29.請問您大稻埕街區都市再生方案的成功對居民的公共 環境是有改善？　□ □ □ □ □

30.請問您大稻埕街區都市再生方案的成功對居民的交通 情況是有改善？　□ □ □ □ □

31.請問您對於大稻埕街區未來的發展有命運與共的想法。 ☐ ☐ ☐ ☐ ☐

32.請問您社區組織內的成員都很友善會關懷有問題的居民嗎？ ☐ ☐ ☐ ☐ ☐

第九部分　觀光發展（單選，在適合的☐中打「v」）

33.請問您與社區居民有共同追求大稻埕街區商業繁榮的精神？ ☐ ☐ ☐ ☐ ☐

34.請問您大稻埕歷史街區的觀光發展是當地主要經濟收入來源？ ☐ ☐ ☐ ☐ ☐

35.請問您認為大稻埕街區發展觀光活動可提供民眾假日休閒活動的去處？ ☐ ☐ ☐ ☐ ☐

第十部分　古蹟維護（單選，在適合的☐中打「v」）

36.請問您覺得大稻埕歷史街區要妥善保存嗎？ ☐ ☐ ☐ ☐ ☐

37.請問您知道公部門計畫進行大稻埕歷史街區保存工作嗎？ ☐ ☐ ☐ ☐ ☐

38.請問您願意參加大稻埕歷史街區保存推動的活動與課程嗎？ ☐ ☐ ☐ ☐ ☐

39.請問您覺得都市再生計畫對大稻埕歷史街區古蹟維護有幫助的嗎？ ☐ ☐ ☐ ☐ ☐

第十一部分　參與治理（單選，在適合的☐中打「v」）

40.請問您願意參與社區組織大小活動嗎？ ☐ ☐ ☐ ☐ ☐

41.請問在您能力的範圍內願意付出時間來參加社區的大小活動嗎？ ☐ ☐ ☐ ☐ ☐

42.請問您覺得參與對大稻埕歷史街區都市再生計畫的推展是有幫助的嗎？ ☐ ☐ ☐ ☐ ☐

第十二部分　基本資料

43.請問您的性別是：☐男　　☐女

44.請問您的年齡是：☐18-29歲　☐30-39歲　☐40-49歲　☐50-59歲　☐60歲以上

45.請問您的學歷是：☐國小　☐國中　☐高中　☐大學（專）　☐研究所以上

46.請問您的婚姻是：☐未婚　☐已婚（無小孩）　☐已婚（有小孩）　☐其他

47.請問您的房子是：☐自有　☐租賃　☐借住　☐與親友同住　☐其他

48.請問您住在本地的時間是：☐1年以下　☐1-5年　☐6-10年　☐11-15年　☐16年以上　☐26年以上　☐36年以上

49.請問您的職業是：☐軍公教　☐農業　☐工商業（自營）　☐受僱事務人員　☐受僱技術人員　☐餐飲服務　☐家管　☐學生　☐其他

50.請問您居住於：☐永樂里　☐南芳里　☐大有里

第十章　產業群聚與陶瓷產業發展：鶯歌與北投之比較分析

　　全球化趨勢使得經濟活動的發展，逐漸超越空間的地理限制，擴大其發展範圍，部分研究因此認為全球化使得區位化（localization）的顯著性降低；另一部分則持相反意見，認為全球化反而促進區域經濟發展的差異性。本章認為經濟全球化既是一種趨勢，其發展是以地方為基礎，地方如何在全球化浪潮中，適應全球市場運行規則，尋求合宜的制度結構越形重要。

　　各國在特定區域內，透過產業群聚帶動經濟發展的例子屢見不鮮（Martin & Sunley, 2003; Aziz & Norhashim, 2008）。OECD研究報告（2000: 6-7）就指出，儘管全球化趨勢使得產業對區域經濟的重視逐漸降低，但區位化的產業活動卻反而繁榮。由於產業群聚帶動區域發展成長與繁榮，Michael E. Porter（1990）視產業群聚的發展為國家提高競爭力的主要來源。

　　相伴而生的是產業群聚理論興起，但多數研究著重於以企業為主體，本章則以政府為行動者為主的群聚理論，針對鶯歌、北投陶瓷產業之發展變遷做一比較分析。台灣陶瓷產業的發展從清領時期即展開，而北部地區則是以鶯歌與北投兩地最為興盛，分別有陶瓷之都與陶瓷之鄉的美稱。早年同是陶瓷重鎮的兩地，發展至今卻迥然不同，因此核心問題聚焦於鶯歌陶產業為何興盛，而北投則日趨沒落？其關鍵要素為何？

　　國內針對陶瓷產業的研究，大半以文獻分析及深度訪談法為主，而研究面向有三：一、傳統產業轉型地方文化產業，焦點著重於政府文化政策與地方區域發展的推動，將傳統陶瓷的生產過程轉化為陶瓷文化的形塑過程，視為是一種創意與創新的培養，並將社區居民生活與陶瓷文化相連結；二、陶瓷業的行銷，聚焦於建構行銷平台，以吸引更多的消費者，推動城市行銷結合地方文化，將鶯歌形塑成一個陶瓷的觀光鎮，其焦點在於促進陶瓷業的競爭力，結合地方文化與城市行銷的作法，使傳統產業與國際接軌，進而提升地區競爭力；三、陶瓷業者的網絡關係，此類研究著重於業者之間的互動關係，以提升產業

新知識。

　　回顧相關研究，發現既有文獻主要是以單一個案為研究對象，缺乏產業發展的比較研究，也未運用群聚理論，分析陶瓷業發展。爰此，本章以群聚理論探討，以彌補陶瓷業研究不足之處。文中將「產業群聚」（industrial cluster）定義為「在特定區域內具有相關聯性的產業間彼此相連結，其地理位置集中，存有資源共享，發展競爭且合作的互動關係，進而創造地區或國家的競爭優勢」。而「社會資本」（social capital）之定義「是一種稟賦，主要植基於組織成員間的互信關係。在有效規範約束下，成員彼此具有對等互惠的信念，因而有助於目標的達成」。

　　釐清產業群聚集及社會資本概念後，本章依次進行理論探討，闡述產業群聚的意涵，提出研究架構圖。其次，運用群聚生命週期模型（cluster lifecycle framework）說明鶯歌、北投陶瓷產業之發展變遷歷程。復其次，根據半結構式訪談法與受訪者進行深度訪談，並應用質化軟體進行訪談內容分析；最後提出結論。

第二節　產業群聚理論探討

　　群聚概念最早出現在生物學的研究領域，用以解釋同種生物群集在特定區域內之共生關係。E. Dahmen（1952）提出產業發展群（industrial development blocks）觀念，將群聚概念引入產業中，研究產業成長與演進歷程，認為成功的產業群聚是在產業複合體（complexes）之中，出現有效的連結與自發性流動。詳言之，產業群聚猶如生物群聚，在同一區域內，不同廠商會有不同的關係存在，產業群聚理論因而產生。1970年代，群聚研究主軸在於廠商之間的網絡關係，合作網絡中的廠商以地理位置接近性和策略合作為基礎，彼此共享資源及分享利益。

　　本質上，群聚與全球化趨勢是不同的概念，區位概念越形重要，在特定區域內產業的群聚可帶動該地區的發展。而合理的群聚政策發展可有效促使群聚成長，再造成熟的群聚（Aziz & Norhashim, 2008: 351-3）。M. E. Porter（1990）在所提出的鑽石理論，將群聚發展視為國家提高競爭力的來源，引起廣大的討論。

　　進言之，M. E. Porter認為產業是國家競爭優勢的單位，但其成功並非來自

單一產業，而是縱橫交織的產業群聚，因此運用群聚概念，分析產業競爭的優勢及群聚對於產業的生產力、創新、新企業形成的影響（2000: 15）。是以，區域的競爭力來自於產業群聚現象，而區域產業能否發展群聚，則仰賴產業的「生產要素」、「需求條件」、「相關及支援產業」、「企業的策略、結構及競爭」、「政府」、「機會」等關鍵因素，稱為「鑽石模型」（the diamond model）（Porter, 1990: 217）。

　　鑽石模型中包含四項關鍵要素及兩項外部變數，彼此獨立又相互關連，形成提升國家競爭優勢的架構；其中，政府與機會屬於外部變數。M. E. Porter認為政府在模型中並非重要的角色，其效果是片面的；若產業缺乏其他要素，則政策再好也是枉然。然而，此一看法卻未獲得支持，K. A. Aziz與M. Norhashim（2008: 365）就批評，鑽石模型將群聚看作是企業層面的現象過於狹隘，其實群聚發展不單單是企業，也包含其他組織，例如：中央、地方政府、研究機構、群聚促進者等。R. Hodgetts（1993）也認為競爭者若只是企業，並未闡明政府對企業發展的影響。

　　究其實，上述觀點大半受到A. Marshall（1920）學說的影響，連結企業的區位與經濟表現，認為區位與規模經濟間具有相關性。藉由相同或相關產業的群聚，將使當地人才與原物料資源使用率提高，達到外部經濟效果。由此可知，前述文獻認為在全球化的脈絡中，將國家極小化，主張政府的功能為市場中的企業所取代。據此，學者提出所謂的「制度稀薄」（institutional thinness）概念，主張在欠缺地方制度的支援下，地方仍可持續發展，並與全球經濟接軌（Henry & Pinch, 2001）。不過，本章支持A. Amin與N. Thrift所提出之「制度厚實」（institutional thickness）觀念。申言之，A. Amin與N. Thrift（1992）承襲A. Marshall的產業區位化觀點，主張區域經濟發展須連結地方與全球，因而被視為「新馬歇爾節點」（neo-Marshall node），除了強調自身環境條件與產業特色之外，尚需透過正式與非正式制度的搭配，創造地方經濟活力，主要方式是以集體或社會為基礎的經濟行為促進發展，包含企業支持系統、政治制度、社會關係的整合（Amin, 1999: 369; Amin & Thrift, 1994: 14）。

　　承上，A. Amin與N. Thrift（1994）認為區域經濟欲順利發展，除了強化經濟因素之外，四項非經濟因素應予以重視：一、在特定地區內存有甚多的制度，以利推動工作；二、制度之間存有高度互動及所形成的網絡，內含契約與約束性質；三、建立權力、支配性與控制的結構，確保聯盟的建立與具有集體

代表性；四、發展共同議程，促進網絡發展。Simon Pemberton（2000: 297）
也提出四項要素：一、地區內存在著制度，充作地方建立制度厚實的要素；
二、政策制定者和不同制度內的官員能夠直接接觸，利於資訊流動和網絡建
立。時日一久，有助於信任和合作關係的形成；三、具有權力，支配與控制的
結構有助減少無賴行為，建立聯盟和確保集體代表性；四、擁有地方共同事業
和「地方圖像」（mapping of place）的認知，有助代理人參與政策部門的治
理，處理共同議題，建立有效的網絡。

　　由上述可知，兩者都強調欲掌握產業群聚的動態性，必須同時考量正式與
非正式制度因素，方能在健全的基礎建設下，瞭解區位的差異性與廠商的互
動，是否存有下列特性：一、地理區位鄰近，強調相關連的產業在地理位置的
接近，藉以創造連結與互動的機會；二、產業關聯性，在相同市場條件下，相
關連或其上下游關係之產業，連結形成網絡，生產相關產品；三、既競爭又合
作的關係，參與者的互動同時具有競爭與合作性質的關係；四、資源共享，
地理位置接近的產業，彼此分享資源，如原料、基礎建設等。據此，決策者
無論是從國家到地方政府都渴望促進地方經濟的群聚（Martin & Sunley, 2003:
4），因此有必要瞭解政府對產業群聚的影響力及其所制定的政策是否有效。
進言之，影響產業群聚運作的關鍵因素主要有四：

一、核心行動者之策略

　　一般而言，產業群聚內包括許多不同類型的機構，例如：廠商、金融機
構、商會、培訓機構、貿易協會、政府、創新中心、工會等（Amin & Thrift,
1994: 14），依其功能可進一步區分為五類：政府、產業、研究機構、財政機
構、群聚推動者（Aziz & Norhashim, 2008: 369）。在眾多行動者之中，政府
的影響力最為顯著，G. MacLeod（1997）即認為在全球化經濟中，無法忽視
「政府」的功能；M. Raco（1999）則提出若地方制度缺少政府角色，將淪為
利益團體所主導。

　　政府在產業群聚中的功能，在提供產業群聚的基礎建設、教育人才、相關
機構。在產業生產力與創新能力方面，促進產業的升級，並維持公平的競爭環
境。最重要的是，政府需能提供有效、長期的產業群聚輔導政策。對於政府所
提供的產業輔導政策，K. A. Aziz與M. Norhashim（2008: 361）認為經濟成長
目標，可藉其達成；針對不同群聚的需求，擬定適宜的輔導政策，以加強群聚

的互動關係與減少不確定性。惟政府主要角色是鼓勵競爭，並非扭曲市場運作。因此，制定合理的輔導政策是政府的當務之急。

二、社會資本

社會資本在產業群聚中扮演著關鍵的角色，由於產業群聚包含廣泛的社會與商業性質的網絡，而網絡同時包含個體與組織之間的連結與關聯性。因此，產業群聚是網絡組成的關係，透過網絡連結的、相互溝通，吸引產業群聚即是社會資本的展現。此一特殊的社會資本，鑲嵌在社會人際網絡或組織中。此外，在產業群聚中地理鄰近性更是創造網絡連結的重點，M. Enright（1992）強調地理區位鄰近性使得成員透過正式或非正式組織產生連結，出現經濟群聚及積累社會資本。

社會資本是一項關鍵要素，深深影響行動者之間連結與互動。地理的鄰近性雖然成為廠商聚集和有利於互動的必要條件，但充分條件是該地區所形成的社會資本和制度慣性，廠商或個人一旦離開這個場域，就失去學習和創新的機會（王振寰，2003：54）。因此，社會資本的形成是產業群聚的關鍵要素之一，K. A. Aziz與M. Norhashim（2008: 356）則指出，高度社會資本有助於成員形成團結力量以及群體認同，存有強度的連帶關係（solidarity）。

社會資本在群聚中的功能是在產業中創造連結並且相互影響，以驅使共同利益的產生（Aziz & Norhashim, 2008: 357）。然而，社會資本欲發揮重要影響力的前提是產業具備網絡、規範、信任及信念等要素；亦即藉由業者之間的溝通與網絡連結，進而產生共同信念與認同感，吸引更多的成員。產業群聚中的社會資本可由群聚成員的家庭、學校、社區、公司、民間社會、政府機構等處獲得。無論何種類型的網絡，社會資本帶來的直接利益包括增進知識的外溢、勞動市場的利潤、資源共享、風險分散以及分享成本等優勢。至於對產業群聚的影響則是強化群聚、吸引其他成員、投資環境的創新、促進企業的競爭力等。

三、產業群聚策略

產業之間所產生的內在社會資本具有促進發展的影響力，而群聚策略產生的外在推動力也是關鍵因素。產業群聚策略中關於地理區位的鄰近性、產品之

創新、知識的傳遞與交換、新成員加入等項也是不可或缺的要素。於下,逐一說明。

　　地理區位的鄰近性(proximity)有助於廠商的連結與互動關係,對於生產的穩定性十分有助益,Porter(1998: 199)即將群聚的特徵聚焦於「產業間緊密連結,透過產品或資訊的流通,使彼此的利益可以互補。群聚成員包括生產者、消費者與競爭者,基於地理上的鄰近性來促進彼此的效率與專業性」。因此,無論產業群聚的大小,區位鄰近性有助特有技術勞工市場的產生(Krugman, 1991),及附屬與相關產業的廠商集中,提升競爭優勢(Stigler, 1951)。此外,鄰近性將使得互動頻繁,滋生信任關係,發展固定的契約關係,容易達成協議,無形中節省大筆的交易成本(Maskell, 2001)。

　　知識是影響群聚創新以及產品商業化與新企業形成的要素,而其傳遞與交換主要經由群聚中的產品、製程、技術及知識工作者實現;至於知識創新則是在產業研發中產生(Aziz & Norhashim, 2008: 369)。時日一久,此一良性循環將產生經濟外部性,亦即接近知識生產者的區位或廠商能獲得「不可交易的專業投入」(nontradable specialized inputs),產生知識外溢效果,促進產業創新(Krugman, 1991)。進言之,群聚行動者的互動、整合等,促進知識在群聚中移動。知識移動若遍及產業群聚,將使得默會知識,藉由知識共享平台,產生外溢現象,降低區位之間不均衡情形,產生擴散效果(Williamson, 1965),這是產業創新的要素。

四、群聚效應

　　群聚效應主要用來衡量群聚的發展狀況,群聚可經由政府所提供的產業輔導政策、群聚中的社會資本、產業群聚策略面向觀察。而群聚效應通常表現在群聚的生命週期中(參見圖10-1),約略而言,群聚的生命週期有六個階段:(一)先行期是早期引導和幫助提供群聚;(二)在初始期,顯示經濟聚集的跡象,並逐漸有連結和網絡的活動;(三)發展期時,群聚效應出現,並與外部開始連結發展;(四)成熟期時,群聚達到頂峰,而關鍵產業與技術逐漸成熟;(五)在衰退期時,關鍵產業與技術發展成熟,因此成長與表現呈現趨緩,此時欲維持群聚現象,需要吸引新進者,重新產生群聚現象;(六)轉型期時:意指成熟的群聚出現新契機,例如:引進新技術、開發市場、行銷方式等。當然,部分行動者會離開,但群聚效應仍持續發展。

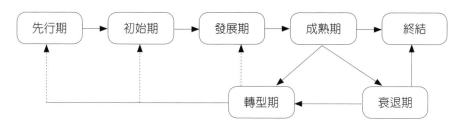

圖10-1　群聚生命週期

資料來源：修改自Aziz and Norhashim（2008: 367）

　　綜合理論探討，本章將產業群聚效應視為本研究之應變項，而影響效應高低的要素，可歸納為正式制度亦即政府角色以及非正式制度的社會資本。核心行動者是指產業群聚中的各個參與者，K. A. Aziz與M. Norhashim（2008: 369）認為群聚效應是透過群聚中的行動者實現，本章則是將鑽石理論所忽略的政府角色納入變項中，與政府的產業輔導政策一併討論。再者，社會資本也是群聚效應的影響因素，主要經由行動者之間的連結與互動程度進行觀察；一旦社會資本積累相當程度，將可強化群聚，並吸引新成員。因此，本章依據社會資本理論將影響產業群聚的社會資本分為網絡、信念及信任加以探討。值得一提的是，上述三類影響因素皆受到環境系絡變遷的影響而產生改變，主要包含經濟景氣及政府政策等因素，因此本章將環境系絡變遷納入因素中。綜上，繪出本章的研究架構圖（參見圖10-2）。

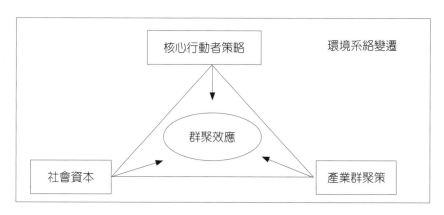

圖10-2　群聚架構圖

第三節　鶯歌、北投陶瓷產業群聚變遷

　　台灣陶瓷產業的發展從清朝展開，由南到北都有陶瓷產業開發的足跡，而在北部地區則以鶯歌與北投的陶瓷業發展最為興盛。不過，時至今日，兩地的陶瓷業發展卻呈現明顯的對比，為說明兩者差異，將運用群聚生命週期模型進行比較。

一、鶯歌陶瓷產業

　　「陶瓷之都」是社會對鶯歌最鮮明的印象，雖然鶯歌並不是台灣陶瓷最早的生產地區，卻引領台灣陶瓷產業走向巔峰的陶瓷重鎮。以下，逐一說明原因。

（一）鶯歌陶瓷先行期

　　台灣地區三個早期窯業產區分別為南部的台南地區、中部的南投，以及北部的鶯歌，其先後順序大抵同於漢人由南而北的開發歷程。台灣北部鶯歌窯的出現與淡水河流域的開發歷程有關（盧泰康，2004）。淡水河中上游的三鶯地區（今日之三峽、大溪、鶯歌、樹林）歷經百餘年的開發，形成農、商業聚落。

　　在十九世紀形成的第三個陶瓷生產區——鶯歌窯，其萌芽始於清朝嘉慶年間，清代鶯歌窯業動亂而有數次遷徙，最早鶯歌窯業中心在尖山埔街，為家族式生產結構，在勞力方面除了家族成員外，多為當地的臨時工，以農村副業的型態生存。生產規模小且產量有限，但靠著便捷的水陸交通能將產品銷售全台（徐文琴、周義雄，1993：9）。因此，鶯歌在先行期的生產活動是以農業為主，製陶為輔。

（二）鶯歌陶瓷初始期

　　鶯歌陶瓷的蓄勢待發為日治時期，此時期的鶯歌仍以農業為主，但陶瓷業漸受民眾重視，並進行專業化生產及商業化的經營。1899年日本人拆除清朝舊軌，重建鐵路從台北經鶯歌到桃園，這對於鶯歌的陶瓷產品運輸有很大的助益。

1939年中日戰爭爆發後，許多福州籍師傅回返大陸，人力短缺之際，開始實施機械化生產，提高生產效率。由於尖山埔地區不適合農業的生產，但其位於輕軌公路的交會之處，與鐵路車站接近，材料取得與成品的運送相當便利，因而在此展開窯業發展。自此，鶯歌陶業逐漸從原本的尖山埔街擴展到現在的文化路、鶯桃路、中山路一帶，獲得全面性發展。鶯歌陶瓷在初始期破除陶業的技術壟斷，因而得以全面的發展製陶產業。

（三）鶯歌陶瓷發展期與成熟期

1949年中央政府播遷來台，台灣與大陸之間的交易中斷，內需市場擴大，鶯歌逐漸從農業聚落發展成為以陶瓷業為中心的單一產業聚落，陶瓷業日漸與農業成為主要經濟活動，此時期為鶯歌陶瓷業蓬勃發展期。

鶯歌在此時期大量生產的衛浴瓷及面磚，促使台灣窯業迅速打開外銷，逐漸成為陶瓷生產中心而被譽為台灣的景德鎮（徐文琴、周義雄，1993：10）。鶯歌窯業得以蓬勃發展，主要受益於兩項活動：

(1) 鶯歌陶瓷嘉年華

鶯歌陶瓷業者為了拓展消費市場，集合地方的力量，創辦一年一度的「鶯歌陶瓷嘉年華」。自1988年鶯歌首次由台灣區陶瓷同業公會舉辦的陶瓷展售，後來結合公、私及第三部門力量，帶動地方觀光的發展，引起政府的重視。1994年加入公部門資源，舉辦鶯歌陶瓷嘉年華會以陶瓷觀光為主題的活動，無形中促使原本相互競爭的陶瓷業者逐漸獲得整合。

(2) 一鄉鎮一特色

由於陶瓷嘉年華帶動觀光發展引起政府注意，於1989年台灣省政府旅遊局推行「一鄉鎮一特色」政策，在地方人士積極爭取下，補助鶯歌鎮一億七千萬元經費，成為全國第一個陶瓷觀光鎮（李倩如，2004：101）。

（四）鶯歌陶瓷衰退期

1995年時開始，鶯歌陶瓷傳統產業開始大幅衰退，建築瓷、衛浴瓷等大型製造業大量外移（傅茹璋，2009）。由於環保意識提升，工資上漲、勞力短缺、原料成本變高，陶瓷業的營運成本相對提升。另外，也面臨技術無法突破的困境，鶯歌陶瓷面臨空洞化的危機。由於國際區域經濟的形成，全球競爭

力更為激烈，加上國內產業結構改變、勞力流失、工資上漲、同業削價競爭、建築市場由盛轉衰等因素，部分業者呈現經營困難情況，遂將生產重心轉移至東南亞或中國等地，台灣的陶瓷產業經營型態逐漸由工業生產轉向商業貿易。

（五）鶯歌陶瓷轉型期

　　鶯歌陶瓷業在經歷長久的發展後，自1995年產業出現大幅衰退，但透過政府輔導政策，部分業者改變其經營型態，將陶瓷品推向藝術化的方向。再者，部分業者強調個人風格的陶瓷製品，發展彩繪陶瓷。為提升彩繪技術，積極研發釉藥，延請各地畫家至工廠做「陶瓷畫」，以提升陶瓷品的藝術性（馬有成，1998：129-30），這段時期的最大特色具有四項：

(1) 地方組織成立

　　隨著時代的演變，陶瓷業已逐漸脫離早期單打獨鬥，透過嘉年華會的舉辦，促使鶯歌地方居民的團結意識。1995年陶瓷同業意識需要共同宣導促銷經過籌畫，因此相繼成立「鶯歌陶瓷藝術發展協會」及「鶯歌陶瓷藝術發展協會」，並獲得經濟部商業司的輔導，由財團法人中衛發展中心負責執行，將老街規劃為商店街的模式。而其他地方組織團體，例如：1998年成立「台北縣鶯歌鎮陶瓷文化觀光發展協會」，其目的為推動鶯歌陶瓷業的發展（李倩如，2004：97）。

(2) 文化產業轉型

　　文建會從1988年規劃「一鄉一特色」政策，台北縣選定鶯歌做為特色館，鎮公所編列三千五百萬元，縣府補助一千萬元。1995年之後，鶯歌轉型地方文化發展產業的過程，政府扮演重要的角色（傅茹璋，2009：90），包括：地方政府——鶯歌鎮公所及中央政府部門，例如：1995年行政院文建會推動的「產業文化化、文化產業化」；經濟部商業司的「形象商圈塑造計畫」；1996年行政院觀光局將鶯歌定位為「鶯歌國際陶瓷城」，擬定十五年計畫（文建會，2004：125）。

(3) 老街商圈改造

　　在尚未進行規劃陶瓷老街商圈之前，廠商對於行銷商品與資源能力有限，但在地方組織與業者共同努力下，受到政府的注意；示範商店街係經濟部商業

司出資計畫，委託財團法人中衛發展中心執行輔導，硬體改造經費由中央各部會相關經費或地方主管機關補助，進行景觀整體重建。

(4) 陶瓷博物館成立

成立陶瓷博物館的主要意圖是融合觀光休閒的特性，開創產業藝術化、生活化的契機，冀使鶯歌的陶瓷製造業轉型成為具有地方文化產業特色的城鎮。惟1990年鶯歌鎮公所因配合款籌措困難，致原計畫停擺，縣政府衡量地方財政困難，於是將建館計畫提請文建會審核補助。1992年行政院列為六年國建計畫，由文建會補助經費一億元，2000年地方自治法實施後，台北縣政府正式設立台北縣立鶯歌陶瓷博物館（陳柔遠，2007：10）。

（六）鶯歌陶瓷再發展期

鶯歌陶瓷在群聚發展週期邁向轉型期之際，再次進入發展期，其主因是鶯歌陶瓷博物館與地方組織取得共識，以行銷鶯歌「地方品牌」為發展目標，推動鶯歌鎮成為「產業生態博物館」之政策目標。此種環境系絡下逐漸產生：

(1) 陶瓷產業群聚

陶瓷博物館成立後，吸引大量觀光人潮，帶動鶯歌鎮整體的產業發展。由於聚集經濟利益，陶瓷商店大半群聚在此發展。而政府推動文創產業之後，業者也由傳統日用陶瓷的生產，轉型為藝術陶瓷，強調創意特色。

(2) 觀光工廠建立

政府大力推動結合在地產業文化與觀光動線，裨利製造業走向觀光。經濟部則參考國外經驗，協助國內具有獨特、產業歷史文化的產業，輔導成為觀光工廠。

(3) 品牌計畫行銷

為提振鶯歌陶瓷產業，提升陶瓷設計水準，建立鶯歌陶瓷的品牌形象，陶瓷博物館擬定三年的品牌建置計畫，以凸顯鶯歌陶瓷特色，建立民眾的品牌信賴。

運用產業群聚發展週期的回顧，得知鶯歌陶瓷產業的發展歷程，從清朝開始萌芽，開啟了鶯歌陶瓷的製造，此階段是群聚週期中的先行期；到日治時期交通建設開始發達以及工業化運動開始大量生產，進入了群聚週期的初始期；

光復後政治環境有很大的變動，造成市場擴大、技術提升、工廠數增加、地理及交通位置便利，顯示陶瓷產業技術成熟且開始蓬勃發展，因此進入群聚週期中的發展期與成熟期；但1995年因全球化的趨勢，陶瓷市場擴大，許多工廠外移，傳統陶瓷面臨轉型的危機，因而進入群聚週期的衰退期；之後，鶯歌陶瓷進入轉型期，由於政府重視鶯歌陶瓷產業發展，與民間組織相繼成立，將傳統陶瓷業轉型為地方特色產業，朝向觀光產業發展。由於鶯歌陶瓷嘉年華的舉辦吸引觀光遊客，引起政府的注意，因此由政府輔導資助鶯歌鎮舉辦陶瓷嘉年華，並輔導其成為全國第一個觀光鎮，鶯歌陶瓷業也得以重新開啟群聚週期中的發展期（如圖10-3所示）。

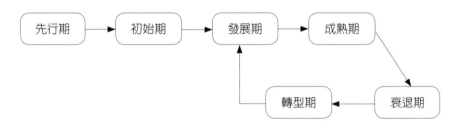

圖10-3　鶯歌陶瓷產業的群聚生命週期模型

二、北投陶瓷產業

台灣陶業分布全島，各地幾乎都有窯場存在。北部地區就屬北投與鶯歌的窯業最具規模。鶯歌陶瓷或許是北部窯業最著名的代表，但回顧台灣陶業的發展歷史，卻發現鶯歌並非台灣陶瓷最早的生產地區，因為北投從日據時代就是台灣的陶瓷重鎮，此項優勢持續到光復之後，素有「陶瓷的故鄉」之稱。以下，同樣運用群聚生命週期模型分析北投窯業的興衰。

（一）北投陶瓷先行期

隨著漢人移居，北投的窯業在清朝即已開始，但其創業年代與事蹟並未清楚記載，僅能經由口述資料得知。根據對北投陶瓷的研究中可以得知，在日本領台之前，北投嘎嘮別山地區已有明顯的陶器製作，到了1935年窯跡猶存（陳上新，2007：27）。由於自然資源豐富開啟北投陶瓷業的發展，北投陶

瓷業的發展在清領時代已經萌芽，進入群聚週期的先行期。

（二）北投陶瓷初始期

　　台灣在日據時期窯業分布在北投（屬台北洲）、鶯歌（屬台北洲）、苗栗（屬新竹洲）、南投（屬台中洲），另外在松山、萬華、桃園、花蓮等地也有生產，但以前四處為最有規模（徐文琴、周義雄，1993：21），歸結原因如下三項：

(1) 資源豐富

　　在日據時期之前，北投尚以農漁業為主要生產活動，日本陶瓷引進台灣做為北投陶瓷的發展基礎，又天然資源豐富，建立許多窯場，逐漸成為台灣陶瓷重鎮。

1. 黏土資源

　　早期台灣設窯場的地點則是受到兩項因素的影響：黏土原料與燃料，鶯歌、北投也不例外。北投地區因受溫泉、地熱的影響，因而生產一種白色的黏土，此為北投陶瓷的黏土來源。鶯歌早期陶瓷業發展比北投早，但北投後來居上的主要原因是北投貴子坑蘊藏豐富的黏土礦（陳上新，2007：13）。北投黏土礦可製作白色的陶瓷器，全台只有北投出產此種黏土，因此吸引投資者到此設置窯場。

2. 水力資源

　　北投地區屬大屯山區，流經北投的溪流不斷，由於貴子坑黏土為北投陶瓷主要來源，黏土中含有大量的雜質和砂粒，去除雜質後，取用其中細緻的部分做為製陶的原料。因此，大屯山區的溪流正好提供貴子坑製陶原料所需的水力資源。

3. 燃料資源

　　北投黏土質的優良，燒成溫度也較高，不適合傳統式的蛇窯，因而北投燒窯一開始便使用以煤炭為燃料的新型倒焰式四角窯，以達所需的燒成溫度。而鄰近的基隆、瑞芳、松山、南港等地都盛產煤礦，因此燃料來源不虞匱乏。

(2) 交通便利

1895年日本人著手興建北經北投，至淡水之公路；到了1927年擴建台北、北投直到草山間的公路；另外還修築淡北線的鐵路於1901年時通車，之後便繼續修築北投至新北投之間的觀光鐵路。早期煤炭運輸以水運為主，由基隆河送來北投地區；後期以鐵路為主，利用縱貫鐵路以及淡水支線與北淡公路，將煤炭運往北投，由於路程都不遠因此運送成本相對便宜。

(3) 技術、設備與資金

北投在日治時期受到殖民的影響、地理的因素，使北投地區的窯業大多為日資，這些窯場由日本引進新的技術與設備，還有經營管理窯場的人員與資金，而北投居民也向日本技師學習新的製陶技術，在當地設置窯場，北投地區因承襲日本陶瓷的生產技術，窯業迅速發展。

新技術的引進，窯業還需要人力資源，北投地區位於都會區的外圍，人口本來就不少，這些地區自古以來都以農業為主，但地處山區、耕地狹小、地利貧瘠、謀生不易，因此北投的陶瓷工廠和貴子坑地區的採土場吸引鄰近鄉鎮來此工作。就土地及設備而言，北投陶瓷的工廠規模之大、設備之完善則是當時全台窯業之冠（陳上新，2007：22）。由此可知日據時期的北投窯業有聚集的趨勢，成為當地主要的經濟活動，進入群聚週期中的初始期。

（三）北投陶瓷發展期與成熟期

北投陶瓷進入發展期與成熟期，開始發展「北投燒」與「大屯燒」成為北投陶瓷產業發展的兩大系統。受到日本殖民的影響很深，因此將陶瓷器稱為「燒物」。近年政府所提倡的文化創意產業，即是將產業注入地方特色文化或是創意文化，表現在陶瓷業就是突破傳統的日用陶瓷，將生活與藝術結合，發展藝術陶瓷。事實上，在日據時期，北投燒時期就有一些追求藝術表現的作品。光復之後在工礦公司開始展開藝術陶瓷的創作，台灣自古以來陶瓷以日用為主，沒有特別製作藝術陶瓷的窯場，而北投的「永生工藝社」則開展新路線，將陶瓷藝術化。

北投發展於日據時期，不僅有政府補助金的支持，而且由日本人在當地投資設廠，引進日本製陶法，成就可觀。雖有政府的補助以及日本人的投資，但因殖民政府對資金的控制以及以日本本土為主的工業政策影響，除北投之外，其餘的窯場都停留在家庭工業階段，規模無法擴大（徐文琴、周義雄，

1993）。

　　光復後，「中國生產力中心」在北投立農里開設陶瓷技術訓練班，聘請國內外專家來此地教學，培訓技術人員，教導陶瓷技術，對於北投的陶瓷發展有很大的貢獻（陳上新，2007：13-4）。由上述得知，北投陶瓷之所以在日據及光復初期可成為台灣的陶瓷重鎮，主要有豐富的天然資源、交通建設與技術、設備、資金的引入之外，政府的政策輔導與補助也深深影響著北投陶瓷產業的發展。

（四）北投陶瓷衰退期

　　歷經百餘年的陶瓷產業發展，北投陶瓷產業興盛帶給北投人民美好的歷史回憶，但時至今日，北投的陶瓷產業發展逐漸走向群聚週期中的衰退期。歸結由盛轉衰的原因大致有六點（陳上新，2007：405-408）：

(1) 都市計畫限制

　　北投陶瓷產業的發展受到政府政策的影響甚深，其中，以都市計畫的實施，將北投規劃為商業區、住宅區與風景觀光區，陶瓷工廠不再被鼓勵設置，面臨諸多的限制。

(2) 燃料改變

　　由於政府政策的制定，影響了北投窯業的發展。北投窯業是以煤炭為燃料，窯廠密集因此浮現空氣污染問題。台北市於1968年率先實施禁燃生煤的政策，而1977年因北投申請瓦斯管線未核准，陶瓷生產的重心也由北投轉移到鶯歌。

(3) 禁採北投土

　　1977年薇拉颱風造成北投地區土石流災情慘重，政府宣布禁採北投土，因此陶瓷生產改用其他地方及國外的進口黏土，致使北投的原料優勢不復存在。

(4) 勞工意識抬頭

　　在環境保護的同時，勞工意識也逐漸抬頭，政府勞動基準法公布後，工資上漲，經營成本增加，勞工運動不斷上演，導致工廠經營困難。

(5) 工業發展因素

　　台灣陶瓷業1970年代，由傳統手工業轉型至資本密集與技術密集的發展策略，邁向自動化及量產化。此時無論是原料或是成品都需要甚大的空間，但北投的地價日益昂貴，建廠空間越來越小，不適合經營窯場。

(6) 經濟發展因素

　　北投位處台北市郊區，早期屬於一個農業區，地價便宜適合發展陶瓷業，但隨著經濟發展，北投窯廠大多成為都市的精華地帶，1970年代地價漲幅巨大，工廠紛紛關閉，並且出售土地，不再經營陶瓷產業。

　　綜上可知，北投陶瓷產業歷經百餘年的發展，在日據時期蓬勃發展以「大屯燒」與「北投燒」名聞遐邇，到達產業群聚發展的成熟期。不過，由於政府政策、環保意識抬頭、勞基法制定等因素，使得北投陶瓷產業日趨沒落，時至今日，北投幾乎已退出陶瓷業的舞台（參見圖10-4）。

圖10-4　北投陶瓷產業的群聚生命週期模型

第四節　研究設計

　　本章以質化研究為主，首先，運用半結構式進行訪談（參見表10-1）。訪談題綱係依據研究架構圖加以設計（參見表10-2），再運用分析軟體針對訪談內容進行分析。訪談對象係依據立意抽樣，分為公部門、專家與業者三部分。

表10-1　訪談對象

訪談對象	地區	受訪者任職單位	編號
公部門	鶯歌	鶯歌鎮公所陶瓷觀光課	A
	北投	北投區公所	B
專家學者	鶯歌	鶯歌陶瓷博物館館長	C
	北投	台灣陶瓷文史工作室	D

訪談對象	地區	受訪者任職單位	編號
業者	鶯歌	傑作陶藝老闆	E
		漢聲窯店長	F
		景德陶藝齋老闆	G
	北投	大屯窯老闆	H
		十八份窯老闆	I
		李老師陶藝	J

資料來源：本章整理

表10-2　訪談題綱

訪談指標		訪談問題
環境系絡變遷		1.請說明在陶瓷產業發展中，整體產業的環境系絡變遷情形？
核心行動者策略	群聚關鍵行動者	2.請問當地陶瓷產業發展過程中，參與行動者包括哪些單位？
	政府輔導措施	3.請問當地政府對陶瓷產業的輔導措施較著重於哪方面？
	政府政策	4.請問在政府政策的推動下，對陶瓷產業的發展有何助益？
社會資本	網絡	5.請問是何種原因使當地陶瓷業者彼此相連結？
	信念	6.您認為陶瓷業者對投入該產業的認同感為何？
	信任	7.請問陶瓷產業者之間是否存有互惠、互補的關係？
產業群聚策略	知識傳遞與交換	8.請問業者是透過何種活動以達到知識、技術與價值交換目的？
	產品創新	9.請問當地的陶瓷產品是否有任何創新活動以利行銷？
	新成員加入	10.請問當地的陶瓷產業，如何吸引新廠商的加入？
產業群聚發展		11.請問當地陶瓷產業是否產生群聚效應？

資料來源：本章整理

　　本章運用MAXQDA質化軟體針對訪談結果進行分析，該軟體是一項專業文本分析工具，包括編碼、備忘錄、搜尋、變項、視覺化以及專案管理等功能的運用（張奕華、許正妹，2010）。MAXQDA軟體實施步驟簡述如下：

一、訪談資料整理

首先將受訪者之訪談錄音內容逐字整理，本章將逐字稿分為鶯歌與北投兩地之專家訪談，接著運用MAXQDA質化軟體分析。

二、將逐字稿登入MAXQDA軟體

將逐字稿之文本輸入MAXQDA專案中，本章將鶯歌與北投分為兩個專案內容來分析，分別在「文本列表」中輸入逐字稿。

三、建立譯碼及次級譯碼

發展譯碼在MAXQDA軟體中是一個自主的過程，並非由軟體自動處理。本章之譯碼則是研究架構中的五個群聚分析的變項，分別為環境系絡變遷、關鍵行動者策略、社會資本、產業創新以及群聚效應。此外，包含關鍵行動者、政府之協助、政府之政策、網絡、信念、信任、知識移轉、產品創新以及新成員加入等次級譯碼。將其編列入「代碼列表」中。

四、文本段落編碼

「文本」中各訪談者的逐字稿將被軟體分為數個段落，之後將文本中各個段落依據「代碼列表」中的譯碼及次級譯碼來進行文本的編碼。

五、質化資料視覺化

接著將編碼後的文本資料以量化的圖形方式呈現。

六、討論研究分析結果

將質化資料以MAXQDA軟體整理並進行討論與分析。

第五節　個案比較分析

一、深度訪談結果分析

本節運用架構圖中之影響因數，比較鶯歌與北投地區陶瓷產業的群聚效應。

（一）環境系絡變遷

外在環境系絡的變遷在陶瓷產業發展過程中，以天然資源及整體社會經濟發展的改變最為顯著，於下依此進行訪談。

(1) 北投地區

北投地區由於地處火山帶而礦藏豐富，在日據時期日本人在此地設「台灣工礦公司」，而陶瓷廠則是合併於工礦公司底下成立「北投陶瓷耐火器材廠」，由於天然資源的豐富，北投貴子坑出產北投土，是白陶瓷器的主要原料，是當時北投陶瓷產業蓬勃發展的主要優勢。

北投這邊有產北投土……耐熱燒成的溫度都比較高，大概在一千兩百八到三百左右，在日據時代，這裡陶瓷就很發達。（I-1-2）

早期陶瓷產業會在北投聚集並且蓬勃發展的原因與天然資源密切相關，但是1977年北投經歷了薇拉颱風，造成嚴重土石流，加上傳統燒陶的燃料產生大量黑煙，造成空氣污染嚴重，因此政府下令禁止燃燒生煤及禁止開採北投土等政策。

貴子坑發生過土石流，造成財產或生命的損傷，才禁止開採。（J-1-1）

就地質來講，那個地方不適合再開採……會影響到整個山坡地的安全，所以後來就禁止開採，就沒有陶土來源啦，當然就沒落啦。（B-1-1）

　　由於台北市地價自1970年代漲幅甚巨，北投許多工廠的位置成為都市中的精華地帶，因此許多工廠出售土地，不再經營陶瓷業，或外移其他地區。

　　北投陶瓷的外移跟經濟發展有關，……，當國土規劃開始，就把北部規劃成文教、政治、商業中心，南部則是重化工業區。（D-1-1）

(2) 鶯歌地區

　　鶯歌附近山區有煤礦開採，在燃料取得費用上，比其他區域便宜，到1968年政府頒訂「空氣污染防制條例」禁止燃燒生煤，導致當地煤窯逐漸減少。然而，1971年政府將天然管線鋪設至鶯歌地區，對當時陶瓷業者有很大的助益。

　　環保問題是可以控制的……其實我們都改成瓦斯窯燒……還有有些溫度低的就用電窯，所以污染減少很多，對產業發展不是問題。（G-4-2）

　　鶯歌尖山一帶為丘陵地形適合窯爐的建築，尖山黑土是製陶的原料，但當時由於北投土質性優良，鶯歌地區使用北投土或是混用北投土來製陶。當北投土禁採之後，鶯歌改用當地其他坯土原料。

　　這個地方沒有土……及燃料使用，鶯歌就有黏土、木材可以用。（D-10-1）

　　1995年時開始，受到社會經濟變化的影響，使得鶯歌陶瓷產業逐漸轉型，除了轉型為精緻的藝術陶之外，政府也規劃鶯歌成為陶瓷觀光城鎮。

　　鎮公所發現沒有政府的介入還是很難發展，就協助建立陶博館、陶瓷老街呀，現在也在推電子商店街、還有新旺工廠……。（A-1-1）

　　綜上，可知在陶瓷產業的群聚發展中，北投地區受到環境系絡變遷的影響較大，因失去黏土與燃料資源，且土地價格大幅上漲，造成產業紛紛外移。鶯歌成為最接近台北市區的陶瓷生產中心，由於順利引進瓦斯窯，克服空氣污染問題，因此持續發展陶瓷產業。

（二）核心行動者之策略

　　核心行動者是指產業群聚中的各個參與者，本章強調政府在陶瓷產業群聚發展中的角色及其影響力。

（1）北投地區

　　在北投的陶瓷產業發展中，參與的行動者除了陶瓷業者之外，僅有北投文化基金會的投入，中央與地方政府幾乎沒有參與。

　　北投這邊區公所的角色扮演反而比較薄弱，因為主政機關是在市政府，……區公所本身的定位是在市政府的派出機關，只是一個執行單位。（B-2-1）

　　然而，北投文化基金會主要是對歷史文化方面來做推廣，整個北投陶業的參與行動者還是以當地業者為主。

　　就是剩一個文化基金會啦，會辦一些類似研討會這樣，像之前有北投陶瓷的發展在社區大學辦……。（J-4-2）

　　北投陶業從日據時期的產業群聚到現在的沒落衰退，除了整體環境的變遷之外，主要與政府政策密切相關。1967年時將北投納入台北市的行政區中，對產業的發展有諸多的限制，使得陶瓷業無法持續發展。

　　受到台北市的政策限制，所以當時在升格之後，……，整個經濟發展的規劃、國土規劃，還有都市計畫，……產業都受到影響。（D-1-1）

　　北投陶瓷產業紛紛外移，而政府未妥善保留工廠遺址，使得多數人遺忘，甚至不知道北投有陶瓷文化歷史。

　　其實重點就是政府嘛，政府把這邊陶瓷產業斷頭，讓它都遷出去啦，……偏偏貴子坑水土保持沒有在做，……現在變成在種別的東西。（I-3-1）

　　當陶瓷產業漸趨沒落時，地方政府選擇溫泉做為當地的傳統特色產業，使得陶瓷產業更難獲得政府協助。

　　這個跟之前政府推動一鄉一特色有很大的關係，補助方面只補助一項，每個地方都有一個特別的東西，北投部分目前剩下的就是溫泉。（J-2-1）

　　北投陶瓷產業沒落與政府密切相關，業者認為若是要使北投陶瓷再發展，還是要靠政府。

　　對陶瓷影響最深我覺得應該是政府，因為沒有它，民間或是業者再怎麼努力也是沒有它力量大，所以說產業的發展一定要政府來推……。（I-2-2）

(2) 鶯歌地區

　　鶯歌陶瓷產業發展至今，參與的行動者除了陶瓷業者廠商之外，還有地方組成的陶瓷發展協會，以及中央的經濟部商業司與地方鎮公所的合作等。

　　這個喔……其實除了在地的業者之外就是我們公所跟協會，協會也不只一個，鶯歌有關陶瓷的協會就還有一些社區居民自己組成的組織這樣。（A-2-1）

　　在這些行動者中，政府的角色扮演最重要。

　　產業發展的影響力就是政府單位，有縣政府，還有商業司，……，所以一定要有經費，就是去申請這樣我們就可以辦活動。（G-2-2）

　　鶯歌在1988年文建會規劃「一鄉一特色」政策時，台北縣便選定以陶瓷做為當地產業特色，讓轉型之後的鶯歌陶瓷業能繼續在當地發展而不至於外移。

那時候推一鄉一特色就推這個陶瓷業，……把他們轉型成觀光為主，……，我們就從硬體上面來做一個重新的改善，所以就把陶瓷老街重整。（C-3-1）

陶瓷博物館對鶯歌的發展影響很大，除了觀光，也提供陶瓷交流的一個場域。

陶博館這一個對陶瓷業當然很有幫助呀……它是展示文化交流，讓從業人員有機會不用跑到國外，就可以看到全世界不同國家的陶瓷……。（E-4-1）

要言之，北投陶瓷產業中主要是以陶瓷業者為主，由於北投文化基金會的文史推廣工作，未受到政府重視，從政策方面可看出對陶瓷產業發展的諸多限制，致使產業無法繼續生存。加上地方政府將產業重心集中在溫泉業，使得北投陶瓷鮮為人知。相對地，鶯歌陶瓷產業的參與者中，除了陶瓷業者之外，還包括陶瓷藝術發展協會、陶瓷文化觀光發展協會等民間組織的參與。中央與地方合作，共同規劃陶瓷老街、陶瓷博物館、陶瓷觀光工廠等，使鶯歌陶瓷業可與觀光相結合，而博物館、鎮公所不定期舉辦展覽，是陶瓷業轉型的新契機。

（三）社會資本

社會資本於產業群聚的影響是可強化群聚的存在，因此本章對鶯歌、北投兩地陶瓷業者之間的網絡連結、信任感、對陶瓷業的共同信念做一研究。

(1) 北投地區

北投陶瓷業者大多分布在山區經營，各自尋找通路銷售，業者之間很少有互動交流，且地方沒有成立組織團體將這些陶瓷業者結合起來，因此彼此之間的連結性薄弱，造成當地陶瓷業者無法形成網絡，使得資訊的傳遞與流通並不存在。

之前真正在做陶瓷的那些老師傅都是自己做自己的呀，很少在互動的啦，更不要說什麼要讓它們連結在一起。（D-5-1）

再者，北投陶瓷業者之間的信任感甚低，彼此沒有互惠的關係，也沒有意願交換知識與資訊、進行相互合作與互動的關係。

說真的啦，同行相忌，我介紹給別人的客人啦，人家也從來不會介紹給我呀，哪有甚麼互惠、互補的利益什麼的……。（H-7-1）

北投年輕一輩的陶瓷業者對於北投陶瓷的認同感則比較薄弱。受訪者D與J認為當地的陶瓷業者對於這項行業的認同感漸趨薄弱：

年輕人進來學陶藝，我想他們根本就不知道這邊以前的模樣，你說認同感可能就沒有，太抽象了嘛。（D-6-1）

由於政府對當地的陶瓷業並未重視與規劃，使得當地業者對陶瓷業的發展也沒有信心。

這邊的陶藝家喔，大家都是單打獨鬥過來的啦……大家是沒有什麼共識的，沒有這個信念的，因為這樣我就生活得下去。（I-5-2）

(2) 鶯歌地區

鶯歌陶瓷產業的發展，由於政府輔導地方民間組織，充作連結當地陶瓷業之間的橋樑，業者透過協會彼此聯繫，並向政府爭取權益，而政府辦活動可透過協會，使陶瓷業者與地方團體及政府單位間形成一個網絡。

這邊的地方社團很多，那這些社團都是政府輔導它們成立，那目的是希望說我現在建設這裡，然後交給你們地方民間的這些團體們來好好的去維持，那鶯歌的部分其實是政府先做。（C-5-1）

在鶯歌陶瓷業者之間互惠的情況較少，因為涉及生意上的交流以及技術知識的交流方面，很少生意上的合作：

因為每家做的東西都不一樣，因為我有我的作法，你有你的作法，其

實大家在那個商圈裡面，就不會要去跟人家合作，很少啦。（F-6-1）

　　雖然業者之間互惠合作的信任感較低，但對當地陶瓷產業的認同感還是存在，並且有共識要讓鶯歌陶瓷產業更加蓬勃發展。

　　因為這裡已經有兩百年歷史，已經發展出自己的文化特色，做出來的陶瓷是一種有感情的東西……自然產生認同感。（C-7-1）

　　在陶瓷產業發展中，鶯歌、北投兩地業者的信任感都是薄弱的，彼此間在商業或是知識交流上沒有互惠、互補利益的產生。但從網絡的組成以及信念的產生來觀察，北投陶瓷業沒有形成網絡，業者各自經營，彼此互動的頻率也不高，使得相關資訊的取得與交流甚少。業者I談到他們對於陶瓷相關訊息的接收很少：

　　像我們在北投做陶藝工作的喔，政府相關活動這一部分接收到的訊息很少，政府本身對這一個區塊不是很重視啦。（I-4-1）

　　簡言之，由於當地政府對於溫泉產業的重視與推動，以致於很難再將北投與陶瓷連結，業者對陶瓷發展也不存信心與共識，因此，業者之間沒有形成社會資本。相對地，由於歷史文化形成對產業的感情與認同，發展出共同的產業共識，加上政府的協助促成民間組織的成立，存有連結彼此的網絡，逐漸形成社會資本。

（四）產業群聚策略

　　產業群聚的效應通常可以藉由產業群聚策略加以觀察，主要包括產品創新、知識傳遞與交換、新成員的加入來表現。

(1) 北投地區

　　北投是台灣藝術陶瓷的領導者，光復之後在工礦公司開始展開藝術陶瓷的創作，至今北投陶瓷以小型的工作室為主，強調個人的風格與特色。

　　現在比較陶藝化個性化，像現在一些工作室呀比較難大量生產，所以

它一定要有自己的特色，……，所以這個精緻化是一定的。（D-9-1）

北投陶瓷在知識傳遞方面僅止於社區大學的短期課程，以致知識僅存在於自行經營的範圍。

其實社區大學的陶藝班課程效果也是有限啦，就是像體驗那樣子，一個短期的課程，跟工廠的訓練又不一樣。（J-8-1）

受訪者B則認為北投的陶瓷產業缺乏技術傳遞、知識交流的平台，需要政府來做整合的角色，但是北投陶瓷發展條件有限，加上政府單位不重視，因此很難再吸引到新的陶瓷業者進駐。

很少耶，因為我們都一直往外跑啦，我覺得北投這邊因為25-35歲之間做陶的好像感覺不見了。（B-10-1）

(2) 鶯歌地區

鶯歌自1995年，就出現傳統陶瓷產業大幅衰退，著手發展以藝術瓷為主的地方文化產業，帶動地方的發展。

這跟經濟有關係啦，以前陶瓷是被人家界定在容器裝東西啦，那是生活用瓷。經濟大於某程度後，它就成為裝飾品……。（E-9-1）

1995年鶯歌高職成立設有陶瓷工程科，教授陶瓷基本知識與技能，除此之外，透過陶瓷博物館的展覽、研討會的舉辦，以及政府與地方組織合作辦的陶瓷相關活動，即使業者不願透露自家的技術、知識，讓彼此欣賞到不同作品，憑藉這些平台，可將鶯歌陶瓷的文化傳承下去。

我們做交流的平台，有新的技術示範啦，教學啦，就讓這些人來做講座、教學，甚至研討會讓大家都在這邊交流。（C-8-1）

鶯歌業者認為產業轉型並與觀光結合，將吸引人潮，因此想要發展陶瓷業

的業者會選擇鶯歌做為據點，為當地產業注入新的活力。

　　現在台灣陶瓷產業，還是以鶯歌為主，其他都是點狀的，因為有群
聚作用，這種東西還是要群聚，群聚的好處是我的資訊來源流通方便。
（C-10-1）

　　綜上，就產業群聚策略而言，兩地的陶瓷業者都有創新的產品與技術，將
陶瓷轉型為藝術化精品化的商品。然而，在陶瓷知識的交換與傳遞方面，北投
並未存在利於陶瓷發展的環境。反之，鶯歌地區就有專業學校教育以及博物館
的成立，讓陶瓷知識與技術得以交流傳遞。

（五）群聚效應

　　受到上述環境系絡變遷、關鍵行動者策略、社會資本形成以及產業創新等
因素的影響，陶瓷產業群聚在兩地產生不同效應。

(1) 北投地區

　　在北投地區的陶瓷業無法產生群聚的效應，除了早年政策限制下，以致陶
瓷業外移，加上社會資本難以在當地形成，以及產業創新不足的弱點外，政府
選擇以溫泉產業為當地特色產業使得陶瓷更加沒落。

　　除非政府強力介入，或市政府規劃一個空間……陶瓷的業者才願意進
駐，那這樣子才容易聚集起來。（J-11-1）

(2) 鶯歌地區

　　鶯歌地區由於在環境系絡變遷中成功轉型，並且在陶瓷業者之間產生社會
資本，將產業連結成網絡。又，正式制度方面受到政府的重視，使得產業創新
能順利進行，因此當地業者與專家學者表示，產業在鶯歌已產生群聚。

　　我要說鶯歌的陶瓷業還是全台灣最興盛的，所以你說這邊要再繼續發
展是一定會的……因為這邊已經產生一個群聚了嘛。（E-11-1）

綜合上述，在北投與鶯歌陶瓷的群聚效應中，發現兩地都強調政府在產業群聚中的重要性，由於北投陶瓷業未受到政府的重視，以致當地剩下小規模的陶瓷商店及工作室，無法產生群聚效應。反之，鶯歌陶瓷由於政府設定為當地特色產業，積極協助發展，使得上下游產生群聚效應。

二、質化軟體分析

（一）MAXQDA譯碼矩陣圖

將受訪者之文本透過譯碼矩陣圖之方塊大小，顯示受訪者在訪談的內容中，對於相關變項談論之次數。由北投區的譯碼矩陣圖10-5，察覺在北投區受訪者的文本中，「核心行動者之策略」變項之方塊圖明顯較大。再對照表10-3的譯碼次數圖可明確瞭解核心行動者之策略被討論的次數最多。

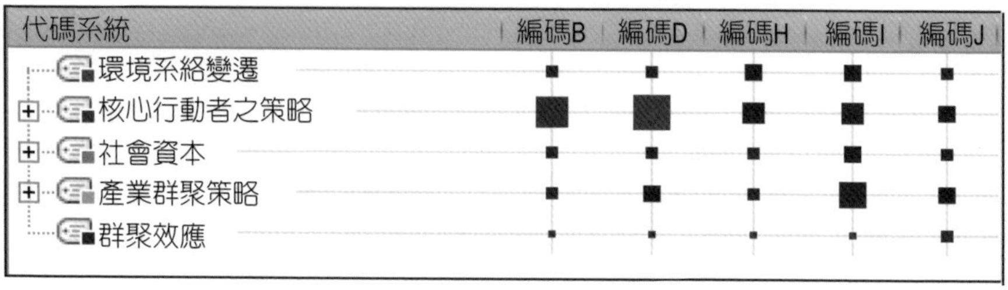

代碼系統	編碼B	編碼D	編碼H	編碼I	編碼J
環境系絡變遷	■	■	■	■	■
核心行動者之策略	■	■	■	■	■
社會資本	■	■	■	■	■
產業群聚策略	■	■	■	■	■
群聚效應	■	■	■	■	■

圖10-5　北投區MAXQDA譯碼矩陣圖

表10-3　北投區MAXQDA譯碼次數表

受訪者	B	D	H	I	J
環境系絡變遷	3	4	5	5	3
核心行動者策略	12	13	7	8	6
社會資本	3	4	3	5	4
產業群聚策略	3	5	3	9	5
群聚效應	2	2	1	1	3

資料來源：本章整理

另一方面，鶯歌區的譯碼矩陣圖10-6，顯示受訪者的文本中，「核心行動

者之策略」變項之方塊圖明顯較大，再對照表10-4得知行動者之策略討論的次數最多。

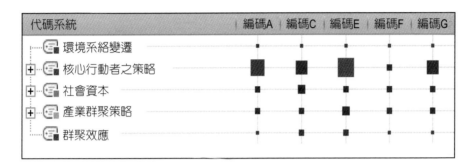

圖10-6　鶯歌區MAXQDA譯碼矩陣圖

表10-4　鶯歌區MAXQDA譯碼次數表

受訪者	A	C	E	F	G
環境系絡變遷	3	2	3	1	1
核心行動者策略	16	13	17	6	12
社會資本	6	7	6	5	5
產業群聚策略	6	5	8	5	6
群聚效應	3	4	4	3	2

資料來源：本章整理

　　由譯碼次數表比較（如表10-5所示）得知：（1）在環境系絡變遷方面，北投陶瓷業受到整體經濟環境改變的影響較顯著，因此對產業環境系絡變遷的面向討論次數多於鶯歌；（2）在行動者策略方面，兩地皆認為政府對產業群聚相當重要，鶯歌陶瓷業受到政府的重視，因此對政府協助與政策之談論次數因而多於北投，北投陶瓷受到政府政策的限制，以致陶瓷業沒落與外移，所以談論多半是產業受到政策限制；（3）在社會資本形成方面，鶯歌有非政府組織的成立，做為連結橋樑，而在北投地區則缺少網絡的連結，因此鶯歌陶瓷的網絡形成討論次數最多；（4）在產業群聚方面，鶯歌陶瓷業形成網絡，業者之間較易互動，因此在知識傳遞與交換的討論最多。

表10-5　鶯歌與北投MAXQDA譯碼次數比較表

		鶯歌	北投
環境系絡變遷		9	20
核心行動者策略	群聚關鍵行動者	16	16
	政府協助	24	12
	政府政策	24	18
社會資本	網絡	14	6
	信念	9	8
	信任	6	5
產業群聚策略	知識傳遞與交換	14	10
	產品創新	11	10
	新成員加入	5	5
群聚效應		16	9

資料來源：本章整理

（二）MAXQDA譯碼關係圖

　　兩地受訪者之文本透過譯碼矩陣關係圖的圖示，顯示受訪者在訪談內容中常將哪些面向一起討論，透過方塊的大小得知面向之間的相關性高低。在北投區的譯碼矩陣關係圖（圖10-7）顯示北投陶瓷的「環境系絡變遷」與「政府政策」以及「群聚效應」與「政府協助」是兩組具有關連的概念。由表10-6的譯碼關係次數圖明確得知這些面向常被一起討論。

　　另一方面，由鶯歌區的譯碼圖（詳見圖10-8）發現，每位受訪者的文本中「核心行動者之策略」變項之方塊圖與其他變相比較明顯較大，再對照表10-8的譯碼次數圖得知核心行動者之策略在鶯歌區被討論的次數也是最多。

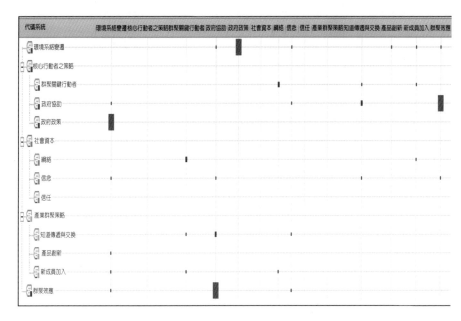

圖10-7　北投區MAXQDA譯碼關係圖

表10-6　北投區MAXQDA譯碼關係次數表

	環境系絡變遷	核心行動者策略			社會資本			產業群聚策略			群聚效應
		群聚關鍵行動者	政府協助	政府政策	網絡	信念	信任	知識傳遞與交換	產品創新	新成員加入	
環境系絡變遷			1	5		1			1	1	1
核心行動者策略　群聚關鍵行動者					2				1	1	
政府協助	1					1		2			5
政府政策	5										
社會資本　網絡			2							1	
信念	1		1					1			1
信任											

		環境系絡變遷	核心行動者策略			社會資本			產業群聚策略			群聚效應
			群聚關鍵行動者	政府協助	政府政策	網絡	信念	信任	知識傳遞與交換	產品創新	新成員加入	
產業群聚策略	知識傳遞與交換		2	2			1					
	產品創新	1			1							
	新成員加入	1	1				1					
群聚效應		1		5	1		1					

資料來源：本章整理

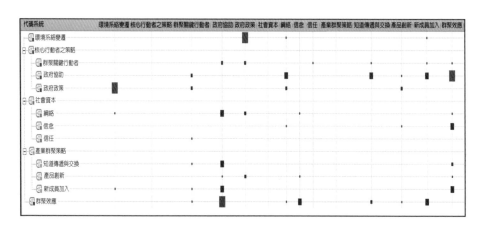

圖10-8　鶯歌區MAXQDA譯碼關係圖

表10-7　鶯歌區MAXQDA譯碼關係次數

	環境系絡變遷	核心行動者策略			社會資本			產業群聚策略			群聚效應
		群聚關鍵行動者	政府協助	政府政策	網絡	信念	信任	知識傳遞與交換	產品創新	新成員加入	
環境系絡變遷				5	1					1	
核心行動者策略　群聚關鍵行動者			2	2			1	1		1	1
政府協助		2			3			3	1	2	5
政府政策	5	2			2				2	1	
社會資本　網絡	1		3	2		1					1
信念						1			1		3
信任		1									
產業群聚策略　知識傳遞與交換		1	3								2
產品創新			1	2		1					1
新成員加入	1	1	2	1							
群聚效應		1	5		1	3		2	1	3	

資料來源：本章整理

第六節　結　論

　　本章主要透過蒐集資料，將本土案例與國外學術理論做一對話。詳言之，運用產業群聚理論，探討兩項問題：一、何以鶯歌陶瓷產業逐漸興盛而北投陶瓷產業則日趨沒落？二、其關鍵因素為何？以下，分別提出研究發現。

　　經過文獻分析法、深度訪談法與質化軟體的分析，得知鶯歌陶瓷業確實具有群聚現象，而北投陶瓷業則不具備，此一論點可由四項面向說明。

（一）環境系絡變遷

　　M. E. Porter（1990）在所提出的鑽石模型中，外在影響變數之一是機會。

藉由機會的發生,亦即環境系絡變遷可重新形塑產業的整體結構,提供新的競爭契機。北投地區由於受到環境保護的政策限制,使得陶瓷業的原料取得優勢不再,加上規劃為商業為主的城市,土地價格上漲,工廠紛紛外移。然而,鶯歌由於成功引進瓦斯管線,順利克服環境污染問題,更重要的是政府協助鶯歌轉型成觀光城鎮,因此產業得以繼續發展。

(二) 核心行動者之策略

區域發展有必要獲得支持,包含企業、政府、社會關係的整合(Amin, 1999: 369)。藉由深度訪談得知,受訪者大多強調政府在產業群聚發展中的重要性。北投陶瓷之發展,由於政府下令禁採北投土,又申請瓦斯管線未遂、都市規劃成為商業住宅區、政府政策選擇以溫泉業為主而逐漸沒落。鶯歌由於當地陶瓷產業受到政府的重視與規劃,使得陶瓷產業在鶯歌產生群聚效應。

(三) 社會資本

社會資本是社會組織的特點,可提高組織合作與協調,達成互惠目的(Putnam, 1995)。鶯歌地區因為成立陶瓷相關的地方性組織,藉其將地方業者聚集,成為業者之間或是與政府單位的溝通橋樑。再者,協會所定期舉辦的活動增進地方業者的互動關係,進而對於陶瓷業的發展存有高度認同感;然而,北投地區沒有陶瓷相關的地方組織,以致業者對於產業發展認同感與共識也相對較低。

(四) 產業群聚策略

依據K. A. Aziz與M. Norhashim(2008: 369)所述,產業群聚策略表現在產品的商業化或產品製程、服務的創新。此外,產業知識的累積與吸引新成員也是不可或缺要素。鶯歌由於擁有全國唯一的陶瓷學校,而陶瓷博物館的興建成為當地業者間知識與訊息的交流平台。此外,透過協會舉辦各式活動,有利於陶瓷業的發展,因而持續吸引新成員的加入;相對地,北投僅有社區大學的短期陶藝課程,知識傳遞與交換有限,不利於吸引新成員。

(五) 群聚效應

群聚效應是由群聚的動態性、群聚的行動者與知識的創造累積及移動產生

創新所產生的綜效。由上述分析得知鶯歌順利轉型成為以觀光為主的產業，而政府政策輔導及協助、業者間社會資本的形成皆有利於產業創新與知識交流，繼而能群聚效應；反之，北投地區由於政策限制，出現產業外移。綜上，兩地陶瓷業發展之差異可由表10-8示之。

表10-8　北投、鶯歌陶瓷產業的發展差異分析表

		鶯歌	北投
環境系絡變遷		政府輔導轉型	政府政策限制發展
核心行動者策略	群聚關鍵行動者	政府影響陶瓷產業群聚	政府影響陶瓷產業沒落
	政府協助	輔導地方陶瓷相關組織發展、陶瓷嘉年華舉辦、陶瓷博物館活動舉辦	甚少
	政府政策	陶瓷老街商圈規劃、陶瓷博物館成立、鶯歌燒品牌計畫、陶瓷觀光工廠成立	禁採北投土、申請瓦斯管線未核准、都市計畫規劃為商業住宅區
社會資本	網絡	地方民間組織成立形成網絡	無
	信念	發展品牌共識、產業的認同感高	認同感低、無共識
	信任	業者間信任感低	業者間幾乎無信任感
產業群聚策略	知識傳遞與交換	透過鶯歌高職、陶瓷博物館傳遞	僅存在於社區大學的課程
	產品創新	品牌化、精品化、藝術化	品牌化、精品化、藝術化
	新成員加入	較頻繁	較少
群聚效應		存在	不存在

資料來源：本章整理

二、產業群聚的關鍵要素

　　鶯歌陶瓷業者集中於陶瓷老街，具有產業區位鄰近的特性：陶瓷工廠大多分布於周邊，工廠從事上游生產、設計工作，老街則是屬於下游的產品銷售，彼此鄰近；在生意上業者們彼此競爭，而在知識交流上彼此合作，形成產業群聚的發展模式。再者，透過深度訪談及軟體分析得知，在正式制度的形成中政府是促進產業群聚的關鍵角色。譯碼關係圖中可印證，「群聚效應」與「政府

之協助」最相關，而由鶯歌MAXQDA圖中發現，在產業群聚的每項指標中都談論到「核心行動者的策略」。詳言之，在產業發展的環境系絡變遷中，由於政府輔導轉型成觀光、休閒產業，使得鶯歌陶瓷得以持續發展；在政策規劃方面，選定陶瓷為鶯歌的地方特色產業，積極建設與輔導。因此，在產業群聚的要素中，政府都扮演舉足輕重的角色。

除了政府角色之外，本章也發現社會資本的形成也是鶯歌陶瓷產業群聚重要力量。在知識經濟的時代，行動者之間的網絡連結會帶動地方發展，社會資本即是組織成員之間連結互動的要素。在鶯歌當地陶瓷相關的行動者包括政府機關、學術研究機構與民間組織，其中民間組織在產業發展中扮演連結角色，並做為業者與政府溝通的橋樑，形成陶瓷業發展網絡，業者以會員的方式加入協會，相互交流相關資訊是獲取資訊的主要管道，增進信賴感與發展的共識。

第十一章 社會資本與社區安全推動之關聯性：以台北市內湖安全社區為例

第一節 前言

　　在日益重視生活品質的情況下，做為連結政府與公民之間的中介組織——社區的功能日趨重要[1]。近年來，政府已體認到健全的社區發展是社會安定的基礎，而建立社區意識是社區工作之重點。詳言之，所謂社區意識為社區居民對社區的一種心理歸屬及認同感，藉由彼此的密切互動，對社區事務產生利害與共，並以利他與互惠行為取代投機心態，共同為社區而戮力。R. D. Robert D. Putnam（1993）即認為社區之凝聚力端視社會網絡、規範與信任而定，這些構成社會資本的要素，對社區生活品質的改善與發展來說是必要因素。顯然地，R. D. Putnam將社會資本與社區福祉予以連結，社區的社會資本被視為是整體社區的重要資源。但是，社區安全絕非政府單方的工作，欲使居民生活過得安心，實需有效結合社區力量，投入有形與無形的資源才能奏效，尤其是無形的社會資本。

　　一般而言，社會資本屬於一種持續信任與互惠的關係，具有協調和蓄積個人與社會團體行動的能力；一個累積較多社會資本的社會，較易形成連帶感、互惠感、互信感與合夥感，對整體所欲追求之目標與必須採取之行動是相當助益地。然而，社會資本並非萬靈丹，它對社區可能產生正面的效果，同時也可能引發負面的效果。反過來說，社區發展的過程與成果也能影響社會資本的累積。因此，社會資本與社區發展存有密不可分的關係，惟此一關係能否產生良性循環，端視能否妥善運作。為進一步瞭解，本章以內湖安全社區做為探討個案，所欲探究問題為，內湖社區通過認證成為國際安全社區，是否與社會資本

---

[1] 社區（community）是生活在特定地域內之居民，所形成之社群，彼此基於對共同目標、願景與認同，藉由互動及參與，形成緊密的社會關係，社群成員須遵守社區規範，產生集體行動以解決社群所面臨之共同問題（徐震，1980；蔡宏進，1985；Mattessich & Monsey, 1997; Gilchrist, 2004）。

之積累程度相關？

　　Chris Ansell和Alison Gash（2007）針對既有的協力治理文獻，採取後設分析方式（meta-analytic strategy），藉由檢視137個案例與相關研究文獻後，所確認的協力治理關鍵變數，已涵蓋多數學者與世界銀行（World Bank, 2011）所提及之社會資本面向，而本章目的是檢視內湖安全社區通過認證是否具備相同要素，乃轉化Chris Ansell和Alison Gash所提出的模型，進行驗證性探討。文內的「社會資本」，本章將其定義為「鑲嵌於人際關係，藉由彼此的信任與對話交流，達成共識，進而形成集體行動與社會凝聚力，在其發展過程中，必須建立共同之規範制度，以維持此過程能順利進行」。而「安全社區」則定義為「社區能協助社區民眾凝聚共識，結合區內的所有資源，減少意外傷害並改善環境品質，營造更安全、舒適之生活環境」[2]。

　　研究步驟依序是：一、將Chris Ansell和Alison Gash的模型予以轉化，以此做為本章的研究架構圖；二、針對架構圖中所提及之因素設計問卷，針對內湖區居民進行抽樣調查，同時運用多元迴歸分析、驗證性因素分析與結構方程模式等統計方法，藉以檢視居民間之社會資本與安全社區計畫推動之關聯性；三、依據立意抽樣法與主要參與者進行深度訪談，並運用訪談內容以輔助說明實證所得結果。綜上，本章共分六節，除前言外，第二節是內湖安全社區認證過程分析，第三節為相關理論探討，第四節為研究設計，第五節為實證分析，第六節提出研究發現及討論。

第二節　內湖安全社區認證過程分析

　　內湖社區隨著都市化發展，伴隨而來的是空間狹小、交通擁擠、治安欠佳等負面效應。這些問題無法立即獲得政府的有效重視，因而地方上熱心人士開始思考改善此狀況之因應策略。初始是由台灣事故傷害預防與安全促進學會理事長白璐博士、中央警察大學李宗勳教授、前內湖區長孫清泉先生及內湖好山好水權益促進會主任委員翁福來先生等人發起，召集社區中具熱忱的居民，結合公部門成立「內湖安全社區暨健康城市促進委員會」，於2002年開始推動

2　2011，〈內湖安全社區蛻變史〉，台北市內湖社區安全與健康協進會：http://www.safe-neihu.org.tw/13，檢索時間：2011年3月20日。

安全社區計畫。

一、第一次認證前

在前區長孫清泉先生、翁福來理事長與白璐教授等熱心人士的奔波鼓吹下，迅速聚集來自學界、產業界及在地社區熱心公益人士，投入了先期的工作。但是，因考量委員有決策，卻無執行人力，且非正式組織並無法保證長期的運作，遂於2004年9月4日正式向台北市社會局登記立案，成立永續經營的社團組織──「台北市內湖安全社區暨健康城市促進會」，並選任翁福來先生為第一屆理事長，「內湖安全社區計畫」正式起跑。此計畫的推動是立基於事先的評估，依據內湖三家醫院、健康中心、消防局、警察分局與學校所蒐集來的資料，做為擬定計畫之參考，並由社區報傳遞給居民使其知悉。內湖安全社區暨健康城市促進會各工作小組的任務是執行社區安全相關策略，以落實各項促進社區安全的計畫[3]。

依照世界衛生組織（WHO）的規定，國際安全社區認證須符合長期、永續經營、對社區內任何年齡、性別及環境狀況，推廣全面安全設計、建立社區合作夥伴等六項指標[4]。台北市內湖安全社區暨健康城市促進會結合「產、官、學、民」共同打拼下，終於在2005年通過「世界衛生組織社區安全推廣協進中心」（WHO Collaborating Centre on Community Safety Promotion）安全社區認證，成為全球第94個國際安全社區[5]。

2005年協助內湖安全社區通過認證後，台北市內湖安全社區暨健康城市促進會完成階段性任務，其角色逐漸從領航者轉變為協助與督促者，並於2007年經理監事會暨會員大會通過更名為「台北市內湖社區安全與健康協進會」，內湖安全社區於是進入新的里程碑[6]。

3　計畫共可分為六組：居家安全促進組、交通安全促進組、學校安全促進組、救援及休閒運動安全促進組、工作與消費場所安全促進組以及蓄意傷害預防組。整理自國立台灣大學地方與區域治理研究資料庫：http://gov.soc.ntu.edu.tw/cms/resource/05-09.pdf，檢索時間：2011年2月17日。

4　WHO. 2007. *Indicators for International Safe Communities*. Retrieved from:http://www.phs. ki.se/csp/who_safe_communities_indicators_en.htm. March 20March 20.

5　2011，〈內湖安全社區蛻變史〉，台北市內湖社區安全與健康協進會：http://www.safe-neihu.org.tw/13，檢索時間：2011年3月20日。

6　2011，〈健康協進會簡介〉，台北市內湖社區安全與健康協進會：http://www.safeneihu. org.tw/16，檢索時間：2011年3月20日。

二、第一次認證後

　　台北市內湖區通過國際安全社區認證後，持續將安全關注範圍擴大至食、衣、住、行、育、樂等層面，並逐年訂定多項改善計畫，例如：2006年實施之「鄰里公園、登山步道不安全點檢核計畫」；2007年「人行道、天橋不安全點檢核計畫」；2008年「安全小尖兵計畫」、「捷運交通沿線不安全點檢核暨改善措施計畫」；2009年「自行車安全推廣」、「賣場安全總檢核」、「家戶聯防老人關懷計畫」；以及2010年「禮讓行人，停車再開」運動等。

三、第二次認證

　　由於已通過之國際安全社區每五年須再認證一次，以評估其網絡成員身分是否得以延續，故內湖區於2010年挑戰第二次國際安全社區認證，且依據上述內容，將認證重點放在居住安全促進方案、交通安全促進方案、學校安全促進方案、消費職場安全促進方案、救援及休閒運動安全促進方案、蓄意性傷害防制促進方案、傷害監測系統資料等七個部分。於2010年11月2日至11月3日，接受國際評鑑委員的實地評鑑及指導後，順利在2010年11月10日再次認證成功[7]。然而，再次獲得國際肯定並非任務的結束，如何讓內湖安全社區持續獲得認證外，將安全促進觀念灌輸給居民，並藉由社區活動舉辦機會，讓民眾切身瞭解安全之重要性，才能真正落實安全社區計畫，打造安全社區環境。

　　經由上述，可知台北市內湖區兩次成功通過國際安全社區認證，除了孫清泉先生、白璐博士、李宗勳博士與翁福來理事長等地方熱心人士之發起帶動，更結合「產、官、學、民」之整體力量，才有得來不易的成果。其中，內湖社區資源豐富，且社區意識與民間組織的動員能力強，結合民間代表共同擬出社區安全促進計畫，獲得支持與落實執行的可能性很高（李宗勳，2008：238）。由翁福來先生擔任理事長之「內湖社區安全與健康協進會」，充分發揮組織結構孔道之角色，該協進會展現出強烈的動員能力、資源連結、專業知識與資訊流通等充沛之社會資本（李宗勳，2003b）。整項安全社區計畫之推動，主要結合當地政府的行政資源，如內湖區公所、里長、內湖區警政單位

7　2011，〈臺北市內湖國際安全社區再度認證成功〉，台北市政府衛生局：http://www.health.gov.tw/Default.aspx?tabid=36&mid=442&itemid=27053，檢索時間：2011年2月22日。

等，以及各級醫院、商家、宗教團體等，形成完整之安全社區網絡。

　　其次，在公開、誠實、訊息開放的組織環境，要比一個分黨結派、相互鬥爭的組織環境更容易建立起信任。在內湖安全社區中，白璐博士與翁福來理事長因黨派色彩淡薄，積極參加公益活動，普遍受到內湖區各鄰里、各政府部門的認同與支持，自然而然建立起良好信任關係（李宗勳，2004：54），而公私協力關係所需之社會資本則為一種具備共同關懷與共同意識的環境公民觀與公共情誼，在內湖安全社區中，災害防救與健康營造是兩大努力目標，在此種共享式利益的導引下，更加厚實社區的信任與依賴。

　　再者，內湖安全社區會定期舉辦交流座談會，藉面對面對話、成果發表以及經驗分享，發展彼此對社區之承諾感，運用多元的互動讓資源得以相互支應，並依據其他社區的建議與指教進行改革。如此一來，計畫推動之速度與成效將比自己單方面努力快且顯著。綜上，可知內湖安全社區積累相當豐厚的社會資本，故本章進一步探究兩者間之關聯性。

第三節　理論探討

　　社會資本自90年代開始，成為許多學科關注的熱門概念，主要是它著重網絡、規範、信任等社會內部文化機制，強調藉由集體行動與組織行為形成的社會聯繫或社會關係，其過程產生的溝通、協調、互惠合作等價值特徵，對地方政府運作品質、公民參與公共事務意願以及民主政治的成熟發展皆具提升作用（郭瑞坤、王春勝、陳香利，2007：99）。社區總體營造政策不斷強調社區居民的自主參與、主體性培養、建立共同體，以及促使社區活力再現；在社區營造的實踐層面欲形塑居民新面貌的要素，正好與構成社會資本所強調之社會網絡、信任、規範、公民參與等內涵相互呼應，因而社會資本可被視為是強化社區生活品質及社區永續發展的必備要素（Newman & Dale, 2005: 484; Kay, 2006: 162）。實證研究也發現，具較高度社會資本的社區要比低度者擁有更佳的生活品質（Kavanaugh et al., 2005: 119）。

　　據此，本章由社會資本概念的論述著手，繼而建立社會資本各項構面之初步衡量工具，以驗證社會資本與安全社區之間的關係。然而，社會資本意涵，隨著不同領域學者的認知，以及不同地區或個案的衡量標準不盡相同，因此欲提出一套具體指標，針對社會資本進行衡量相當地困難。由於Chris Ansell和

Alison Gash（2007）一文所提出的模型（參見圖11-1），係針對現有與協力治理相關文獻，進行後設分析所繪製[8]，而本章目的主要探討內湖安全社區得以通過認證是否具備豐厚的社會資本。因此，本章轉化該模型，並提出新的意涵，茲分述如下：

一、初始環境

在協力治理模型中，初始環境（starting conditions）分為權力－資源－知識的不對稱、參與動機及前例（最初信任層次）等三部分。其中，權力－資源－知識的不對稱與前例中所發生的衝突歷史背景，即是參與限制；而參與動機與前例中之合作歷史背景就是參與動機。內湖社區安全與健康協進會的設立，主要促進內湖社區通過國際安全社區認證，而推動認證過程中，工作人員及社區成員間之資源分配、參與誘因及合作、衝突情形皆是初始環境所欲探討的範疇，內容分述如下。

（一）權力－資源－知識的不對稱

利害關係人之間的權力－資源－知識失衡情形（power-resource-knowledge asymmetries），在協力過程中是相當普遍（Ansell & Gash, 2007: 551）；如果利害關係人不具備充分能力、組織、地位或資源，或未能以平等的立足點與其他利害關係人共同參與，則過程易被強勢的行動者所操縱，就會產生出不信任與不穩定的承諾（Gray, 1989: 119; Warner, 2006）。Mary English（2000）也認為權力失衡情況愈擴散，受到影響的利害關係人將愈多。果如此，將難以呈現利害關係人在協力過程中的真實樣貌，諸如部分利害關係人沒有足夠的時間、自由、技巧、專業能力及相關知識，共同參與討論，這些問題亟待設法克服，方能藉由討論，產生共識。

8　Chris Ansell和Gash主要檢視137個個案與相關研究文獻後，確認協力治理關鍵變數，已涵蓋多數學者與世界銀行（World Bank, 2011）所提及之社會資本面向。

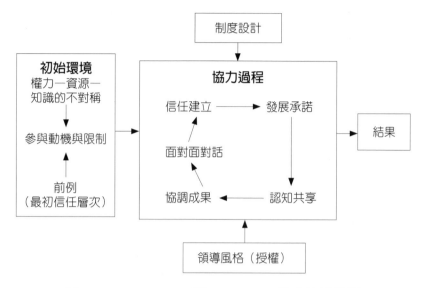

圖11-1 Chris Ansell和Alison Gash協力治理模型

資料來源：Ansell & Gash, 2007: 550.

（二）參與動機

參與活動乃因參與動機（incentives to participate）所驅使，但動機背後，往往存有某些特定目的，可能來自內在成就的需求，或外在誘因使然。Barbara Gray（1989）就認為，合作與集體行動過程能否產生有利結果，對社區成員的參與動機產生顯著影響；當成員感受其參與和政策結果之間存有直接關連，則參與意願將會提升。反之，即便社區成員存有價值共識，若發現單獨行事更易達成目標，可能導致合作破局。其次，參與動機尚包括生活的滿足與追求自我的實現，民眾之所以願意主動參與社區事務，無疑是使其生活環境與品質得以改善。

（三）前例（最初信任層次）

Richard D. Margerum（2002）指出利害關係人之間的衝突與合作歷史經驗（prehistory of cooperation or conflict），將會阻礙或促進協力的進行。衝突與對立會使信任感降低，產生一個惡性循環；而合作則能增加相互信賴，創造良

性循環。成員所引起之負面知覺與行為，或是當事人察覺到對方具有敵意，可能產生衝突。反之，合作是一種為達到既定目標而願意共同努力的精神，它能凝聚每個人的優點，完成所欲達成之計畫與目標。果若發生衝突，不應視而不見，因為內部爭議若未能弭平，可能侵蝕所積累之社會資本，故應予以正視。

二、制度設計

制度設計（institutional design）主要指涉協力的基本規則，即所謂的規範（Ansell & Gash, 2007: 555）。規範為組織中的成員，藉由互動關係所產生之共同行為準則、價值觀與預期（Wellman, 1988: 23）。規範可能源自正式或非正式管道，正式管道如法律規定、社區規章或公約等；非正式管道則諸如人際壓力、相互約束力等。有效的社會規範能使社區成員捐棄自利行為，依循社會整體的利益行動，惟規範並非單憑強制執行或例行性溝通勸導即可產生制約作用，J. S. Coleman（1988）認為結構中若存有互惠或義務等規範，且內化於成員心中，將可促進彼此的合作。此一機制若能與社會網絡相配合，可達事半功倍效果。其次，協力過程必須具備開放性與包容性，一旦成員認為過程具有公平、公開，擁有相同的發言權，方能產生承諾。

三、領導風格

領導風格（facilitative leadership）之良窳常影響成員對組織的態度，即其是否能因領導者之領導而從中獲得滿足、願意承諾並達成目標，端視領導者之領導風格而定（李鴻文、吳佩璇，2010：88）。領導是一種上下互動關係，領導者須營造一個良好互動環境，運用溝通及對話與組織成員建立共識，針對不同的個人特質、需求、能力等，分別使用不同之方式指導與激勵，擬定可行之願景，並討論具體作法（吳朝森，2008：4）。領導者角色之所以重要不在於其能為社區做多少事或提供多少服務，而是能領航與動員組織成員，賦予其足夠的能力與權限，使其自發地參與事務、共同規劃社區活動，同時匯集與整合資源，制定並維持明確的基本規則、促進對話及探究雙贏的可行性（李宗勳，2003a）。

四、協力過程

Chris Ansell和Alison Gash經過實證研究之後，找出協力過程中（collaborative process）的五項重要影響因素，包括面對面對話（face-to-face dialogue）、信任建立（trust building）、發展承諾（commitment to process）、認知共享（shared understanding）以及協調成果（intermediate outcomes）等，相關內涵分述如下：

（一）面對面對話

資訊與訊息須仰賴行動者彼此的溝通與意見交流才能發揮作用，Robert A. Snyder 和 James H. Morris（1984）即認為溝通是發揮組織功能的重要基礎，為了達到合作夥伴雙方的利益，有效的溝通是基本要素。進言之，良好的溝通模式不能沒有強健的網絡關係，運用自身的關係網絡，培育情誼、信任與互惠，此種由社會連帶所凝聚的緊密社區互動網絡，不僅是建構社會資本的重要資源（楊賢惠，2008：74），也是支持民眾參與公共事務的力量。面對面對話除具備溝通功能，尚能藉由相互對話，打破既有成見，對雙方合作關係可產生增強與互補作用（Bentrup, 2001）。

（二）信任建立

信任乃社會資本主要的構成要件，同時也是社會整合、經濟效率與民主穩定的必要條件。信任建立對集體行動助益甚大，當彼此信任度愈高，愈能整合不同的資訊，不再依賴制度規則，因而可降低交易成本，減少集體行動之困境。一個缺乏信任的網絡關係經常是脆弱且不穩定，面臨外來衝擊或危機發生時，行動者可能因信任度不足而難以形成共識，故無法共同對抗與解決集體面臨之問題。事實上，信任建立代表社會凝聚的基礎與既存的特定關係，不僅是社會資本的構成要件，更是先決條件。深究之，信任關係形成後，便成為可運用的資源，其不但能減少後續的交易成本，更能促成「關係」的存在。Roger C. Mayer（1995）認為，信任是基於被信任者會對自己做出有利行為的期待，儘管自身有受到傷害的可能，仍選擇願意相信對方，關鍵在於信任的建立。

（三）發展承諾

　　Robert F. Dwyer（1987）將承諾定義為交易夥伴間，內隱（implicit）與外顯（explicit）關係持續維持的保證，它是一種短期的付出、奉獻以實現長期利益的意願。John T. Mentzer（2000）則認為承諾是指夥伴間有合作意圖與持續維持關係的欲望，並有意願為此關係投入資源。當社區成員擁有凝聚力時，便能接納不同背景與意見表達及認同異己的包容性，進而發展出承諾，願意為社區所發生的事情負責，彼此相互依賴並產生共同認知，即對問題與概念界定的一致認同，或是對相關知識的共識。由於承諾與社會資本密不可分，藉社區發展支持相互學習、發展共同承諾與願景，可視為集體利益的建立與釋放（Gilchrist, 2009: 21）。

（四）認知共享

　　社會資本較多的社群，由於具有高度信任，擁有較多提供資訊情報的管道，除了直接使主要行動者獲得新的技能與知識外，亦能藉由資訊共享產生出外部經濟效果，達成社群整合的功能（Parsons, 1949）。互動、溝通與資訊交流促使成員的共同經驗具有意義，激發其願意投入與參與，進而形成社會資本，若能擁有信念與共識，將更容易進行動員，增強團結與社群意識（陳恆鈞，2003），共同謀求解決問題之道。若能進一步與社區外不同的資源維持連結，即能取得更多額外的訊息與資源，亦有助於社區的發展（Green & Haines, 2008: 117）。Richard D. Margerum此外，Margerum（2002）認為共識已被視為是鼓勵更多合作的表徵，擁有共同經驗所產生之信念，易於強化社群之團結與認同感。

（五）協調成果

　　協調成果意指在達成最終目標的協力過程中，所形成之共識與成果（Ansell & Gash, 2007: 561），亦即結果的本身並非最終目的，僅表示所預期能達成目標的中間結果，如相關之會議、活動、計畫等。成功需循序漸進，以按部就班的方式來達成，首先必須先設想未來將如何發展，以利界定欲達成與解決、改善之目標與問題，界定後要設法激勵成員達成一致共識，建立共同願景，進而形成彼此信任與發展承諾的良性循環，才有機會成功。但是，這並不表示非要經過漫長的討論，才能形成共識與願景；若彼此討論出之想法能被接

納、認同並執行，就能節省人力與時間的耗費。其次，協調過程中需不斷地進行反思、行動與檢核，透過社區成員與地方領導者的對話及討論，俾能凝聚共識，將個人及組織整體目標加以結合，採取一致性行動。

五、結　果

　　綜上所述，利用可聯繫或取得之資源與相關人員，可使社區成員願意共同解決所需改善之問題或完成一致之目標，產生執行結果。因此，當一社區具備愈多項要素時，即初始環境（權力－資源－知識的不對稱、參與動機、前例）、制度設計、領導風格（授權）、協力過程（包括面對面對話、信任建立、發展承諾、認知共享以及協調成果）以及結果等五大變數，將愈能夠被動員，集體目標與共同問題也就愈容易達成與消除。Chester I. Barnard（1938）和Gerald R. Salancik（1978）認為效能是在有限資源下，組織達成其任務與目標的程度，若所欲達成之社區目標明確，且由整體社區成員一同合作來達成，則具備效能；但若缺乏明確之目標，則不具效能。

第四節　研究設計

　　前述提及，本章旨在探討台北市內湖區社會資本多寡對於安全社區計畫推動之影響。據此，首先根據文獻分析法蒐集相關資料進行理論架構之統整，再以Chris Ansell和Alison Gash（2007: 550）之協力治理模型為基礎架構，對內湖區居民進行問卷調查，驗證其社會資本多寡對於內湖安全社區計畫推動成果之影響，並藉相關人員深度訪談之結果，以輔助說明實證發現。

一、研究架構

　　由於本章是以台北市內湖安全社區做為個案，探討社會資本與社區安全推動之關係，希望藉社區成員的努力與國際安全社區認證的肯定，提升內湖社區在生活環境、品質與治安之全面安全[9]。在協力過程中，社會資本為其重要面

9　台北市內湖社區安全與健康協進會之主要任務為以下六項：提升區民對健康促進及安全
　　社區的認知；為內湖區居民及在內湖工作與從事各項活動的人，建立一個安全健康的
　　軟硬體環境；增進區民的安全生活技能；結合社會資源，引導社區參與安全營造活動，

向。因此，本章將Chris Ansell和Alison Gash協力治理模型中之「協力過程」構面轉化為「社會資本形成過程」構面，「結果」構面轉化為「內湖安全社區計畫推動成果」構面，以求與研究內容相符。其次，其初始環境構面中所提及之權力、資源、知識的對稱與否，實為一體兩面之概念，因此本章乃將「權力—資源—知識的不對稱」轉化為「權力—資源—知識的對稱」。再者，「協力過程」構面中之五項影響因素循環關係表示僅是一種簡要說明方式，代表每一項影響因素皆可能對後續協力過程產生正面或負面之影響。實際生活中，此種兩兩間之關係不易直接被觀察，因此，本章不針對此五項因素間之循環關係進行討論，僅以其對內湖安全社區計畫推動成果之影響程度進行探究。本章依據Chris Ansell和Alison Gash協力治理模型轉化之社會資本構面對照如表11-1所示，而研究架構圖如圖11-2所示。

表11-1　社會資本構面轉化對照表

Ansell & Gash（2007）		本章	
初始環境	權力—資源—知識的不對稱	初始環境	權力—資源—知識的對稱
	參與動機		參與動機
	前例（最初信任層次）		前例（最初信任層次）
制度設計	規範	制度設計	規範
領導風格	授權	領導風格	授權
協力過程	面對面對話	社會資本形成過程	面對面對話
	信任建立		信任建立
	發展承諾		發展承諾
	認知共享		認知共享
	協調成果		協調成果
結果	效能	內湖安全社區計畫推動成果	效能

資料來源：本章整理

促進民眾安全健康之生活型態；辦理社區對安全促進相關議題之建議及改善事項；分享並推廣內湖區的成功經驗，協助台灣及國外社區建立「安全社區」。請參閱2011，〈主要任務〉，台北市內湖社區安全與健康協進會：http://www.safeneihu.org.tw/16，檢索時間：2011年3月18日。

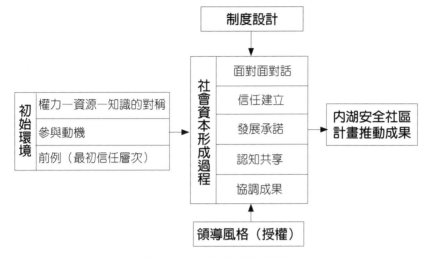

圖11-2　本章研究架構圖

資料來源：本章整理

　　以下，先依據研究架構圖中所提因素設計問卷，針對內湖區居民進行抽樣調查，並藉相關人員深度訪談之結果輔助證實所得結論。其次，分別運用多元迴歸分析、驗證性因素分析與結構方程模式等統計方法，藉以檢驗居民間之社會資本與理論的相符程度，同時檢視居民間之社會資本對於安全社區計畫推動之影響。

二、研究假設

　　本章所提及影響內湖安全社區計畫推動成果之關鍵社會資本因素，對於內湖安全社區計畫推動成果是否具有顯著影響力？以下，依據Chris Ansell和Alison Gash（2007: 550）轉化後之研究架構圖，提出研究假設：

假設一：里民權力、資源、知識愈對稱時，內湖安全社區計畫推動愈成功。

假設二：里民參與動機愈強時，內湖安全社區計畫推動愈成功。

假設三：里民過去合作背景（前例）愈多時，內湖安全社區計畫推動愈成功。

假設四：里民制度設計程度愈高時，內湖安全社區計畫推動愈成功。

假設五：里民被授權程度愈高時，內湖安全社區計畫推動愈成功。

假設六：里民面對面對話愈多時，內湖安全社區計畫推動愈成功。

假設七：里民信任建立程度愈高時，內湖安全社區計畫推動愈成功。

假設八：里民發展承諾程度愈高時，內湖安全社區計畫推動愈成功。

假設九：里民認知共享程度愈高時，內湖安全社區計畫推動愈成功。

假設十：社區協調成果愈多時，內湖安全社區計畫推動愈成功。

假設十一：初始環境會透過社會資本形成過程，對內湖安全社區計畫推動成果產生正向影響。

假設十二：制度設計會透過社會資本形成過程，對內湖安全社區計畫推動成果產生正向影響。

假設十三：領導風格會透過社會資本形成過程，對內湖安全社區計畫推動成果產生正向影響。

假設十四：社會資本形成過程會對內湖安全社區計畫推動成果產生正向影響。

三、問卷設計

　　本章主要藉由權力－資源－知識的對稱、參與動機、前例、制度設計、領導風格、面對面對話、信任建立、發展承諾、認知共享、協調成果與內湖安全社區計畫推動成果等十一項因素，探討內湖區社會資本多寡對於安全社區計畫推動之影響，各項因素之操作量定義與問卷題項如表11-2所示。

表11-2　相關因素之操作定義

構面	因素	操作定義	問卷題項
初始環境	權力－資源－知識的對稱	若利害關係人沒有能力、組織、地位或資源，或是未以一個平等的起跑點與其他利害關係人共同參與，則過程將易被強勢的行動者所操縱（Gray, 1989: 119; Warner, 2006）。反之，若能與其他利害關係人共同參與，將可激發更多想法，讓團體運作更好。本章將其定義為社區成員以平等地位與其他利害關係人共同參與社區事務。	1-1：請問您認為取得社區相關活動的資訊充分嗎？ 1-2：請問您認為取得社區相關資源的管道多嗎？ 1-3：請問您認為參與社區活動的機會多嗎？ 1-4：請問您認為參與社區事務時有充分表達意見的機會嗎？

構面	因素	操作定義	問卷題項
初始環境	參與動機	參與是一種互動關係，而動機具有指引個人尋求需要的滿足，並促使該活動朝向某一目標前進的動態內在歷程（Carron, 1982）。本章將其定義為引發參與社區事務以及國際安全社區認證的誘因。	2-1：若排除外在條件限制（如時間、財力等），請問您願意去瞭解社區發生的事情嗎？ 2-2：若排除外在條件限制（如時間、財力等），請問您會常參加社區的活動嗎？（如：藝文展覽、音樂會、運動會、研習營、登山健行、節慶等） 2-3：若排除外在條件限制（如時間、財力等），請問您會常參加社區組織或其他民間團體嗎？（如：社區發展協會、管理委員會、獅子會、運動休閒社團等） 2-4：若排除外在條件限制（如時間、財力等），請問您會常從事社區志願性服務的工作嗎？（如：志工隊、婦宣隊、社區巡守隊、慈善組織等）
	前例（最初信任層次）	前例意指利害關係人間衝突與合作的歷史背景，其會阻礙或促進協力的進行，衝突與對立乃因本質不同使然，其會降低彼此間的信任、增加成見，產生一個懷疑的惡性循環，而合作能使彼此相互信賴，創造一個良好的相處模式，目標之達成將指日可待（Katz & Kahn, 1978; Margerum, 2002）。本章將其定義為參與社區安全推動與執行計畫過程中所產生之合作與衝突情況。	3-1：請問您會配合社區推動的相關計畫嗎？（如：酒後不開車、「禮讓行人，停車再開」運動等） 3-2：請問您認為社區推行的計畫或活動不切實際嗎？ 3-3：請問您認為社區推行的計畫或活動會妨礙您的生活嗎？ 3-4：請問社區推行的計畫或活動有損及您的權益嗎？ 3-5：請問您與社區裡的人之間常有不愉快的事情發生嗎？

構面	因素	操作定義	問卷題項
制度設計	規範	主要指涉協力的基本規章與規則，其為組織中成員藉由互動關係所產生之共同行為準則、價值觀與預期，規範能控制成員之行動，具有外部性與外溢效果，只要有人遵守，其他成員也會加以遵守，且對不願遵守者予以懲罰，如此可使內部成員依循共同的行為準則，加速目標之實現（Wellman, 1988: 23; Putnam et al., 1993）。大半的文獻強調協力過程亦須具備開放性與包容性，當成員們認為過程是公平、公開的，且自己擁有與他人平等的發言權與參與機會，才有可能加以承諾。本章將其定義為社區成員藉互動關係所形成之共同行為準則，且此關係須兼具開放性與包容性。	4-1：請問您認為參與社區會議的機會多嗎？ 4-2：請問您會包容社區中不同的意見嗎？ 4-3：請問您認為社區居民需要制定共同生活公約嗎？ 4-4：請問您會切實遵守社區居民制定的共同生活公約嗎？
領導風格	授權	領導在於授權、連結並動員利害關係人進行集體行動等（Vangen & Huxham, 2003），當參與動機降低或權力產生不對稱時，領導者即須肩負起調解者角色，適當地進行干預，以維持每位利害關係人在溝通談判時的平等性，同時授權弱勢行動者（Ansell & Gash, 2007: 554-5）。本章將其定義為授權組織中之行動者，賦予其足夠權限，使其自發地參與社區事務。	5-1：請問區公所會詢問您的各項活動需求嗎？ 5-2：請問里長會詢問您的各項活動需求嗎？ 5-3：請問區公所會重視您所提出的問題與意見嗎？ 5-4：請問里長會重視您所提出的問題與意見嗎？
社會資本形成過程	面對面對話	意指一種雙向訊息的互動過程，能瞭解不同意見、打破刻板印象與其他以互利為前提的溝通阻礙、化解衝突並建立良好關係，是發揮組織功能與成功之關鍵所在（Ansell & Gash, 2007: 558）。本章將其定義為社區成員與他人溝通、協調之能力，可消除成見並增進關係與合作之可能。	6-1：請問您認識住家附近大部分的居民嗎？ 6-2：請問您平常與鄰居的互動頻繁嗎？ 6-3：請問您會主動與社區其他居民討論有關社區的事情嗎？ 6-4：請問您會主動與區公所、里辦事處等社區主管機關討論有關社區的事情嗎？

構面	因素	操作定義	問卷題項
社會資本形成過程	信任建立	信任為一種行動的潛在能力，基於被信任者會做出對自己有利行為的期待，不顧是否具監督與控制能力而信服該行動之意願，所以是具風險的行動（Mayer et al., 1995; Levi, 1996: 47; Tonkiss, 2000）。本章將其定義為基於對方會做出對自己有利行為之期待，忽視風險而信服該行動之意願。	7-1：請問您和社區裡大部分的人都相處融洽嗎？ 7-2：請問您認為社區裡大部分的人都是值得相信的嗎？ 7-3：請問您相信社區裡大部分的人都願意為社區出錢出力嗎？ 7-4：請問您相信現在幫助他人，日後他人也會來幫助自己嗎？
	發展承諾	發展承諾為交易夥伴間關係持續內隱與外顯的保證，具合作意圖與持續維持關係的欲望，且願意付出努力與投入資源，共同為社區盡一份心力（Dwyer et al., 1987; Mentzer et al., 2000）。本章將其定義為成員認同社區，並願意互惠與互助。	8-1：請問您認為社區裡的人都很團結一致嗎？ 8-2：請問您會和左鄰右舍相互照應嗎？ 8-3：請問您喜歡內湖這個社區嗎？ 8-4：請問您會為了所處社區付出努力嗎？ 8-5：即便有更好的社區，您仍會選擇居住在內湖這個社區嗎？
	認知共享	資訊共享除了能直接使主要行動者獲得新的技能與知識外，亦能產生外部經濟效果，當成員們能對團體所設定之目標達成一致共識，表示彼此間存在很強之凝聚力與共享意義，認知共享下將使成員更易對團體任務產生共同體認，發展出共同認知，讓集體一同來實現（Parsons, 1949; Grant, 1996; Nahapiet & Ghoshal, 1998）。本章將其定義為社區成員藉由分享資訊與資源所產生之良性循環與外部經濟效果。	9-1：請問您常與鄰居相互分享資訊嗎？ 9-2：請問您認為將資訊散播給其他人對自己而言幫助很大嗎？ 9-3：請問您會為了社區的發展而提供本身的資源與協助嗎？ 9-4：請問您支持社區內大力推廣安全活動嗎？（如：酒後不開車、「禮讓行人，停車再開」運動等）

構面	因素	操作定義	問卷題項
社會資本形成過程	協調成果	意指在達成最終目標的協力過程中所形成之共識與成果，是迎向成功不可或缺的一個過程（Ansell & Gash, 2007: 561），結果本身並非最終目的，僅表示所預期能達成目標之中間結果，但其並非單靠行動者自身努力就可達成，還需仰賴組織中其他成員間的互動程度及外在環境條件的配合（陳恆鈞，2002）。本章將其定義為達成最終目標過程中所形成之相關計畫、活動與成果。	10-1：當社區發生問題時，您會設法共同解決嗎？（如：環境衛生、噪音汙染、防火巷擺雜物等） 10-2：當社區發生問題時，您會動員其他居民一起改善嗎？ 10-3：請問您對這幾年社區在安全方面的宣導有印象嗎？（如：酒後不開車、「禮讓行人，停車再開」運動、購物安全教育宣導等） 10-4：請問您對這幾年社區在安全方面的推動與改善有印象嗎？（如：登山步道、鄰里公園、天橋以及捷運內湖線籬笆外不安全點檢核與修繕、賣場安全檢核、家戶聯防老人關懷計畫、學生自行車考照方案等）
內湖安全社區計畫推動成果	效能	效能是在有限資源下，某政策或計畫執行後，達成預期目標、結果或影響的程度（Barnard, 1938; Salancik, 1978: 373-4）。本章將其定義為實際成果與預期目標之符合程度，目標達成程度愈高，效能也會愈高。	11-1：請問您有提升安全方面的認知嗎？（如：居家消防、用電安全等） 11-2：請問您有提升生活上的安全技能嗎？（如：瓦斯漏氣檢測、居家環境改善等） 11-3：請問您認為社區治安比以前更好嗎？ 11-4：請問您認為社區道路與交通比以前更安全嗎？ 11-5：請問您認為社區生活品質比以前更好嗎？ 11-6：請問您認為能在這樣的社區環境下生活很幸福嗎？

資料來源：本章整理

四、問卷施測

　　本章研究對象主要以內湖區居民與內湖安全社區認證相關人員為主。其中，為瞭解居民間社會資本多寡對於內湖安全社區計畫推動之影響，以內湖區居民為問卷施測對象。另一方面，內湖安全社區之相關人員因長期投入與參與內湖安全社區計畫之推動，對於內湖安全社區發展始末較為熟稔，因此再藉由深度訪談瞭解其於安全社區計畫推動過程中所觀察到之實際情況與看法，由不同角度獲知居民間社會資本多寡。

　　再者，由於世界衛生組織國際安全社區認證概念之推廣是以「社區」為單位，且安全社區計畫之推動、認證與後續推廣須仰賴整體社區成員的支持與努力才能達成，故台北市內湖區各里之樣本大致呈現常態分配之態勢，自里層級所抽取之樣本大抵能真實反映母群體的分配型態。其次，內湖區有39里，且根據內湖區戶政事務所公布之2010年10月各里人口數、戶數統計資料[10]顯示，人口將近27萬人，故正式施測採用「集叢抽樣」（cluster sampling）方式進行，即根據母群體之某種特性，將其劃分為不同的群集（clusters），經過隨機選取群集後，只有選中之群集才進行抽樣或普查（蕭文龍，2007：1-29）。因此，依據內湖地理特性（39里），本章以亂數表隨機抽出3里（瑞光、湖濱及樂康里），再將3里居民，依照其於內湖區人口數中所占比例做為正式問卷發放份數標準。

　　前測問卷之調查時間為2010年11月6日至11月23日，以隨機抽樣方式發放予內湖區居民並隨件徵收，共計發放100份問卷，扣除無效問卷後，有效問卷為97份。正式問卷施測時間為2010年12月8日至12月23日，經由內湖區公所與里長、里幹事的協助，到瑞光里、湖濱里以及樂康里等3里實地進行問卷發放，共計發放584份，回收總計量為521份，扣除無效問卷122份，有效問卷為399份，回收率為76.6%。

五、實地訪談

　　問卷施測完成之後，本章針對與內湖安全社區計畫推動關係密切之相關

---

10 2010，〈臺北市內湖區戶政事務所人口統計表（9910）〉，台北市內湖區戶政事務所：http://www.nhhr.taipei.gov.tw/ct.asp?xItem=1393803&ctNode，檢索時間：2010年11月18日。

人員進行深度訪談,以瞭解其在計畫推動過程中所觀察到之情況,由不同角度獲知內湖區居民間擁有的社會資本,做為實證後之補強解釋(名單如表11-3所示)。

表11-3　受訪者名單

代碼	訪談對象	經歷	訪談時間
A	學校校長	某學校校長,擔任過內湖、信義、萬華等分局長,亦為內湖安全社區計畫推動協助者。	2010/12/28
B	內湖轄區派出所所長	內湖轄區派出所所長、內湖社區安全與健康協進會成員。	2010/12/31
C	內湖轄區里長	歷任六屆內湖區某里長、內湖區婦女防火宣導隊成員、台北市內湖社區安全與健康協進會常務理事及居家安全推動委員會成員。	2011/1/17
D	大學教授	某大學行政管理學系暨研究所教授兼主任、內湖社區安全與健康協進會常務理事兼總企劃。	2011/1/24
E	內湖區公所成員	擔任過大同區、信義區以及內湖區區長,與安全社區計畫推動關係密切。	2011/1/26

資料來源:本章整理

　　再者,根據「社會資本」與「安全社區」,擬訂原則性訪談題綱(如表11-4所示),並藉訪談過程互動與受訪時間長短予以機動調整,同時運用半結構式訪談法,藉以連結社會資本理論與內湖安全社區實務。

表11-4　訪談題綱

題號	訪談題綱	訪談對象代碼
1	請問您是在什麼樣的契機或背景下,開始投入國際安全社區認證的?可否請您簡單說明整個內湖安全社區認證的背景與過程?內湖在推動國際安全社區認證時,有何特殊條件或優勢?(如:地理環境、成員背景、政府協助、志工培訓等)您所期待內湖安全社區的願景為何?	A、B、C、D、E
2	請問內湖安全社區之社區安全推動與執行計畫過程中所包含之參與者有哪些?這些參與者於推動認證的過程中是否有意見不一致或衝突情況產生,如何協調與解決?	C、D

題號	訪談題綱	訪談對象代碼
3	請問您在內湖社區中與哪些單位或個人較常有來往？來往頻率、方式及關係為何？在參與內湖安全社區推動與執行計畫前後，您的人際關係有何變化？新的人際關係是透過何種方式或管道建立起來的？	A、B、D
4	在都市中，人與人的關係一般來說是較為疏離的，請問內湖社區有定期舉辦聚會或活動嗎？社區民眾參與或投入社區事務的情況如何？您認為有哪些方式讓社區民眾更積極參與社區事務或活動呢？	A、B、D、E
5	請問在內湖安全社區推動與執行計畫上，台北市內湖區公所及內湖社區安全與健康協進會所扮演的角色為何？是否有帶領與動員民眾且部分授權，使其願意自發地參與社區事務？方式有哪些？	A、B、C、D、E
6	一般來說，人與人之間的信任是最難建立的，請問您認為有哪些管道或方式能增加居民彼此間的信任感？有無遇到障礙？	A、B、D
7	請問內湖安全社區與其他團體（如：企業、區公所、里辦公室、警政機關、消防單位、學校、醫院、其他民間組織等）間的凝聚力程度如何，從哪些方面可以看出？您認為內湖安全社區的凝聚力高低是否與社區改善程度呈正向關係？為什麼？	A、B、D
8	請問在內湖安全社區的認證過程中，是否有某些共同規範或公約制定能促使認證更為順利，實施效果如何？	D
9	請問在您投入安全社區推動與執行計畫前後，對參與社區事務或其未來發展的看法有何異同？當共同目標衝突時，如何協調與解決？	A、B、C、D
10	請問在安全社區的認證過程中，推動人員出席會議與參與討論的情形是否熱絡，資訊取得是否因彼此溝通頻繁而較為容易？	D
11	內湖社區經過國際認證成為安全社區，您認為關鍵成功因素為何？	A、B、D、E
12	請問在您參與內湖安全社區的認證過程中，是否有較為不順利或遭遇困難的地方？是採取哪些相關措施來加以因應呢？	A、B、C、D、E
13	請問您認為內湖安全社區形成後是否造就出居民間更多之信任、規範與密集的網絡關係？已建立之信任、規範與網絡關係如何維持？	D

題號	訪談題綱	訪談對象代碼
14	請您回想一下，在推動安全社區認證過程中，曾舉辦哪些活動與計畫，您參與過哪些活動？	A、B、C、D
15	由於內湖區於2005年通過世界衛生組織之國際安全社區認證，今年將挑戰第二次認證，是以於此期間內是否有研擬或推動相關計畫或活動以增強可持續認證成功之基礎，可否簡要說明之？	D、E

資料來源：本章整理

第五節　研究分析

本章資料處理與分析方法是將回收之有效問卷，以人工方式進行編碼與建檔，並以統計分析軟體SPSS 12.0與LISREL 8.52對資料進行分析。

一、各影響因素之描述性統計分析

本章問卷內容，包括初始環境、制度設計、領導風格、社會資本形成過程、內湖安全社區計畫推動成果等構面，各影響因素之平均數與標準差如表11-5所示。

表11-5　各影響因素之描述性統計分析表

構面	影響因素	題數	平均數	標準差	問項同意強度前三名與平均數
初始環境	權力—資源—知識的對稱	4	3.37	2.571	第1強度為3-1 第2強度為2-1 第3強度為1-1、1-2 平均數 3.72、3.52、3.43
	參與動機	4	3.32	2.853	
	前例	3	3.38	1.635	
制度設計	規範	3	3.50	1.765	第1強度為4-3 第2強度為4-2 第3強度為4-1 平均數 3.64、3.58、3.29

構面	影響因素	題數	平均數	標準差	問項同意強度 前三名與平均數
領導風格	授權	4	3.33	2.693	第1強度為5-4 第2強度為5-2 第3強度為5-1 平均數 3.39、3.36、3.32
社會資本 形成過程	面對面對話	4	3.33	2.761	第1強度為9-4 第2強度為8-5 第3強度為8-3 平均數 3.86、3.73、3.70
	信任建立	4	3.45	2.392	
	發展承諾	5	3.63	2.910	
	認知共享	4	3.63	2.402	
	協調成果	4	3.58	2.365	
內湖安全 社區計畫 推動成果	效能	6	3.55	3.475	第1強度為11-6 第2強度為11-1 第3強度為11-2 平均數 3.60、3.58、3.57

資料來源：本章整理

二、多元迴歸分析

本章以399位台北市內湖區居民為調查對象，進行多元迴歸分析，以瞭解社會資本衡量指標與內湖安全社區計畫推動成果之關係，並檢驗本章第一個至第十個假設是否成立。使用工具為SPSS 12.0版，經多重共線性（multicollinearity）檢測，得知分析模式容忍值（tolerance）均大於0.1，且其膨脹值（value of inflation, VIF）均小於10，顯示各影響因素之間不存在共線性，如表11-6所示。

表11-6　影響內湖安全社區計畫推動成果因素之迴歸分析表

影響因素 （自變項）	迴歸係數 （標準誤）	t值	標準化 迴歸係數	顯著性	共線性統計量	
					容忍值	VIF
常數	0.052（0.154）	0.336		0.737		
權力—資源—知 識的對稱	0.088（0.044）	1.996	0.098	0.047*	0.380	2.629

影響因素 （自變項）	迴歸係數 （標準誤）	t值	標準化 迴歸係數	顯著性	共線性統計量	
					容忍值	VIF
參與動機	0.105（0.038）	2.738	0.129	0.006**	0.407	2.458
前例	0.086（0.035）	2.473	0.081	0.014*	0.849	1.178
制度設計	0.027（0.037）	0.750	0.028	0.454	0.659	1.518
領導風格	0.067（0.036）	1.830	0.077	0.068	0.507	1.971
面對面對話	0.083（0.038）	2.165	0.098	0.031*	0.441	2.270
信任建立	0.094（0.046）	2.031	0.097	0.043*	0.399	2.505
發展承諾	0.018（0.046）	0.381	0.018	0.704	0.418	2.394
認知共享	0.238（0.046）	5.136	0.247	0.000***	0.394	2.537
協調成果	0.202（0.042）	4.776	0.206	0.000***	0.489	2.046

說　明：*p≦0.05；**p≦0.01；***p≦0.001；N＝399
資料來源：本章整理

其次，利用Pearson相關係數來探討「權力－資源－知識的對稱」、「參與動機」、「前例」、「制度設計」、「領導風格」、「面對面對話」、「信任建立」、「發展承諾」、「認知共享」、「協調成果」與「內湖安全社區計畫推動成果」之相關程度，結果顯示各影響因素均達顯著正相關，其相關係數如表11-7所示。

表11-7　各影響因素之Pearson相關係數

	權力－資源－知識的對稱	參與動機	前例	制度設計	領導風格	面對面對話	信任建立	發展承諾	認知共享	協調成果	內湖安全社區計畫推動成果
權力－資源－知識的對稱	1										
參與動機	.713*** .000	1									
前例	.213*** .000	.195*** .000	1								
制度設計	.374*** .000	.392*** .000	.168*** .001	1							
領導風格	.600*** .000	.582*** .000	.233*** .000	.260*** .000	1						

	權力─資源─知識的對稱	參與動機	前例	制度設計	領導風格	面對面對話	信任建立	發展承諾	認知共享	協調成果	內湖安全社區計畫推動成果
面對面對話	.622*** .000	.582*** .000	.158*** .002	.350*** .000	.532*** .000	1					
信任建立	.563*** .000	.604*** .000	.288*** .000	.439*** .000	.597*** .000	.553*** .000	1				
發展承諾	.370*** .000	.408*** .000	.337*** .000	.497*** .000	.402*** .000	.454*** .000	.614*** .000	1			
認知共享	.433*** .000	.476*** .000	.270*** .000	.515*** .000	.454*** .000	.535*** .000	.608*** .000	.695*** .000	1		
協調成果	.532*** .000	.481*** .000	.280*** .000	.367*** .000	.426*** .000	.621*** .000	.468*** .000	.515*** .000	.574*** .000	1	
內湖安全社區計畫推動成果	.603*** .000	.611*** .000	.323*** .000	.437*** .000	.555*** .000	.620*** .000	.624*** .000	.561*** .000	.664*** .000	.643*** .000	1

說　明：*$p \leq 0.05$；**$p \leq 0.01$；***$p \leq 0.001$；N＝399
資料來源：作者整理

　　本章進一步採用多元迴歸分析，探討十項影響因素對於內湖安全社區計畫推動成果之影響。由表11-6可知，權力─資源─知識的對稱（PA）、參與動機（IP）、前例（PC）、制度設計（ID）、領導風格（FL）、面對面對話（FD）、信任建立（TB）、發展承諾（CP）、認知共享（SU）、協調成果（IO）等因素對於內湖安全社區計畫推動成果（OC）之影響程度，達到統計上之顯著水準，且其標準化迴歸係數均為正值，顯示社會資本衡量指標對於內湖安全社區計畫推動成果有正向且顯著之影響。其中，以「認知共享」（t=5.136, P＜0.001）與「協調成果」（t=4.776, P＜0.001）對其之影響程度最高。然而，在本章中並無法驗證出「制度設計」（t=0.750, P＞0.05）、「領導風格」（t=1.830, P＞0.05）、「發展承諾」（t=0.381, P＞0.05）等因素對於內湖安全社區計畫推動成果之影響，此三項因素並未達到統計上之顯著水準。因此，除了假設四、假設五以及假設八未達顯著外，其他假設均獲得統計上印證。

　　最後，本迴歸模型之相關係數R為0.804，屬於高度相關；判定係數R^2為0.647，調整後之R^2為0.638，顯示其具有63.8%的解釋能力。且根據模型之變異數分析得知，F檢定值為71.132，達到統計上之顯著水準，顯示社會資本衡量指標對於內湖安全社區計畫推動成果之影響頗大，如表11-8所示。

表11-8　社會資本對內湖安全社區計畫推動成果之迴歸模式摘要

模式	R	R平方	調過後的R平方	F檢定	顯著性
1	0.804	0.647	0.638	71.132	0.000

資料來源：本章整理

三、Bartlett與KMO值檢驗

　　由於本章以Chris Ansell和Alison Gash（2007）之協力治理模型為問卷設計基礎，是一種事前概念，故需使用驗證性因素分析（Confirmatory Factor Analysis, CFA），以探究實際蒐集資料與理論架構之契合度。文中雖未針對各影響因素進行探索性因素分析，無法直接看出其效度的高低程度，但驗證性因素分析的測量是經由理論建構而成，已明顯地對各因素進行區隔，故可做為信、效度考驗與理論有效性之確認（邱皓政，2003：9.17），此外，因素負荷量大於0.5，即表示各結構間具有相互獨立之條件（蕭文龍，2007：13-8），重疊度甚低。在進行驗證性因素分析之前，以球形檢定（Bartlett's test of sphericity）與取樣適切性量數（Kaiser-Meyer-Olkin, KMO）來檢測能否進行因素分析。Bartlett's球形檢定的χ^2值為10671.928達到顯著效果，而KMO值為0.946，大於0.5表示變項之間有共同因素存在（參見表11-9）。由於各變項均通過檢測，故適合進行因素分析。

表11-9　KMO與Bartlett檢定

Kaiser-Meyer-Olkin取樣適切性量數		.946
Bartlett's球形檢定	近似卡方分配	10671.928
	自由度	990
	顯著性	.000

資料來源：本章整理

四、因素分析

　　經由球形檢定與KMO值檢測，得知本章之量表適合進行因素分析，因而使用驗證性因素分析。使用工具為LISREL 8.52版，並以SIMPLIS程式撰寫語

法檔，運用各因素之原始資料，以最大概似法（maximum likelihood）進行參數估計，隨後評估其整體模式適配度，藉以考慮假設模式修正之必要性。依據Richard P. Bagozzi與Youjae Yi（1988）提出之基本適配標準、整體模式適配度與模式內在結構適配度進行評估，討論如下：

（一）基本適配標準

　　模式適配度為初始假設模式與觀察資料間之一致性程度。Richard P. Bagozzi與Youjae Yi（1988）認為基本適配標準有以下幾項：（1）不能有負的誤差變異；（2）誤差變異須達顯著水準；（3）估計參數之間相關絕對值不能太接近1；（4）因素負荷量最好介於0.50至0.95之間；（5）不能有很大的標準誤。再者，當潛在因素間具相關假設時，每一潛在變項至少需要兩個純化指標；當潛在因素間不具相關假設時，每一潛在變項至少需要三個純化指標，否則可能會影響到模式之辨識性（邱皓政，2003：3.24-3.25）。本章初始模式除了PC3之測量誤差t值未達顯著水準（0.568＜1.96）外，其他均符合（1）與（2）之條件。就因素負荷量而言，除PC1題項未介於0.50至0.95之間，其他題項均在合理範圍內，符合（4）之條件。最後依據SIMPLIS語法檔檢視估計參數間之相關係數，未有過大標準誤，符合（3）與（5）條件。此外，由於每一潛在變項至少需要二至三個純化指標，故將PC因素予以刪除，藉以對模式進行修正。修正後模式之基本適配數值已達標準，其中因素負荷量介於0.60至0.85之間（如圖11-3所示），可進一步檢視其整體模式適配度。

（二）整體模式適配度

　　本模式之卡方檢定雖達顯著（$\chi^2_{(df=774)}=1831.470$, P=0.00<0.05），但卡方自由度比為2.366小於5之檢驗標準，顯示因素結構與實際觀察資料之適配度不錯。其次，RMSEA值的一般判別標準為：＜0.05時表示模式適配度佳；＜0.08時表示有合理的近似誤差存在，模式適配度尚可；介於0.08至0.10時，模式適配度普通；＞0.10則表示模式適配度不理想（吳明隆，2009：383）。由分析結果可知RMSEA值為0.059＜0.08，表示模式適配度尚可，且其他適配度指標均達檢定門檻，因此修正後之測量模式適配度良好（參見表11-10）。

表11-10 驗證性因素分析之整體模式適配度檢定摘要表

適配度指標	門檻值	初始模式檢定結果數據	修正模式檢定結果數據	模式適配判斷
χ^2/df	＜5.00	7.608	4.774	是
RMSEA	小於0.05表適配度佳；介於0.05至0.08間表適配度尚可；介於0.08至0.10表適配度普通；大於0.10表適配度不理想。	0.129	0.097	是
NFI	>0.90	0.958	0.973	是
NNFI	>0.90	0.947	0.965	是
PNFI	>0.50	0.660	0.606	是
CFI	>0.90	0.963	0.978	是
IFI	>0.90	0.963	0.979	是
RFI	>0.90	0.938	0.957	是
SRMR	<0.10	0.054	0.045	是
GFI	>0.90	0.894	0.937	是

資料來源：本章整理

（三）模式內在結構適配度

測量模式修正完成後，需另計算模式之潛在變項組成信度（Composite Reliability, CR）與平均變異萃取（Average Variance Extracted, AVE），以呈現研究之信、效度分析。其中必須同時考量個別項目信度、潛在變項組成信度與潛在變項平均變異萃取等三項指標，其檢定門檻如下（Bagozzi & Yi, 1988）：（1）個別項目信度在0.50以上；（2）潛在變項組成信度（CR值）在0.6以上；（3）潛在變項平均變異萃取（AVE）在0.50以上。修正後測量模式所有觀察變項之因素負荷量介於0.60至0.85之間，符合（1）之條件。所有潛在變項之CR值皆大於0.6，符合（2）之條件。而在潛在變項平均變異萃取（AVE）方面，除「制度設計」與「信任建立」各為0.45與0.49，未達0.5之檢定門檻，其他則皆符合（3）之條件，在可接受範圍內。

（四）模式內在結構適配度

測量模式修正完成後，需另計算模式之潛在變項組成信度（Composite

Reliability, CR）與平均變異萃取（Average Variance Extracted, AVE），以呈現研究之信、效度分析。其中必須同時考量個別項目信度、潛在變項組成信度與潛在變項平均變異萃取等三項指標，其檢定門檻如下（Bagozzi & Yi, 1988）：（1）個別項目信度在0.50以上；（2）潛在變項組成信度（CR值）在0.6以上；（3）潛在變項平均變異萃取（AVE）在0.50以上。修正後測量模式所有觀察變項之因素負荷量介於0.60至0.85之間，符合（1）之條件。所有潛在變項之CR值皆大於0.6，符合（2）之條件。而在潛在變項平均變異萃取（AVE）方面，除「制度設計」與「信任建立」各為0.45與0.49，未達0.5之檢定門檻，其他則皆符合（3）之條件，在可接受範圍內。

（五）模式內在結構適配度

測量模式修正完成後，需另計算模式之潛在變項組成信度（Composite Reliability, CR）與平均變異萃取（Average Variance Extracted, AVE），以呈現研究之信、效度分析。其中必須同時考量個別項目信度、潛在變項組成信度與潛在變項平均變異萃取等三項指標，其檢定門檻如下（Bagozzi & Yi, 1988）：（1）個別項目信度在0.50以上；（2）潛在變項組成信度（CR值）在0.6以上；（3）潛在變項平均變異萃取（AVE）在0.50以上。修正後測量模式所有觀察變項之因素負荷量介於0.60至0.85之間，符合（1）之條件。所有潛在變項之CR值皆大於0.6，符合（2）之條件。而在潛在變項平均變異萃取（AVE）方面，除「制度設計」與「信任建立」各為0.45與0.49，未達0.5之檢定門檻，其他則皆符合（3）之條件，在可接受範圍內。

五、結構方程模式驗證

本章完成399份有效樣本之測量模式驗證性因素分析後，可進一步探討潛在變項間之關係，亦即所謂的結構模式，以瞭解社會資本相關構面對內湖安全社區計畫推動成果之影響，並檢驗本章第十一個至第十四個假設是否成立。

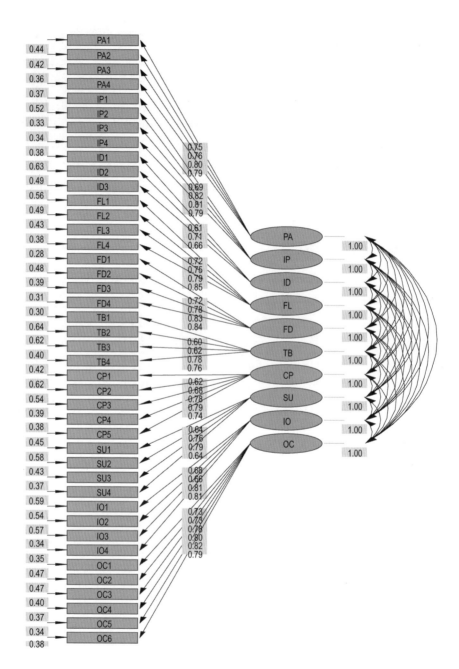

圖11-3　修正後測量模式之驗證性因素分析圖

資料來源：作者整理

（一）模式建立

第十一個至第十四個研究假設欲探討整體構面彼此間之影響關係，故於研究中以單一衡量指標取代多重衡量指標應是可行的。因此，本章於初始環境（SC）、制度設計（ID1）、領導風格（FL1）、社會資本形成過程（SP）及內湖安全社區計畫推動成果（OC1）等五構面之衡量模式，皆以各影響因素之題項得分平均值，做為該影響因素之得分，再以各影響因素做為五大構面的多重衡量指標模式進行整體模式之建構。本章之結構方程模式整體模式關係路徑如圖11-4所示。

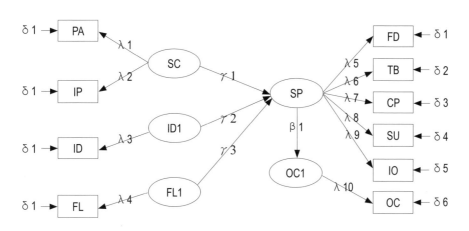

圖11-4　結構方程模式整體模式關係路徑圖

資料來源：本章整理

圖11-4中有5個潛在變項：SC、ID1、FL1、SP、OC1，其中3個屬於外衍潛在變項：SC、ID1、FL1。2個為內衍潛在變項：SP、OC1。有10個觀察變項：權力－資源－知識的對稱（PA）、參與動機（IP）、制度設計（ID）、領導風格（FL）、面對面對話（FD）、信任建立（TB）、發展承諾（CP）、認知共享（SU）、協調成果（IO）、內湖安全社區計畫推動成果（OC），其各自有測量誤差δ_i與ε_i。在10個觀察變項中，PA、IP為「SC」之觀察變項；ID為「ID1」之觀察變項；FL為「FL1」之觀察變項；FD、TB、CP、SU、IO為「SP」之觀察變項；OC則為「OC1」之觀察變項。此外，觀察變項與潛在變項之間存有因素負荷量（λ_i），外衍潛在變項與內衍潛在變項之間存有路徑係數（γ_i），內衍潛在變項彼此間則存有路徑係數（β_i）。

（二）整體模式衡量分析

由於制度設計（ID1）、領導風格（FL1）、內湖安全社區計畫推動成果（OC1）僅各由一個觀察變項測量而得，可視為單一指標的觀察變項，實際上應無誤差存在，故將此三項之測量誤差設定為0且因素負荷量為1（邱皓政，2003：7.16-7.17）。其次，各觀察變項與潛在變項之多元相關平方（SMC）代表潛在變項各觀察指標之信度（陳正昌等，2003：331），其中內衍潛在變項各觀察指標之信度介於0.518至1.000之間，外衍潛在變項各觀察指標之信度介於0.712至1.000之間，均在0.5以上，符合模式內在結構適配度之標準。再者，BETA係數與GAMMA係數均達0.001之顯著水準（表11-11所示），故可進一步檢視其整體模式適配度。

表11-11　初始結構模式潛在變項之因果路徑係數

	社會資本形成過程 （SP）		內湖安全社區計畫推動成果 （OC1）	
GAMMA	標準化 γ 值	t值	標準化 β 值	t值
初始環境（SC）	$\gamma 1=0.57^{***}$	8.054		
制度設計（ID1）	$\gamma 2=0.26^{***}$	6.163		
領導風格（FL1）	$\gamma 3=0.19^{***}$	3.401		
BETA				
社會資本形成過程（SP）			$\beta 1=0.83^{***}$	16.664

說　明：*p≦0.05；**p≦0.01；***p≦0.001；N＝399
資料來源：本章整理

初始模式之檢定結果數據在多方面未達檢定門檻，顯示理論模式與實際觀察資料之適配度不盡理想，須進一步修正。除利用修飾指數（Modification Index, MI）對非相對應之各觀察變項與潛在變項間之關係進行修正，亦能檢驗測量誤差之間的相關情形（邱皓政，2003：24）。依據LISREL提供之模式修飾建議路徑圖可知，CP與SU間之測量誤差MI指數高達49.056，且由Chris Ansell和Alison Gash（2007）之協力治理模型理論得知，發展承諾（CP）確實會對認知共享（SU）產生影響，則在兩者無法解釋之變異部分亦可能彼此相關，故先針對CP與SU測量誤差間之相關情形進行修正，隨後再根據修正後模式之MI指數考量是否繼續進行修正。因此，本初始模式依序修正CP與SU、

FD與IO、TB與CP等三組測量誤差間之相關情形，如圖11-5所示，其內在結構與整體模式適配度數值均達適配標準，顯示模式於內、外在品質皆有一定水準。且修正部分均存在Chris Ansell和Alison Gash（2007）之協力治理模型理論基礎，故所得模式可做為分析終解。

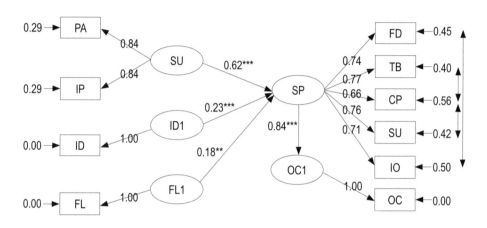

圖11-5　結構方程模式整體模式關係路徑圖分析結果（最終解）

說　明：*p≦0.05；**p≦0.01；***p≦0.001；N＝399
資料來源：本章整理

　　雖本模式之卡方檢定仍達顯著（$\chi^2_{(df=28)}$=133.665，P=0.00<0.05），但卡方自由度比為4.774已小於5之檢驗標準，且RMSEA值為0.097＜0.10，顯示理論模式與實際觀察資料之適配度在可接受範圍內。此外，在其他適配度指標方面均達檢定門檻（NFI=0.973>0.90，NNFI=0.965>0.90，PNFI=0.606>0.50，CFI=0.978>0.90，IFI=0.979>0.90，RFI=0.957>0.90，SRMR=0.045<0.10，GFI=0.937>0.90），因此修正後之結構方程模式適配度堪稱理想，其檢定結果數據如表11-12所示。

表11-12　結構方程模式之整體模式適配度檢定摘要表

適配度指標	門檻值	修正模式檢定結果數據	模式適配判斷
χ^2/df	＜5.00	4.774	是
RMSEA	小於0.05表適配度佳；介於0.05至0.08間表適配度尚可；介於0.08至0.10表適配度普通；大於0.10表適配度不理想。	0.097	是
NFI	＞0.90	0.973	是
NNFI	＞0.90	0.965	是
PNFI	＞0.50	0.606	是
CFI	＞0.90	0.978	是
IFI	＞0.90	0.979	是
RFI	＞0.90	0.957	是
SRMR	＜0.10	0.045	是
GFI	＞0.90	0.937	是

資料來源：本章整理

表11-13　結構方程模式各潛在變項之影響效果分析表

潛在變項	社會資本形成過程（SP）		內湖安全社區計畫推動成果（OC1）		
	直接效果	間接效果	直接效果	間接效果	總效果
初始環境（SC）	0.62***	-	-	0.52***	0.52
制度設計（ID1）	0.23***	-	-	0.19***	0.19
領導風格（FL1）	0.18**	-	-	0.15***	0.15
社會資本形成過程（SP）	-	-	0.84***	-	0.84
解釋力	0.77		0.71		

說　明：*$p \leqq 0.05$；**$p \leqq 0.01$；***$p \leqq 0.001$；N＝399
資料來源：本章整理

　　另外，除了以路徑係數衡量外衍潛在變項對內衍潛在變項之直接影響外，外衍潛在變項尚可藉由其他變項對內衍潛在變項產生間接影響。其中，直接影響又稱為直接效果，間接影響又稱為間接效果，兩者加總即為總效果（Total Effects）。有關潛在變項對內湖安全社區計畫推動成果（OC1）之影響效果如表11-13所示。

　　由此可知，初始環境（SC）、制度設計（ID1）、領導風格（FL1）透過社會資本形成過程（SP）對內湖安全社區計畫推動成果（OC1）產生正向間接影響，且達到顯著水準，其總效果依序為0.52、0.19、0.15。而社會資本形成過程（SP）則對內湖安全社區計畫推動成果（OC1）產生正向直接且顯著之影響，同時為影響程度最高之因素，其總效果為0.84。因此，假設十一、假設十二、假設十三及假設十四均獲得統計上之印證，其假設成立。

第六節　結　論

　　本章以台北市內湖區居民為研究對象，探討內湖社區順利通過認證成為國際安全社區，是否與其豐厚之社會資本有關？研究發現說明如下：

一、發現與討論

　　本章依據量化研究分析及質化訪談結果發現，內湖安全社區具備豐厚之社會資本，且對內湖社區順利通過認證助益頗大。首先，由「權力─資源─知識的對稱」、「參與動機」、「前例」、「制度設計」、「領導風格」、「面對面對話」、「信任建立」、「發展承諾」、「認知共享」、「協調成果」與「內湖安全社區計畫推動成果」等十一項因素間之相關分析結果發現，各影響因素之Pearson相關係數均達顯著、正相關，顯示其彼此間是環環相扣的，尤其是社會資本形成過程中之五項影響因素，與內湖安全社區計畫推動成果之相關程度頗高，即表示內湖社區之所以順利通過認證成為國際安全社區，其豐厚之社會資本有不可輕忽的影響力。

　　其次，結構方程模式整體模式關係路徑圖分析結果發現，社會資本形成過程對安全社區計畫推動成果具顯著之直接影響（參數估計值β_1=0.84，t值=16.640***），其直接效果為0.84，總效果亦為0.84。相較於初始環境之總效果為0.52、制度設計之總效果為0.19以及領導風格之總效果為0.15，不但對內湖安全社區計畫推動成果有正向影響，且影響程度最為顯著；影響內湖安全社區計畫推動成果之因素有高達84%是來自於社會資本形成過程，亦即人際間社會資本程度愈高，對內湖安全社區計畫推動成果的正面效果也就愈顯著。因此，社區通過認證與其豐厚之社會資本關係甚深。以下，分別說明之：

（一）面對面對話

一項計畫能否成功與相關推動人員或社區民眾間之互動、溝通過程有關。此一過程能促使訊息流動，瞭解彼此意見與想法，建立一致共識，提高社區向心力與行動支持。依據先前所列出之Pearson相關係數，面對面對話與內湖安全社區計畫推動成果之相關係數為0.620，達到統計上之顯著性（P=0.000＜0.001），而多元迴歸分析得知其對內湖安全社區計畫推動成果具有顯著且正向之影響（t值=0.098，P=0.031＜0.05），表示藉由里民間之對話機制與互動往來、彼此傾聽與意見交流過程，能展現協調誠意，並建立良好關係。正如學校校長所提及，社區民眾彼此互動關係頗為良好，社區問題也能從中獲得改善：

　　內湖區通過國際認證成為安全社區是台灣第一個……看到一個社區民眾的熱情、參與社區事務的熱心，所以我們警察和社區民眾就結合的很好，結合以後變成一種朋友、夥伴的關係，解決了一些問題。（A-1-1）

里長則表示，社區民眾願意相互溝通、參與社區事務並發掘實際待改善處：

　　都會型社區要認證成功，說實在很不容易的，但是很多學者的幫忙……、住在內湖區的人，大家一起投入，對於不安全的事情都拿出來討論。（C-3）

學者認為除了制式化的會議外，計畫推動小組的核心人物也會利用私下時間進行討論：

　　安全社區固定的里監事要開會，除了活動外，各組的人也會私底下這樣喝個咖啡大家聊沒有說很制式的，所以感覺就很好。（D-3）

由此可知，面對面對話除了是建構社會資本的重要資源（楊賢惠，2008：74），也是支持與強化社區民眾參與社區公共事務的實際力量。在以資訊科技為主要溝通工具的網絡社會中，必須善用資訊科技來傳遞知識，但並

非所有事情皆可透過科技加以傳遞，仍需藉由面對面溝通、討論與學習的方式
達成。

（二）信任建立

　　信任建立不僅是社會資本的構成要件，更是先決條件，代表社會凝聚的
基礎與既存的特定關係（Putnam et al., 1993: 170）。依據先前所列之Pearson
相關係數，信任建立與內湖安全社區計畫推動成果之相關係數為0.624，達統
計上之顯著性（P=0.000＜0.001），而多元迴歸分析得知其對內湖安全社區計
畫推動成果具有顯著，且正向之影響（t值=0.097，P=0.043＜0.05）。合作的
產生是基於互信，信任為合作之基礎（林水波，2003），當愈多人能彼此信
任，就愈能提高合作之誘因與意願。正如校長所談到，社區活動或計畫之推
行，有賴民眾建立彼此信任：

　　第一步應該先走出來，彼此能夠互動……經過這種互動或是動員的過
程，就形成一個共同的看法、目標，時間久了……信任感就會建立起來。
（A-4）

　　學者也提及，雖然民眾的參與程度不一，但在相互信任的基礎下，反而使
得安全社區計畫推動更為順利：

　　我覺得內湖……就是有一種民眾不是那麼整齊劃一的參與，但是有種
互相期待，所以內湖……初期慢，但這幾年反而都是民間的主導力都很
強。（D-2-2）

　　由此可知，信任建立對集體行動的產生助益甚大，當愈多人能彼此信任，
愈能整合不同的資訊，提高合作的誘因與意願，成功的合作亦能導引出更高之
信任，產生良性循環，安全社區相關推動計畫或策略會更為完善。

（三）發展承諾

　　承諾是指夥伴間有合作意圖與持續維持關係之欲望，並有意願為此關係
投入資源（Mentzer et al., 2000）。依據先前所列之Pearson相關係數，發展
承諾與內湖安全社區計畫推動成果之相關係數為0.561，達到統計上之顯著性

（P＝0.000＜0.001），而多元迴歸分析得知，其對內湖安全社區計畫推動成果並無顯著之影響（t值＝0.018，P＝0.704＞0.05）。由此發現，發展承諾對於內湖安全社區計畫推動成果之影響相對較低，亦即里民認同社區並承諾願意彼此互助對於內湖安全社區計畫推動成果產生之影響較其他要素來得小。儘管如此，發展承諾仍有其重要性。學校校長就談到，相較於台北市其他行政區，內湖民眾之社區意識強度頗高：

　　民國84年那個時候我就發現說，台北市14個行政區裡面，內湖分局、內湖區，算是一個在社區意識裡面比較強烈的區域。（A-1-1）

　　派出所所長透過觀察表示，自身能力高低並不會影響民眾參與社區之意願：

　　那時候跟國際交流……外國人來的時候，都是找自己社區裡面一些會講日文、英文，……雖然他們能力不是非常好，但就是有心去做。（B-1-2）

　　區公所成員表示，之所以能順利通過國際安全社區認證，是因為當初有一群共同願景之熱心人士帶動：

　　2005年內湖通過安全社區的認證……是一群熱心的人士，認為我們的社區需要更安全……用很多措施跟手段，發現這些不安全點……要求政府部門……修正或者是把它做一些改善，讓它變得更安全。（E-4-1）

　　由此可見，社區建構與問題的改善必須倚靠成員彼此參與、付出與投入才有可能達成，此過程能帶動社群中之凝聚力，發展共同承諾與共同願景，強化社區認同，形成集體行動（Gilchrist, 2009: 21），對社區相關計畫或策略的推動將更完善。

（四）認知共享

　　擁有提供資訊情報的管道，不但能使主要行動者獲得新技能與知識，亦能藉資訊共享產生外部經濟效果，達成社群整合的功能（Parsons, 1949）。依

據先前之Pearson相關係數，認知共享與內湖安全社區計畫推動成果之相關係數為0.664，達到統計上之顯著性（P=0.000＜0.001），而多元迴歸分析得知其對內湖安全社區計畫推動成果具有顯著，且正向之影響（t值=0.247，P=0.000＜0.001）。故在認知共享下，讓里民對於社區事務產生共同體認（Grant, 1996），藉由分享資訊與資源的過程，能產生良性循環與外部經濟效果（Parsons, 1949），使其擁有更大的動機與意願進行分享。然而，欲帶動社區必須先設法建立民眾在安全促進上之概念：

我們要把這個觀念帶出來，讓他瞭解……光掃自家門前的垃圾是不夠的，別家的垃圾、附近的垃圾也是會帶過來……，你一定要兼善社區。（A-3-1）

里長提到，社區在安全資訊的分享及實地操作演練的教學方面做得很徹底：

台北市有一群婦女防災的宣導隊，會帶領社區做宣導，教導應該怎麼保護自己怎麼去做逃生方面的演練……，這一塊做得很徹底。（C-3）

而學者談到藉社區之間的經驗分享及相互學習過程，提升社區蘊含之能量：

我覺得內湖開放，就是願意讓人來觀摩，也願意到其他社區分享。（D-5-1）

由此可知，擁有共同經驗所產生之信念，較易強化社群之團結與認同感（Portes, 1998），故要推廣安全促進觀念，讓更多內湖社區民眾認識，且將經驗與其他社區分享，若能與社區外不同之資源維持連結，即能取得更多的訊息與資源，有助於社區的發展（Green & Haines, 2008: 117）。

（五）協調成果

協調成果意指在達成最終目標的協力過程中，所形成之共識與成果，是成功不可或缺的過程（Ansell & Gash, 2007: 561），亦即結果的本身並非最終目

的，僅表示所預期能達成目標的中間結果，如：相關之會議、活動、計畫、成果等。依據先前所出之Pearson相關係數，協調成果與內湖安全社區計畫推動成果之相關係數為0.643，達到統計上之顯著性（P=0.000＜0.001），而多元迴歸分析得知，其對內湖安全社區計畫推動成果具有顯著、正向之影響（t值=0.206，P=0.000＜0.001），表示當社區在達成最終目標過程中所形成之共識與成果愈多且愈具體時，推動安全社區計畫成功的機會即可增加。不論社區活動舉辦抑或計畫之推行，主要是喚起共識，進而提升執行成果：

　　為了認證而辦的這些活動……對社區產生了一定的影響，就是喚起大家的重視，把抱怨聲轉為期待是最好的社區教育。（A-10-2）

　　派出所所長提到，會議召開也是社區計畫推動的方式之一：

　　內湖安全社區其實常有在推動的方式是經由會議啦，幾乎都是在很正式的場合，讓大家有機會交流。（B-2）

　　而學者談到社區多元的宣傳方式能促進安全觀念，加深民眾認知與印象：

　　譬如邀集車隊遊行，宣告內湖即將通過安全社區，這是大家共同的努力，請大家支持，……，做行銷……讓大家知道。（D-14）

　　由此可知，最佳方式即為活動之舉辦，例如：各大節日等藝文活動、車隊遊行等宣傳方式，讓民眾先對安全觀念存有印象，日漸喚起共識，增進參與意願。

　　總的來說，內湖社區豐厚之社會資本，實為順利通過認證，最重要之因素，社區若缺乏社會資本，將難以成為社區永續穩健基礎，安全社區也就難以形成。因此，社會資本可視為是強化社區生活品質及社區永續發展的必備要素。此觀點亦與本章對於內湖安全社區與其豐厚社會資本之實證研究相吻合。此外，藉由多元迴歸分析結果得知，權力─資源─知識的對稱、參與動機、前例、面對面對話、信任建立、認知共享、協調成果等七項影響因素對內湖安全社區計畫推動成果具正向，且顯著之影響，故假設一、二、三、六、七、九、十成立，獲得統計上之印證；而假設四、五、八不成立，結果未達顯著水準，

未獲得驗證。其次，藉結構方程模式分析結果得知，初始環境、制度設計、領導風格、社會資本形成過程等構面對社區計畫推動成果構面之影響，皆達統計上之顯著水準，且其因果路徑係數均為正值，顯示社會資本相關構面對安全社區計畫推動成果構面有著正向，且顯著之影響，故假設十一、十二、十三、十四獲得統計印證。

表11-14　量化研究成果

研究假設	因素	因素	正向／負向	是否達顯著性
一	權力—資源—知識的對稱		＋	○
二	參與動機		＋	○
三	前例		＋	○
四	制度設計		＋	Ｘ
五	領導風格	內湖安全社區計畫推動成果	＋	Ｘ
六	面對面對話		＋	○
七	信任建立		＋	○
八	發展承諾		＋	Ｘ
九	認知共享		＋	○
十	協調成果		＋	○
十一	初始環境構面		＋	○
十二	制度設計構面	內湖安全社區計畫推動成果構面	＋	○
十三	領導風格構面		＋	○
十四	社會資本形成過程構面		＋	○

說　　明：○表顯著性；Ｘ：表未達顯著性；＋：正向；－：負向
資料來源：本章整理

二、建　議

（一）加強社區安全促進觀念之宣導

　　安全社區對社區民眾而言，實為一模糊概念，故加強宣導最直接的作法，即先將宣導重點放在幾個明顯的目標上，先引起民眾注意，進而藉社區活動

加深其印象。唯有將安全促進觀念深植民眾心中，使其成為習以為常的生活文化，才有機會產生共識。

（二）喚起新血加入安全社區營造工作

　　老內湖人對內湖有著濃厚的情感，惟新一代並不如老一輩。如何喚起新血加入安全社區營造工作，提高其參與社區事務之意願乃是當務之急。除了廣泛宣導社區安全促進觀念外，亦可聯合學校或企業共同舉辦講習，藉此灌輸社區意識。

（三）強化關鍵推動單位之領導風格，確實發揮橋樑作用

　　團隊能否成功，關鍵在於領導者的領導風格，而社區環境與相關事務屬於整體居民，安全社區推動單位對相關計畫或作法，若僅是內部人員討論結果，可能無法發掘關鍵問題與改善之道。由訪談內容得知，內湖社區安全與健康協進會等推動單位，能與社區居民進行有效溝通；一方面讓居民瞭解當前社區改善成果，以引導其提供意見，另一方面有助於決策者瞭解民眾所需，確實解決問題。

第十二章　台灣石化產業發展之探討（1995-2005）：轉型職能觀點

第一節　前　言

　　自一輕計畫在1968年興建完工後，我國石化產業發展歷史，迄今將近五十年。該項產業在發展初期係由政府所主導，憑藉各項扶植計畫與保護措施，使石化原料與製品市場得以迅速擴大。此一情形在多數開發中國家經常可見；初期因所需資本過於龐大，民間無法獨立經營，因此實施「國家資本主義」（state capitalism）。另一方面，政府為掌控國家資本與市場之政治目的，同時推動國營事業政策，也就是「限制私人資本、發達國家資本」的民生主義政策思維（丁仁方，1999：1-27；周育仁、鄭又平，1998：60-4）。在石化產業個案中，政府就介入甚深；早期石化產業政策的制定，主要以促進經濟發展為主要考量。然而，到了後期，因自由化政策（liberalization）的實施，政策制定過程深受企業團體影響。

　　政府主導石化產業發展角色的轉型，與私人資本日漸強大息息相關。如今，政府制定石化政策，再也無法忽視業者的意見，否則仍無法充分解決業者的經營困境。值此之際，政府必須徹底瞭解石化業者的需求；另一方面，在回應業者需求時，政府應持續保有自主性，以免盲從其意見。據此，本章運用文獻分析法與半結構式（semi-structure）訪談法，探討之核心問題為：在石化產業轉型時，公私部之間的連結機制是否發揮成效？

　　不諱言，石化產業探討面向極廣，包括環保抗爭、鄰避情結、溫室減量、開放大陸投資等。這些議題極為重要，皆值得深入分析，惟本章主要聚焦於轉型職能與石化產業轉型發展兩項主題。全文共分六節，除前言外，第二節將約略檢視我國石化產業發展的五個階段，從中瞭解政府亟需提升轉型職能。第三節為理論探討，文內將先說明發展導向型國家理論（developmental state）不足之處，繼而提出本章所欲運用之理論，並推論出影響連結機制運作的要件。第四節則先採用文獻探討法，藉以說明公私部門角色的轉變。之後，再運用訪

談法，針對政府與石化業者間，是否具備連結機制要件做一調查。第五節則是提出結論與建議。

　　此外，文內將「國家職能」（state capacity）界定為「政府機關規劃目標，並且將其付諸執行的能力，主要包括決定政策目標的優先順序，動員所需的資源與人力，以及實現政策內容」。而「轉型職能」（transformative capacity）意指政府具備能力，將專制權（despotic power）為主的操作自主性，轉型為以協商能力（negotiated power）為主的基礎結構自主性（infrastructural autonomy）。至於制度安排（institutional arrangement）則強調在決策過程中，公私部門之間的鴻溝，宜經由制度連結加以填補，透過協商溝通，期能發展相互授能的關係。

第二節　我國石化產業發展歷程

　　石油化學產業（以下簡稱「石化產業」）意指以石油或天然氣為主要原料，經化學反應，加工製造出各種化學產品的產業。本質上，該項產業屬於重大產業，具有技術密集高、資本密集高、產業關聯性大等特性（瞿宛文，2003：149；蔡偉銑，1996：9-14；戴仲宏，1996：29-30）。我國之所以發展該項產業，主要基於該項產業的總產值約占製造業總產值22%強（經濟部工業局，2007）。經濟發展是一個歷史發展軌跡，我國石化產業發展「從無到有」，過程大致分為五個時期[1]：

　　一、萌芽期（50年代至60年代）特徵在獲利性未被證實前，石化產業並未具有吸引力，政府在私部門不能或不願投資之際，自行承擔輕油裂解整個計畫，同時將中游部門視為幼稚產業予以扶持；由公營企業直接投資，將初期的投資風險社會化。直到一輕與二輕分別於1968年與1975年完工後，才真正啟動產業發展。

　　二、發展期（1972-1986年）的特點在於一輕投資產生示範效果，改變私部門的風險評估，因而提高參與意願。三輕與四輕分別於1978年與1984年完

1　本文所採取之五階段劃分方式係依據每座輕油裂解廠的興建時間而定，主要緣由在於輕油裂解廠所裂解出的乙烯是整體石化產業最重要的原料，而國際上衡量一個國家的石化產業水準，也是以乙烯的產量為衡量指標（戴仲宏，1996：29；瞿宛文，2003：149）。

工，在這段期間，國際再次發生能源危機，政府除繼續穩定國內經濟，更積極規劃石化發展方案。

　　三、瓶頸期（1987-1990年）強調政府石化產業相關政策發生變化。原來制定目標是以下游出口的原料做為成長動力，進行第二次進口替代，藉以扶持中上游產業。但三輕與四輕時期，國內石化業景氣相當低迷，出現不再興建輕油裂解廠之提議，以致五輕計畫的籌建一開始即面臨瓶頸；政治與經濟的自由化風潮，使得政府在執行五輕計畫時，經常遇到民眾抗爭事件；另一方面，因國內工資高漲以及投資環境轉劣，導致下游加工業者紛紛遷廠外移。上述因素促使石化產業發生變化，認為石化原料僅需供應國內需求即可。

　　四、突破期（1991-2000年）是在五輕完工後，石化業廠商逐漸壯大。國內對石化產品的需求量轉強，政府於是再次改變態度，轉而重視石化產業，並將該產業視為支援新興產業的主要原料來源。工業局為積極提升產業層次，在80年代規劃了「石化產業十年發展目標」，特別重視產業結構調整以及製品的再升級。

　　五、成熟期（2001年迄今）則是台塑六輕完工投產後，由中油獨佔的結構發生重大變化。在此同時，國內業者對於投資的意願出現疲軟不振，政府雖欲提振傳統產業，但卻將重心擺置於培養創新科技產業。經濟部工業局旋即在90年代擬定「石化產業發展策略與措施」，重新檢討石化政策與發展策略，並提出新的輔導措施，以因應石化產業的發展。

　　由上述發展歷程可知，我國石化產業政策歷經五個階段的轉型，由於該項產業日趨成熟，政府於是逐步實施自由化，在1986年首度同意，由民間台塑企業興建國內第六座輕油裂解廠，而國營中油公司也逐步推動油品市場自由化。不言可喻，政府主導產業發展的角色，逐漸被民間業者所取代。另一方面，面對國內投資環境不佳，以致石化計畫執行困難重生，加上政府尚未同意開放業者，前往大陸設置上游輕油裂解廠等，皆是石化產業所面臨的障礙。因此，如何有效提升石化產業的國際競爭力，端賴政府轉型職能。

第三節　轉型職能理論探討

　　大部分研究東亞經濟發展的學者認為我國經濟之所以能夠順利轉型，主要歸功於擁有一個「發展導向型國家」（developmental state）及其所實行的策

略[2]。進言之，由於政府官僚具有理性、職能且與社會壓力相隔離，以及實施策略性干預以扶植新興產業。此種運用非市場制度以扶助市場運作方式，常被視為是一國經濟能夠迅速轉型的主因。

　　進言之，發展導向型國家理論的理論根源，最早可追溯至Alexander Gerschenkron於1962年所提出在後進經濟發展的脈絡下，政府必須具備發展的功能。「後進工業化」（late industrialization）理論強調增加政府對於工業化資金投資的需求，會因為現代技術的進展提高生產效率的最低規模。依據Gerschenkron的建議，後進國家若要拉近自己與先進國家之間在技術與工業上的鴻溝，必須以政府干預的方式動員必要的資源和安排新的制度，來提高國家整體資源的使用效率，克服獲取資本不利的初始條件。Gerschenkron的策略成為日後C. Johnson以戰後日本經濟發展做為個案提出「發展型國家理論」的根據。

　　發展導向型國家顯然是運用權力干預，以增加投資資源，並確定資源能夠運用於具有生產性的活動。然而，政府的活動並非意圖取代市場機能，C. Johnson就指出，台灣雖然威權主義與資本主義共存，但是政治菁英與經濟官僚為解決經濟發展停滯問題，遂將國家發展目標與市場機制相結合，以降低市場的不確定因素（1987: 136-64）。因此，發展導向型國家具有調整市場需要的功能。

　　雖然發展導向型國家理論的論述繁雜，但最主要的思維仍關注於政府與經濟發展的關係，從表12-1可以看出，在四個面向中普遍性的「優秀的官僚」、「國家自主性」及階段性的「經濟計畫機關」是相關學者普遍的共識。主要跳脫新古典經濟學以自由市場的發展取向，其沿襲了傳統國家論，強調制度、強制力和領土疆域等特色，更重視政府和社會之間的關係，特別是和資本主義經濟的社會關係（徐振國，2000：15）。凸顯政府在經濟發展過程中的主導地位，高度的自主性使得政府透過優秀的經濟官僚管制社會中的各種力量、汲取資源、策略性干預自由市場的運作和制定產業政策來帶動國家經濟的發展。

2　「發展導向型國家」係由Chalmers Johnson（1982）所提出，他認為該類型國家具有下列特質：（1）政府的行動是以追求經濟成長和生產為中心的經濟活動為目標；（2）以功績制來徵募具有能力和紀律的經濟官僚；（3）將這些官僚集中於經濟機關以追求經濟發展為首要工作；（4）經濟官僚和企業菁英透過政策網絡而能緊密聯絡並制度化；（5）透過政策工具可要求企業團體加強合作。

表12-1　發展型國家的特徵

	Johnson（1982）	Amsden（1989）	Wade（1990）	White（1984）	Önis（1990）
普遍性					
優秀的官僚	√	√	√	√	√
國家自主性	√	√	√	√	√
階段性					
適度干預市場	√	√	√	√	√
經濟計畫機關	√	√	√	√	√
金融控制		√	√	√	√
維持策略產業	√	√	√	√	
壓制福利需求		√			
權變性					
一黨獨大威權		√	√		
控制民間社會				√	√
歷史性					
國家對外資自主	√	√	√	√	√
產品循環等因素					√

資料來源：修改自鄭為元，1999年，頁22

　　儘管上述關於政府所扮演角色的論點，遭受另一些學者質疑（Chan et al., 1998: 1-8; Moon & Prasad, 1998: 9-24; Lim, 1998: 457-83; 瞿宛文，2002 & 2003），但大致接受政府欲有效推動發展，必須制定一套制度安排的主張[3]。此種安排一方面與政府的內部組織有關，另方面則與企業團體的關係有關。本章雖以轉型職能為主，但文中難免運用上述學者觀點以資佐證。

一、轉型職能理論之意涵

　　L. Weiss和J. M. Hobson所提出的轉型職能理論，雖然與上述觀點都立基於

3　制度安排（institutional arrangement）依據E. S. Savas主要包括：（1）規範成員的角色與功能；（2）創造競爭環境；（3）研擬管制規定；（4）分配報酬與責任；（5）確立採購規則；（6）確保足夠財務經費（2000, 248-58）。

提升國家職能，但本質上並不全然相似。簡言之，C. Johnson和R. Wade等學者是以國家為中心，強調政府是一個獨立的行動者有其意志與目標，卻因而忽略社會力量的重要性（Burkett & Landsberg, 1998），此一觀點，顯然與轉型職能強調政策是由公私雙方經過制度性協商有所不同。此外，R. Wade和C. Johnson較少涉及國家與社會間的制度安排，因此渠等不免在理論中用強硬國家（hard state）或威權（authoritarian）等字眼。其實，國家即使有效運用強制力執行政策，但在威權體制轉型為民主體制後，經濟政策並非由官僚單獨決定並強制實行，而是由政府與企業雙方共同諮商、協調而成（蕭全政，1998：1-17）。因此，轉型職能強調在政府與企業之間建立「制度連結」，方能有效的將隔離與自主性結合，並轉換成具有調整經濟發展的職能，亦即「基礎結構自主性」（Weiss & Hobson, 1995: 167）[4]，強調國家職能除了依賴國家結構，也牽涉到社會中有組織的團體。

P. Evans也指出，國家職能在經濟領域中是以一組制度連結（institutional linkage）為基礎；既要求經濟官僚與特定利益團體相隔離，而有充分自主性來規劃其目標；另一方面，藉由「鑲嵌性」（embeddedness），使行政官僚在執行政策時能與企業相連結（1995: 72-3）。此種看似矛盾的能力，對政府推行政策卻相當重要；除能確保政府免於被利益團體所虜獲，又能促使政府與相關的企業團體保持協力連結（collaborative linkage）（Weiss & Hobson, 1995: 162）。更重要的是，透過此一制度連結，政府與企業團體便能針對政策目標進行溝通協調。

一個有效能的國家，必須要有充分的自主性，否則正如T. Skocpol所言：「除非國家菁英能夠規劃本身所欲追求的目標，否則毫無自主性可言」（1985: 9）。易言之，當國家欠缺自主性時，縱使擁有優秀的官僚、經濟計畫與政策工具，也很難達成預期的政策目標。然而，P. Evans進一步主張將鑲嵌性與自主性緊密相連，方可稱為有效能的國家，蓋鑲嵌性不強，國家自主性發展的結果，充其量只是造就一個獨攬經濟大權的政府，對經濟發展毫無實質的助益。

P. Evans發現多數經濟發展成功的國家都扮演類似Max Weber所謂的理想

4　一般所言的自主性是操作自主性（operational autonomy），強調國家機關可依其意志制定政策，並未考慮民間社會之需求，因此是一種零和性質；基礎結構自主性則強調政府透過集體行動或授權私部門，取得互惠結果（Weiss & Hobson, 1995: 167）。

型官僚體制角色，從「政治控制」的角度來看待各種社會關係，而經濟權力僅居於輔佐地位。然而，P. Evans並不支持此一強調隔絕於社會而形成的官僚自主性（1995: 12）。L. Weiss和J. M. Hobson亦持相同見解，認為一旦政府與企業間建立互賴關係，不僅不會損及國家職能，反而更能有效的治理經濟（1995: 162）。但是，吾人不可誤以為政府與企業間全然不會發生爭執，P. Evans就一語道出，鑲嵌自主性較強的國家，在經濟發展成功之後，將會逐漸侵蝕本身的權力基石，而「斷送本身的前途」（gravedigger）（1995: 165）。主因乃是政策涉及利益的分配，特殊團體往往透過政治運作對政府施壓，以爭取對其有利的決策，形成政策壟斷，不僅扭曲資源有效的配置，更未能符合公益原則。時日一久，社會團體累積雄厚資本，一旦不再倚賴政府所提供的資源，政府的支配能力將逐漸降低，相伴而生的是反對以資本累積為主的經濟政策，同時要求政府實施重分配性政策。

　　L. Weiss和J. M. Hobson認為此種同時具備合作與競爭性質的競爭型協力（competitive collaboration）關係，在後進工業化國家日益普及，因應之道乃是強化制度連結（1995: 162），主張國家提升轉型職能，動員社會菁英，相互協力追求經濟發展目標。其實，在經濟日益複雜情況下，經濟政策推動實有必要跨越公私部門的鴻溝，在雙方之間形成一個制度連結，將可有效的將自主性轉化為職能（Ibid., 167）。因此，「連結」是雙方基於互惠原則合作；政府透過此種管道可獲得企業重要資訊，更能動員合作，而企業亦可藉此與政府進行協商。

　　總結上述，本章將政府與企業間的關係視為動態性，而轉型職能就是政府將「操作自主性」轉換成為「基礎結構自主性」。該項自主性是職能的表現；它能滲透社會、汲取資源、並動員和協調社會力量以達成目標。因此，隨著公私部門合作的增加，基礎結構自主性往往愈強，政策轉型所需的協調能力也相對提升，繼而鞏固了經濟官僚在管理市場的角色。此種共生關係（symbiotic relationship）無形中提升了國家力（state strength）（Weiss & Hobson, 1995: 245）。

　　政府一旦獲得基礎結構自主性，便設法將其轉換成有效的市場管理，主要透過制度連結形成政策網絡、動員行動者共同執行政策決定。在經濟轉型所需的技術愈加複雜時，經濟官僚與私部門的制度連結顯得格外重要（Weiss & Hobson, 1995: 177）。據此，本章嘗試運用轉型職能觀點，解釋政府如何經由連結機制與企業建立關係，並強調經濟計畫雖經過公私部門協商而成，但計畫

的採納與執行依然由政府決定與監督。因此，當務之急，便是在國家與市場間建立連結機制，俾利產生綜效（synergy）。

二、制度連結機制中之角色扮演

在制度連結機制中，政府與企業團體之間存有協商管道，透過廣泛討論，對於政策目標的擬定以及政策工具的選擇，大致能夠取得政策共識。政府與企業團體在互賴關係中有多種合作方式（Weiss, 1998: 73-9）：（一）由政府制定明確目標，企業團體爭取政府的財政補助，以達成政策目標；（二）由政府主動提供相關資源以協助企業達成目標；（三）由企業自行管理達成目標，並承擔所有風險，政府則主要扮演協調者角色；（四）由政府與企業組成政策聯盟。無論是採取何種方式，政府與企業在互賴關係中，並未有主導者與追隨者之分，亦即可由任何一方從事協調與整合的工作。儘管如此，此項工作泰半國家仍由政府承擔，目的除了克服集體行動所滋生的困擾，更重要的是，政府擁有相對較多的自主性、資源以及新技術來降低風險。

由上述可知，轉型職能強調參與行動者彼此存有相互連結的關係。為維持長期而穩定的關係，連結機制必須兼具協調與管理功能，方能對多元行動者進行制度安排（Brinkerhoff & Brinkerhoff, 2001: 170-83）。職此之故，本章將運用轉型職能概念，檢視國內石化產業政策轉型發展。由於制度連結關係不同，相關行動者的角色扮演亦隨之有所差異。以下，將分析不同部門的角色扮演。

（一）公部門角色扮演

公部門隨著互賴關係的不同，角色扮演也因而改變。雖然互賴關係主要特質是政府將部分職權授於私部門，以利功能互補，達到合作共榮，但這並不代表政府重要性減弱（Weiss & Hobson, 1995: 167）。事實上，政府仍扮演關鍵性角色，包括處理衝突、配置有限資源、決定產業發展方向以及政策工具選擇等。大抵上，政府所扮演的角色如下（Pierre & Peters, 2000: 106-11）：

（1）促進者（facilitator）：集體行動的困境容易出現在公私部門合作計畫中，主因在於企業本身對於投入這些計畫的意願不高。基於整體經濟與福祉考量，政府應提供具體輔導措施加速實現計畫，以解決經濟發展所面臨瓶頸。

（2）宰制者（dominator）：為防止市場失靈，政府應具備足夠自主性，判斷是否該進入市場，以及何時、何地才是進入市場的最佳時機。

（3）協調者（coordinator）：政府以協調方式與私部門合作與互動，將可汲取私部門資源獲得更多資訊，順利達成政策計畫目的。

（4）管理者（regulator）：隨著全球化步調的變遷，政府應配合世界經濟發展趨勢進行，並調節全球化或區域化的互動情形，因此政府應對本身以及社會角色的扮演進行管理，否則將遭遇全球化的衝擊，孤立於全球市場之外。

另外，P. Evans（1995: 11-5）針對政府的角色扮演也提出四種類型：

（1）監督者（custodian）：是指政府擔任管理者角色，主要任務是規劃與執行所有的經濟規則。規則性質雖然並不盡相同，但政府就像警察一般，擔任監督者角色，以確保經濟規則能順利運作。

（2）提供者（demiurge）：係指政府在公共財以及特定生產性財貨供給上扮演生產者的角色。主要是由於私部門的資本及能力有限，無法生產所有的財貨，所以由政府協助生產或自行成立公司進行生產，並且在市場中與私人企業競爭。

（3）助產者（midwifery）：乃指政府創造一個保護的環境，以培養經過選擇的工業部門。詳言之，政府為了持續發展經濟，往往會協助私人企業籌集資本成立新公司；另外再透過政策或關稅手段，建立「溫室」（greenhouse）來保護企業發展。因此，在本質上係積極促進企業發展而非消極的監督。

（4）主政者（husbandry）：意指政府積極培養企業，使其在激烈的國際競爭環境中更具競爭優勢。由於是政府主動規劃並補足企業能力不足之處，在程度上較助產者扮演更為積極的角色。

綜上，政府在石化產業轉型過程中，所扮演的角色類型可歸納如表12-2所示。

政府角色的轉變顯示其與社會行動者關係發生變化，而政府該扮演何種角色則與本身職能的高低有關。當政府擁有相對較高職能時，將可提供私部門生產資源；然而，如果政府無法適時制定有利於產業發展的政策，顯示國家職能不足。因之，職能差異將決定角色的扮演，繼而影響政策工具選擇及運用成效。

上述提及，基礎結構自主性將隨著公私部門的緊密合作而愈強，由於該類自主性強調制度化的協商，如果政府能將企業團體納入決策過程，國家自主性將可轉換成職能。本質上，基礎結構自主性高低，可由三個面向加以判斷（Weiss & Hobson, 1995: 6-7）：（1）深入能力（penetrative power），意指

表12-2　政府角色扮演類型

政府角色	功　能	目　的
主政者	・政府可自主決定產業發展	・維持市場績效與經濟成長
提供者	・配置政府資源及財貨 ・提供私部門生產技術與設備	・鼓勵私部門投資發展
促進者	・促進公私雙方成為夥伴	・提升私人企業競爭力 ・解決社會共同問題
協調者	・公私部門溝通與協調	・協調行動者行為 ・建立行動者對目標之共識
管理者	・管理政府及社會行動者行為 ・調適自由化與全球化步調	・配合全球發展趨勢
監督者	・監督行動者行動	・約束行動者行為 ・確保合作過程順利

資料來源：整理自Evans, 1995: 11-5以及Pierre & Peters, 2000: 106-11.

政府擁有能力伸展到民間社會，並與民眾直接溝通：（2）汲取能力（extractive power），意指政府擁有能力從民間社會獲得所需要的資源；（3）商議能力（negotiated power），意指政府與社會能秉於互惠關係，互相協調合作。

　　一旦具備充足的基礎結構自主性，公私雙方可透過連結機制進行協商，選擇合適的政策工具。而政策工具類型，本章擬以L. M. Salamon（2002）的政策工具類型為藍圖，再綜合其他學者的分類（Linder & Peters, 1990; Reese, 1993; Eisinger, 1988），將各式政策工具歸納成四大類型，並依據這些工具的特性，針對我國歷年石化產業政策所頒布的內容進行分類（參見附錄一），茲將四種工具說明如下：

　　1.「直接型工具」（direct）係指產品或服務的提供皆由政府單方為之，鮮少有私部門行動者參與，政府在整個政策過程中扮演主導者（leader）的角色，與服務對象建立起直接的互動關係。類型包括：

　　（1）設立法人組織：以由政府主導設立之法人組織為限，被設立的法人組織可能為政府法人，亦可能為財團法人；

　　（2）經濟管制：為一特殊的管理過程，針對價格、或某一產業中參與者的進入與退出進行控制。其目的在於確保競爭市場的存在，並於此一競爭市場受到破壞時，降低其所產生的損害；

　　（3）社會管制：設立一些規則促使人民的行為能達到政府所訂的標準，

其目的在於限制那些會對公共利益造成威脅的行為；

（4）直接貸款：由政府財政部門直接借款給貸款者，之後定時向貸款者收取還款，並解決呆帳的問題；

（5）稅式支出：藉著延遲、減少、或排除標的團體的課稅義務，以鼓勵個人或團體從事某些行為；

（6）財政補助：由補助者提供款項給被補助者，接受補助者通常為次級政府單位、非營利組織或個人等；

（7）矯正式課稅、規費罰款：兩者性質相似，矯正式課稅是透過稅賦的繳納，促使個人改變行為，以降低社會損傷或確保社會大多數人的利益。

2.「間接型工具」（indirect）政策過程由政府及私部門行動者互動而成，政府於其中扮演領航者（steering）的角色，產品或服務的提供可能由政府為之，或由私部門為之，亦可能由兩者共同執行。類型包括：

（1）保證貸款：貸款由私人機構提供，政府與其簽訂契約，在出現呆帳時，保證給付全額或部分的損失；

（2）政府保險：政府保險計畫可能直接由政府機關，或間接由私人機構來運作。符合資格的投保者須繳納保險費，以保障其於未來事件發生後能取得賠償；

（3）買賣許可：買賣許可大多用於環境污染的管理上，由政府設定容許污染的程度、標準，而此經政府許可之污染量可容許廠商互相買賣交易；

（4）兌換證券：為一種補助的形式，由政府提供被補助者可憑此券至公、私部門兌換所需產品，但限制個人只能在有限的產品或服務中做採購的選擇；

（5）政府投資企業：由政府特許設立私人擁有之機構，政府通常不會用直接的方式予以協助，而是用較隱性的方式給予支援。

3.「基礎型工具」（basic mechanics）所提供的產品為各類政策的基石，政府在此過程中扮演協助者（enabler）的角色，經由此類工具的應用，協助政府機關本身或私部門達成政策目標。類型包括：

（1）公共服務：提供產業發展必備條件、基礎結構的提供，涵蓋交通網絡、水力系統、電力設備、公共建築等；

（2）金融服務：為經濟發展的基石，健全金融體系內的相關制度（例如，匯率、利率的調整等），是穩定產業發展的必要措施。

4.「引導型工具」（guiding mechanics）此類工具為政策過程中的先導

措施，因此並不一定會立即獲得政策產出。政府扮演催生者（catalyst）的角色，並未直接涉及最終產品或服務的提供。類型包括：

（1）公共資訊：有兩種形式：其一，政府對標的團體釋放政策資訊，企圖影響人民的想法、認知、信念，進而影響其行為。其二，政府本身缺乏與政策目標相關之資訊，因而要求或促使其他行動者蒐集或分享該資訊；

（2）能力建構：包括體制內的教育，以及體制外的技能訓練。其目的在培養標的團體的能力，使其有能力達成政策目標；

（3）組織聯盟：礙於政府資源有限或是基於成本效益的考量，某些組織由私部門設立會較具經濟效益。此時，政府便可透過組織設立工具的運用，引導私部門自行設立相關組織，以滿足政策需要；

（4）獎賞鼓勵：政府設立一些具指標性意義的獎項，用以鼓勵某些行為、樹立標竿典範，而獎項主要包括具有實質意義的獎賞與象徵意義的鼓勵。

（二）私部門角色扮演

企業如何向政府提出需求以及爭取資源也是發展策略之一。一般而言，企業團體往往透過一些策略以影響政策制定，包括：說服民眾、藉著互動規則產生影響力、介入競選活動以及政府賦予企業領袖的優勢（Lindblom, 1977: 253-7）。事實上，企業團體不僅追求私利，更多時候是具有處理公共事務的能力，例如澄清並表達民眾需求，形成具有可行性的建議。本章將私部門常使用的活動歸納為：「尋找資訊」以及「尋求調適」（參見表12-3）。

（1）尋找資訊：行動者尋找資訊主要基於兩項目的：一是為了獲得政府補助；另一則是為了掌握相關資訊。計畫執行必須察覺各種機會與風險、掌握

表12-3　私部門所採取之行動

活動類型		欲達到目的
尋找資訊	申請專業技術協助	・配合全球趨勢，除穩固國內市場外，尚須積極爭取資源，以期開拓海外商機。 ・提供更多專業技術與高級人力，以利提升生產技術與節省生產成本。
	尋求資金補助	
	爭取計畫通過	
尋求調適	爭取解除管制	・克服國內法令僵化之規定，包括突破投資海外項目或金額的限制，解決產業設廠時民眾非理性的抗爭行為等。
	尋找法令彈性	
	增加變通運作方式	

資料來源：整理自Agranoff & McGuire, 2003: 85-9.

正確時機、爭取其他行動者的支持。因此，行動者必須善用各種方式，才能取得技術協助、資金補助等（Agranoff & McGuire, 2003: 72-5）。

（2）尋求調適：私部門與政府共同執行計畫時，期盼擁有不受束縛的執行空間。對私部門而言，尋找彈性的規定或解除管制等方式，困難度相對較高，主要是相關規定已被法律所限制。因此，尋求調適的過程必須經過努力，例如找尋其他替選方案、重新定義計畫以增加運作彈性方式等，而共識就出現在彼此互動過程中。另外，在尋找調適過程中，行動者會衡量成本與事後所產生的效益；經過審慎分析，如該項計畫具有顯著效益時，再設法尋找其他變通方式（Ibid., 95-6）。

由上述活動得知，私部門向政府尋求協助時，仍須透過協商解決問題，因此互動過程異常複雜，必須運用連結機制以利推動計畫。

（三）其他利害關係人之角色扮演

問題往往是透過個人或團體表述與傳達，然而，這些個人或團體來自社會不同階層，各自代表不同的利益，因而對同一問題有不同解讀。就石化產業而言，在政策規劃時，雖有公私雙方行動者參與作決定，但在執行過程中，難免會有其他相關者參與，例如促進公私部門協調與溝通的公會；基於選舉因素考量，成為阻礙因素的地方主政者與民意代表；更包括以非理性方式進行抗爭的民眾。

三、影響連結機制運作之要件

以往將市場、政府與公民社會行動者之間，存有清楚界線的觀念，逐漸被相互依賴的新關係所取代（Vigoda, 2003: 7），本章將此種關係稱為「連結機制」。惟學者對於連結機制有效運作的條件，見解不一，例如，P. Healey（1996）就主張為適應經濟、社會和政治系統的變遷，以及有效管理秩序，應在政府活動過程中，創造一個讓利害關係人都能參與的新機制（new mechanism）。此機制涵括一套完善的溝通管道，俾使利害關係人能夠參與討論。J. Greer（2001: 35-48）則進一步釐清，每一種關係的安排都有不同系絡，因此不能僅將焦點置於步驟的行使，而另外提出四種條件，分別為系絡、利害關係人與組織、決策與運作條件。

同樣地，R. W. McQuaid（2000: 29-30）也提出連結機制的構成因素：

（一）組織目標；（二）運作協議（agreement），包括結構、資源、例行管理以及長期策略的責任劃分；（三）明確的溝通管道和決策方法；（四）達到目標的安排；（五）制度基礎結構的支持；（六）改變成員行為的誘因；（七）成員間的信任。D. W. Brinkerhoff 以及 J. M. Brinkerhoff（2001：170-83）更簡潔的指出，轉型職能必須兼具協力以及管理觀點，方能對多元行動者進行制度安排，以利形成一套有效連結機制，而機制中包含三個相關連的因素：參與、分權及誘因。綜整歸納上述學者所提出之要件，大致可分四大項目：決策、運作、規範以及道德要件。茲分述如下：

（一）決策要件

P. Mattessich 和 B. Monsey（1992）認為發展一個有效的決策過程，必須讓利害關係人參與並確保形成共識，而涉入（involvement）、諮商以及參與是決策過程中絕對須具備的原則，但為避免決策過程過於冗長，應將最後執行決策的權力，賦予少數參與者。此外，他們也主張決策過程必須是公開與非正式的，俾使利害關係人能順利表達意見，進行溝通與協調。因此，決策要件包括：（1）行動者是否投入主要議題以及參與討論；（2）行動者之間是否建立良好互動關係，並能有效溝通與協調；（3）行動者之間是否互相瞭解。

（二）運作要件

在連結機制中如何形成發展策略與任務是極為重要的，蓋策略的研擬，可形塑集體活動的初始階段、界定活動範圍，並提供成員的努力目標。換言之，一旦活動具備策略與願景，便有助成員聚焦於共同目標，並建立運作的流程。C. Huxham（1996）就認為在連結機制中，每一個行動者皆有自主性，追求所欲的目標，因此甚難尋求一個彼此認同的目標，這正是為何需要事先訂定發展策略與任務的主因。然而，擬訂策略時，應提供一個可以溝通互動的平台，以利廣納參與者意見，如此方能在規劃與執行階段創造更和諧的關係。綜上所述，運作要件包括：（1）提供溝通討論的平台；（2）提出專業意見對計畫做出貢獻；（3）行動者是否事先訂定發展策略與任務。

（三）規範要件

在運作過程中具備「規定」，方能促使集體行動順利推行，B. Tilson

（1997）認為，在連結機制中建立法律責任及體制等也相當重要。詳言之，集體行動運作前即具有此方面的認知，並事先規定法律責任，運作過程將更為順暢。而P. Mattessich和B. Monsey（1992）則認為成員願意承擔活動責任，方有可能使集體行動得以進行。因此，規範要件包括：（1）提供改變行動者行為之誘因；（2）對於違反協議責任的行動者訂定罰則。

（四）道德要件

除實質要件外，無形要件更是關鍵。B. Cigler（2001: 75）認為透過非正式的協調，逐步形成具有正式結構的連結機制，才能成為管理相關行動者的有效工具。當參與行動者缺乏與其他成員交換資源的意願，或是參與理由不同時，制度安排極易出現問題，進而影響連結機制的運作成效。C. Huxham（1996: 16）認為集體行動失敗，多半起因於成員間並未具備信任、承諾和共識要件。因此，道德要件包括：（1）建立行動者間的信任、承諾與共識；（2）願意接受其他行動者及願意貢獻與分享本身持有的資源。

依據上述說明，本章繪出整合型研究架構圖（參見圖12-1），圖中主要說明政府在面臨石化產業轉型時，如欲維持穩定的石化產值，實有必要強化轉型職能，而能否達成目標，則端賴連結機制健全運作。至於連結機制是否健全運作則視公私部門，及其他相關行動者，在互動溝通中能否具備四大要件：決策、運作、規範以及道德要件。

第四節　文獻與訪談分析

本節將先運用文獻分析法，說明公私部門在石化產業轉型過程的角色轉變。之後，再運用訪談法分析公私部門間是否具備連結機制要件。文中所謂的公部門行動者主要是指與石化產業相關之政府部門，包括經濟部工業局、環保署以及石化廠址位置所在的地方政府。私部門行動者主要是指國內兩大石化體系──「中油體系」與「台塑體系」。至於其他政策相關行動者係指具有影響力的行動者，本章以台灣區石油化學產業同業公會（以下簡稱「石化公會」）做為代表[5]。

5　石化公會的成員，涵蓋目前國內主要的大型石化廠，包括中油與台塑的上游輕油裂解廠及中游石化廠家，總成員數共有45家，參見網址：http://www.piat.org.tw/organize.htm。

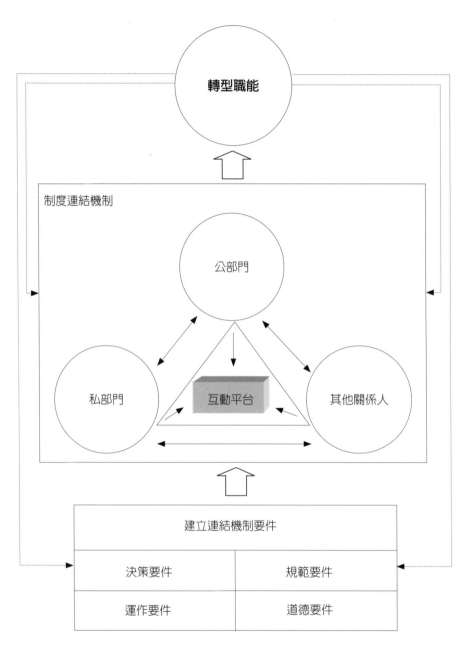

圖12-1　整合型架構圖

一、公私部門在石化產業轉型中之角色扮演轉變

前述提及，政府在石化產業政策轉型過程所扮演的角色，大致可分為主政者、提供者、促進者、協調者、管理者與監督者等六種。以下，將採用文獻分析法，對公私部門在每個轉型階段中的角色扮演轉變進行說明（參見表12-4）。

（一）萌芽期：政府在此階段可自主決定石化政策，並制定投資條例與相關措施，以利下游產業順利起步，而後發揮「向後連鎖效果」（backward linkage effect），提供中上游成長的機會（瞿宛文，2002：43），因此政府深具「主政者」角色。此外，當時業者對籌建輕油裂解廠並不熱衷，由國營的中油公司負責一輕與二輕的興建計畫，政府因而也扮演「提供者」角色，配置資源。

（二）發展期：自三輕開始，政府雖已同意開放中游業者投資石化計畫，但最後仍由中油公司負責。因此，政府因而也扮演「主政者」與「提供者」角色，決定資源的配置。另一方面，由於產業遭逢石油危機，直到三輕建廠計畫，石化產業仍停滯在擴充產能階段，尚未重視品質的提升。政府為提升競爭力，研擬「化學產業發展方案」，輔導業者以提升石化製品的品質，積極扮演「促進者」角色，但僅發揮部分「協調者」功能。

（三）瓶頸期：在該階段中，下游產業逐步外移，政府因而重新調整產業結構，運用開發基金提供融資，協助業者渡過經營難關，同時積極推動技術轉型與產品升級，故政府仍扮演「提供者」、「主政者」與「促進者」角色。而業者為提升整體經營績效，相繼成立協會組織，並與政府建立溝通管道，例如「台灣區化學產業協會」，用以協助政府制定相關政策。該協會雖由業者主動發起，但政府與業者仍可透過該組織，提升目標的共識性。是以，在突破期階段中，政府「協調者」角色日增。此外，由於發生民眾反五輕計畫，政府乃著手制定環保政策，強化工廠無污染設備與技術輔導，相關措施主要以督促業者進行製程與設備改善，因此政府「監督者」角色日益顯著。

（四）突破期：影響國內產業甚鉅的獎勵投資條例實施年限屆滿，政府為提升產業層級，另頒布新的「促進產業升級條例」，藉此加速國內傳統產業的轉型。

表12-4　公私部門在轉型階段中之角色扮演

發展階段／規劃與執行	萌芽期（1960-70）& 發展期（1972-86）	瓶頸期（1987-1990）	突破期（1991-2000）	成熟期（2001迄今）
政府擬定之策略	萌芽期：將石化產業列為優先發展的產業。 發展期：提升石化製品之價值與技術，由量的擴充轉為質的提升。	認為石化原料僅需以內需為主。	再度重視石化產業發展，內需推動產業發展。	決定石化產業可適度擴充。
輕油裂解計畫規劃過程	政府主導一輕至四輕之政策決定。	五輕計畫仍由政府單方決定，惟環保議題受重視，乃制定相關政策輔導，顯示政府逐漸調整政策作為。	六輕計畫為民營台塑集團所提出，業經政府核可而興建，顯示政府制定政策時已納入業者意見供作參考。	國內目前規劃中的雲林石化科技園區，主要由中油與民營石化廠合資主導。
計畫執行方式	政府委由中油執行。	政府仍委由中油執行。	六輕執行過程中，業者主動提出需求，爭取計畫所需資源，政府也積極提供協助。	工業局針對個別石化廠所遭遇問題，採協調解決方式進行，顯示雙方的連結程度逐漸密切。
石化產業轉型情形	一、萌芽期 (1) 頒布各種發展產業的綱要與輔導措施。 (2) 政府以法令與政策為基礎，為石化業發展紮根；也為往後業者的投資立下正面的示範效果。 二、發展期 (1) 這段期間，國際上再次發生石油危機，政府政策除繼續穩定國內經濟外，更直接制定與石化產業有直接相關的發展方案與措施。 (2) 此階段也是政府極度保護、輔導石化產業，以及積極培植產業的時期。	(1) 污染與民眾抗爭事件的發生，迫使政府開始制定環保政策，以及重視產業結構的調整。因此對於發展石化產業的觀點與作法產生重大改變。 (2) 石化業者主動籌組台灣區化學產業協會等組織，協助政府制定合宜經貿政策。換言之，石化業者已主動與政府之間開始建立連結管道，加強協調與討論。	(1) 業者有更多自主行為，主動改善經營環境不良因素。 (2) 政府制定政策時，主動邀請業者參與討論。 (3) 石化政策多為政府為協助業者解決問題而擬定，顯見政府的政策行為轉為被動，並以因應業者營運困難為主。 (4) 政府投入大量經費並制定許多獎勵措施，鼓勵業者興建上游產業，六輕即在此階段規劃籌建。	(1) 業者欲將石化業朝海外發展。 (2) 工業局直接與地方政府單位協調業者投資設廠問題。 (3) 工業局採個案推動，為業者協調解決。

資料來源：作者整理

在80年代初期，政府依然扮演重要的「提供者」與「促進者」角色。此外，為因應國外石化原料低價傾銷，政府也扮演「監督者」角色：主要是健全國內石化產銷體系、建立原料業監視系統，以及要求業者蒐集資料，以便匯集商討。

由於政府與業者的互動更形密切，例如，出席討論石化業者的年度大會與重要會議、解決六輕計畫執行停滯的阻礙、成立「經濟部傳統產業輔導中心」與「提升競爭力服務團」單一窗口服務等。政府與業者關係有顯著改變：由以往決定政策，轉而以協助業者解決困難為主，雙方之間更建立互動管道。故在此時期，政府「協調者」角色顯得突出。另一方面，隨著國際化與自由化風潮，發展石化產業的困難度與日俱增，政府無法全面解決問題，因此業者自行發掘問題，主動向決策單位提出建議的情形大為增加，俟業者提出問題後，再由政府與業者共同商討處理方式。在此情況下，「主政者」角色呈日趨減弱。

（五）成熟期：由工業局頒布的「石化產業發展策略與措施」內容，可發現以往政府可自主決定何時進入市場，以維持產業持續成長。但是，在「石化產業發展策略與措施」中，政府所採取的行動，大半是回應業者所提出的問題採取被動方式，所以「主政者」角色在90年代之後明顯降低。另一個原因乃是為配合全球發展趨勢，政府必須調節產業發展的步調，因此「管理者」角色相對增加。

由於配置政府資源、擬定獎勵措施、加強環境品質控管等工作仍屬政府執行權限。即使國內目前已邁入石化產業的成熟期，私部門所缺乏的生產要素，仍需透過政府提供。而控管石化廠嚴格管理廠房設備，避免污染環境，依舊是由政府負責監督。因此，「提供者」、「促進者」與「監督者」角色依然由政府擔任。除此之外，公私部門經常舉辦會議，透過直接的互動，促進彼此訊息交換，因此政府與業者分別扮演「協調者」角色。經由上述，大致可知石化產業轉型發展階段各有其歷史與經濟背景，並非決策者單憑其意志單獨決定。

二、轉型過程中是否具備連結機制要件

除運用文獻分析，本章也採用半結構式訪談法，進一步分析面臨新的石化產業轉型，政府與業者間是否具備連結機制要件：包括決策、道德、運作與規範等。訪談題綱主要是依據連結機制的有效運作要件（參見表12-5）。

表12-5　訪談題綱

（一）決策方面
（1）主要行動者是否參與政策過程，以及政府是否將業者意見納入考量？
（2）行動者間的溝通協調是否奏效？
（3）成員之間是否「互相瞭解」彼此的文化背景與價值觀？
（二）運作方面
（4）是否提供溝通討論的「平台」？
（5）是否擁有「專業意見」可針對計畫做出貢獻？
（6）行動者是否已事先訂定「發展策略與任務」？
（三）規範方面
（7）是否已經提供改變行動者行為之「誘因」？
（8）對於違反協議的行動者，是否已訂定「罰則」？
（四）道德方面
（9）是否建立彼此的「信任」、「承諾」與「共識」？
（10）是否願意接受其他行動者，及願意分享本身持有的資源？

　　本章所擬的訪談題綱在正式訪談前，已先行經過三位學者進行效度檢定，並依據其建議，逐一修改內容。此外，由於受訪者皆參與過石化產業政策制定具備實務經驗（參見表12-6），將可提高信度。

表12-6　受訪者名單

身分代表	受訪者任職單位	姓名	代號	訪談時間
公部門	經濟部工業局民生化工組副組長	王○○	A	2005/10/12
公部門	經濟部工業局民生化工組技士	郭○○	B	2005/11/17
公部門	環保署空污處技士	陳○○	C	2005/11/23
公部門	雲林縣政府建設課	李○○	D	2005/12/9
私部門	石化公會總幹事	謝○○	E	2005/12/9
私部門	石化公會秘書	王○○	F	2006/1/18
私部門	中油公司石化事業部運籌室主任	何○○	G	2006/2/1

　　至於編碼方式，本章共訪談七位利害關係人，依序以英文字母A、B、C等表之，編碼方式以「A-1」為例，代表受訪者A，對於訪談題綱中的第一題所做的回答。此外，本章根據不同受訪者，以不同的訪談提綱進行訪談，而分

析方法主要將訪談回答內容打成逐字稿，並透過資料分解、檢視與比較的程序，藉此可將訪談結果的龐雜資料予以系統化，有助於分析與討論。

（一）決策要件

　　決策要件是影響合作成效的首要要件。由受訪者所表示的意見可知，雙方溝通管道並無障礙，政府制定政策也會主動邀請業者與專家參與討論，並斟酌採納形成政策。惟受訪者認為應有更佳的處理方式：

　　土地的部分，在部裡也協調好了，位置也都協調好了……。（C-14）

　　在政府程序中，一定要經過工業局的評估，……，之後我們在財經會談中與勞委會協調，勞委會才同意的，程序是一定要……。工業局是計畫進行之前的承辦單位。（D-62）

　　雖然政府與石化業者之間已建立良好的互動關係，可是對某些議題，政府內部未必會採取相同立場，以致影響最後的政策決定。因此，公私連結機制應擴大範圍，涵蓋政府部門之間的互動。工業局與勞委會的協調角色，及其與國營會共同合作，以提升石化體系競爭力的促進角色，對公私雙方共識的建立有直接幫助，也有利於雙方後繼的行動。換言之，連結機制不應僅限縮於公私雙方，唯有政府部門間有良好的互動，合作計畫方能順利推行。

（二）運作要件

　　本章所指的運作要件是指公私部門進行合作活動前，必須事先安排妥善的運作條件。由受訪者意見，顯示下列現象：

(1) 應再強化行動者間的正式討論平台

　　溝通和協調，這個是沒問題，而且蠻暢通的。所以溝通的結構，基本上還不錯。（A-43）

　　業界和我們都很熟，平常都有聯繫。除了擬定政策，平常有問題也都會找我們。（C-2）

　　像我們的座談會，我們除了邀公會以外，也會邀一些比較有代表性的業者。（G-6）

　　內政部規定，一年要開四次的理監事會，一次的會員代表大會，這是公會中的大事情；所以政府與公會成員，也就是石化廠商有定期的互動。（B-14）

　　雙方行動者討論議題的場合有正式的定期會議，也有非正式的私下接觸管道，惟正式的會議稍有不足。在一般場合，業者與政府單位可透過私下互動機會處理問題。透過非正式的接觸機會，雖可增加行動者間的互動，但因參與互動者並非代表所有業者立場，極易造成政府偏好特定企業的問題。是以，政府應該強化雙方正式討論的平台，多舉辦會議，如此不但可讓所有業者得到相同訊息，達到互享資訊的機會，又可藉由公開的討論，免除業界對政府的猜忌。

(2) 研究單位對於公私部門皆有專業貢獻

　　工業局主要就是在做廠商輔導，一旦廠商產品沒有附加價值，我們就問工研院化工所，技術可否再提升，請中華經濟研究院、台灣經濟研究院提供未來走向。（D-18）

　　我們規劃新措施之前，也都有所依據。工研院化工所常會接到廠商諮詢的問題，工研院就知道有哪些廠商要做什麼，這是可以連結的。（D-52）

　　工業局輔導措施的提出皆有所依據：工研院化工所在平時會承接工業局委託研究技術的案子，石化業者一旦對研發技術存有問題，也會向工研院請益。工研院則根據業者的技術需求向工業局反應，工業局再針對業者研發需要，提供鼓勵誘因；工研院不僅有效連結政府與業者，更為產業的技術提升付出專業的貢獻。

(3) 政府對石化產業所掌握之資訊較少

工業局每年都有檢討，把客觀的條件都拿來研究，看石化產業將來何去何從。（A-34）

許多政策與意見都是業者先提出，再將問題反應給政府知道；政府就是業界給它刺激一下，……，現有問題需要檢討，它才去做。（G-35）

沒什麼政策，就是遇到問題就來解決……。（D-1）

目前的政府是明顯弱勢的。雖然民主時代本應該容許多聲音，但是政府現在似乎少有明確的政策主張。（E-33）

業者認為，政府未能主動規劃石化產業發展方向，通常是業者經營發生問題，向政府反應後，政府才事後檢討並提出補救措施。工業局受訪者也不否認，政策是根據產業發展面臨的問題所制定。因此，所謂合作發展策略，基本上是產業先行發展，政府再將其納入政策，制定成發展策略。這正是何以政府未能充分掌握石化產業相關資訊的主因。

(4) 業者認為「政府目標不明確，使得業者無所適從」

政府應該明確規定國內溫室氣體的排放限制，因為業者提出環評報告之後，政府通常會要求再降低排放量，這是業者投資石化廠所面臨的困難。（E-12）

搖擺不定，現在是這個不能做，那個也不能做。政府應該不能只治標不治本。（E-5）

由受訪者意見得知，政策不明確以及未取得目標共識，皆是破壞互賴關係建立的重要因素。例如，政府事先未規定溫室氣體排放量的限制，而石化廠建廠之前，又必須先通過環境影響評估之審核；俟業者提出環評報告後，因為未獲環保署審核通過，又得重新修改工廠的排放量，再送交環評程序，相同事件

一再重演。業者認為這是政府未事先規定溫室氣體排放限制量之緣故，因而導致國內投資停滯不前。補救之道，乃是政府在確認石化計畫後，事先告知業者相關規定，業者可自行衡量是否具備能力通過計畫審查，再決定建廠與否。否則，以目前環評程序完成，費時動輒數年，業者如同被綁手綁腳，逐漸喪失投資的信心。

（三）規範要件

規範要件是指在合作過程中，是否具備「制度基礎」或「相關規定」的支持，俾使連結機制順利運作。受訪者意見如下：

(1) 建廠誘因檢討

一輕到四輕是由經濟部的國營事業委員會，專門進行所有國營事業的投資，他們也不用經過環評，……，當時也沒有環保署，超過一百億元以上，行政院核定就好了。（D-13）

以前是工業局先把建廠地點找好，開發產業區，然後直接蓋廠，也沒有環評，五輕以前民眾也沒有抗爭；現在工業局都不再做這些了，全部是中油自己面對。（E-2）

台塑在國內和高雄地區發展受限制，……，他覺得沒有什麼好發展的，就到美國德州去建了兩座烯烴廠……。那時候的經濟部長蕭萬長就跟王永慶說，要他在國內投資，再提供台塑要的東西，六輕是這樣談出來的。（D-22）

台塑在國外有蓋過輕裂廠，政府能協助的就是比照國外，……，不然為何回來？（G-24）

大陸所提供的條件實在很好，……，但這是可以解決的，就是要提高在國內投資的誘因，因為現在國內的免稅、租稅優惠或研發補助，都呈現出誘因不足。（E-13）

這個計畫還有很多事情要解決，土地也還沒徵收，水可能也不夠，還有填海造陸也是一個大問題，環境影響評估計畫也還沒有做……。中油如果在台灣做不下去，還是可以到別國去做。（G-23）

一輕至四輕的輕油裂解廠計畫是由政府與中油公司共同執行，由於以往設廠時缺少環境保護觀念，未曾發生民眾抗爭情形，只要政府決定設廠計畫，中油即可順利執行。但隨著環保意識日漸受到重視，重污染的石化產業在建廠時經常遭到民眾抗爭，五輕即因此拖延時程。

五輕之後，因為鄰避情結與重化污染的衝擊，國內石化產業發展受到嚴格限制，政府除了在環境評估方面提出多項要求外，對於民眾非理性的抗爭，無法有效制止，反而以拖延計畫做為替代的解決方案。試圖繼續投資國內第六座輕油裂解廠的台塑集團，相繼在宜蘭利澤與桃園觀音遭遇阻礙，轉而將投資輕油裂解廠計畫的觸角延伸至美國與大陸。所幸經濟部長及時規勸台塑經營者，並決定除比照國外，以優惠的條件與措施挽回台塑之外，更在六輕建廠過程中，為其配置相當多的資源，提供設廠程序及實質上的協助。由六輕的實際發展情形看來，說明只要政府提供足夠誘因，業者將願意留在國內投資設廠。

(2) 罰則措施之檢討

他的政策也不是強迫性的，也訂了一些輔導措施，我認為不錯；台灣的石化政策，可以將工業局所訂定的當成範本。（A-37）

應該用強而有力的證據，做立即該做的事情。以前五輕的時候，是行政院長出面執行計畫，……，而不是像現在這樣，民眾一反對，政府為了考量民意就不敢繼續執行了，尤其是現在好像行政院長隨時都可以換下來，……。（E-31）

現在台西那一塊地，台塑也很想要，可是收購還是有問題，因為那邊有一千多個地主，這就是執行上的一個困難。（D-10）

行動者之間不具規範要件情況下，最多僅在過程中進行非正式的互動，行動者大半僅考量本身利益，並不在意是否能與其他行動者建立長期的連結，故

合作關係並未具體存在，無法建立有效的制度連結。工業局的石化政策內容，主要是研擬並指出國內石化產業仍可適度擴充、維持兩大石化體系平衡發展、推動石化產品高值化發展、永續經營與全球佈局等未來發展藍圖，以及針對這些目標制定輔導措施。這些發展策略並不會有業者反對。問題癥結在於執行時，雙方行動者能否抱持相同理念，朝目標發展。

（四）道德要件

道德要件不能事先規範，也無法強迫參與行動者接受。惟參與行動者可明顯感受彼此間付出的誠意，方能成為合作夥伴。受訪者意見整理如下：

(1) 部分主政者未認同雙方的夥伴關係

現在的困難，就看主政者誰有魄力出手解決。（A-30）

跟民意代表溝通時，民代私下不反對，可是表面上卻都強烈反對擴建計畫；就連地方首長其實也曾表示，為了經濟面的考量，石化計畫是應該持續執行。現在各級政府都不幫忙處理這些問題，要業者自己面對，所以主政者的認知問題是關鍵。（E-19）

不管誰當政，藍綠哪個人當政，都是為了選票問題。（A-21）

現在的行政院長應該可以做個公共政策的宣示，表明這個情況已經改變……。（A-22）

建廠阻礙因素中，業界大半認為主政者在決定政策時，存有相當多的政治因素考量，導致政策無法落實。就業者觀點而言，主政者並未具備誠意，尤其是在地方政府層級。雖然地方主政者認為石化計畫有助於經濟發展，但在執行階段時，基於選票因素考量，終究無法堅持建廠理念。地方政府因政治因素深受民意所牽制，而民意代表也常操弄民意，導致非理性的抗爭行動頻頻發生。對於地方政府公權力不彰的問題，業者無奈地將希望轉而寄託於中央，期望中央政府能夠出面施展公權力。可是，由受訪者意見可知，中央官員也無法滿足私部門之需求，重新制定符合產業所需的政策。

(2) 加強議題上認知，將有助共識建立

　　有一陣子，就是俞國華主政時代，政府根本沒有把石化產業列為發展重點。可能因為他不是這個出身，所以把石化產業忽略掉了，甚至不把化學產業當作目標來看。（A-46）

　　台灣現在的問題就是沒辦法聚焦！既沒有辦法改善投資環境，也沒有辦法進行觀念整合；政府想要增稅，可是一方面又限制企業的發展，企業當然都移到國外了。（E-8）

　　不言可喻，公私雙方一旦不具共識，將很難持續推動產業發展。即使對經濟發展再有幫助的產業，也亟需雙方的支持。就經營環境而言，石化產業的經營分別存有障礙：外部問題是考量全球佈局的前景，尤其是對大陸地區的市場而言，目前赴大陸投資輕油裂解廠是仍有限制；至於內部經營障礙，就是土地徵收與民眾抗爭，無法建廠擴充產能。

　　為加強公私部門合作，政府必須徹底瞭解業者的經營困境以及想法。唯有如此，才能診斷問題，提出具體可行的方案。因此，雙方行動者皆應在共同問題上，加強彼此的認知及目標共識。

(3) 民眾對政府缺乏信任

　　現在社會大眾都不相信政府了，因為政府都沒有做出來，很明顯對政府不信任，政府要挽回大眾對他的信任，一定要用做的，……。（E-38）

　　因為我們都是想留在台灣的，只是環境實在是不好，所以，政府真的要做一個有魄力的政府，重新博回社會大眾的信任。（E-43）

　　石化業者對政府的不信任，起因於政府無法落實政策與有效伸張公權力。政策的反覆不定，導致政府的公信力相當薄弱。欲挽回業者信任，政府必須由改善投資環境與付出實際行動做起，逐一落實所提出的計畫。

(4) 政府應提出承諾，解除石化危機

政府應該是要有魄力，決定政策方向，這樣民間才敢投資。（E-21）

政府的態度、政策應該要明確。（G-29）

以石化產業來講，政府扮演的角色是非常重要。因為它跟其他行業不一樣，與政府關係最密切。日本就常說，石化產業如果沒有政府扶植是不可能成功。（A-61）

目前的政府是明顯弱勢的。雖然民主時代應該包容不同聲音，但是政府現在似乎少有明確的政策主張。（E-33）

政府對民眾的承諾，造就了五輕的建廠，但曾幾何時，政府不再能夠提出明確承諾，不論是對投資環境的改善，或是政策方向的確立。石化業之發展與政府的決定有密切關係，倘若政府計畫將石化產業列為輔導升級與技術轉型的產業，就應在實際行動上表現一致性。由訪談內容可知：

1. 訂定政策目標發展高值化計畫

高值化內容，今年已經在規劃中，也已經向局長報告過96年要做什麼，……，工業局這兩年確定是要往這個方向推動。（D-49）

石化的長期發展應從大宗生產，……，除了量的擴大，質的方面也要提升，就是雙軸發展。（D-58）

2. 研發預算遭到刪減，無法支持政策內容

研發預算一直被刪減，那樣不對啊！那是立法院刪減的，這作法很不對啊，應該研發要多多獎勵；廠商有賺就繳稅，……，而且石化產業現在也未享受免稅優惠。（C-42）

我們工業局以前每年預算是50幾億，也被刪了8億。你看，現在反而背道而馳啊，大家免稅免了那麼多，被大家詬病，可是研發預算又一直刪減。（C-44）

由訪問內容，顯示政府雖然意圖制定提升石化品質的目標，但在研發預算上卻不予以支持。政府作為與政策目標明顯扞格，公信力因而逐漸喪失。在資源有限情形下，政府無法同時兼顧所有產業的發展。政府應該事先審視國內總體經濟以及國際發展趨勢，決定補助國內何種產業之實力，一旦決定欲發展的重點產業後，再合理配置政府資源。就目前的石化產業的「高值化計畫」而言，政府作為與其所提出之政策方向，顯然背道而馳。

(5) 業者逐漸接受高值化措施是未來的趨勢

政府應重新營造一個良好投資環境，……，想辦法製造高單價的產品，以及技術。（E-43）

高值化內容，已在規劃中……，工業局這兩年確定是要往這個方向推動。（D-49）

業者能否配合政府所提出的高值化措施，將石化產業推向更高技術的專業領域，而非單單追求大量生產，謀求低成本的經營策略，實有賴雙方的共同努力。由受訪者意見可明瞭，工業局特別針對石化產業需要，規劃高值化計畫，不像以往的轉型計畫是適用於所有產業，因而深具推動該計畫之決心。另一方面，業者因為面臨競爭力不足的問題，轉而認真思索提升品質與技術的必要性。就高值化計畫而言，業者的態度明顯改變，願意配合政府制定的目標。歸結之，整個訪談結果以表12-7示之。

表12-7　訪談問題與結果對應表

	訪談問題	訪談分析結果
決策要件	(1) 行動者是否參與政府政策過程 (2) 政府是否將業者意見納入考量 (3) 行動者之間的溝通協調是否有效	(1) 政府與行動者已建立溝通管道 (2) 政府亦採納行動者意見 (3) 互動模式已有效建立

	訪談問題	訪談分析結果
運作要件	(4) 是否提供溝通討論的平台 (5) 能否產生專業意見 (6) 行動者是否事先訂定發展策略	(4) 非正式管道多，增進公私部門互動 (5) 研究機構可提供相當助益的建議 (6) 政策目標不明確，阻礙有效運作
規範要件	(7) 是否提供足夠誘因，改變行動者行為 (8) 對違反協議的行動者，是否訂定罰則	(7) 政府提供的誘因不足 (8) 政府對違反協議之業者缺乏罰則
道德要件	(9) 是否建立信任、承諾與共識 (10) 是否願意接受其他行動者與分享資源	(9) 應強化共識，主因是政府所提出的承諾無法實現，以致並不完全信任 (10) 業者逐漸改變態度，配合計畫執行

資料來源：本章整理

第五節　結　論

　　由於石化產業探討面向極廣，包括環保抗爭、鄰避情結、溫室減量、開放大陸投資等議題。這些議題極重要，值得深入分析，惟本章聚焦於轉型職能在石化產業轉型過程中的重要性。透過運用文獻分析與訪談法，本節提出研究發現。

一、理論運用

　　本章嘗試將本土個案與國外學術理論做一對話，發現運用連結機制檢視問題係一種多面向的觀察途徑；不僅可發掘與改善問題外，更可考量參與行動者的動機與能力等。此外，連結機制建立後，各項制度安排的功能可逐一呈現；行動者不但可透過決策過程，尋找改善問題的方法，更可透過規範要件，推行政策。俟形成模式後，可使決策運作過程更為順暢。

　　此外，不同部門的行動者，具備不同型態資源，當行動者尚未建立合作關係前，個別行動者握有特殊資源，一旦取得目標共識，將能提供與分享資源另一方面，連結機制建立後，相關行動者皆有參與管道。由於主要行動者參與

會議討論，並共同做出決定，因此政策較具正當性。由此可知，政府在產業轉型過程中，並未失去自主性。若以發展策略觀之，則是政府試圖尋找如何與社會共存共榮。此一新關係與策略，正如L. Weiss和J. M. Hobson所言「台灣的國家機關仍扮演經濟發展中的「中央資訊協調機制」（central coordinating intelligence），積極地調整彈性策略，蒐集各項資訊，而後與資本家共同協商，決定重要發展策略。此一策略主要以生產為主，以符應企業與社會團體之需求」（1995: 245）。

　　由本章分析，發現轉型職能理論尚有不足之處，主要包括：（一）連結機制涉及三方行動者，包括公部門、私部門與政策相關人。欲徹底瞭解三者間的互動與能力轉變，需要長期深入觀察，方能掌握關鍵因素；（二）有效運作的四項要件實與行動者間是否相互信任有關，而這涉及個人的心理認知，因此甚難在短期間內觀察得知，這些皆是未來研究的重點。

二、個案研究

　　本章所運用之轉型職能理論，主要強調在政府與企業之間建立「制度連結」，方能有效的將隔離與自主性相結合，並轉換成具有調整經濟發展的職能，亦即「基礎結構自主性」，強調國家職能除了依賴國家結構，也牽涉到社會中有組織的團體。由石化產業轉型過程中，發現公私部門在每個階段皆產生角色轉變情形（參見表12-8），然而，政府現今的轉型職能尚有改進空間，理由如下：

表12-8　公私部門在石化產業轉型中之關係轉變

公私部門關係變化圖	公 ▶ 私	公 ◀▶ 私	公　私
石化產業發展階段	萌芽期與發展期	瓶頸期	突破期與成熟期
政府角色扮演轉變	政府在這兩階段皆單方主導石化產業發展	深具主政、提供與促進者角色。協調者角色日增，且逐漸具備監督者角色	主政者角色更低，但深具提供、促進與協調者角色。監督與管理者角色日益明顯

公私部門 角色轉變	政府在這兩階段皆單方主導石化產業發展	(1) 此階段中，政府與業者互動關係增加 (2) 政府制定政策時，會參考產業發展問題與業者提出之看法	(1) 公私部門在此兩階段不但有互動，且已形成密切的連結關係 (2) 政府在政策的規劃與執行時，逐漸將業者視為夥伴，共同推動計畫

資料來源：本章整理

（一）政府與業者的互動日益密切

　　政府逐步採納業者建議，業者也主動提出需求，然而，私部門資本日益強大，政府並未因此喪失政策影響力；相反地，政府仍扮演關鍵性角色，除配置資源外，更負責推動石化產業政策，最顯著者乃是在成熟階段，政府反而扮演更積極角色，包括協調、監督與管理者。儘管如此，政府仍無法獨力達成目標，因而參酌業者意見，共同解決石化產業的經營困境，而石化業者對市場發展情況相當熟悉，深知為持續擴充產能，開發大陸市場有其必要性。由訪談內容得知，業者常提出訴求，希望政府提供更多協助，營造良好的投資環境。

（二）業者產能仍然不足

　　石化產業必須擴充產能方可生存，因此不斷地尋找投資機會。國內業者目前在大陸只能投資中間石化廠，上游工業仍受政府管制；在美、加地區由於有甚多製造廠商，競爭十分激烈，因此佔有市場範圍不大。國內則因為環保問題與資源有限緣故，無法順利執行計畫，尤其是中油體系石化廠，因無法更新既有輕油裂解工廠以擴充產能，加上多數廠商並未投入研發，所以競爭力並不如台塑體系。

（三）政府應有改善投資環境之決心與作為

　　（1）石化建廠計畫需要政府伸張公權力協助政策推動，否則產業無法在台灣繼續深耕；（2）產業政策的制定應全面考量整體社會發展目的與產業成長之需要，目前國內產業發展不均，因此甚難提升競爭力；（3）產業發展雖已日臻成熟但需要政府協助。

（四）石化公會角色有助於公私協力活動之進行

　　石化公會可協調政府與業者間的問題解決，對於雙方互動可發揮正面效益。

三、影響連結機制運作之要件

　　角色及功能產生變化，連結機制運作要件也隨之改變，可由下列四點說明：

（一）決策要件已具備

　　政府與業者間已存有溝通管道，政策的制定會邀請業者與專家共同討論，並斟酌採納形成政策，因此具備決策要件。本章認為決策要件應擴大範圍，包括「政府部門間的互動」，裨益集體活動進行。

（二）運作要件須明確

　　由訪談結果得知，公私部門間的接觸管道雖已建立，惟政府應增加與業者接觸機會，以彌補對石化產業相關資訊的不足。工研院與國內經濟研究機構，對石化產業發展提供頗多的實質建議，至於阻礙合作計畫進行的主因，乃是政策目標不明確。

（三）規範要件尚缺乏

　　目前政府與業者間缺乏規範要件，包括誘因、課責與制裁等，以致參與行動者不願提供本身所持有的資源。雙方合作結果不但無法產生綜效，反而必須付出更多資源方能成事。

（四）道德要件應加強

　　主因是在政治因素考量下，地方政府與民意代表無法支援計畫所需之資源，業者認為政府表現出的作為，並未體會合作共榮的真諦，因此亟待加強共識的建立。公權力不彰，以及無法兌現所提出的承諾，導致業者無法排除信心危機。

附錄一 台灣石化產業歷年所實施之重要政策及政策工具

<table>
<tr><th colspan="2">年份</th><th>政策與措施</th><th>工具類型</th></tr>
<tr><td rowspan="9">萌芽期</td><td>1960年</td><td>「獎勵投資條例」開始施行，創造良好產業發展環境</td><td>間接型</td></tr>
<tr><td rowspan="3">50年代</td><td>為加速產業發展，成立經濟部工業局</td><td>引導型</td></tr>
<tr><td>「產業發展趨勢及其輔導措施」及「產業輔導原則」</td><td>間接型</td></tr>
<tr><td>依據「加速產業發展綱要」，在第六期經建計畫中，積極進行第二套輕油裂解廠設備之建廠</td><td>直接型</td></tr>
<tr><td rowspan="5">60年代</td><td>成立產業技術研究院</td><td>引導型</td></tr>
<tr><td>經濟部工業局在南部石化中心推動各項下游計畫，包括氯乙烯、低密度氯乙烯、合成橡膠與苯乙烯等計畫；以及完成北部石化計畫之建廠</td><td>直接型</td></tr>
<tr><td>高雄仁武產業區（21公頃）之開發</td><td>直接型</td></tr>
<tr><td>高雄大社石化產業區（61公頃）之開發</td><td>直接型</td></tr>
<tr><td>頭份石化產業區（97公頃）之開發</td><td>直接型</td></tr>
<tr><td rowspan="13">發展期</td><td>1972-1978年</td><td>進行第三座輕油裂解廠設備籌建計畫</td><td>直接型</td></tr>
<tr><td>1978-1984年</td><td>進行第四座輕油裂解廠設備籌建計畫</td><td>直接型</td></tr>
<tr><td>1979年</td><td>宣布180項機器進口「關稅減半」措施</td><td>間接與基礎型</td></tr>
<tr><td>1980年</td><td>修正「獎勵投資條例」，增列「投資抵減」</td><td>間接與基礎型</td></tr>
<tr><td>1982年</td><td>依生產事業獎勵類目及標準，可自行選定延遲開始免稅期間標準</td><td>間接與基礎型</td></tr>
<tr><td rowspan="2">1983年</td><td>「產銷協議」：以行政方式協助下游加工產業內購原料</td><td>基礎型</td></tr>
<tr><td>「產銷協議」：以進口關稅適度保護上游國產產業</td><td>基礎型</td></tr>
<tr><td>1984年</td><td>解除LDPE、HDPE、EVA的限量出口措施</td><td>直接型</td></tr>
<tr><td rowspan="4">1985年</td><td>石化產業發展重點：籌畫石化基本原料生產設備更新計畫</td><td>直接型</td></tr>
<tr><td>經建會推動發展特用化學品產業，籌設特用化學專業產業區</td><td>直接型</td></tr>
<tr><td>成立產業發展諮詢委員會，建立正式的產業政策諮詢管道</td><td>引導型</td></tr>
<tr><td>工礦業或事業創立或擴充獎勵標準，石化基本原料與中間原料者，生產能力達規定者得獎勵之</td><td>間接與基礎型</td></tr>
</table>

年份		政策與措施	工具類型
發展期	1985年	**·「化學產業發展方案」**	
		工業局邀請化學產業專家與業者共同討論	引導型
		免徵設備進口關稅及營利事業所得稅五年	間接與基礎型
		依交通銀行辦理發展策略性產業及重要產業中長期低利貸款要點	間接與基礎型
		得商請開發銀行或開發基金參與投資	間接與基礎型
		關鍵性原料由中油及中化研製	直接與引導型
		不易製造或研發的技術，得由政府指定中油、中化或研究機構研發或引進，成功後再將技術移轉給民間	直接與引導型
	1986年	**· 修正「化學產業發展方案」**	
		列出17項「關鍵性化學品項目表」享投資優惠	間接與基礎型
		逐年解除24項特化品之進口管制時間	直接型
		選定47特化品限制地區進口，列入原化學產業發展方案中的獎勵內容	直接與間接型
		不易自國外獲取製造技術之重要化學品，由政府指定「工研院化工所」或研究單位負責開發，並將技術轉移給業者設廠生產	引導型
瓶頸期	1987年	**· 政府提出環保議題政策**	
		產業生產與環境保護兼顧，以及加強既有工廠的技術輔導	引導型
		嚴格管理嚴重污染產業的設廠	直接型
		公害防治設備的低利貸款，以及投資抵減等免稅措施	間接與基礎型
		免收電力擴建費及土地增值稅：遷廠獎勵	間接與基礎型
		成立技術輔導小組及服務團，協助業者改善污染防治	引導型
	1988年	委託工研院發展新技術	引導型
		實施調和關稅（HS）新制，降低36項塑膠製品等關稅	間接與基礎型
		調整關稅法，使現行各類塑膠原料的進口關稅降至3.5%	間接與基礎型

年份		政策與措施	工具類型
瓶頸期	1988年	・草擬修正稅率	
		諸項石化原料適用最新之調降稅率	間接與基礎型
		特選乙烯等17項石化產品，列入中長期低利貸款範圍	間接與基礎型
	1989年	開闢西部海埔新生地，建立大型重化產業區	直接型
		加強對歐經貿工作計畫綱要，擬將降低進口關稅	間接與引導型
		經濟部編列17億元，引進日本技術工作	引導型
		行政院提供330億元專案融資，協助中小企業渡過難關	間接與基礎型
		策略性產業之適用範圍修正草案，享有低利融資	間接與基礎型
		新修訂海關稅則，部分石化原料關稅降低至2.5%	間接與基礎型
		訂定石化免稅表，以增加進口，降低石化原料成本	間接與基礎型
	1990年	設立研究發展專業園區，帶動國內研發風氣	引導型
		石化業者籌組台灣區化學產業協會，協助政府制定經貿政策	引導型
		加速製造業投資及升級方案，租稅獎勵、降低產業用地成本、發展資本與技術密集產業，以推動傳統產業升級	間接與基礎型
		通過「促進產業升級條例」，取代「獎勵投資條例」，進一步提升我國產業之層次	間接與基礎型
突破期	1991年	依據特用化學品製程及應用技術發展五年計畫，投入1億2,600萬元研發經費	引導型
		設立塑膠業加工技術發展中心	引導型
		監視韓國銷我國石化原料價格，避免對業者造成衝擊	引導型
		工業局完成2000年「石化產業（十年）發展策略」：繼續推動	間接與基礎型
		石化上游產業、培養化工技術人才、加速規劃石化專業區	
		提高基本石化原料、橡膠塑膠製品與合纖等的進口關稅	

年份		政策與措施	工具類型
突破期	1991年	**·台塑六輕各項投資計畫可享獎投條例**	
		適用五年免課徵營利事業所得稅的11項產品	間接與基礎型
		適用進口機械免徵關稅的9項產品投資計畫	間接與基礎型
	1992年	依「產業技術研究發展法」，設立綜合研究中心，為業者提供研究發展設施及服務	引導型
		國建六年計畫：傳統產業改善計畫，加速產業升級，投入大量經費開發技術；改善石化產業結構，提高產品附加價值	直接與引導型
	1992年	**·修訂「石化產業（十年）發展策略」**	
		設置離島式基礎產業區，提供大面積用地，配合業者設廠需求	直接型
		關鍵性化學品及工程塑膠，可申請低利貸款購置建廠用設備	間接與引導型
		關鍵性化學品及工程塑膠等重大投資計畫，適用「促進產業升級條例」所獎勵之項目	間接與引導型
		會同業者、專家與學者訂定「具有發展潛力待投資之化學品項目表」，供業者參考	引導型
		以「鼓勵民間事業開發新產品辦法」及「主導性新產品開發輔導辦法」，支援業者研究發展製程及產品	間接與引導型
		不易取得技術的重要化學品，以經濟部「科技專案」及「引進國外技術計畫」，委託工研院、學術機構及民營科技公司，進行研究開發與引進技術之工作	引導型
	1993年	執行集集共同引水計畫，興建小型攔河堰，供六輕離島產業區之長期用水需求	直接型
	1994年	民營事業投資開發產業區產業專用港輔導及管理辦法	直接與引導型
		依據「兩岸產業分工體系辦法」，優先放寬部分石化中間原料廠赴大陸投資	直接型
		2億元以上重大投資得專案申請聘僱外籍勞工辦法	直接型
		完成雲林科技產業區之編定	直接型
		經台塑要求，經濟部決定將獎勵投資條例之五年免稅優惠再度延長三年，使六輕計畫得持續適用	間接與引導型

年份		政策與措施	工具類型
突破期		· 修訂「石化產業（十年）發展策略」	
	1994年	將關鍵性化學品以及工程塑膠列為「促進產業升級條例」獎勵之重要事業；同時提供業者優惠融資	間接型
		石化公會成立「原料供需協調小組」及「原料進口採購協調小組」，定期集合相關會員廠商研討產銷聯繫與進口事宜	引導型
		經濟部工業局邀請國貿局、投審會、投資業務處、產業總會、中經院和產諮會等單位，召開「擬定兩岸產業製造業部份分工體系構想草案」會議，研擬石化業做為推動兩岸產業分工產業	引導型
	1995年	訂出產業技術政策發展目標：到2002年，將研發經費自現在的新台幣948億元，提升到3600億元之水準	引導型
		興辦產業擴展產業申請變更土地辦法	直接型
		離島產業區產業港、綠帶、聯外道路、石化碼頭與供水管線之建設的融資補助與配合	直接與間接型
	2000年	振興傳統產業方案：成立「經濟部傳統產業輔導中心」及「提升產業競爭力服務團」，以推動提升傳統產業產品競爭力計畫	引導型
成熟期		· 2002年工業局訂定之「輔導措施」	
	2001年	運用「促進產業升級條例」，鼓勵企業從事研究發展、開發新產品及人才培訓	引導型
		提供「購置自動化機械設備優惠貸款」、「輔導中小企業升級貸款」、「振興產業兆元投融資優惠」、「促進產業研究發展貸款」等優惠措施，以及提供中長期融資貸款	間接型
		「主導性新產品開發輔導辦法」及「協助傳統產業技術開發計畫」，以及提供研究發展經費補助款，鼓勵新產品的開發	引導與間接型
		編列科專經費，協助業者進行技術升級活動	引導型
		成立「經濟部傳統產業輔導中心」與「提升競爭力服務團」，提供單一窗口服務，瞭解業者面臨困境及需政府協助事項	引導型
		獎勵「重大效益、高風險、需扶植」產業的創立或擴充，提供股東投資抵減或享有五年免稅，鼓勵業者投資	間接型

年份		政策與措施	工具類型
成熟期	**2003年迄今**	「產業區用地變更規劃辦法」、「產業區土地租金優惠調整措施」、「公有土地三免五減半租金優惠措施」，提供土地彈性使用及租金優惠	直接與間接型
		· 「石化產業發展策略與措施」（最新）	
		依據產業區編訂及擴編之方式，取得設廠用地，供業者規劃並開發為石化產業區	直接與基礎型
		依業界發展現況與環保署協調修正合理之環保法規	間接與引導型
		協助引進外籍營造工	直接與基礎型
		依「中長期資金運用策劃及推動要點」規定，協助申請貸款	間接與基礎型
		維持國內兩大石化體系間之良性競爭及發展	直接與引導型
		以「協助傳統產業技術開發」、「主導性新產品開發輔導辦法」、「科技專案」及「業界科專」計畫，支援業者研發高值化產品	引導與間接型
		以「促進產業研究發展貸款計畫」協助業者取得研發貸款資金	間接與基礎型
		對關鍵性化學品及高級橡塑膠材料，給予租稅優惠獎勵	間接與基礎型
		協助石化產業發展國內高科技產業所需之高值化材料，滿足國內高科技產業對石化原料之需求	直接與引導型
		辦理高級材料產業技術開發與輔導專案計畫，輔導下游產業	直接與引導型
		鼓勵石化產業於台灣設置營運總部，加強國際行銷及運籌，積極發展海外市場	直接與引導型
		協助進行石化產業區隔離綠帶之施設及維護	直接與引導型
		辦理專案計畫協助石化產業進行二氧化碳減量	直接與引導型
		辦理「化學產業科技人才培訓專案計畫」，培訓新技術與研發人才；另協助業界取得國防訓儲役研發人員進行長程研發工作	直接與引導型

資料來源：整理自瞿宛文（2002 & 2003）、中華民國化學工業年鑑（1995）、工業發展年鑑（2007）

第十三章　治理結構的類型、定性與任務

　　從過去的研究可知，國家整體力量的強弱實與政府是否發揮職能，以及能否與公民社會相互協力配合息息相關。一旦兩造能由相互對立的零和關係，轉變為相互依賴的非零和關係，進而透過互動，產生更多潛在的力量（Kohli & Shue, 1996）。此種觀念對開發中國家顯得格外重要，蓋這些國家幾乎同時進行經濟發展以及政治改革工作：在提升經濟發展時，通常需要擁有較高職能的政府，方能超越社會不同團體短視近利的需求，持續追求長期發展的經濟策略；但另一方面，政府在進行改革時，也同樣需要公民社會力量的支持，以鞏固改革成果。顯然地，此一具有「雙元轉型困境」性質的改革，將導致國家缺乏足夠治理能力推動政策改革（Centeno, 1994）。

　　政策執行是一項複雜的聯合行動，在此一過程中有賴參與者彼此合作，方較能達成目標。惟不同部門的行動者參與行動，難免因為見解相左而產生衝突，因此亟需透過制度安排，在公私部門之間建立一個「治理結構」（governance structure），以利產生合作互惠的關係。然而，參酌現有的相關文獻，由於學者研究角度與基本概念的不同，對治理的意涵也就有不同的解釋。例如J. Kooiman就明確指出：「治理是從統治過程發展出來的一種模式，主要充當指導與駕馭社會的一種手段」（1993: 58）。此外，A. Gamble所持的觀點與柯義門極為相似，認為治理為一個過程，代表政治系統的駕馭能力（2000: 110）。相對於柯義門與坎伯爾的見解，M. C. Smouts提出不同的定義，認為治理具有四項特質：一、它不是政治系統，也不是活動，而是一種過程；二、強調相互協調，而非宰制關係；三、同時包括公私部門；四、強調持續的互動（1998: 84）。

　　從上述學者對治理的定義，不難發現治理所隱含的基本內涵為：一、政府意涵的改變；二、統治形塑而成的新過程；三、既有管理規則面對一個變遷的情境；四、統治社會的新方法（Rhodes, 1996: 652-3）。從四項基本內涵可推出，治理若單獨依賴政府理性規劃能力，並不能確保行政績效的提升，仍須民間資源投入，在雙方相輔相成情況下，方能順利達成集體目標。準此，本書將

「治理」界定為「參與行動者共同組成一個執行結構，經由交換資訊、共享資源、改變行動等過程，建構執行共識，並藉由共同承擔風險與責任，增進達成目標的能力」。「治理結構」則為一個制度的架構，主要涉及一、哪些人有權力或需要參與執行；二、參與者如何互動；三、確定哪些要素構成一個決策（Hult & Walcott, 1990: 9）。

在治理結構中，政府與主要社會團體之間，擁有多元制度性協商管道，透過廣泛討論，兩造對於政策目標的擬定以及政策工具的選擇，大致能夠取得政策共識。概略而分，主要合作方式有：一、由政府制定明確目標，社會團體爭取政府的財政補助，以達成政策目標；二、由政府主動提供相關資源，以協助社會團體達成目標；三、由社會團體自行管理，承擔所有風險，政府主要扮演協調者角色；四、由政府與主要社會團體組成協力夥伴（Weiss, 1998: 73-9）。針對上述合作方式，學者採用不同的用語，將治理結構分成出不同類型（Lowndes & Skelcher, 1998），本書所欲探討的焦點為三種治理結構，分別是層級、市場以及網絡。

本文主要架構是分別針對三種結構的特質及優缺點逐一探討，所採取的研究方法是以文獻分析為重心。不過，由於治理結構本質上係屬於理念型建構（以理論為基礎發展而成，或是由實務經驗逐漸演繹而成），對政策執行的解釋效力因而有所侷限。第三部分則嘗試將三種不同結構予以系統比較，經由相互參照，能進一步瞭解每種結構的優勢與劣勢。第四部分則依據每種結構的特質，並參照相關政策利害關係人參與動機與指派任務之選擇標準，探討政府如何任務指派，方能適才適所。最後則為結語。

第二節　三種治理結構之探討

關於治理結構的探討，甚多學者曾經做過類似研究，例如G. Thomson et al.（1991）、Lowndes & Skelcher（1998）、Denhardt & Denhardt（2000）、Peters（2001）等。渠等藉著不同的邏輯推論與思維方式，洞悉每種治理結構的背景資料。惟本書的焦點是探討三種治理結構在政策執行過程中，如何解釋國家與社會團體關係的演變。詳言之，包括國家權威與功能如何分配，以及國家與社會關係如何確立與維持。政策執行過程中，社會團體或公民皆會透過各種管道，設法影響政策執行，但所運用的策略能否發揮預期作用，著實與每種

治理結構的特質有關。因此，瞭解不同治理結構的特質乃是不可或缺要件。由於每一種治理結構涵蓋層面甚廣，即使是支持相同理念的學者，所主張之內容仍存差異，因而本書無法窮盡各種主張，僅能就其理論基礎進行分析。

一、層級治理結構

　　1980年代以降，多數工業化國家均面臨程度不一的全球化經濟競爭壓力、資訊科技的快速發展、財政赤字日益嚴重，以及人民信任度日益下滑等問題，造成政府面對嚴重的政策窘境：人民需求日殷但政府職能不彰，導致期望與實際之間的落差逐漸擴大，昔日大有為式的政府終究遭致結構性調整的命運。

　　由於這項改革直指傳統官僚組織的弊端，在探討新的管理模式之前，有必要先行瞭解被改革的對象，方能認清改革重點所在。就形式與方法而言，M. Weber的理想型官僚組織，幾乎等同於傳統公共行政的理論（Ostrom, 1974: 9），將組織視為一個封閉的系統，只要管理者能夠理性安排，並有效管理組織內部問題，便可達成目標。爰以韋伯所提出的官僚組織理論作一說明。依其論點，所謂理想型官僚組織具有下述特徵：

　　（一）有一套完整的法規制度，用以規約人際之間的關係和人的工作行為；

　　（二）整個行政官僚體系係一嚴密的層級節制體系；

　　（三）機關組織是高度的專業分工；

　　（四）體系內人際關係是無人情味的；

　　（五）體系內人員的選用必須依循法規；

　　（六）人員的工作報酬與獎懲必須依法規的規定辦理（Weber, 1968: 328）。

　　由上述可知，傳統官僚組織強調組織內部的權責與需求，整個運作過程皆有明文法令規定，並依於此控制與指揮。此外，組織習於採用功能性分工，亦即以「分部化」（departmentation），完成任務分工後，組織即可獨立運作，不太需要與其他機關，甚至外界溝通協調與合作。永業化的傾向更促使組織維持現狀，以降低因變革所產生的危險與錯誤。

　　在韋伯的理念中，機關組織如具備上述特性，即可達到理想化標準，也必然是有效率地運轉。然而，這是韋伯一廂情願地看法。學者R. K. Merton

就認為，只著重正式關係與要求組織成員墨守成規，對組織效率而言，將產生許多非預期副作用。其中，最為熟悉者乃是「目標錯置」（displacement of goals），亦即過分強調工具性價值而忽視目的性價值（1968: 260）。事實上，每個組織均存有非正式關係，所表現出來的行為不一定和組織圖相一致（Bozeman & Straussman, 1990: 139）。成員並非如韋伯所設想般，只是一個遵守規則、願意放棄各人喜好的機器人。為了爭取在組織內發展，個人常將自身目標凌駕於組織目標之上，投入更多的時間與精力，從事非其份內應作之事，以致消耗有限資源，降低組織整體效率。

科層體制強調依法而治，主張國家是集體利益的縮影，必須從社會中脫離出來，明顯劃分公私部門界線。在一個變動較少的社會情境中，該模式或許可以維持行政效率的相對穩定性和可預測性。不過，這種情境在當下已相當罕見，取而代之的是既複雜且多變的環境。該模式卻慣於遵循前例，因此僅能適用於高度標準化運作程序的政府組織、福特主義經濟體系（強調標準化規模經濟和垂直的組織整合）（Jessop, 1995）、管制性市場，以及強勢國家機關領導之下的指揮命令系統。一旦私部門要求更高品質的財貨服務，和高度參與的訴求，官僚模式便無法滋生效率，甚至喪失適應環境的變遷能力，產生組織熵（entropy）的現象，無法運作自如（Argyris, 1970）。

再者，官僚模式過於僵化，執著於輸入導向的過程，茲為了掌控所有事務，幾乎將心力專注於事情該如何完成，包括工作運作程序與控制，以致忽略執行結果和輸出項的控制（Osborne & Gaebler, 1992: 14）。凡事講求服從命令的組織，甚少是一個可滿足民眾需求的資源配置者，所得到的產出將是次佳化而非最適化結果。

在官僚模式運作下，國家與社會間的互動情形，就如同官僚機關對其內部組織成員支配方法一樣：透過科層體制的控制機制，主導整個經濟與社會的發展。由於組織不斷擴張職能，強調功能性分工，但本位主義心態導致組際缺乏合作誘因，於是逐漸形成「超載國家」（overloaded state）（Skelcher, 2000）。公民因未能感受到官僚體制提供服務的熱誠，遂對其運作方式產生質疑與排斥。行政機關雖然強調中立的角色，但國家與公民間的關係，猶如統治者與臣民般，注重命令與服從。人民只能充當一個順民，縱使心生不滿，也只能以「發聲」（voice）方式直言抗議（Vigoda, 2003: 105; Hirschman, 1970）。依循此理，國家與公民社會之間的合作結果自然不盡理想。具體而言，主要緣由有三點，逐一說明於後：

（一）規模過大

公共組織的存在，往往是基於處理業務的需要。隨著公共事務的日益龐雜，組織必然隨之擴大。然而，部分官僚和組織既未充分具備成本及運作績效等觀念，又常基於私利動機，以推動新業務為由，一味增設單位、擴編員額和極大化機關預算規模，藉以突顯個人權勢，於是漸次出現「白京生定律」（Parkinso's Law）與「彼得原理」（Peter Principle）的現象，使得組織大而無當、行事遲緩，更造成組織內多項職位被不適格的人所佔據，對之無法有效管理（Chandler & Plano, 1986: 111-2）。何況，在依法行政要求下，組織又過於重視傳統，遑論以突破性的思維，進行前瞻性的改革（Wolff, 1988）。

專業官僚人員在機關組織的活動，大半被法規所束縛。在繁文縟節侷限下，成員日久漸生執行怠惰之心，整個組織出現「結構慣性」（structural inertia），疏於回應環境變遷，只圖安逸於現狀（Gerth & Mills, 1970: 228; Hannan & Freeman, 1984）。此外，參與行動者往往基於本位主義，以單位利益做為政策工具選擇的依據，而非以宏觀、整體的角度進行資料蒐集與政策研擬。毋庸多言，若政策目標與工具選擇無法相符，政策目標的實現將如同緣木求魚一般。

另一方面，人民長久以來接受國家具有無上權威的觀點，養成必須順服決策者的意志，處處仰賴政府解決問題的習性，卻忽略了自身所擁有的資源。資訊不對稱，加上人民無從過問的結果，往往使得政策問題未能徹底解決，反而形成一個惡性循環（Fredrickson, 1997）。由此可知，官僚成員的企圖心以及人民過分依賴導致政府規模過大，連帶造成國家與公民社會之間的隔閡。

（二）相距甚遠

與前述因素緊密相關的是，國家刻意與社會保持距離，使得公民社會無法表達需求或影響政策。社會因素也會影響政策的執行，單憑政府的努力，實不能保證政策執行的成功。公民參與決策過程，雖難免存在自利動機，但這並不意味公民參與對政策執行毫無助益；相反地，隨著教育水準的提高，公民社會已逐步具有足夠的政治知識，陳述關鍵的問題層面，評斷解決問題的政策工具之妥當性（Schneider & Ingram, 1990: 77-101）。抑有進者，部分學者主張，公民社會有時比決策者更深知政策問題癥結，因而倡議由公民社會取代政府的功能。依其觀點，不論是提供財貨與服務、促進經濟繁榮、或是提升人民

權利，公民社會所能發揮的功能恐皆遠勝於貪污腐敗的官僚組織（O'Connell, 1999）。

官僚組織具有影響政策議程方向的能力，並且被賦予權力頒行行政法規，但不可因此自絕外部的接觸，依照自己方式行事。其實，公民社會擁有相當的知識與訊息，經常是官僚人員所欠缺的。如果國家願意與公民社會共同合作，不但可以減輕國家推行政策的成本，更可降低政策目標困難度。

（三）相互敵對

除了少數政策之外，幾乎每一項政策都有行政官僚的介入。為了解決問題，政府常將該項責任交付特定行政機關。在官僚體系中，主要是透過層級節制的方式，由下而上逐級向上負責，直到組織的最高層。依常理判斷，此種組織設計應當權責相符，冀以提高服務績效，但在重視上令下從的氛圍下，下屬必然趨於順從，依上級命令行事，致使官僚組織未能發揮應有的功能，反而出現一些問題，例如服務的產出難以計算以及缺乏競爭造成沈澱成本（Weimer & Vining, 1992: 131-6）。

正如J. S. Migdal所強調的，政治權力分布於許多領域之中，並非只存在於行政部門的政治頂層而已（2002: 3）。言下之意，國家與社會本非對立的零和關係。國家與公民社會之間難免存有不同的政策價值觀，雙方的思維方式自然產生差距。解決之道，便是透過對話機制或運用公共關係，化解雙方歧見，尋求政策承諾以及行動支持。然而，在傳統官僚體系下，公民直接面對的是一個龐大的機關，往往形同勢單力薄的參與者，對其運作所要求的課責，充其量只是一種間接、不充分的政治課責（Goodsell, 1983: 143-5）。尤有甚者，在缺乏政策回應性與透明性的情境下，除了使問題益加複雜化之外，也造成社會對政府達成政策目標的能力，抱持懷疑態度，進而削弱國家的統治正當性。

二、市場治理結構

經由層級治理結構的分析可知，根據傳統官僚模式理念而建構的大有為式政府，無論在理論或實務方面，實存有甚多矛盾，以致運作結果既不完美且功能不彰。自80年代開始，新的公部門管理模式陸續出現在先進國家，主張政府必須改革傳統運作模式，並將現行部分職能交給私部門來運作。

在這一波的改革浪潮中，實施政府再造的國家，大半皆以建立「小而能」

政府，積極追求效率為主要目標。眾多學者嘗試運用「管理主義」（mana-gerialism）（Pollitt, 1990）、「市場導向的公共行政」（market-based public administration）（Lan & Rosenbloom, 1992）、「後官僚體制典範」（post-bureaucratic paradigm）（Barzelay, 1992）或者「企業精神政府」（entrepre-neurial government）（Osborne & Gaebler, 1992）加以論述。廣義而言，上述名稱各異，但基本內涵與本書所運用的「新公共管理」（New Public Manage-ment）（Hood, 1991）觀點大抵相同（Hughes, 1998: 2），具體的主張為國家機關若欲達到增進行政效率的目的，斧底抽薪之計是以注重彈性化的市場治理模式，取代傳統僵硬的官僚模式。

　　改革理論當中，以美國學者D. Osborne與T. Gaebler所提的企業精神政府觀點，和英國學者C. Hood所主張的新公共管理影響後續改革最鉅。兩者在管理改革面向上或許有所差異，但在改變的理念上卻有相似之處。綜合兩者的核心原則，主要包括：

　　（一）結果導向：注重特定治理結構執行結果而非運作過程；
　　（二）市場導向：妥善運用市場機制以提供人民更佳的服務；
　　（三）顧客導向：關注顧客的滿意度；
　　（四）領航導向：扮演領航者的角色，無須事必躬親；
　　（五）解制導向：積極推動法規的鬆綁工作；
　　（六）授能導向：授權給每一位員工，以期充分發揮創意；
　　（七）彈性導向：組織文化應朝向彈性、創新、具有解決問題能力以及企業精神發展（Rosenbloom, 1998: 21-2）。

　　仔細探究，上述核心原則緊密相關，並且依賴經濟理論甚深。主要特質是將政府當作企業組織來經營，視行政人員為公共經理人，公民則為政府的顧客。整個政府的運作，就如同企業組織在競爭激烈的經濟環境中營運一般，對於供給與需求間的變化異常敏感。職是之故，主張國家應採行市場機制，除非民間無意願或能力提供特定財貨，否則不應介入或管制，如此將可擴大顧客的選擇空間，更可提高效能與效率。

　　顯然地，新公共管理的觀點直接挑戰了傳統公共行政的基本假定（Os-trom, 1974: 73），惟效法企業作法的公共行政以及採用顧客的觀點，並非肇始於新公共管理。效法企業作法是W. Wilson的理念，不過當時是基於解決分贓制的弊病，主張政治與行政應嚴格區分，希冀轉換政府的職能。新公共管理採取企業作法，主要目的在於轉化管理者的角色和組織文化，藉以提升整個政

府績效，並未有排斥政治因素的意涵（Perry & Kraemer, 1983: 1）。採用顧客觀點則是M. Dimock在1936年所提出，強調政府運作應考量顧客的需求與滿意度，並將其視為政府有效運作的原則。兩相對照，傳統觀點要求顧客有機會就應參與政府運作，抑或是共同解決政府所面臨的問題，而新公共管理則是回應顧客需求，並提供各項服務。

迴異於傳統公共行政無法明確指出理論依據，新公共管理的理論基礎為「新制度主義經濟學」（new institutional economics），特別是公共選擇（public choice）與「機關—代理人」（principle-agent）理論。兩者所根據的典範雖然源自於經濟理論，但運用到政治學相關領域中，對進一步瞭解官僚人員行為背後所潛藏的動機，以及改善方式有相當助益。

就公共選擇理論而言，所持的基本假定，就是人類行為主要受到理性自利動機所驅使，以謀求極大化效用為目標。私部門經濟活動固然如此，公部門亦不例外。在提供公共服務時，公部門就和其他人一樣，並非受到公共利益所驅使，而是以自我利益（擴大機關預算）做為優先考量，機關的預算與組織規模自是趨向極大化。機關人員也是如此（增加權力、聲望與所得），但在追求自身效用極大化時，卻以犧牲機關目標達成做為代價。由此觀之，整個官僚體制是龐大且無效率。

公共選擇理論除了指出官僚體制缺失之外（Ostrom, 1974: 74），同時建議縮小政府規模的必要性（Friedman & Friedman, 1980）。依其之見，同樣提供財貨服務，市場可供人民自由選擇，官僚體制則是強迫人民接受。此外，官僚體制無法提供類似市場的誘因機制和報酬，以滿足個人自利動機。相較之下，市場機制顯然優於官僚體制，是以政府應減少干預，尊重市場機制與個人選擇自由。

新公共管理另一個理論基礎是代理理論，其基本假定是授權人與代理人的關係是建立在契約之上，詳細列舉雙方權利與義務，並運用誘因機制，由授權人賦予代理人報酬，使代理人能夠依授權人之意思行事，雙方是基於平等互惠進行合作。由於人性具有自利、有限理性和規避風險傾向，即便授權人與代理人致力於合作行為，雙方因具有不同的目標、不對稱的資訊以及風險認知，難免出現道德危險、逆選擇和規避風險等問題。

設若將政府與公民之間的關係，視為一種授權人與代理人的關係，代理人理論最大貢獻便是改善課責系統。前述提及，層級模式所關注的是政治課責，主要透過政治領導者再向人民負責，因而偏重避免決策錯誤發生的負面意義

（Day & Klein, 1987: 6）。反之，新公共管理著重契約課責，主要將人民視為顧客，為滿足其需求，強調回應性的重要。因此，要求每一層級的成員，皆有接受監督者的義務，直接向人民負責。其次，契約觀點的引進，對政府選擇政策工具也影響甚深，尤其是簽約外包，藉以釋放政府部分功能，減少社會「無謂損失」（deadweight loss）（Weimer & Vining, 1992: 64），亦可擴大民間參與的管道，共同承擔公共責任。

綜合而論，新公共管理的出現，主要係針對層級所造成的官僚化問題。基於傳統官僚治理模式既僵硬且無效率，新公共管理主張以彈性市場治理模式加以取代，繼而提出組織精簡、分權化、去官僚化以及私有化等核心觀點，俾利活化公部門之運作，提高效率。不過，上述目標的達成，端賴五項前提的成立：（一）政府與私部門在本質上需極為類似；（二）政府各部門在競爭環境下，可以適宜的運作；（三）所有的顧客皆能取得相關資訊；（四）提供服務者之間相互競爭；（五）顧客具有自主性，擁有裁量權且願意承擔各項選擇的風險（Moe, 1994）。

深究上述內容，不難發現五項前提是很難成立的（林水波，1997：34-5）。最大癥結在於，公私部門在本質上就有所差異：前者本身具有壟斷性質，所提供的服務並無競爭性質；後者則是以營利為目的，因而彼此之間存有競爭關係。其次，一旦本質不同，兩造在推行政策時，所考慮的面向便有所不同：前者係以達成目標及提高公共利益為優先考量；後者則除了達成任務之外，尚需考量成本效益。再者，兩造服務的對象並不相同：政府服務的對象是所有人民，因此所提供的服務較具有一致性；而企業所服務的對象是顧客，因此會依顧客提出的需求，提供不同的服務。最後，被服務對象對於服務的結果反應亦不相同：人民對政府服務不滿意時，僅能依循行政訴訟方式尋求救濟，無法退貨；反之，顧客可要求退貨，一旦爭議發生，更可透過民事訴訟要求賠償。

執意要求公部門採行私部門的管理技術，而不正視公私部門本質上的差異性，甚至未慎思該項理論或技術是否合宜，難免產生許多非預期問題。舉其犖犖大者有：忽略政治責任、引發合法化危機、缺少政策一致性、忽略主流社會價值、執行人員士氣低落，以及政治適應不良等問題（Lam, 1997）。這些問題遂引起學界針對新公共管理進行反思，認為其所提倡之「小而能政府」的觀點是不切實際的，並提出甚多值得深思的論點（Bellone & Goerl, 1992; de-Leon, 1996; Rosenbloom, 1998: 198-200; 江岷欽，1998；詹中原，1998；吳瓊

恩，1999；林水波，1999：333-74；許立一，2002）。歸結而言，這些論點大致認為非預期問題的出現，原因在於改革核心僅注重體系外部的制度改變，未能同時進行思維模式的調整，以致未能跳脫舊有視框，解決既存問題。

　　新公共管理採用市場取向觀點，將以往重視輸入項控制轉而強調結果和輸出項的控制。然而，主張限縮國家涉入範圍，以便擴大私部門的角色與範圍，極易導致組織功能「割裂化」（fragmentation），無法回應環境需要，形成職能日益萎縮的「空洞化國家」（hollow state）（Milward & Provan, 1993）。其次，國家與社會的關係在本質上已有所改變，但是新公共管理僅片面強調公部門應師法企業組織，對瞬息萬變環境隨時保持主動態度，決策者必須採行適當管理工具，增加生產力（Pollitt & Bouckaert, 2000）。對公民的態度，充其量將之視為被動接受政府服務的顧客，只能期待政府改變，無法主導變革。

　　顯然地，新公共管理只著重公民與政府之間的單向關係：決策者應承擔責任，向公民負責，不過對於公民參與決策過程，決策者認為只是徒然增加交易活動，延誤問題處理的最佳時機。這種心態並不符合真正民主政治。唯有植基於人民的同意和一個具有公平機會的參與系統，讓公民參與公共事務，透過良性互動，政府方能取得公民信任。然而，新公共管理忽視公民自發性參與是一項寶貴資產（Etzioni, 1995）；公民本有能力可以成為政府推行政策的夥伴；既能共同提供公共服務，又能監督政策的執行。相反地，該模式將人民視為單純顧客，雖然賦予選擇權，一旦不滿政府所提供的服務，卻只能像顧客退貨一樣，以「離開」（exit）方式表達不滿，並不鼓勵公民運用最基本權力，亦即運用「發聲抗議」（voice）方式加以抒發（Hirschman, 1970）。因此，以市場做為治理結構，仍造成政府與公民之間存有隔閡，未能進一步合作。下列二種情形可加以說明：

（一）菁英主導不符民主行政精神

　　新公共管理過分重視菁英主義，強調公共經理人必須具備創新與承擔風險能力，隱含濃厚的個人色彩，因而忽略政府組織屬於公共性的本質，並且以體現公共利益為施政準則。長久以來，行政機關基於公眾的信託（trustee），執行主權意志，透過政策以權威方式分配社會價值與資源。依照菁英論者的觀點，由於一般人民受限於時間與知識，未能積極參與公共問題的解決，也無法對每一政策問題表示己見，因而僅能扮演被動的角色，藉著投票選舉來決定哪個菁英集團擁有政策領導權（Milbrath & Goel, 1976: 144-55）。正如J.

Schumpeter所描述地,「民主的方式乃是一項達成政治決策的政治安排。在此一制度中,少許人透過競選爭取人民的選票以掌握制定決策的權力」(1942: 269)。民主運作與菁英統治雖可兼容並蓄,惟政策始終掌握在菁英手中,並不符民主行政的要求。就現實政治而言,民主政治的維持與發展並不能單靠少數菁英。畢竟,民主目標的實現有賴每個人能夠積極有效地參與公共事務。

其次,設若授權菁英只是權宜之計,但問題癥結在於這些菁英是否擁有充分的智識,得能承擔制定與執行政策的重任?不過,在實際政治生活中,由於行政官僚能力及知識常呈現侷限性,決策者因而延攬專家學者參與決策過程,期望藉助其專業能力與知識,提供政策相關資訊,俾能制定有效的政策。然而,專業學者的視野畢竟也有其盲點,不易與決策權力結構和社會主流價值相契合,導致專業分析的結果,未獲採納。更甚者,專業學者常以閉門造車方式,界定問題與尋求答案,終因治理能力的不足,產生政策失靈。針對此點,C. E. Lindblom曾剴切指出,期盼以專家分析的結果來完全取代政治互動,將是不切實際的想法,且有其高度的危險性(1959: 79-88)。

(二)主權在民形同政治符號

民主政治的本質係以人民為主,強調凡是與人民權利、義務休戚相關的政策,最好能以民意為依歸。S. P. Huntington曾言,「在民主國家中,擴大一般公民參與的行為,將可提高人民對政府的控制」(1968: 34-5)。此一觀念隨著時空的遞移,到了90年代,學界相繼提出一些強調公民參與的理論,例如社群主義(communitarianism)以及「商議式民主」(deliberative democracy),試圖彌補代議體制無法充分回應人民的需求,甚至悖離民意所產生的弊端。

在著重參與體制下,人民對公共事務的處理,皆享有平等參與的機會,並依據公共利益的考量進行政策討論。T. H. Marshall就認為,一個良好公民必須具備服從、忠誠以及參與三種條件(1950)。其中,參與意指積極投入生活周遭事務。公民參與對政策執行極具重要性,卻鮮少有國家將公民正式納入決策過程之中。歸結原因,除了前述提及的國家與社會之間缺乏信任感,以及行政官僚不願調適心態之外,尚有下列二項因素:

(1)缺少相對應單位:公民對特定的公共事務,即使有心奉獻,卻因不知明確的承辦單位,致使民間資源無法獲得有效運用。同樣地,政府也無法藉

此傳遞訊息或尋求協助，這種情形自然無法產生「綜效」（synergy）。

（2）利害關係人並不熱衷：大規模的政策論述以及過多的社群參與，每每使得參與者喪失責任感，無法達成解決問題的共識（Fowler, 1991）。另一方面，利害關係人在缺乏滿足自利動機誘因下，不僅對公共事務的參與較為消極，甚至對與切身相關的事務亦漠不關心，任由行政官僚主導決策過程。這些因素使得政府質疑公民參與的必要性，不願開放多元參與管道，以致主權在民的精神僅流於形式，無法具體落實。

三、網絡治理結構

隨著民主意識提升以及社會朝向多元化發展，多數國家正面對傳統政治權力遭受侵蝕的問題，政策自主性逐漸被機關外的機制所取代。其中，較為顯著者是人民基於主體性的認知與實踐，透過參與管道，主動積極參與公共事務的處理。面對此一情勢，各國政府莫不採行各項因應措施，一方面設法提高國家機關能力，以滿足因為公民意識高漲而增加的政策訴求；另一方面則提供開放參與管道，由利害關係人與國家共同治理。

市場治理結構雖然也曾提出治理觀點，試圖重新定位國家與社會的角色，主張一個強而有力的政府並非是一個「行政」的政府，而是一個「治理」眾人之事的政府（Osborne & Gaebler, 1992: 48）。但是，該模式卻忽略了國家與社會的關係是一體兩面，具有高度互賴性，因而以國家的角度，強調企業型政府最大職責是制訂政策（以領航為主），服務遞送工作則交由私部門（負責操槳）。嚴格來說，並未從社會的角度，論述此項改革對社會行動者的意涵。

為矯正市場治理結構的缺點，新治理（New Governance）乃成為90年代公共行政高度重視的課題。隨著社會政治的高度複雜性、動態性以及多樣性，J. Kooiman認為在政策執行過程中，沒有一個行動者，能夠擁有足夠知識處理日益複雜的問題，因此新治理需要公私部門合作，組成不同網絡，共同分擔責任且相互授予權力與能力，如此方能達到政策的最佳結果（1993: 22）。

由於政治與經濟目標的改變、知識累積與技術能力的提升以及人民對財貨與服務要求日增，致使國家能力左支右絀，無法支配政治、經濟與社會系統（Alter & Hage, 1993）。針對此一現況的出現，新治理強調國家與社會之間，若能經由制度加以連結，彼此相互授能，將可創造出對雙方均有利的情勢（Evans, 1997）。如同G. Stroker所言：「治理的概念較統治為廣，不僅考量

國家機關制度，更將如何經由此一制度與公民社會互動，以及兩者相互影響後的結果一併考慮」（1998: 36）。

　　為了有效治理，國家勢須與社會其他行動者協力合作。傳統重視少數統治菁英重要性的統治觀點，亦隨之將焦點逐漸轉變成涵蓋公部門、私部門與志願性組織的廣義治理（Rhodes, 1996 & 1997; Stroker, 1998）。因此，國家必須採取新的治理方式：一方面強調社會政治體系的治理需求功能，另一方面同時重視政府本身的治理能力（Kooiman, 1993）。詳言之，政府若能結合民間社會豐沛的力量，維持治理需求與治理能力之間的動態平衡，將可有效處理治理危機的問題。在公私部門之間建立「網絡」關係的觀點日漸被接受，成為一種新的治理方式。

　　「協力」（collaboration）是一個鬆散的概念，迄今尚未有準確的說法，本書將協力定義為：「兩個或兩個以上的行為者（可能是個人、團體、組織以及部門），以互信為基礎組成互動網絡，彼此能夠相互分享資源，並且共擔責任。此外，制定一套協議規則一起共事解決問題，達成共同目標之後，可以共享利益」。經由定義，可進一步分析協力活動的特質，如下所述：

　　（一）兩個（包含以上）的行為者：協力行動並非單方的行為，而是兩造以上的行為者或利害關係人的互動狀態及處理事務的方式。

　　（二）網絡的存在：協力涉及到組際間複雜的互動網絡；網絡中的行為者必須以互信為基礎，彼此經由溝通瞭解對方，認定對方值得信賴，可以託付。當雙方具有互信基礎時，才能進行後續的步驟：分享資源、共擔責任以及分享利益。

　　（三）分享資源：當行為者進入協力場域時，必須依據雙方協議的內容，承擔某些義務或投入某些資源；這些資源可能是物質的，例如：資金與設備；亦可能為非物質，例如：人力、知識與技能。

　　（四）共擔責任：雙方行為者在協力運作中，對於任務推動的責任必須由參與者共同承擔，不容有搭便車的情況產生。

　　（五）分享利益：達成任務目標之後，所產生的效益為協力雙方所共享；只有一方享受成功的果實，並不能稱為協力活動。

　　由上述可知，協力意涵著參與者（個人或團體）之間存有不同關係（參見表13-1）。藉由參與者相互合作的緊密程度以及協議（agreement）內容，可區分出不同類型的光譜，從非正式、特殊關係的鬆散網絡到高度正式化，合併成單一組織的整併。其中有網絡、夥伴關係、聯盟以及整併四種類型（Sul-

livan & Skelcher, 2002: 41-9）。無論是採取何種方式，政府與主要社會團體在
協力治理中並未有主導者與追隨者之分，亦即可由任何一方從事協調與整合的
工作（Huxham, 1993: 23）。

表13-1　網絡治理方式

協力形式	非正式、特殊關係的鬆散網絡	有限度的同意以分享資訊	同意採取聯合活動	同意建構正式的管理機構	參與者同意讓出部分自主權以建立聯盟	參與者合併成為單一組織
治理方式	透過共同規範、義務、價值和信任進行自我管理	◀——————————▶			經由體制外參與者建立聯盟規範	科層體制
組織形式	網絡	夥伴關係			聯盟	整併

資料來源：修改自Sullivan & Skelcher, 2002: 43.

在公共政策領域中，網絡分析的探討是屬於較新的趨勢。最早提出政策網
絡一詞的是卡特津斯坦（P. Katzenstein）。其主張資本主義國家在經濟政策的
制定過程中，並不會以強制力加諸於非國家行動者身上，而是會積極尋求其協
助並建立一個相互依賴與協助的關係（1977）。依其觀點，政策網絡就是將
國家與社會行動者予以連結的機制。自從卡特津斯坦提出政策網絡概念之後，
後繼學者陸續加入政策次級系統概念（Milward & Walmsley, 1984），以及人
類學和社會學相關之網絡分析（Kenis & Schneider, 1991），以充實政策網絡
概念。

較有系統建構網絡研究途徑的是R. Rhodes & J. March（1981）。Rhodes
運用交易理論（transaction theory），解釋當國家機關與社會團體間需要對方
知識、專業以及對其他行動者的影響力時，往往會因此產生互惠關係，進而發
展出各種穩定策略的行事方式，網絡關係於是形成。1980年代之後，政策領
域中相繼出現許多自行組織且相互連結的網絡，這些網絡參與者之間的互動
（包括國家不同部門之間以及國家與社會組織之間的互動），即構成了政策網
絡。因此，「政策網絡」係指「一群因資源依賴而相互連結的一種群聚或複
合體，又因資源依賴結構的斷裂，彼此又有所區別」（Rhodes & March, 1992:
13）。Rhodes運用此一觀點，分析英國中央與地方政府之間的關係，發現組
織間的結構性關係（亦即資源交換關係），才是政策網絡的關鍵要素，而政策

網絡內部的決策過程即是參與者彼此交換資源（包括權威、資金、正當性、資訊、組織要素）的過程（Rhodes, 1988: 110-6）。

　　傳統多元論將國家與社會截然二分，政策網絡觀點則強調國家行動者存在於社會之中，並與代表社會利益的團體有著持續接觸（Smith, 1993: 67）。羅迪士進一步主張政策網絡屬於中觀層次（meso-level），用以連接宏觀的分析層次（國家）以及微觀層次（個別行動者包括個人以及團體）（Rhodes & Marsh, 1992: 7-12）。由於團體之間具有不對等的資源，對決策的影響力也有所差異。因而，此種分析層次將研究焦點，大半集中於如何居中協調團體的利益衝突以及行為規範。

　　另一方面，其他歐陸國家的學者，例如德國與荷蘭，則將政策網絡視為治理方式。其研究焦點是，在缺少一個強而有力的中央政府下，如何適當管理參與提供公共服務的社會團體，致使治理需求與治理能力之間得以平衡，降低無法治理或治理不當情形（Kooiman, 1993）。此一強調涵蓋不同部門的行動者，卻彼此相互依賴的網絡管理，主要特徵包括：（一）公私部門行動者共同參與政策的規劃與執行；（二）進行密切的非正式互動；（三）以集體行動共同解決問題；（四）植基於信任的制度化管理規則（Borzel, 1998: 260）。

　　很顯然地，網絡治理逐步將私部門與第三部門納入公共服務的提供之中。以往國家機關獨自承擔的責任，逐漸由公私部門共同分擔。然而，兩者間的互賴關係與一般所言的互賴觀點並不相同。後者係指國家因為擁有權威與權力，掌控著社會團體所需要的資源；因此，社會團體必須依恃國家的恩惠，藉以獲取所需資源，以達成政策目標。同樣地，社會團體的支持對國家合法權威的維持亦是相當重要，因此國家會設法給予特定團體某種恩惠，以換取他們的政治效忠與支持。然而，此處所指的互賴，係指在集體行動中，國家扮演塑能者（enabler）、催生者（catalyst）以及允諾者（commissioner）角色，與主要社會團體彼此形成夥伴關係，並經由協商取得政策目標共識，絕非居於宰制的地位。是以，國家與公民社會在治理結構中的關係，將會發生實質改變（Pierre & Peters, 2000: 48-9）。

　　綜合上述，網絡治理主要特質包括：（一）將先前獨立運作的行動者，納入一個對共同任務具有承諾的執行結構中；（二）參與者彼此之間係屬合作夥伴關係，而不是授權人與代理人關係；（三）這項關係能否維持則端賴計畫完整性以及溝通管道順暢與否；（四）參與者對相關業務的處理方式可以自我管理，並經由反思理性（reflexive rationality）進行自行監督與評估，同時調整執

行方式，俾使政策目標得以達成；（五）這項營運所產生的風險與結果皆由參與者共同承擔。

對照於層級與市場治理而言，網絡治理具有如下優勢：

（一）跳脫次佳陷阱

協力行動特質之一即是產生綜效。獨立行動者常因誤判問題，以致備選方案未能有效解決問題，公部門落入決策陷阱的情況更是不勝枚舉，諸如過分依賴以往的知識與經驗、對問題持有偏見、以決策者偏好取捨問題、未評估即決定方案等等。這些決策陷阱非但不能解決問題，反而製造更多的問題（Ridley, 1996: 16）。然而，這種治絲益棼的情形，在公私部門協力合作下，將可集思廣益而獲得明顯改善。質言之，由於每個成員在協力行動中皆享有自主性，因而能夠暢所欲言、抒發己見；而問題的解決，更可透過諮詢協商方式完成。是以，所決定的方法較為周全，足以因應情勢的變化，跳脫次佳化決策的陷阱。

（二）強調夥伴關係

治理能力的提升並非單靠國家之力便一蹴可幾，必須透過公私部門集體努力，在全局治理（holistic governance）思維下，透過議題結盟方式，共同推動政策（林水波、李長晏，2005；彭錦鵬，2003）。換言之，國家機關如能與公民社會建立夥伴關係，經由雙方的對話機制，不僅較易化解雙方歧見，取得政策共識，更能提高公民社會對政策的承諾與行動支持。正如C. Huxham所言：「愈複雜的問題，愈需要協力行動者進行自行反思」（1993: 25）。由於參與者具有不同專長，透過網絡，將可產生增強與互補的功能，有助於解決棘手複雜的議題（wicked issues）（Rittel & Webber, 1973）。

（三）互補彼此不足

國家機關與公民社會，在協力行動中並非全無發生衝突的可能，而是同時具有合作與競爭的特性。這種特性會隨著問題的性質而有所改變，並無一定的形式。大抵上，在一個支持協力行動的系絡下，國家與公民社會之間相對較易相信（1）彼此持有的共同期望；（2）對方具有能力採取達成期望所必要的行動；（3）對方具有意願為共同期望努力（Aldrich, 1995: 97），進而經由積極的措施，互通所需的資源；甚至將完成某事的權力與能力賦予對方，使其具

備達成任務所需的條件。此種授能目的，乃是使被授能的對象，具有充分能力進行自行管理與自行監督以成就目標（Evans, 1997）。存在於協力治理模型中的權力關係，即是強調藉由賦予權力以利社會生產（social production），形成合作共榮的互惠關係（Stone, 1993）。

（四）強化互動密度

　　協力治理模型最後一項特質，乃是有利於國家機關與公民社會的互動。協力行動在本質上具有社會契約（social contracts）的特質，引導參與者共同行動的功能（Donaldson & Kozoll, 1999: 9）。迥異於法律契約者，乃社會契約具有動態性，隨著互動的頻繁，參與者彼此相互調適而愈加相互依賴。F. Fukuyama（1995）曾一針見血地指出，信任是促使任何團體運作順暢的潤滑劑，國家機關與社會團體如能建立信任關係，形成工作夥伴，將可透過相互授能以互補彼此的不足。一旦雙方領略「合則兩利，分則兩害」的真諦，便會建立休戚與共的意識，增強雙方的凝聚力，進而以同理心及負責任的態度承擔各自的角色與義務，同時採取友善互動方式，化解雙方觀點的歧異。

　　儘管協力治理模式被學者讚譽為新公共行政精神（Fredricksen, 1997），不過行動結果並不如預期般理想。癥結在於，大半探討協力運作的文章，都先入為主認定，協力治理係在一理想狀況下運作，因而聚焦於如何依據事先（ex ante）既定的程序逐一操作，即可達到預期目標。此種天真的想法，明顯忽略不同形式的協力關係與協力運作順利與否間存有緊密相關。下述將分別由四項要素，逐一說明何以協力治理無法順利運作的理由：

（一）權力不對稱

　　協力治理模式特質之一是，協力行動的決定是由參與行動者共同決定。但是在現實生活中，由於權力不均，以致整個協力治理結構，可能被具有影響力的私部門或公部門所掌控。在黨同伐異情況下，不免出現「集體盲思」（group think），趨向維護既得利益而反對創新思維（O'Looney, 1992: 18）。不論哪一個部門處於優勢，所關切的只是個人可以從中獲得何種利益，而非原先所標榜的互惠原則，因此所做的決定將不利於其他行動者。不言而喻，在缺乏共同願景下，協力行動勢必難以展開，更遑論共享資源與共同承擔風險

（Hayton & Gray, 1996: 87）。

（二）溝通協調困難

　　協力治理模式認為，欲成功推行一項政策的先決條件是，除非參與者能夠深切體認一起打拼的結果將比孤軍作戰為佳，否則難以真正同心協力，產生有效的集體行動（Huxham, 1991: 1041）。不可否認，在決策過程中，不同部門的參與者若能自發性的貢獻資源、技術、知識以及經驗，就會產生較有優質的決定。就社會生態學而言，此舉將可降低環境衝突所引發的不確定性（Berman, 1996），惟參與協力行動者所持的目標與動機往往並不相同，因此試圖以妥協方式，擬定一項可以為所有參與者接受的目標，並非易事。一旦參與者是來自不同的專業團體，因為專業術語的差異，導致溝通協調行動更加困難。不僅如此，參與者若未能瞭解與尊重彼此組織文化與運作程序的差異，將使得一件看似簡單的工作，雙方卻以截然不同方式處理，無形中比單獨行動耗費更多的時間。更甚者，參與者若無法遵守承諾，持續合作，反而心生猜忌，相互揣測對方意圖，如此也需要付出額外的時間與精力在瑣碎事務上，無法順利開展協力行動（Hutchinson, 1994: 341）。

（三）代表性的低落

　　協力治理結構所做的決定，對於政策執行具有舉足輕重的影響力。不過，問題在於治理結構成員產生方式，通常是自行任命，而不是經由選舉方式產生。此種方式，容易使人誤解治理結構盡由菁英所把持，因而所設定的目標，並非是成員真正迫切需要的（Jay, 1995: 16）。連帶產生的問題是，利害關係人之間無法建立和諧感通的關係（Leana & Van Buren, 1999: 541-2），整個政策執行過程，就呈現紛紛擾擾，支離散漫。因此，在無法確實協力治理績效之前，不宜武斷主張，協力治理可以有效解決日益複雜的政策問題（Provan & Milward, 2001: 415; Gray et al., 2003）。

（四）無法落實課責

　　參與協力活動者必須與他人進行雙邊或多邊的互動關係，整個公共服務遞送系統，因而益加複雜，甚至混亂，充斥著由不同部門或團體所形成的網絡關係，形同壅塞（congested）國家（Skelecher, 2000: 6）。無形中，不僅增加資

訊超載現象，更徒增彼此步驟不一，造成協力行動有名無實（Peck & Tickell, 1995: 263）。此外，協力活動的展開，勢必影響原有組織的運作，參與者因而必須事事請示於原有組織。因此，除非組織真正授能，以便當機立斷，否則公文旅行時間，將延誤最佳行動時機。針對此一現象，協力治理模式主張，唯有參與者擁有相當程度的自主性方能符合協力要旨。但是，如此一來將造成傳統的民主課責制度隨之瓦解。究其原因，整個協力活動端賴掮客（reticulist）擁有足夠技巧動員、說服以及結合公私部門主要菁英相互協商、達成共識（Friend et al., 1974）。此種類似組合主義的決策方式，實質上恐就與民主真諦相悖離（Brindly & Stroker, 1988: 8）。

　　綜合上述，不難明白何以政府所推行的一些政策，甚少能夠同時涵蓋公私部門行動者。縱使採取了網絡的形式，但因既有決策模式未能隨之改變，以致許多合資經營（joint ventures）或是策略聯盟（strategic alliances）計畫，至今大半流於口號，或者執行效果不佳。因此，協力治理充其量只是政策工具，以協調利害關係人利益為主要功能（Tiesman & Klijn, 2002; Gray, 1989: 235）。

第三節　治理結構特質之比較

　　本節焦點是探討三種治理結構在政策執行過程中，如何解釋國家與社會團體關係的演變，包括國家權威與功能如何分配，以及國家與社會關係如何確立與維持。在逐一探討每種治理結構中，除了說明特質之外，也同時說明其不完備之處。經由歸納整理，可由表13-2得知三種治理結構的特質差異。

　　進一步運用組織行為的相關理論，例如C. I. Barnard的貢獻與滿足之平衡論點（1938）、T. Parsons的行動理論（1951）以及A. Etzioni所提出的順服理論（1961），可深一層瞭解：何以上述三種治理結構會採取不同的治理方法，以及公民參與動機之所以存有差異（參見表13-3）。根據T. Parsons說法，所謂參與，即為個人之情感與評價之趨向。趨向的方向，不僅有肯定與否定之分，同時亦有強弱之別。而個人之所以願意向組織貢獻心力，主要緣由在於該組織可以提供個人最大的滿足，滿足的誘因包括物質與精神上的獎勵（Barnard, 1938）。當施行權力者所提供的誘因，與權力承受者的參與動機呈現互相一致時，順服行為將會呈現出來（Etzioni, 1961）。

表13-2　治理結構特質之比較

治理結構類型／比較項目	層級	市場	網絡
治理方式	命令	契約	合作
國家扮演角色	統治者	公共經理人	授能者
公民扮演角色	被統治者	顧客	夥伴
互動特徵	強制性	回應性	互惠性
偏好選擇方式	公民依賴政府決定	公民自主決定	公民與政府相互協商決定
政策產生執行方式	經由政府組織規劃與執行	政府提供誘因吸引民間參與執行	政府與自發性民間組織協力經營
裁量權授與	授與有限裁量權	授與大量裁量權	授與必要裁量權
主要課責方式	政治課責	契約課責	協議課責
國家意象	超載國家	空洞化國家	壅塞國家

資料來源：作者整理

表13-3　治理方式與順從類型

參與動機／提供誘因	疏離	計算	道德
強制	命令	—	—
報酬	—	契約	—
規範	—	—	協力

資料來源：修改自Peters, 1998: 29.

　　參照表13-3，可知層級治理結構所提供的誘因，性質上較強調消極的懲罰措施，諸如法律制裁，而個人參與的動機大半是基於避免遭受懲罰，趨向否定的疏離態度。此種情況下，組織欲提高順服行為，往往以命令做為治理方法。同樣地，以市場為治理結構，組織所提供的誘因屬於物質上的報酬，個人則基於成本利益的考量決定參與與否，因此呈現中性的取向，可能是肯定，也可能是否定，此時組織會運用契約所提供的誘因，來增強人民順服的意願。最後，網絡治理結構所提供的誘因大半屬於規範性，例如象徵性獎勵，人民參與動機則是理性考量或是道德意識，因此呈現強烈的肯定趨向，組織則以同心協力為由，運用道德勸說方式，試圖將組織目標內化為個人的目標，提高順服行為。

　　由於本書所探討的三種治理結構，部分是依據理論基礎發展而成，部分是由實務經驗逐漸歸納而成，對政策執行的解釋效力恐仍然有所侷限。本書提出六項衡量指標，包括合作、效率、管理、創新、職能以及控制，藉以比較三種治理結構的優勢與劣勢。

一、合　作

　　（一）擴大參與能力：組織目標能否開放參與，並共同承擔責任。
　　（二）具社會凝聚力：組織理念能否贏得他人信任，促進與鞏固社會團結。
　　（三）促進社會公益：組織目標是否令人產生同理心與承諾感。

二、效　率

　　（一）產生資本能力：組織具備節流能力，且經由投資案，產生利潤為組織廣闢財源。
　　（二）承擔風險意願：組織面臨外在環境威脅時，能否接受挑戰承擔風險。
　　（三）維護經濟水平：組織是否具備管理能力，以維護組織運用充分資源。

三、管　理

　　（一）發展專業知識：組織成員的專業知識與技術是否充分發展，並具權威性。
　　（二）全觀考量問題：組織能否針對問題通盤思考，並提出全局治理方案。

四、創　新

　　（一）政策回應能力：組織能否針對迅速變遷的環境，提出適當的方案回應。
　　（二）彈性革新能力：組織是否具備彈性，拋棄不合時宜及績效不彰的方案。

五、職　能

　　（一）服務範圍普及：組織能否深入社會，將標的人口涵蓋在服務範圍之內。

（二）政策學習能力：組織能否透過思想與行動的互動，複製以往成功的經驗。

六、控　制

（一）維持組織穩定：組織能否維持穩定的狀態。
（二）處理相關議題：組織是否有充分職能執行核心任務。
（三）講究公正廉明：組織能否避免假公濟私、徇私任人的情形發生。

依據上述六項衡量指標，針對三種不同結構進行比較，藉此彰顯每種結構的優勢與劣勢（參見表13-4）。大體而言，層級治理的核心概念植基於依法行

表13-4　治理結構優劣勢比較

	層級	市場	網絡
層級治理的優勢			
維持組織穩定	高	低	中
處理相關議題	高	低	中
講究公正廉明	高	中	低
市場治理優勢			
政策回應能力	低	高	中
革新彈性能力	中	高	中
政策學習能力	低	高	中
承擔風險意願	低	高	中
產生資本能力	中	高	低
發展專業知識	中	高	中
維護經濟水平	中	高	低
網絡治理的優勢			
服務範圍普及	低	中	高
促進社會公益	中	低	高
擴大參與能力	中	低	高
全觀考量問題	低	低	高
具社會凝聚力	中	低	高

資料來源：修改自Osborne & Gaebler, 1992: 347.

事，並運用層級節制方式貫徹法令，提供服務。因此，治理的正當性取決於相關行動是否符合法定程序。該項治理結構著重控制與課責，所以最大優勢在於「控制」；劣勢則起因於機關的僵化、法規森嚴與保守的行事作風，未必能因應環境變遷適度改變，以致出現「訓練有素的無能」之組織病象（Merton, 1968）。

　　市場治理結構的核心概念是依據誘因與貢獻之間的交換，一旦兩者之間取得平衡，便可藉由簽約方式進行活動，因此治理的正當性取決於所採取的行動是否符合契約內容。該項治理結構強調透過誘因的提供，以激勵參與行動者採取符合契約預期的行為，所以組織層級化的程度並不大。優勢之處在於「效率」、「創新」以及部分的「管理」與「職能」。這些優勢，正好與新公共管理觀點認為公部門運作方式不佳有關，例如一、公部門規模過大，耗費過多有限資源；二、公部門干預範圍過廣，必須加以限制；三、公部門行事方式保守，不講求效率（Hughes, 1998: 94-6）。由表13-4大略可看出，市場治理結構的優勢正是層級模式的劣勢。劣勢則是將契約過分化約，只要符合契約特定要求就是有績效。然而，一味將政府予以企業化或私部門化，而未能考慮政府本質所具有的公共性或政治衝突性，將影響其可行性（蕭全政，1998：3），這項論點亦可由表13-4清楚可見。

　　另一方面，網絡治理結構在本質上，就與上述兩種治理結構有所不同。詳言之，網絡治理和市場模式所主張的自由市場和國家最小干預的消極功能最大不同點，在於其將國家的角色重新檢討，並予以重視；再者，網絡與層級模式最大差異，在於其將國家和社會的利益等量齊觀、相提並論。由此可知，網絡結構的核心概念是具有共同的價值與信念，參與者之間權力觀念非常淡薄。因此，治理的正當性取決於所採取的行動是否符合協議內容以及共同的參考架構。該項治理結構本質上符合多元主義理念，參與行動者具有自主性，不受權力干預。其最大優勢在於「合作」，亦即在擴大參與能力、具社會凝聚力以及促進社會公益等三個面向上，相對較易得到公民社會的共鳴。劣勢在於該項治理結構通常是基於特殊目的而結合，著重經由協商取得共識，因此組織結構相當脆弱，且事後難以課責。

第四節　適合不同治理結構承擔之任務

　　經由上述分析，可知每一種治理結構，由於受限於文化和時空環境，無法解決所有問題（Pierre & Peters, 2000: 15）。政府欲使任務指派能夠因事、因地制宜，發揮治理功能，必須突破以往強調行政管理，依據法令規章指派任務。如此方能避免非預期副作用的產生，導致付出慘痛的代價。

　　前述提及，在發展雙元民主化過程中，最大的挑戰是國家與公民社會需要同時轉換職能。在一個穩定、同質性甚高的社會環境中，國家或許可以運用強制方式，面片頒佈法令要求社會配合。但是，如果社會環境變得複雜、多元化時，國家將因社會自我意識的覺醒，無法隨心所欲（Dunsire, 1993: 33-4）。因之，面臨相同情境的國家，逐漸改變行事風格，從以往強調國家結構以及決策權威的觀點，轉而重視治理問題，設法在治理需求與治理能力之間取得平衡。

　　顯然地，治理概念強調政策執行係由政府與主要社會團體共同努力達成。事實上，隨著棘手困難問題的紛至沓來，甚少有一個部門，不論是公部門或是私部門，具有足夠的知識與資源單獨負責推動政策（Kooiman, 1993）。因此，政策執行必須跨越公私部門的分界，在國家與公民社會之間形成一個制度連結。不過，相連結並不意謂國家將失去權力，而是雙方基於互惠原則而合作。在此種情況下，政府將可獲知社會的重要訊息，且可動員相關社會團體，藉以提升政策執行力。社會團體亦可藉此管道與政府保持聯繫，取得政策協商機會。是以，政府在指派任務時，必須跳脫傳統行政所重視的績效、課責以及公平性的單向思維。

　　從提升治理能力觀點而言，國家應扮演監護人的角色（guardian state），根據長期或普遍的利益，重新考量社會中各種力量的平衡（Dunleavy & O'leary, 1987: 12）。申言之，國家應將權力視為具有促進社會生產的功能（social production），亦即經由權力賦予，驅使行動者在非零和情況下，提高相互職能，並且共同合作達成集體目標（Stone, 1989: 229）。基此，本書認為政府在指派時，應考量該項任務是否注重：一、管理政策資源（要求標準為效率、效能、公正、公平與清廉）；二、正確政策目標（要求標準為一致性、可靠性、貫徹度以及透明度）；三、接受社會價值（要求標準為正當性、課責性、共識性以及人民順服政策）。根據上列任務考量標準、政策利害關係人

參與動機，及治理結構本身的優劣大致可歸類出適合不同治理結構發展之任務（參見表13-5）。

表13-5　適合不同治理結構承擔之任務

	層級治理	市場治理	網絡治理
適合層級治理的任務			
政策管理	有效	無效	取決於環境系絡
管制性任務	有效	無效	取決於環境系絡
強調公平性任務	有效	無效	有效
預防剝削與歧視性任務	有效	取決於環境系絡	取決於環境系絡
提升社會凝聚力的任務	有效	無效	有效
適合市場治理的任務			
經濟任務	無效	有效	取決於環境系絡
投資任務	無效	有效	取決於環境系絡
利潤產生	無效	有效	無效
提升自我能力的任務	無效	有效	取決於環境系絡

資料來源：修改自Osborne & Gaebler, 1992: 348.

第五節　結　語

　　面對一個複雜、動態且多元參與的環境，政府必須摒棄以往的單向（由上而下）統治，轉而採取注重雙向互動的治理方式，如此方能降低治理危機情形的產生。基於此一認知，本書嘗試由國家與公民社會關係探討治理結構。由上述說明，大致明瞭治理結構為一項制度安排，不僅關係著國家治理能力以及社會資本的蓄積，更深深影響政府能否有效處理日趨複雜的政策議題。因此，每一個國家莫不努力改善其與公民社會之間的關係，彼此匡正偏差與互補不足，組成一個具有治理能力的治理結構，希冀對政策執行發揮乘數效應（Pierre & Peters, 2005: 6）。

　　本書所探討的三種治理結構，在理論發展上具有一種演進的趨勢，主要試圖解決一些既存於層級治理之下的問題，惟所提出的新的治理結構又誘發一些

新的問題，繼而引發後續的改革，成為另一類改革諺語（proverbs of reform）（Peters, 2001: 18）。事實上，這也隱含治理力量將隨著公私部門的緊密程度而存有差異。一旦公民社會影響力愈強時，政府必須將其納入決策過程，藉以強化本身職能，提升政策執行能力。

治理能力的高低，除了端視政府與公民社會的通力合作之外，尚繫於治理結構如何因應內外在政策環境的變遷。正如本書第三節所指出，政策環境與系絡因素對政策執行具有重要影響力。雖然在現實生活中，層級與市場治理結構遭遇許多困境，但從相關文獻中，很難找到具體事證，說明網絡治理結構在提供公共服務時，能比其他治理結構更為有效。由表12-4針對三種治理結構的優劣比較，發現當治理結構與政策環境，以及系絡因素相吻合時，方能發揮實質的功能。

政策執行本身即是一個持續學習、適應以及改善的循環過程。是以，政府在指派任務時，應捨棄以往依據法律規章的作法，長久之計是以根據任務考量標準，加上政策利害關係人參與動機，以及治理結構本身的優劣勢，如此方能同時兼顧政策能力（明智的政策選擇）、管理能力（有效的管理資源）以及國家能力（達成適切的政策結果），進而提升治理能力（Painter & Pierre, 2005）。

第十四章　有效網絡管理之初探：系統治理觀點

第一節　前　言

　　眾所周知，公共政策是集體期待達成的目標，而政策執行乃是政策利害關係人相互協商、合作之結果，此一互動過程即是治理過程（governing processes）。由於社會不斷趨向功能分化，公共事務日益呈現割裂化（fragmentation）與複雜化的局面，致使政府無法充分掌控治理過程，亟需公私部門行動者參與治理。時日一久，在不同政策領域中，參與行動者會形成穩定的政策制定模式，構成特定的管制形式（a specific form of regulation）或協調模式（mode of coordination）。

　　但是，參與行動者來自不同部門，難免會因為見解相左而產生衝突，因此必須透過制度安排，在公私部門之間建立一個「治理結構」（governance structure），以利產生合作互惠的關係。本章之所以採用「治理結構」，主要強調它是一個制度的架構（the institutional framework），透過此一架構，交易活動得以進行。具體而言，治理結構主要涉及一、哪些人有權力或需要參與執行；二、參與者如何互動；三、確定哪些要素構成一個決策（Hult & Walcott, 1990: 9）。因之，針對治理結構著手分析，不僅可瞭解制度系統的基礎建構，更可瞭解制度系統的動態性。

　　在治理結構中，政府與主要社會團體之間，擁有多元制度性協商管道，透過廣泛討論，兩造對於政策目標的擬定以及政策工具的選擇，大致能夠取得政策共識。針對不同的合作方式，學者將治理結構分出不同類型，亦即層級、市場以及網絡治理結構（Thomas et al., 1991; Lowndes & Skelcher, 1998）：第一類型主要是以公部門做為調解中心，強調具有垂直、層級節制以及正式協調機制等特質；第二類型稱之為是以市場做為調解中心，具有水平、自願性與非正式協調機制；第三類型則是以網絡為調解中心，其特質則是居於上述兩種極端類型之間，強調經由互動來解決共同的問題，惟每種治理結構，受限於文化和時空環境，無法解決所有問題（Pierre & Peters, 2000: 15）。

　　基此，本章嘗試運用「系統治理」（meta-governance）的觀點，探討如何提升網絡管理的成效。本質上，系統治理是一綜合形式的治理網絡（mixed-form governance structure）（Koliba, Meek & Zia, 2011: xxiii），主要係整合層級、市場及網絡治理結構的一種途徑[1]，著重制度的設計，期冀將公部門的割裂關係予以連結，並透過代理者為主體性的技術（technologies of agency），進而形塑「對自我管制的一種管制」的複雜網絡，包括：代理者的認同感和自我利益的界定，以及推動績效治理技術（technologies of performance），做為達成績效指標的專業規範與行事準則（Triantafillou, 2007）。文內共分五節，除前言與結論之外，第二節探討現有網絡治理研究的重心以及無法解決的問題；第三節探討系統治理研究的重心與特質；第四節則分析系統治理所面臨的兩難困境與解決之道。

第二節　第一代治理結構研究

　　一般而言，三種治理結構的發展在公共行政產生劇烈變遷；1950年代盛行的層級節制治理，在1970年代為市場競爭機制所取代，1990年代之後更是以網絡治理樣態呈現。雖然傳統的層級治理仍有其影響力，但公共治理逐漸透過與有影響力的行動者建立互賴、信任、對話導向的多元協商機制，促使治理網絡在不同的國家、政策領域不斷增加。

　　「治理網絡」為一弔詭的網絡，具有五項特徵（Sorensen & Torfing, 2007: 9）：一、在相互依賴，但運作上相對自主的行動者間，所形成的一個相當穩定的平行連結關係；二、這群行動者主要透過協商進行互動；三、協商是在一個管制、規範與認知架構中進行；四、在外部機構所設定的限制範圍內，進行的自我管制活動；五、藉此以達成公共目的。就上述特徵而言，治理網絡相當程度轉換政府形式與功能，打破傳統國家與社會、公部門與私部門、地方與全球的二分法，形成新的治理空間。這些特徵隨之引發兩項問題：一、三種治理

1　亦有學者認為「系統治理」就是「網絡管理」（network management）強調「企圖創發、引導與促進行動者彼此之間的互動過程，創造與改變網絡的制度安排，藉以達成更好的協調效果」（Klijn & Edelenbos, 2007: 200）。另，依據Eva Sorensen和Jacob Torfing（2007: 15）的定義，所謂系統治理即是「對自我管制的一種管制」（the regulation of self-regulation），是網絡治理的成功要件之一。

存有獨特的內在邏輯，彼此甚難相容（參見表14-1）；二、政治與社會發展決定處理問題的治理風格，不同的政治社會發展程度就形成相異的治理風格（李長晏，2010）。

表14-1　三種類型治理結構特質之比較

治理結構類型 比較項目	層級治理	市場治理	網絡治理
治理方式	權威	價格	信任
國家扮演角色	統治者	公共經理人	授能者
公民扮演角色	被統治者	顧客	夥伴
互動特徵	強制性	回應性	互惠性
偏好選擇方式	公民依賴政府決定	公民自主決定	公民與政府相互協商決定
政策產生執行方式	經由政府組織規劃與執行	政府提供誘因吸引民間參與執行	政府與自發性民間組織協力經營
裁量權授與	授與有限裁量權	授與大量裁量權	授與必要裁量權
主要課責方式	政治課責	契約課責	協議課責
國家意象	超載國家	空洞化國家	壅塞國家

資料來源：作者整理

　　就第一項問題而言，三種理想型治理結構由於內在邏輯一致，被視為解決公共問題的良方，例如：在層級治理結構下，國家與社會的互動情形，就如同官僚機關對其內部組織成員支配方法一樣：透過官僚體制的控制機制，主導整個經濟與社會的發展。公民因未能感受到官僚體制提供服務的熱誠，遂對其運作方式產生質疑與排斥。行政機關雖然強調中立的角色，但國家與公民間的關係，猶如統治者與臣民般，注重命令與服從，人民只能充當一個順民。根據傳統官僚體制理念而建構的大有為式政府，無論在理論或實務方面存有甚多矛盾，以致運作結果既不完美且功能不彰。

　　採用市場治理結構，將以往重視輸入項控制轉而強調結果和輸出項的控制。然而，主張限縮國家涉入範圍，以便擴大私部門的角色與範圍，極易導致組織功能割裂化，無法回應環境需要，形成職能日益萎縮的空洞化國家（hollow state）（Milward & Provan, 1993）。其次，國家與社會的關係在本

質上已有所改變，片面強調公部門應師法企業組織，對瞬息萬變環境隨時保持主動態度，決策者必須採行適當管理工具，增加生產力（Pollitt & Bouckaert, 2000）。對公民的態度，充其量將之視為被動接受政府服務的顧客，只能期待政府改變，無法主導變革。

網絡治理結構雖被學者讚譽為新公共行政精神（Fredricksen, 1997），不過行動結果並不如預期般理想。癥結在於大半探討網絡管理的文章，皆主觀認為網絡治理係在一理想狀況下運作，因而聚焦於如何依據事先既定的程序逐一操作，即可達到預期目標。此種天真的想法，明顯忽略不同形式的協力關係與網絡治理之間存有緊密相關。

就現實而言，這三種結構並存於現實時空環境中，這也意謂著治理結構將隨公私部門的緊密程度而存有差異。一旦公民社會影響力愈強時，政府必須將其納入決策過程，藉以強化本身職能，提升政策執行能力。另一方面，治理能力的高低，除了端視政府與公民社會的通力合作之外，尚繫於治理結構如何因應內外在政策環境的變遷。申言之，早期是由官僚體制主宰著治理結構，但隨著政府新興任務的增加，非原有的官僚體制可以勝任，抑或處理績效不彰，因而陸續產生新的治理結構，以填補官僚體制之不足。然而，要強調的是，這三種治理結構會同時並存在現實運作中，並非是過渡現象，而是逐漸成為常態。主要原因是每種治理結構都有其「罩門」（Achilles' hell），有其不能克服的問題。例如官僚組織不具彈性，所提供的服務成本相對市場為高；而市場所提供的服務雖然能滿足個人選擇需求，但過於講求利潤取向，以致喪失公共性。同樣地，網絡治理結構雖然被譽為新公共精神的體現，既沒有官僚氣息亦不以追求私利為旨趣，但在缺乏信任與社會資本前提下，預期目標的實踐效果將淪為口號。

綜上可知，第一代治理結構之發展並非賡續關係（succession），由層級治理經由市場治理再到網絡治理（Meuleman, 2000: 3），而是一種演化（evolution）關係，亦即三者可能同時存在成為一個組合體（combination）（Bradach & Eccles, 1989）。

就第二項問題而言，網絡治理並非一組既定僵化的制度特徵，而是面對傳統與變遷等困境時，所依憑的一些敘事架構，藉此瞭解身處環境與解決網絡所產生的制度困境（Bevir & Rhodes, 2007: 77-87）。此時，網絡治理極易出現弔詭性質，治理不能只講共識，因為過於強調共識極易導致封閉。當然，激烈的衝突會導致整個網絡的癱瘓，惟溫和的衝突可促進網絡的開放透明、活力激

化、資訊傳遞與學習（Koppenjan, 2007: 133）。因之，網絡治理的封閉性是影響其運作順暢與否的主因；為了凝聚網絡成員的認同感和向心力，某種程度的封閉性有其必要性，但過於封閉則會阻礙新成員的加入與學習新觀念的機會。深究之，網絡的封閉性乃是維繫其自主調節與不斷演化的基本條件，若政府刻意介入或主導整個運作過程，無形中將成為自我封閉系統的一環。因此，根本之道是將制度條件塑造成有利於其運作的環境背景因素，給予它們刺激與學習的機會，接受外在環境的刺激，此一保守的自我創生系統（autopoietic systems theory）（Luhmann, 1990），將可促進開放性與提升回應性。

　　治理網絡日益增加的原因，可依據相互依賴理論（Interdependency theory）和可治理性理論（Governability theory）加以解釋；前者源自於統合主義和政策網絡理論，認為行動者互動過程存在有權力不對稱的關係，難免會根據自我利益的算計來採取策略性的行動。因此，治理網絡乃是透過具有相互衝突及互相依賴的利益調節機制中，形成治理網絡。另一方面，可治理性理論認為治理網絡乃是獨立自主的行動者，透過互動協商過程所形成的水平式協調機制。行動者因預期透過信任與合作關係，將能促進彼此資源的流通，及解決集體行動的問題困境，故會形成治理網絡，增進社會的可治理性（Kooiman, 1993; Scharpf, 1997）。

　　依據上述，可知治理網絡是一個多元中心的（pluricentric）協商結構[2]，並非單一中心的命令控制或是多重中心（multicentric）競爭導向的治理機制。因此，不宜運用衡量層級或市場機制效能的方法，主要原因如下（參見表14-2）。

　　承上，欲衡量治理網絡是否確實提供服務，應以所欲的產出結果與實際產出的結果一起衡量治理網絡的有效性。有效的網絡治理不僅是稀少的公共資源在有效率的情況下分配，並滿足公共需求，還要建立未來持續合作的可能性。不諱言，在逐漸邁入網絡治理的時代中，學界過於注意治理網絡如何取代層級與市場的治理結構，以及能否成為解決公共事務的重要手段等議題上。其實，治理網絡類似科層、市場機制極易出現失靈現象，主因是治理網絡易受不穩定的社會與政治的內外在事件影響，繼而使得網絡內出現的離心力可能比相互依賴與制度性規範導向的向心力還強。

2　主要特徵是進行決策時，包括多元行動者、場域和過程（Sorensen & Torfing, 2007: 255）。

表14-2　衡量治理網絡效能之障礙

難以量化產出成果	主因是產出結果無形的,例如對問題的共同瞭解、共享的價值、未來的願景、合作過程等。
難以測量網絡政策成本	治理網絡甚少針對產出進行控制,而部分產出是治理網絡行動者的責任,部分是政府機關的責任。
集體決策本質的侷限	集體決策本身就不是有效率的行為,由於網絡的交易成本通常非常高,極可能陷入共同決策的陷阱(joint decision trap)。
難以評估目標達成度	政策目標深受衝突與行動者協商的影響,導致不明確的目標。
不適用巴瑞圖最適點	巴瑞圖標準的優點是評估個人的成本效益,並非集體效益。在治理網絡中,競爭行為常被少數相互依賴的利害關係人之間衝突的協商結果所取代,因此其結果並未產生巴瑞圖最適點。
不適合以滿意度為衡量標準	1.公民並不知道解決問題的政策方案與服務是由誰、如何產生; 2.利害關係人可能傾向提供肯定的答案; 3.個人對於治理網絡效能的評估,主要反映了個人相對的獲利程度,而非治理網絡做為整體的效能; 4.事後滿意度的調查無法顯示何以公民或利害關係人對於政策方案滿足與否。

資料來源: Sorensen & Torfing(2009: 239-241).

　　所有的社會—政治—行政系統,其複雜與動態的過程都深受三種治理結構影響(Meuleman, 2008: 323)。為因應環境的變動而調整,原本和環境契合而有效運作的策略、技術、管理方式,若不能因應環境的變遷,因時、因地、因人作適當調整,將導致原有效能未能充分發揮,蓋政策運作系絡本質上具有複雜性、變動性,甚至衝突性,任何一種治理結構未能有效發揮分配政治社會資源。因此,必須轉而尋求多元的制度設計,將非傳統的機制,例如市場機制、準市場機制以及社區組織等,納入傳統官僚體制專責的傳遞服務途徑,三種治理之間應互補同時運用,以共同治理的精神相互合作。權變觀點強調沒有一套絕對的原則,任何的原則只有在特殊情況下才有其作用,否則無效。此種針對組織設計與管理實施採取彈性的觀點,方能符合適當行為邏輯(the logics of appropriate behavior)與結果邏輯(the logics of consequentiality)所強調的,

在適應環境變遷的同時，若能重視手段與目的一致性，較易達成所欲追求的結果（March & Olson, 1989）。

第三節　第二代治理網絡研究

　　由上述可知，第一代治理網絡的研究學者，例如：Jan Kooiman、R.A.W. Rhodes等，著重描述不同種類的網絡與它們治理機制的功能。第二代治理網絡的研究則立基於第一代的研究基礎，致力於評估治理網絡規範與政治的影響，並試圖改進治理網絡的績效。針對此點，Bob Jesop（1997）提出「系統治理」，又稱為「治理中的治理」（governance of governance），用以整合層級、市場及網絡三種治理結構。而Eva Sorensen（2006: 100）認為系統治理是一種強化協調的治理。詳言之，系統治理是一種間接形式的由上而下治理結構，強調藉由各種協調方式以達自我治理（self-governance）目的。

　　前述提及，治理網絡乃是一個由公私部門行動者透過協商所形成的水平協調機制，必須尊重行動者的自主性，因此國家不宜過於直接介入。然而，為使治理網絡的運作能更加順暢，或與外部的社會治理系統取得和諧關係，必須制定一套有效的制度安排。Peter Triantafillou（2007）進一步主張系統治理不能單單著重制度的設計，尚需透過行動者為主體性的技術（technologies of agency），創造一個多元化自由、授權和負責的行動者，形塑一種「對自我管制的一種管制」的複雜網絡，包括行動者的認同感及自我利益的界定，抑或是推動績效治理技術（technologies of performance），做為行動者達成績效指標的專業規範與行事準則。

　　但是，如何確保系統治理能夠實現預期功能呢？這與它們如何被設計與管理緊密相關。進言之，一個具有效力與民主特質的系統治理如何被民選政治人物（politician）與其他擁有合法、資源的公共管理者（public manager）共同運用下述工具，以影響系統治理的運作[3]：

　　一、網絡設計（network design）：主要影響網絡的範圍、特質、組成與

3　在四種工具中，前兩項最好運用不干涉的方式（hands-off），亦即與自我管制的網絡保持適當距離，以免影響其能力的發揮；後兩者以直接介入的方式（hands-on），也就是系統治理者與自我管制的網絡保持密切互動。兩種方式的混合運用方能確保系統治理得以有效發揮的要件（Sorensen & Torfing, 2009: 246）。

運作程序；

二、網絡建構（network framing）：主要影響網絡的政治目標、財政條件、法源基礎以及論述的敘事架構；

三、網絡管理（network management）：藉由物質與資源的提供，以降低網絡內部的緊張關係、解決衝突以及交易成本；

四、網絡參與（network participation）：主要影響網絡的議程設定、可行方案的選擇範圍、決策前提以及產出結果的協商。

上述四種工具雖然可提升系統治理的效力與民主特質，但欲推動健全的公共管理，必須先具備深切瞭解，現代治理遭遇何種挑戰的優秀政治人物，故這項工作理應由民選政治人物優先承擔（Sorensen, 2006: 112），惟其並不熱衷而將該項權責賦予公共管理者（Sorensen & Torfing, 2009: 246）。究其因，主要是行政管理無法與社會與政治系絡相隔離（Kickert, 1997: 738），而大半的政策籌備工作發生在政府組織內部；另一方面，民選政治人物正好利用系統治理方式由公私部門參與者獲得知識、資源等寶貴資源，但對系統治理的決策過程與結果仍有影響力。因此，公共管理者須充當系統治理者（metagovernor），處理結構之間的衝突。

系統治理需要管理觀點，因此在行政組織的管理並非是中立、技術性的過程，而是進行價值取向（value-laden）的選擇，極易受到意識型態的影響（Koliba, Meek & Zia, 2011: 78）。系統治理者在處理治理結構間的衝突，系統治理者必摒除個人利害，俾能針對層級、市場及網絡治理結構所存在的差異與緊張關係，進行整合，同時有能力與民選政治人物協調任務。一般而言，系統治理者具備二種屬性：一、充分掌握其所處的特定內在與外在治理環境；及二、權變應用策略，包括：一、整合治理結構的各項要素；二、在治理結構之間進行轉換；及三、維持系統治理的正常運作（Meuleman, 2008: 323）。

Eva Sorensen和Jacob Torfing（2009: 246）在其研究中，提供系統治理者在運用四種治理工具時，如何提升效能與民主的參考（參見表14-3），其中，治理網絡的效能可藉由其在下述六項加以能力[4]：

---

4 效能係指某項政策或計畫執行後，達成預期目標、結果或影響的程度，亦即將實際達成的情況與原定之預期水準相互比較，以瞭解政策或計畫是否產生所期望的結果或影響。簡言之，效能所指涉的意涵並非是否政策或計畫已按原計畫執行完畢，而是著重政策或計畫執行後，是否對標的人口或事務產生預期的結果或影響，故為衡量目標達成度的主要因素。

一、能廣泛瞭解所面臨的複雜和跨領域政策問題與機會；

二、能產生創新、積極主動、具體可行的政策選擇，且與整體行動者對問題與挑戰的觀點相配合；

三、達成具有最大公約數的集體政策決定，避免過大的成本支出變化；

四、確保政策順利執行，以持續合作、高度正當性與行動者的責任為基礎；

表14-3　治理網絡強化效能與民主的方式

	效能	民主
網絡設計	(1) 在組成網絡時，在目標上須有一個精確的焦點和保持創新的能力； (2) 經由規定或協商方式確定期限，以便由網絡中獲得不同形式的政策產出； (3) 終止多餘和失敗的網絡。	(1) 確保網絡形成過程和政策產出具有公共性； (2) 廣泛包括相關和受影響的行動者（避免外部排斥）； (3) 創建或支持具相互競爭性的網絡。
網絡建構	(1) 經由政治視框和敘述故事，以確保相互協商而對目標有一致的看法； (2) 在網絡行動者中，建立相互依存關係，促進資源交流； (3) 確保網絡治理中的行動者，共同分享效力的成果。	(1) 將有關政治、財政、法律和論述架構條件告知網絡行動者； (2) 針對與論辯架構相關的網絡績效進行監督； (3) 對不順服的參與者進行制裁或視框調整。
網絡管理	(1) 提供足夠的資源和授能網絡行動者，以降低交易成本； (2) 藉由議程控制、仲裁、實情調查及相互視框學習，以降低破壞性的緊張； (3) 基於鼓勵創新，靈活調整目的和手段。	(1) 授能給弱勢和處於社會邊緣的人以提升網絡內的平等； (2) 經由相關訊息的公布，確保政府的透明度； (3) 探索利害相關人的意見，是否獲得他們的代表支持。
網絡參與	(1) 藉由快速取得勝利和建立一個參與者共同擁有的所有權，以促進持續的合作； (2) 顯示信任以便持續獲得和建立信任； (3) 制度化的過程可經由運作良好和失敗經驗的學習。	(1) 藉由模糊定義敘事軸，以維護更寬廣的政策議程支持（避免內部排除）； (2) 堅持一個具有開放和回應性的商議過程，進行備選方案的確定； (3) 確保網絡以共同的民主標準對自身的表現進行評估。

資料來源：Sorensen & Torfing（2009: 248）.

五、在面對改變的需求、情況與偏好發生時，提供政策解決方案與公共服
　　務的一種彈性調整；

六、透過認知、策略性與制度性的學習建構共同的架構，並促進相互依賴
　　的發展和建立互信，以創造未來持續合作的情境。

另一方面，下列四點可提升治理網絡的民主表現：

一、藉由有能力影響網絡內自我管制政策的民選政治人物進行監督；

二、私部門與公民社會的行動者之績效表現，由其所代表的組織進行
　　評估；

三、不僅對受網絡決策所影響的公民負責，尚需對有能力審議與競逐公共
　　資源的民眾，解釋網絡如何處理政策議題；

四、重新制定普遍接受的民主規則與規範，確保包括廣泛相關與受影響的
　　行動者、程序公平、行動者之間的尊重等要素。

　　由前述可知，第一代與第二代治理網絡研究最大的差異，在於第一代治理
研究聚焦於治理網絡的形成、功能運作和變遷發展過程，而第二代治理研究
則是分析治理網絡失敗原因及其成功條件，以及系統管理者如何透過系統治理
工具，以規範自我管制的治理網絡。依此，不難明白何以前述的第一代治理以
理性算計為探討核心，第二代治理研究則以文化制約為分析中心。進言之，第
一代治理以相互依賴理論與可治理性理論為主，而第二代治理則以整合理論
（Integration theory）與治理理性理論（Governmentality theory）為主。

　　前者主要依據社會建構主義與規範性制度論的觀點，認為治理網絡的形成
往往會受到正式或非正式制度的影響，因此治理網絡乃是利害關係人所形成
的一個相對穩定互動模式，這些利害關係人受到制度內之規範與認知影響，將
可整合成一個具有連帶責任感（solidarity）的社群；而後者則深受後結構主義
對社會中無所不在的權力運作及其本質的分析觀點所影響，認為制度乃是權力
施展的媒介手段，但權力不能僅由壓抑和禁止等角度分析，也可透過行為的
教化（the conduct of conduct）塑造被治者主體性的過程（Gordon, 1991: 5）。
因此，治理網絡被視為是各種論辯策略（discursive strategies）交互運用的場
域，其背後潛存著一套論述與敘事架構，即所謂的「治理理性」（governmen-
tality），指出哪些議題是值得注意及如何解決；哪些議題、知識觀念或行動
者是不必理會。當時空環境配合得宜，自然有某種論辯策略躍上主流地位，
或和其他論述偶然結合，成為塑造網絡行動者之主體性與認同感的來源（So-
rensen & Torfing, 2009: 39-40）。

第四節　系統治理的兩難困境

正如Charles T. Goodsell（1994）所言，公共行政所追求多樣性的價值時，常出現無法相容的情形，例如在手段上，政府行政措施必須受到民意代表與輿論的監督，絕不能罔顧民意，為所欲為。另一方面，就倫理而言，行政措施需依據民主原則而為，故遵守法令是其職責所在，但又要同時表現出效率、效能及生產力的行為。其實，系統治理也遭遇相同情境，由於它需要一組不同系統治理工具的適當組合，在實行系統治理時，將面臨下述兩難困境：

一、如何確保網絡具有高度的民主正當性

系統治理主要藉由利害關係人協商互動，達成特定的共同目標，雖可強化民主正當性（Hirst, 2000），但另一方面，系統治理可被視為一種手段，將傳統基於地域代表性的代議民主制決策權，轉移給系統治理，此種藉由建立利害關係人參與的網絡，卻會削弱民主正當性，破壞傳統代議民主的核心原則——一人一票，每票等值。另一方面，系統治理內成員產生的方式，通常不是經由選舉方式產生。此種方式，容易使人誤解系統治理係由菁英所把持，因而所設定的目標，並非是成員真正迫切需要的（Jay, 1995: 16）。因此，代表傳統自由民主所發展的代議政治，與系統治理之間確係存在不太相容的制度特徵。

二、如何避免過度或不充分的系統治理

系統治理如在結構緊密的治理網絡中運行，往往會排斥新成員的加入，導致衝突升高，一旦對網絡行動者進行安撫工作，將降低系統治理的自我管制特質與利益，無形中影響利害相關人參與和投入解決問題的意願（Kooiman, 1993）。相反地，系統治理的運行如若在結構較為鬆散的治理網絡，因未針對論辯架構、資金和衝突的決議提供適當的支持，導致績效不佳、產生僵局和割裂化。

三、如何在有效性和民主績效之間取得平衡

在治理網絡中，若能吸納更多的利益關係人，將可採納多方利益和價值，

符合民主的價值理念，但無法形塑出一個明確，或是一致的持續性承諾看法（Scharpf, 1999）。相反地，若是在一個結構緊密的網絡，只採納想法類似的行動者，可能因為彼此熟識，因而有效地對新出現的問題和機會提出回應，但卻會缺乏民主正當性。因此，具備公開性和包容性的治理網絡往往傾向於強化民主，損害有效性，而封閉式的治理網絡則可能有利於政策有效性，卻不利於民主發展。

四、如何在不干涉和直接涉入之間作選擇

　　採取不干涉的系統治理態度，旨在維持或增加網絡自我調節的能力，但可能導致網絡參與者與由選舉產生的政治人物，因為缺乏互動而激化對立，升高彼此的衝突。另一方面，若偏向仰賴公權力直接涉入，雖可有效解決內部衝突，但因為嚴格約束系統治理者，致使政策內容，偏向於治理網絡的政策輸出，僅留下小幅度的政策改變空間。

　　依據上述，可知系統治理除可做為整合層級、市場及網絡治理結構的一種途徑外，同時也強調公共管理者須充當系統治理者，方足以協調治理結構的衝突與困境。但是，系統治理可能失靈，主要是民選的政治人物和公共管理者會強烈抵抗網絡參與者的利益，不願讓渡其權威。然而，基於系統治理得以順利運行，使其更具備有效性和民主，必須滿足以下三個條件：

　　（一）政府必須確定責任的歸屬，尤其是對直接或間接參與網絡管理程序的政治人物和公共管理者，進行策略管理，使其具備成為系統治理者應有的前瞻性。

　　（二）系統治理者必須充分瞭解，如何使治理網絡有助於有效性和民主治理，及如何藉由不同系統治理工具的部署，以影響網絡的形成和運作。

　　（三）系統治理者必須具備策略和協力能力，以便對系絡具備充分的覺察能力，並巧妙執行和修改系統治理策略。

　　上述三項條件分別由不同角度指出系統治理對民主政治的影響（Sorensen & Torfing, 2007: 236-46）[5]：

　　（一）系統治理使吾人重新審視傳統民主政治的制度僵固性。傳統觀念認

---

[5] 第一點是社群式民主（Community democracy）的主張；第二點是爭議式民主（Agonistic democracy）的主張（張世杰，2009）。

為民主政治都預設真實社會存在有一個一致性和同質性的政治社群，持有客觀的共同利益與政治認同感。事實上不然，每個社會都有不同的政治社群，且持有不同的政治認同感與敘事架構。因此，系統治理可視為是建構橋樑，以連結這些不同的社群，藉以促進彼此間的「溝通、協調、協商與合作關係」；

　　（二）系統治理可促進不同參與者有更多對話溝通的機會。基本上，民主的重要價值在於其能將對立的敵我關係轉化成有建設性的論辯關係。由於共識並未存在，因此系統治理運作的遊戲規則及對參與成員身分的認定，都是爭辯的事項。換言之，治理過程中所產生的共識與共同目標皆會因時空環境與參與者組成的改變而有變化。

　　上述觀點重新詮釋了「代表」（representation）一詞對系統治理的民主意涵，Anders Esmark（2007）指出系統治理的參與成員不應該視為是課責者（accountability holders），而應是被課責者（accountability holdees），其所代表的是受政策影響的利害關係人。因此，針對相關政策議題，應比未受任何影響的其他人要有更多發言的權力或機會。如果民選的代議政體無法保護政策領域中受影響者的權益，則系統治理的代表功能正可彌補代議政體的不足。其次，從商議式民主角度觀之，Esmark 強調系統治理可發揮公共論壇的角色，主要是由被課責者所組成，除可保護利害關係人的權益外，透過公開辯論的程序亦可增進系統治理的公開性，以確保其回應性。唯有不斷透過政治溝通與論辯過程，才能使得已作成的決議或協定有被調整修正的機會，以回應內外在環境的變遷需求。然而，在此同時卻也產生一些疑慮，包括：系統治理有先天的排他性；參與者之間存在有權力、資源與能力條件的不對稱性；有些參與者會透過非正式制度進行互動，其透明度受到質疑。是以，如何確保系統治理接受民主課責與妥善監督皆是值得討論的問題。

第五節　結　論

　　觀諸現狀，系統治理已逐漸出現在各種治理結構中，因此如何提升網絡成效便成為當務之急。就此而論，民選政治人物和公共管理者理應成為有效的系統治理者，除提升規劃、預算編制和決策技巧外，現在尚需精通於其他任務，例如：溝通、敘事架構、人力培育和信任能力（Sorensen & Torfing, 2009: 252）。為履行這些任務，系統治理者必須擁有適格的策略和協力能力，包括

談判目標結盟、風險評估、程序和項目管理，以便處理新的問題。

由本章的探討，系統治理實可彌補代議民主部分不足之處。儘管如此，系統治理的推動仍存有問題，最顯著者乃是新公共管理雖重新界定民選政治人物的形象，將其描述為對策略目標的制定和方案的績效負責，惟其仍與複雜的網絡管理過程持著不干預態度，以免事事必須藉由網絡管理，進行對話，方能成事。因而將一些棘手的政策問題推給治理網絡解決，表面上看來，是將議題解決回歸給專業功能領域；實際上，此一解除政治化（depoliticaliztion）的舉措，卻是民選政治人物的卸責手段。

另一方面，系統治理者的能力至今尚未被充分發展。短期解決之道是透過培訓、招聘和以對話基礎的組合學習下，將有助於治理能力的培養，治理網絡更加具有效性和民主性。根本之道則是重新詮釋傳統民主的價值觀念，賦予系統治理新的民主意涵，例如，將政治平等（political equality）重新界定為讓受影響的利害關係人有加入治理網絡的機會；將全民控制（popular control）解讀為讓利害關係人有發言權與決定權；將政治自由（political freedom）理解為可以透過任何溝通的形式來參與議題的討論（Dryzek, 2007: 262-73）。

總之，欲有健全的系統治理，首要條件是系統治理者具備宏觀視野，將層級、市場與網絡要素做為組織的基石，同時也具備能力去設計和管理不同環境系絡下的各種混合治理模式。最後，當政治人物或行政人員做為系統治理者時，必須將其任務與系統治理任務相連結，如此方能有效的進行網絡管理。

第十五章　結　論

　　隨著民主意識提升以及社會多元化發展，國家機關的政策自主性已經逐漸被機關外的機制所取代。其中，較為顯著者是人民基於主體性的認知與實踐，透過參與管道，主動積極參與公共事務的處理，以致相應而生的政策問題與性質，亦呈現變化。

　　面對此一情勢，各國政府莫不努力採行各項因應措施，設法提高國家機關能力以滿足因為公民意識高漲而增加的政策訴求。然而，許多因素例如：統治菁英無法發揮應有的功能、國家無法具體落實主權在民的精神，以及政策工具運用不當，皆使得政策問題無法解決，而出現不可治理性的危機。因此，如何結合民間社會豐沛的力量來提升國家機關能力，俾使治理需求與治理能力之間能夠維持動態平衡便成為當務之急。

　　本書的主旨就是冀望能建立出國家機關與公民社會的治理互賴模型，來確認兩造之間若能體認合作共榮的真諦，結為夥伴關係，將可產生綜效，對政策執行效果的提升將有極大的助益。研究的方法係將政策執行結果視為依變數（dependent variable），藉以瞭解國家機關的基礎建構能力以及公民社會所積累的社會資本，對政策執行效果所產生的影響。研究也同時假定兩造之間存有相互依賴性，為有效達成執行目標，彼此成為夥伴關係，成員因為互動密切而形塑一個政策網絡（亦即治理結構）。在此一公私部門共同參與的異質治理（heterarchic governance）模型中（Jessop, 1998: 29），政策目標的擬定係由成員相互討論與協商而成，所以成員具有一定的自主性，但基於主權與課責的特性，國家機關對政策目標與政策工具的選擇具有較多的影響力；就政策執行結果而言，成員會基於權能感進行反思性的評估與自我管理。除此之外，為使治理結構有效運作，以免政策間隙的產生而延誤或破壞集體行動，必須建立一套制度化的管理規則，惟此一規則係植基於互信與互惠之上，因而能夠產生和諧感通的關係，使行動者能真誠奉獻一己之力，承擔份內責任。經由這樣的論述，應能深一層瞭解公私部門協力關係，以及政策執行係一聯合複雜行動的意涵。

　　本章先扼要說明研究結果，期使各章的理論邏輯能夠清晰地呈現。第二節則針對治理互賴模型進行檢驗，最後則是對後續的研究提出一些建議。

第一節　研究結果探討

　　眾所皆知，國家機關透過公共政策深深影響人民日常生活，惟學界對國家機關在政策過程中所扮演的角色卻有不同的解釋。因此，在第二章，我們先就多元主義論、菁英主義論、馬克思主義論以及國家主義論，對國家機關在整個政策過程中所具有的影響力做一討論。由分析中，得知多元主義論主張社會權力係均勻的分配；惟此一觀點顯然不同於馬克思主義論點，認為只要階級權力存在就會呈現權力不平等的現象，以致國家機關與民間社會呈現緊張對立的情形。針對此點，馬克思主義與菁英主義十分類似，兩者均認為權力集中在少數的統治階級或權力菁英的手中。儘管如此，我們仍可發現兩者存有許多差異處，其中，最大不同點乃是菁英主義認為權力係有多種來源；而馬克思主義則認為經濟因素具有決定性的影響，特別是生產工具的擁有與否。至於國家主義論與上述三種理論最大差異處，乃是強調國家機關為一個主動、積極的行動者，並會基於自身利益而與社會團體相互競爭，彼此之間的權力關係呈現出零和的局面。

　　由於所探討的四項理論各有偏執，以致未能針對國家機關在政策執行過程中所扮演的角色提出完整的解釋：多元主義論最大缺失，乃是深信權力結構係均勻分布於國家機關與公民社會，因而認為國家機關只是社會利益團體彼此競逐的場域；菁英理論深信統治菁英可以控制國家機關，惟未能進一步解釋一旦國家機關與公民社會關係改變時，是否原有的統治菁英仍然擁有權力；馬克思主義則從經濟觀點解釋政治，因而未能接受國家機關擁有自由支配權力的觀點，因此即使無產階級社會真正出現了，馬克思主義仍須面對治理問題。至於國家理論主張國家機關是一個獨立的行動者，有其所欲追求的目標，因此國家機關的行政及官僚可獨立於公民社會之上，其結構及活動決定了社會中各階級的競爭組織與運作。即使國家機關受到外在環境結構的約制，仍有相當程度的自主性和能力從事政策選擇。不過，此一觀點過分重視國家機關的正式制度，而忽略了非正式的制度性管道，因此未能進一步說明政策執行時，國家機關與社會團體間的相互影響與互賴關係。

　　在真實生活中，國家機關並非是決策過程中唯一的行動者，因此欲瞭解政策執行效果，確有必要自社會系絡詳加觀察。根據此一觀點，第三章便以多元主義論、統合主義論、次級系統論以及網絡分析理論的觀點，探討公民社會主

要團體在決策過程中所扮演的角色。經過分析之後，瞭解四種理論觀點在理論發展上具有一種演進（evolution）的趨勢，但由於特質上的差異，四種理論對政策執行過程的解釋力自然也有所不同。首先，多元主義論者將國家機關視為是中立且以民意為依歸的。在組織成員身分重疊以及缺乏一個整合協調中介組織的情況下，每個團體會相互競爭或是尋求聯盟，以求在政治利益的競賽中獲得最大利益。由此可知，多元主義論者將團體之間的權力關係視為零和賽局的觀點與政治現實並不相符。前已述及，國家機關在推動政策時，若能獲得相關團體的合作，將更容易達成政策目標且能夠追求彼此的最大利益。

　　其次，統合主義論雖然較多元主義論者肯定國家機關在決策過程中，係扮演一個較為重要的角色；然而，統合主義論（尤其是社會統合主義論）的研究仍過於偏重社會面向的分析，因此分析的重心泰半集中於社會利益團體的行為，而輕忽了國家機關本身也有所欲追求的政策目標以及對於決策的影響力。事實上，一旦國家機關追求的目標與社會利益團體的利益相衝突時，國家機關往往會訴諸強制力，抑或是刻意忽略團體所提出之要求。是以，唯有國家機關與社會團體具有共同追求的目標時，這些團體方有機會參與決策，進而發揮影響力。

　　再者，政策次級系統論企圖整合「由上而下」以及「由下而上」兩種途徑，並藉著倡議聯盟和政策學習觀點，詮釋決策者如何控制複雜的執行過程，以及執行者如何運用策略來反應環境變遷。根據該項理論要旨，倡議聯盟的功能十分類似中介組織的概念，亦即每個聯盟係由數個具有共同信仰系統的利益團體所組成的利益代理系統。該系統可以產生利益匯集的功能，並提供與國家機關進行溝通的管道；國家機關則扮演著政策掮客的角色，負責協調聯盟之間的衝突，從而建立政策共識。然而，由於該理論尚在發展當中，因此未能清楚地將政策活動有系統地加以運作，使得整個研究架構顯得相當籠統。

　　很顯然地，上述三種理論皆未注意到國家機關在決策過程中，不單只是社會團體利益的反應器，而是擁有自主性與能力會去追求自身利益的行動者。因此後繼學者轉而強調政策網絡觀點，描述國家機關與利益團體在決策過程中所形成的關係，以及對政策執行所造成的影響。不可否認的，自從政策網絡理論提出之後，不論是學界或是國家機關，紛紛運用此種理論進行實證研究。不過，政策網絡理論亦引起許多批評，其中一項便是網絡分析理論對於國家的角色並未多加解釋；具體而言，政策網絡理論對於制度以及國家機關如何影響政策的形成並未多加著墨。前述缺點皆說明過分偏重社會團體力量，將會忽略國

家機關在決策過程中（尤其是在政策規劃階段）的重要性，而使得理論無法充分解釋現狀。

　　隨著時代的開放，公民自主意識的提高以及公共事務的繁雜，國家機關再也無法單獨承擔政策發展的重任，而必須與公民社會相互合作，共同解決問題。在公共政策領域中，國家機關與公民社會的互動與合作，已成為政策分析的焦點，本書第四章所提出的治理互賴分析模型即屬於其中一種。

　　本書將「治理」界定為「國家機關與公民社會共同組成一個執行結構，並經由相互協商與互動過程，建構執行共識以及有效的執行行為，諸如執行機關與標的團體的認定、執行工具選擇、執行過程的設定以及執行期限的估計等等」。由於制度研究出現許多矛盾衝突，特別是國家機關與公民社會之間以及機關內部關係的改變，使得政策推行出現許多非預期的變數。因此，治理觀點挑戰了傳統公共行政的要義，並提出一個治理結構，以做為政府治理的新方法。就此而言，一個具有治理能力的國家機關，除了必須充分掌握機關內部的情況外，尚需有效整合治理結構內所有參與者的力量。

　　就本質而言，治理結構本身並非固定，而是隨著問題本質以及所面對的政策環境而有所不同。因此，「治理結構」主要涉及一、哪些人有權或需要去參與執行；二、參與者如何互動；三、確定哪些要素構成一個決策（Hult & Walcott, 1990: 9）。根據此一觀念，治理互賴強調國家機關與公民社會各自享有自主性，不過基於目標的達成，兩造必須在互信、互賴情況下，相互合作、共同協商。因此，國家機關欲有效執行政策，首要之務乃是先建立一套明確的治理結構。此結構是否能夠發揮預期功能，一方面與國家機關能力有關，另一方面則與公民社會所擁有的社會資本有關。一旦具備這些條件，治理結構將呈現如下的特質：一、鋪陳思維變遷；二、跳脫次佳決策陷阱；三、強化夥伴關係；四、互補彼此不足；五、擴大執行幅度；六、重視社會資本。

　　根據治理互賴模型，第五章主要是探討國家機關能力對國家發展以及政策執行的影響。本書將「國家機關能力」界定為「國家機關規劃目標，並且將其付諸執行的能力，主要包括決定政策目標的優先順序，動員所需的資源與人力，以及實現政策內容」。不諱言地，國家目標有時會因與社會特定團體的利益相抵觸而招致反對；此時，國家機關便需要具備自主性以追求本身目標，而不是完全反映特定團體的要求。反之，若國家機關無相當程度的自主性，必然導致事事仰賴社會團體的行動配合或資源供應，最終淪為附庸受其約制。所以，欲提升國家機關的能力，除了重視機關內部的制度安排外，其他因素諸如

國家機關可以掌握運用的資源、機關成員的素質以及與社會團體的連結關係等，更是不容忽視的。國家機關經由制度性連結的機制，對政策網絡的形成、動員社會團體力量及執行政策決定有極大的助益。此一連結機制對多數國家，尤其是開發中國家所進行的政治經濟轉型工作更為重要。

為維持統治正當性以及資本累積的功能，國家機關必須具備充足的能力方能維護整個體系的穩定運作。一般而言，國家能力大致可分為三大類：一、深入能力，意指國家機關具有能力將其末梢神經延展到公民社會，並與主要社會團體進行政策溝通與協調；二、汲取能力，是指國家機關具有能力從公民社會取得政策執行所需之政策資源；以及三、商議能力，乃指國家機關與公民社會能夠本著互信與互惠的關係，進行政策磋商，取得政策目標的共識。本書將三者合稱為國家機關基礎建構能力。

國家機關一旦具備充分的基礎建構能力，對國家本身的發展將有相當的助益，舉其犖犖大者，諸如：一、政治穩定；二、經濟發展；三、民主鞏固；四、施政績效。除此之外，對提升政策執行效果的三個面向：一、政策對應性：係指法定政策（enacted policy）與實際執行政策（implemented policy）之間的吻合程度；二、政策普及度：意指國家機關所採行的政策是否能使標的團體得到實際服務；三、政策貫徹力：乃指國家機關所推動的政策達成預期結果的程度，皆具有不可輕忽的影響力。

另一方面，在執行過程中，國家機關尚需取得社會團體，尤其是政策利害關係人的合作，方可排除障礙，達成預期目標。因此，國家機關必須體認公民參與有其時代的必要性。為達永續發展的目標，國家機關必須調適自身的心態，對社會團體持續要求增加的政治參與，抱持建設性合作的心態來取代排他性對抗的態度，如此方能營造雙贏的局面，真正達到共存互利的境地。

基此，本書第六章進一步分析社會資本對公民社會以及政策執行的影響。文中將「社會資本」界定為「是一種稟賦（endowment），意指團體成員間存有互信關係。在有效規範約束之下，成員彼此具有對等互惠的信念，因而有助於集體目標的達成」。本質上，社會資本的累積係源自於公民對特定社會活動的參與；然而，當國家機關依賴此活動以維持政策運作時，它仍可扮演潛在社會支持的動力來源。換言之，社會資本蓄積愈多，人民對政策的支持程度亦會隨之增加。

一旦社會團體蓄積豐沛的社會資本，不僅較易協調社會團體的行動，更可藉此提高改善政策效率；此外，由於對等的互惠特性，每個人會配合他人的行

動完成個人份內的責任，並促使他人盡其本分，無形之中有助於社會資本的蓄積。大體而言，社會資本對於公民社會的形成，有以下幾點助益：一、凝聚目標共識；二、增進和諧氣氛；三、誠願承擔責任；四、充分信任授權。此外，由於公民與日常公共事務息息相關，也最瞭解政策問題的癥結所在，因此國家機關倘能尊重公民主權，培養公民參與的能力，並將其納入決策體系，使其承擔公民應盡的責任，則在推動政策時，除了較易取得標的人口的政策順服外，將相對減少暴力抗爭等情事的發生，降低社會成本的付出，更能藉此提高政策執行力。

在分別探討國家機關與公民社會對政策執行的影響後，第七章則深入討論國家機關與公民社會係如何相互影響；並進一步論述國家機關與公民社會若能夠立於平等互補地位，彼此匡正偏差與互補不足，將可發揮綜效，對政策執行結果產生顯著的助益。

文中首先分析國家基礎建構能力對社會資本的影響。探討之後，發現深入能力對社會資本積累的影響是：一、形塑網絡關係；二、建立團體意識；三、體認民間感受；四、活絡民間力量；五、順勢建構夥伴。而汲取能力對社會資本積累的影響則是：一、豐厚可用資源；二、有效分配資源；三、符應民間需求；四、彌補資源不足；五、協助資源開發。至於商議能力對社會資本積累的影響則是：一、化解彼此衝突；二、減輕合作困難；三、減少政策耗損；四、調適政策走向；五、啟發兩造再思。綜合上述的功能，發現一國發展力的興衰實與基礎建構能力的強弱息息相關；當基礎建構能力甚強時，每每可以藉助社會資本來強化國家的發展力，而降低不可治理性危機的產生，反之亦若是。

之後，再反過來探討社會資本對國家機關基礎建構能力的影響。事實上，社會資本積累的結果除了直接影響公民社會的形成與發展之外，其所衍生的外部效果也攸關著國家機關的能力。就深入能力的強化而言，社會資本具有如下的功能：一、排除溝通障礙；二、化解民間疑慮；三、彌補機關不足；四、減輕國家負擔；五、降低交易成本。就汲取能力的強化而言，社會資本具有下述功能：一、蓄積國家資源；二、開發潛在資源；三、提升知識技能；四、促進資源共享；五、加速資源流通。就商議能力的強化而言，社會資本則具有以下幾點的功能：一、減少商議負擔；二、消弭宰制思維；三、提供學習空間；四、凝聚政策共識；五、協助議題管理。從討論中，可知社會資本係一種持續的信任與互惠關係，對提升國家機關基礎建構能力具有明顯的幫助，連帶也會影響施政績效以及國家競爭力。是故，其對國家而言是一項極為珍貴的資產。

最後，綜合分析綜效（synergistic effect）對政策執行效果的影響。首先，就政策對應性而言，綜效具有如下的功能：一、縮小政策間隙；二、防止政策溢出；三、化解執行偏差；四、消除形式主義。其次，就政策普及度而言，綜效能發揮一、提升達及比例；二、發現幽靈人口；三、找出失聯對象；四、尋得新增對象等功能。最後，綜效對政策貫徹力所產生的影響，大致有：一、增強執行幅度；二、強化目標管理；三、減緩問題惡化；四、減少依賴人口。

歸結而言，國家機關與公民社會若能體會合作共榮的真義，在互信、互惠的基石上，建立夥伴關係，將能產生綜效，啟動治理結構產生無限的潛能，對於政策目標的達成極有助益。

第二節　治理互賴模型的檢驗

本書主要論述係聚焦於治理互賴模型，並分析其對政策執行效果所造成的影響；惟此一模型並非無中生有，而是從傳統韋伯公共行政至新公共管理逐漸演進而成。這些理論發展不僅代表知識的反動，更是對時代環境變遷的一種回應。誠如A. Chandler所指出的，組織結構的發展往往是國家機關為回應時機和條件所採取的策略，而愈複雜的結構本質上是數個基本策略連結產生的結果（1962: 12）。在檢驗治理互賴模型之前，我們有必要先瞭解理論提出的時代背景，方能明白國家機關在考量政策問題與政策系絡因素之後，所提出的因應策略；以及採行該項策略之後，所引起的組織結構變化。

從經濟發展史觀之，國家機關與市場間的關係並非恆久不變，而是隨著所面對的政策問題以及政策系絡因素發生顯著變化：18世紀末期，Adam Smith主張自由市場經濟的「消極政府」，認為國家機關干預應予以限制，透過市場的自然法則即能維持經濟運作。依其觀點，國家機關一旦干預經濟，所制定的政策極易形成特殊利益團體，甚至抑制技術的創造發明；如此一來，將降低市場資源配置的效率，不但無法符合市場需求，反而會為整體經濟帶來負面影響。

不過，自由放任經濟理論到了1930年代面臨挑戰，主要是由於全球經濟大恐慌的發生，人們對於透過市場機制，自動調節供需的學說產生質疑。具體而言，由於公共財本身的特性：自然獨佔、負的外部效果以及非對稱的資訊，導致市場失靈，無法產生巴勒多效益（Pareto effect）。平心而論，這些問題

並非自由放任經濟法則所能解決的。J. M. Keynes因而主張擴大國家干預經濟功能的「積極政府」，採取貨幣政策與財政政策來刺激經濟復甦。但是到了1980年代，以M. Freeman為首的新自由主義經濟理論學派，有鑑於當時經濟發展呈現停滯性通貨膨脹（stagflation）的情況，因而認為國家干預經濟的作法並未能徹底解決經濟問題，反而會導致政府失靈。基此，其主張恢復市場導向的管理模式，例如：民營化、福利改革與解除管制等措施。

另一方面，從公共行政與公共政策的發展史觀之，亦可發現國家機關與公民社會間的關係也會隨著時機與條件，以及所採取的策略而發生變化。在傳統公共行政時期，所謂的理想型官僚組織具有下述特徵：一、有一套完整的法規制度，用以規約人際之間的關係和人的工作行為；二、整個行政官僚體系係一嚴密的層級節制權威組織體系；三、機關組織是高度的專業分工；四、體系內人際關係是無人情味的；五、體系內人員的選用必須依循法規；六、人員的工作報酬與獎懲必須依法規的規定辦理（Weber, 1947: 344）。由此不難明白，在1970年代前期，最好的政府便是「大有為」的政府，國家機關透過層級節制的控制機制，主導著整個經濟與社會的發展。就政策執行而言，由上而下的研究途徑就是強調層級節制的執行模型，執行體系內的成員皆受到機關的規範所制約，因而執行人員所擁有的自由裁量權相當有限。此外，國家機關會應用各種手段來影響或控制標的團體的行為，使其能夠順從政策的要求而做必要的改變（Anderson, 1994: 213-21）。因此，傳統公共行政之下的政策執行，視權威以及控制手段為有效政策執行的必要條件（Sabatier & Mazmanian, 1979; Mazmanian & Sabatier, 1980: 40）。

由於官僚本質上是保守的，往往以確保國家機關公權力以及穩定整個體系的運作為主要考量，因此對改革行動往往較為被動與消極。此外，在進行政策規劃時，政治可行性的考量又優先於經濟效率，以致傳統官僚體制的弊病逐步呈現。自1980年代以來，由於政府規模過大，造成財政極大的負擔，而國家機關雖然採取干預措施，卻仍無法滿足人民日益增加的需求，而出現不可治理性的危機，使得人民對政府的信任度明顯下降。基此，政府乃警覺其嚴重性，亟思改革之道。此時，適逢《新政府運動》（Osborne & Gaebler, 1992）一書問世，帶動改革風潮，使得面對相同問題的國家紛紛提出以企業家精神，推動政府再造。

在這一波的行政改革浪潮中，大半皆以建立「小而能」政府，積極追求效率為主要目標。學界將其稱為新公共管理（New Public Management）、管

理主義（managerialism）、市場導向的公共行政（market-based public admin-istration）、後官僚體制典範（post-bureaucratic paradigm）或者企業精神政府（entrepreneurial government）。雖然名稱不盡相同，但其基本指涉內涵卻是相同的（Hughes, 1998: 2）；主張政府欲達到增進行政效率的目的，應當積極從事下列七項工作：一、注重特定執行結果而非運作過程；二、妥善運用市場機制以提供民眾更佳的服務；三、關注顧客的滿意度；四、扮演領航者的角色，無須事必躬親；五、積極推動法規的鬆綁工作；六、授權給每一位員工，以期充分發揮創意；七、組織文化應朝向彈性、創新、具有解決問題能力以及企業精神發展（Rosenbloom, 1998: 21-2）。根據上述內容，不難明瞭新公共管理主要是藉由公共行政「內部經濟化」，以提升體系內的企業精神以及企業化管理，進而達成公共行政的最終使命。學者因而認為，行政機關一旦採用企業管理的方式之後，便可降低官僚作風、提高顧客滿意度、重視分權與授能以及考量成本效益（Johnston, 1996: 459）。

　　根據此一觀點，可知由下而上的執行研究途徑強調的是市場取向的特質。其主張為使政策本身能與政策環境系絡相契合，應授予執行人員充分的自由裁量權，如此執行人員方能夠針對問題與策略提出不同看法，並藉由政策問題認定方法，尋求各種備選方案。如此一來，政策能夠適應環境的需要，可行性因而大為增加。

　　然而，上述目標的達成，有賴五項前提的成立：一、政府與私部門在本質上需極為類似；二、政府各部門在競爭環境下可以適宜的運作；三、所有的顧客皆能取得相關資訊；四、提供服務者之間相互競爭；五、顧客具有自主性，擁有裁量權且願意承擔各項選擇的風險（Moe, 1994）。不過，深究上述內容，不難發現五項前提是很難成立的（林水波，1997：34-5）。最大癥結在於公私部門在本質上就有所不同：前者本身具有壟斷性質，所提供的服務並無競爭性質；後者則以營利為目的，因而彼此之間存有競爭關係。其次，一旦本質不同，兩造在執行任務時，所考慮的面向便有所不同：前者係以達成目標及提高公共利益為優先考量；後者則除了達成任務之外，尚需考量成本效益。再者，兩造服務的對象並不相同：政府服務的對象是所有人民，因此所提供的服務較具有一致性；而企業所服務的對象是顧客，因而會依顧客提出的需求而提供不同的服務。最後，被服務對象對於服務的結果反應亦不相同：人民對政府服務不滿意時，僅能依循行政訴訟方式尋求救濟，無法退貨；相反地，顧客對私部門所提供的服務不滿意時可要求退貨，有爭議時更可透過民事訴訟要求賠

償。

　　因此，忽略公私部門本質上的差異性，甚至不清楚這些理論或技術是否合適，而一味追逐流行浪潮，要求公部門採行私部門的管理技術，難免產生許多副作用。舉其犖犖大者有：忽略政治責任、引發合法化危機、缺少政策一致性、忽略主流社會價值、執行人員士氣低落、以及政治適應等問題（Lam, 1997）。這些問題遂引起學界針對新公共管理進行反思，認為其所提倡之「小而能政府」的觀點是不切實際的，並提出許多值得深思的論點（Bellone & Goerl, 1992; deLeon, 1996; Rosenbloom, 1998: 198-200。歸結而言，這些論點皆認為非預期問題的出現，主要原因在於多數機關僅注重體系外部的制度改變，而未同時進行思維模式的調整，以致未能跳脫舊有視框，解決既存問題。

　　除此之外，學者亦認為行政改革不應等同於政府企業化。新公共管理雖然強調公部門的行政效率，但在多元社會中，對政策執行結果會產生影響者，並非全然集中於公部門，而尚包括國家機關以外的其他部門。因此，如果全然採市場取向的執行觀點，而忽略政府的公共性（publicness），則這些擁有權勢者在執行過程中難免會進行利益輸送，政策於是成為謀求私利的工具。基此，除了追求市場導向的行政改革之外，在兼顧公益與私利原則下，應同時強化人民主權的觀點。

　　以往，國家機關採國家中心論的觀點來治理國家，導致國家與社會無法緊密結合，甚至相互對抗的情形，致使政策執行效果不佳。因此，在面對動態、複雜且多元化的環境，國家機關再也無法獨立支撐整個政策過程，因此必須捨棄以國家為中心的單面向思考，改採多面向思考的多元中心主義（multicentralism）（Twining, 1998: 138），將公民社會以及第三部門納入執行過程，共同承擔公共責任，追求更多的公共利益。

　　由此可知，治理概念比政府概念為廣：不僅維持政府制度的正常運作，同時亦重視國家機關與公民社會的互動，及其所產生的結果對政策執行的影響。這種異質部門的治理結構，主要強調公、私部門（包括第三部門）因為建立互信、互賴與互惠關係，進而形成一個政策網絡；而政策目標達成方式以及政策工具選擇係由成員相互討論與協商而成，因此具有充分彈性和取得最大公約數利益的特質。此種參與方式與傳統公共行政所強調的層級節制觀點，以及新公共管理所偏重的市場導向迥然不同（參見表15-1）。

表15-1　傳統公共行政、新公共管理與治理互賴模式的比較

管理類型 比較項目	傳統公共行政	新公共管理	治理互賴
主要基礎理論	政治理論	新制度論	網絡資源互賴理論
人類行為解釋	有限理性 （達成目標）	經濟理性（效率）	策略理性（效能）
公共利益界定方式	法令規定	市場運作	討論協商
行政官僚負責對象	政府與選民	顧客	政府及公共利益
政府角色扮演	操槳	領航	協助者、催生者、 允諾者
達成目標機制	行政命令	市場機制	管理規則
課責方式	層級節制	市場壓力	共同承擔
裁量權授與	授與有限裁量權	授與大量裁量權	授與必要的裁量權 但課以責任
組織結構特質	強調集權式（由上 而下）的官僚組織	強調分權式（由下 而上）的公共組織	強調夥伴（互動） 關係的網絡組織

資料來源：修改自R. B. Denhardt & J. V. Denhardt（2000: 554）

　　然而，政策執行結果是否會因為公私部門界限的模糊，而產生權責不清的問題呢？事實上，這是多慮的，蓋公私部門雖然建立夥伴關係，將原本各自負責的工作加以整合成為一個專案，但由於參與行動者各自擁有自主性，因此各種作業流程係由行動者自行決定。是以，政策自有課責的對象（陳金貴，1999），從而可要求參與人員依法（契約）行事，遵守規約。一旦政策結果未能符合全民利益或出現貪贓枉法之情事時，除了由組織層級節制從事內控課責外，尚可由外控課責（包括立法與司法機關）進行監督。從這個角度觀之，法令規章若能明確建立，公私部門的權力義務便得以規範，而國家機關應該扮演何種角色，參與行動者應負何種責任，皆有清楚的分際。不僅如此，在執行政策時，公私部門負責的工作係同時展開，並將兩造之間的分界予以摒除，以利相互授能、彌補彼此的不足；且透過彼此資源的整合與共同的投入，既可提高資源的使用效率，又能發揮合超效益。

　　總之，治理互賴模式強調公私部門，包括第三部門的相互合作，共同組成治理結構；在政策過程中參與者相互授能，且責任係由參與行動者共同承擔。如此，非但可以減輕國家機關提供服務以及財貨的負擔，亦可減少政府失靈現

象的產生；更因為社會資源的有效配置，而可提高社會整體利益，使市場失靈的可能性降至最低。

檢驗一項理論最務實的作法，乃是觀察其對過去事實的解釋力以及對未來結果的預測力。不過，由於社會現象日趨複雜，甚難運用單一理論來解釋所有現象。基此，本書嘗試整合國家中心論與社會中心論，提出一個全觀性（holistic）的分析架構。由治理互賴模型顯示，不論是由國家機關能力或是社會資本角度觀之，均可明瞭治理結構對政策執行結果所產生的影響力。然而，正如治理互賴所隱含之意涵：每一個變數皆有不可輕忽的影響力，是以不應使用單一變數來詮釋政策執行。因此，除了將國家機關能力與社會資本等量齊觀，同時探討之外，更應考慮兩項變數之間所產生的交互作用（綜效），對政策執行結果所產生的衝擊。唯有如此，方能從較高層次的觀點，來思考、學習與調整治理需求與治理能力間的平衡，俾利解決治理危機的問題（Jessop, 1998: 42-3）。

第三節　後續研究的建議

本書所採取多學科的整合觀點（主要包括公共政策與政治經濟學）加以探討。從本書的整個架構來看，國家與社會關係的研究，可以分為國家機關能力與社會資本兩個部分。前者攸關國家發展的程度與限制，後繼研究者可以從國家機關能力的意涵以及其如何影響政治穩定、經濟發展、民主鞏固和施政績效等議題加以探討；後者則關係到公民社會形成以及其對公民參與的影響，因之可以從凝聚目標共識、增進和諧氣氛、誠願承擔責任、充分信任授權等面向進行分析。當然，亦可以由國家機關基礎建構能力與社會資本兩個變數，討論其對執行過程的影響；以及兩者交互作用之後，所產生的綜效對政策執行效果的影響。

藉由這樣的討論，將有助於釐清政策執行的全貌以及提供未來經驗研究的基礎。基此，對日後研究工作的主要建議是：嘗試選擇不同類型的政策，進行實地的驗證。從本書所探討的案例中，可以先分別由國家機關及公民社會角度觀察其對政策執行所造成的影響；爾後再進一步由整體互賴關係加以分析，並比較其與上述單面向思考的差異。這種比較分析法將有助於後繼研究對國家與社會關係有更廣博與深入的詮釋；另一方面，亦能促使後繼研究持續驗證本書

理論架構所主張的要旨——國家機關與公民社會實為一體兩面，具有密不可分的關係。一旦兩造能夠體會合作共榮的真諦，結為夥伴關係，並在互信與互惠的基石上相互授能，將可產生綜效，對政策執行效果的提升有極大的俾益。若能達到上述目標，便已達到本書的實質目的。

參考書目

中文書目

丁仁方（1999）。《威權統合主義：理論、發展與轉型》。台北：時英。

文化環境基金會（1999）。《台灣社區總體營造的軌跡》。台北：行政院文化建設委員會。

文建會編（2004）。《2004文化白皮書》。台北：文建會。

王光正、黃怡婷（2004）。〈自由化後台灣石化業的發展與展望〉，《企銀季刊》，第27卷，第1期，頁155-179。

王振寰（2003）。〈知識經濟時代的社會資本〉，《科學發展》，第362期，頁52-56。

王振寰（2010）。《追趕的極限——臺灣的經濟轉型與創新》。台北：巨流。

台北市政府都市發展局（2007）。台北市政府都市發展局96年11月7日召開推動「大稻埕古城重現」在地相關組織團體座談會會議紀錄。

台北市政府都市發展局（2008）。台北市政府都市發展局97年5月15日召開推動「大稻埕古城重現——迪化街周邊地區整體風貌活化計畫」地區說明會會議紀錄。

台北市都市更新處（2007）。台北市都市更新處96年5月11日會議紀錄。

台北市都市更新處（2008）。台北市都市更新處96年6月11日會議紀錄。

田瑞良、游志青（2004）。〈打造花田城市——從2004台灣花卉博覽會談起〉，《社區發展季刊》，第107期，頁161-170。

朱雲漢（2004）。〈臺灣民主發展的困境與挑戰〉。《臺灣民主季刊》，第1期，頁143-162。

朱雲漢、包宗和（2000）。《民主轉型與經濟衝突》。台北：桂冠。

江岷欽（1998）。〈政府再造的五希策略〉，《研考雙月刊》，第22卷第4期，頁19-29。

吳再益（2002）。〈環保政策與傳統產業發展策略〉，收錄於《因應加入WTO環境保護與產業競爭力研究會論文集》，頁1-17。台北：中華經濟研究院。

吳明隆（2007）。《SPSS統計應用學習實務——問卷分析與應用統計》。
　　台北：知城。

吳明隆（2009）。《結構方程模式——AMOS的操作與應用》。台北：五
　　南。

吳明隆、涂金堂（2003）。《SPSS與統計應用分析》。台北：五南。

吳朝森（2008）。〈組織文化對於團隊互動與團隊效能之影響——以團隊領
　　導者領導風格為中介效果〉，《環境與管理研究》，第9卷，第2期，頁
　　1-23。

吳瓊恩（1999）。〈公共管理研究途徑的反思與批判〉，《中國行政評
　　論》，第8卷第2期，頁1-20。

李宗勳（2003a）。〈「安全社區」國際認證與社區警政的關聯〉，《中央警
　　察大學警政論叢》，第3期，頁129-158。

李宗勳（2003b）。〈「結構孔道」的理論初探與安全社區個案分析〉，《中
　　央警察大學警學叢刊》，第34卷，第3期，頁171-204。

李宗勳（2004）。〈「安全社區」新視野與社區管理的構聯〉，《國立政治
　　大學公共行政學報》，第10期，頁25-62。

李宗勳（2008）。《網絡社會與安全治理》。台北：元照。

李長晏（2010）。「公共管理與科層、網絡及市場之後設治理」評論。《文
　　官通訊雙週刊》，試刊號，第6期，頁3-4。

李倩如（2004）。《中央與地方文化政策形塑下的產業空間變遷——鶯歌
　　陶瓷老街個案》，銘傳大學媒體空間設計研究所碩士學位論文。

李鴻文、吳佩璇（2010）。〈領導風格與組織承諾之關聯性研究〉，《經營
　　管理論叢》，第6卷，第1期，頁87-95。

周育仁、鄭又平（1998）。《政治經濟學》。台北：空大。

林水波（1997）。〈反思顧客導向的行政革新〉，《公務人員月刊》，第10
　　期，頁34-39。

林水波（1999a）。《公共政策新論》。台北：智勝。

林水波（1999b）。《政府再造》。台北：智勝。

林水波（2007）。〈釐定公民政策參與〉，《國會月刊》，第35卷，第8期，
　　頁26-36

林水波、李長晏（2005）。《跨域治理》。台北：五南。

林勝偉、顧忠華（2004）。〈社會資本的理論定位與經驗意義：以戰後台灣

社會變遷為例〉，《國立政治大學社會季報》，第37期，頁113-166。

邱皓政（2003）。《結構方程模式：LISREL的理論、技術與應用》。台北：雙葉。

郎若帆（1998a）。〈一道早已降低門檻——石化業面對入關之省思〉，《台灣經濟研究月刊》，第21卷，第5期，頁50-53。

郎若帆（1998b）。〈審視石化工業的戒急用忍政策〉，《台灣經濟研究月刊》，第21卷，第12期，頁63-68。

郎若帆（1999）。〈石化業在兩國論架構下的大陸投資策略〉，《台灣經濟研究月刊》，第22卷，第10期，頁81-87。

郎若帆（2000）。〈揚棄食古不化的產業包袱，擘劃跨世紀石化發展藍圖〉，《台灣經濟研究月刊》，第23卷，第11期，頁77-78。

郎鳳珠、李鍾熙（1995）。《中華民國化學工業年鑑》。台北：台灣經濟研究院發行。

孫本初（1999）。，〈公共管理及其未來的發展趨勢〉，收錄於R. T. Glembiewski、孫本初與江岷欽編，《公共管理論文精選I》，頁3-32。台北：元照。

孫克難（2002）。〈稅制改制的政治經濟分析〉。《經濟前瞻》，7月，頁58-62。

徐文琴、周義雄（1993）。《鶯歌陶瓷史》。台北縣：台北縣立文化中心。

徐振國（2000）。〈從威權統合論到新國家論的轉折和檢討〉，《理論與政策》，第14卷，第12期，頁117-36。

徐震（1980）。《社區與社區發展》。台北：正中書局。

翁興利、官有垣、施能傑、鄭麗嬌編著（1998）。《公共政策》。台北：空大。

馬有成（1998）。〈一鄉一特色、一鄉一產業〉，《台灣風物》，第48卷，第4期，頁119-142。

張世杰（2009）。〈「民主網絡治理的理論」評論〉。《台灣民主季刊》，第6卷，第4期，頁253-264。

張奕華、許正妹（2010）。《質化資料分析》。台北：心理出版社。

許立一（2002）。〈新公共管理的省思：以黑堡觀點為基礎〉，《公共行政學報》，第6期，頁29-65。

許志義（2001）。〈從729與921大停電事件談永續發展策略〉，收錄於麥朝

成主編，《2000全球經濟展望》，頁99-118。台北：中華經濟研究院。

許志義（2002）。〈產業自由化國際化與競爭政策：兼以台灣石油及石化業為例〉，《台灣銀行季刊》，第53卷，第1期，頁47-73。

郭瑞坤、王春勝與陳香利（2007）。〈居民社區培力與社會資本、社區意識關聯性之研究——以高雄市港口社區為例〉，《公共事務評論》，第8卷，第2期，頁97-129。

都市更新研究發展基金會編（2002）。《都市更新魔法書》。台北：財團法人都市更新研究發展基金會。

陳上新（2007）。《台灣陶瓷的領航員：北投陶瓷發展史》。台北：國立台灣工藝研究所。

陳正昌等（2003）。《多變量分析方法：統計軟體應用》。台北：五南。

陳恆鈞（2002）。《治理互賴與政策執行》。台北：商鼎文化出版社。

陳恆鈞（2003）。〈士氣激勵之研究：社會資本觀點〉，《人事月刊》，第37卷，第5期，頁20-32。

陳恆鈞（2000）。〈由國家轉型職能談我國資訊產業發展〉。《理論與政策》，第14卷，第3期，頁117-36。

陳柔遠（2007）。〈專題報導〉，《博物館簡訊》，第42期，頁1-15。

陳敦源（2002）。《民主與官僚：新制度論的觀點》。台北：韋伯。

傅茹瑋（2009）。《傳統產業轉型地方文化產業創新發展研究》，中國文化大學環境設計學院建築及都市計畫研究所博士學位論文。

彭錦鵬（2003）。〈全觀型治理：理論與制度化策略〉，「民主治理與台灣行政改革學術研討會」（6月21日），台北：中央研究院歐美研究所。

曾旭正（1997）。〈那一大片綠地遺失了——台北的歷史變遷〉，收錄於張國立主編，《台北今瞑有點High》，頁35-51。台北：新新聞。

楊賢惠（2008）。〈以社會資本論述社區型非營利組織的運作與發展〉，《非政府組織學刊》，第4期，頁63-80。

經濟部工業局（2007）。《工業發展年鑑》。台北：經濟部工業局編印。

詹中原（1998）。〈國家競爭力與企業精神政府〉，《研考雙月刊》，第22卷第4期，頁6-18。

劉乃瑄（2005）。《大稻埕歷史街區復甦研究——對公共空間經營之省思》，國立台北大學都市計劃所碩士論文。

蔡宏進（1985）。《社區原理》。台北：三民書局。

蔡偉銑（1996）。《台灣石化工業發展過程的政治經濟分析：從前一輕至四輕》，東吳大學政治學系碩士論文。

鄭為元（1996）。〈發展型「國家」或發展型國家「理論」的終結〉，《台灣社會研究季刊》，第34期，頁1-68。

盧泰康（2004）。〈清代鶯歌窯業〉，收錄於國立台灣大學民俗藝術研究所主編，《鶯歌製陶兩百年國際研討會論文集》，頁25-55。台北：台北縣立鶯歌陶瓷博物館。

蕭文龍（2007）。《多變量分析最佳入門實用書——SPSS＋LISREL（SEM）》。台北：碁峰資訊。

蕭全政（1998）。〈政府再造與企業家精神〉，「跨世紀政府再造學術研討會」（5月22日），台北：行政院研考會。

蕭全政（1998）。〈台灣民主化對政府經濟和社會能力的挑戰與因應〉，《理論與政策》，第12卷，第12期，頁1-17。

蕭全政（2000）。〈民主化對政府經濟和社會職能的挑戰和因應〉，收錄於朱雲漢、包宗和編，《民主轉型與經濟衝突》，頁27-50。台北：桂冠。

戴仲宏（1996）。《我國石化工業當前企業策略之研究》，國立中山大學企業管理學系碩士論文。

瞿宛文（2000）。〈失業率攀升的真相〉，《天下雜誌》，第？期，頁132。

瞿宛文（2002）。《經濟成長的機制》。台北：唐山。

瞿宛文（2003）。《全球化下的台灣經濟》。台北：唐山。

蘇彩足（1998）。《各國行政革新策略及措施比較分析》。台北：行政院研考會。

英文書目

Agranoff, R. and M. McGuire (2003). *Collaborative Public Management: New Strategies for Local Governments*. Washington, D. C.: Georgetown University Press.

Aldrich, H.E. (1995). "Entrepreneurial Strategies in New Organizational Populations." in I. Bull, H. Thomas and G. Willard (eds.), *Entrepreneurship: Perspectives on Theory Building*, pp. 91-108. Tarrytown, NY: Pergamon.

Alter, C. and J. Hage (1993). *Organizations Working Together*. London: Sage.

Amin, A. (1999). "An Institutionalist Perspective on Regional Economic Development." *International Journal of Urban and Regional Research*, 23(2): 365-78.

Amin, A. and N. Thrift (1992). "Neo-Marshallian Nodes in Global Networks." *International Journal of Urban and Regional Research*, 16(4): 571-87.

Amin, A. and N. Thrift (1994). "Living in the Global." in A. Amin and N. Thrift (eds.), *Globalization, Institutions, and Regional Development in Europe*, pp. 25-46. New York: Oxford University Press.

Amsden, A. H. (1989). *Asia's Next Giant: South Korea and Late Industrialization.* New York: Oxford University Press.

Ansell, Chris and Alison Gash (2007). "Collaborative Governance in Theory and Practice." *Journal of Public Administration Research and Theory*, 18: 543-71.

Argyris, E. (1970). *Intervention Theory and Method Reading.* MA: Addison-Wesley.

Arrow, J. Kenneth (2000). "Observations on Social Capital." in P. Dasgupta and I. Serageldin (eds.), *Social Capital: A Multifaceted Perspective*, pp. 3-5. The World Bank: Washington, D. C.

Aziz, K. A. and M. Norhashim (2008). "Cluster-Based Policy Making: Assessing Performance and Sustaining Competitiveness." *Review of Policy Research*, 25(4): 349-75.

Bagchus, Rene (1998). "The Trade-off between Appropriateness and Fit of Policy Instruments." in B. G. Peters and Frans K. M. van Nispen (eds.), *Public Policy Instruments: Evaluating the Tools of Public Administration*, pp. 46-66. Northampton, MA: Edward Elgar.

Bagozzi, Richard P. and Youjae Yi (1988). "On the Evaluation of Structural Equation Models." *Journal of the Academy of Marketing Science*, 16(1): 74-94.

Barnard, Chester I. (1938). *The Functions of the Executive.* Cambridge, MA: Harvard University Press.

Barzelay, M. (1992). *Breaking Through Bureaucracy: A New Vision for Managing in Government.* Berkeley, CA: University of California Press.

Bellone, C. J. and G. F. Goerl (1992). "Reconciling Public Entrepreneurship and Democracy." *Public Administration Review*, 52(2): 130-4.

Bentrup, Gary (2001). "Evaluation of a Collaborative Model: A Case Study of

Analysis of Watershed Planning in the Intermountain West." *Environmental Management,* 27: 739-48.

Berger, P. and T. Luckmann (1967). *The Social Construction of Reality.* Harmondsworth, Penguin.

Berman, E. M. (1996). "Local Government and Community-Based Strategies: Evidence from a National Survey of a Social Problem." *American Review of Public Administration,* 26: 71-91.

Bevirm, Mark and R.A.W. Rhodes (2007). "Decentred Theory, Change and Network Governance." in Eva Sorensen and Jacob Torfing (eds.), *Theories of Democratic Network Governance,* pp. 262-73. Basingstoke, Palgrave Macmillan.

Bourdieu, P. (1986). "The Forms of Capital." in R. Richardson (ed.), *Handbook of Theory and Research for the Sociology of Education,* pp. 241-58. New York: Greenwood Press.

Bozeman, B. and J. D. Straussman (1990). *Public Management Strategies.* San Francisco: Jossey-Bass.

Bradach, Jeffrey L. and Robert G. Eccles (1989). "Prices, Authority and Trust: From Ideal Typesto Plural Forms." *Annual Review of Sociology*, (15): 97-118.

Bressers, Hans Th. A. and Laurence J. O'Toole Jr., (1998). "The Selection of Policy Instruments: A Network-based Perspective." *Journal of Public Policy*, 18(3): 213-39.

Brindely, T. and G. Stoker (1988). "Partnership in Inner City Urban Renewal: A Critical Analysis." *Local Government Policy Making*, 15(2): 3-11.

Brinkerhoff, D. W. and J. M. Brinkerhoff (2001). "Cross-Sectoral Policy Network: Lessons from Developing and Transitioning Countries." in A. P. Mandell (ed.), *Getting Results through Collaboration,* pp. 167-88. Westport, CT: Quorum.

Burkett, P. and M. H. Landsberg (1998), "East Asia and the Crisis of Development Theory." *Journal of Contemporary Asia*, 28(4): 435-55.

Burt, R. (1992). *Structural Holes: The Social Structure of Competition.* Cambridge. MA: Harvard University Press.

Buss, Terry F., F. Stevens Redburn and K. Guo (2006). *Modernizing Democracy: Innovations in Citizen Participation.* Armonk. New York: M. E. Sharpe.

Carron, Albert V. (1982). "Cohesiveness in Sport Groups: Interpretations and Considerations." *Journal of Sport Psychology*, Vol. 4:123-38.

Cars, G., P. Healey, A. Madanipour, and Claudio DE Magalhaes (eds.), (2002). *Urban Governance, Institutional Capacity and Social Milieux*. Burlington, Vt.: Ashgate.

Centeno, M. A. (1994). "Between Rocky Democracies and Hard Markets: Dilemmas of the Double Transition." *Annual Review of Sociology*, 20: 125-47.

Chan, S., C. Clark and D. Lam (eds.) (1998), *Beyond the Development State: East Asia's Political Economies Reconsidered*. New York: St. Martin's Press.

Chandler, R. C. and J. Plano (eds.) (1988). *The Public Administration Dictionary*. U. S.: Library of Congress-in Publication Data.

Cigler, B. A. (2001). "Multiorganizational, Multisector and Multicommunity Organizations: Setting the Research Agenda." in M. P. Mandell (ed.), *Getting Results through Collaboration: Networks and Network Structures for Public Policy and Management*, pp. 71-88. Westport, Connecticut: Quorum Books.

Coleman, James S. (1990). *Foundations of Social Theory*. Cambridge, Mass: Harvard University Press.

Coleman, James S. (1988). "Social Capital and the Creation of Human Capital." *American Journal of Sociology*, 94: 95-120.

Coleman, James S. (2000). "Social Capital in the Creation of Human Capital." in Partha Dasgupta and Ismail Serageldin (eds.), *Social Capital: A Multifaceted Perspective*, pp. 13-39. Washington D C.: The World Bank.

Coleman, James S. (1988). "Social Capital in the Creation of Human Capital." *American Journal of Sociology*, 94: 95-120.

Dahmen, E. (1952). *Entrepreneurial Activity and the Development of Swedish Industry*, 1919-1939. Irwin, IL. Homewood.

Day, P. and R. Klein (1987). *Accountabilities: Five Public Services*. New York: Tavistock.

De Bruijn, H. A. and Hans A. M. Hufen (1998). "The Traditional Approach to Policy Instruments." in B. G. Peters and Frans K. M. van Nispen (eds.), *Public Policy Instruments: Evaluating the Tools of Public Administration*, pp. 11-32. Northampton, MA: Edward Elgar.

deLeon, L. (1996). "Ethnics and Entrepreneurship." *Policy Studies Journal*, 24(3): 495-510.

Dimock, M. (1980). *Law and Dynamic Administration*. New York: Praeger.

Donaldson, J. E. and C. E. Kozoll (1999). *Collaborative Program Planning: Principles, Practices, and Strategies*. Malabar, Fla.: Krieger Publishing Company.

Dryzek, John S. (2007). "Network and Democratic Ideals: Equality, Freedom, and Communication." in Eva Sorensen and Jacob Torfing (eds.), *Theories of Democratic Network Governance*, pp. 262-273. Basingstoke, Palgrave Macmillan.

Dunleavy, P. and B. O'leary (1987). *Theories of the State: The Politics of Liberal Democracy*. New York: Meredith Press.

Dunsire, A. (1993). "Modes of Governance." in J. Kooiman (ed.), *Modern Governance*, pp. 21-34. London: Sage.

Dwyer, F. Robert, Paul H. Schurr and Sejo Oh (1987). "Developing Buyer-Seller Relationships." *Journal of Marketing*, 51(2): 11-27.

Dye, T. R. (2001). *Top Down Policymaking*. New York: Chatham House Publishers.

Edwards III, George C. (1980). Implementing Public Policy. Washington, D.C. : Congressional Quarterly Press.

Eisinger, P. K. (1988). *The Rise of the Entrepreneurial State*. Madison: University of Wisconsin Press.

English, Mary (2000). "Who Are the Stakeholders in Environmental Risk Decisions?" *Risk: Health, Safety and Environment*, 11: 243-54.

Enright, M. (1992). "Why Local Clusters Are the Way to Win the Game." *World Link*, 5: 24-25.

Esmark, Anders (2007). "Democratic Accountability and Network Theory and Betond." in Eva Sorensen and Jacob Torfing (eds.), *Theories of Democratic Network Governance*, pp. 297-316. Basingstoke, Palgrave Macmillan.

Etzioni, A. (1961). *A Comparative Analysis of Complex Organizations*. New York: Free Press.

Etzioni, A. (1995). *New Communitarian Thinking: Persons, Virtues, Institutions, and Communities*. Charlottesville, VA: University of Virginia Press.

Evans, P. B. (1995). *Embedded Autonomy: State and Industrial Transformation.*

Princeton, NJ: Princeton University Press.

Evans, P. B. (1997). "Introduction: Development Strategies across the Public-Private Divide." in P. B. Evans (ed.), *State-Society Synergy: Government and Social Capital in Development*, pp.1-10. Berkeley, CA: University of California.

Fowler, R. B. (1991). *The Dance with Community: The Contemporary Debate in American Political Thought*. Lawrance, KA: University Press of Kansas.

Frederickson, H. G. (1997). *The Spirit of Public Administration*. San Francisco: Jossey-Bass.

Friedman, M. and R. Friedman (1980). *Free to Choose*. Harmondsworth: Penguin.

Friend, J., J. Power and C. Yewlett (1974). *Public Planning: The Inter-corporate Dimension*. London: Tavistock.

Fukuyama, F. (1995). *Trust: The Social Virtues and the Creation of Prosperity*. New York: Free Press of Glencoe.

Gamble, A. (2000). "Economic Governance." in J. Pierre (ed.), *Debating Governance*, pp. 110-37. Oxford: Oxford University Press.

Gerschenkron, A. (1962). *Economic Backwardness in Historical Perspective: A Book of Essay*. Cambridge: Belknap Press of Harvard University.

Gerth, H. H. and C. W. Mills (eds.) (1970). *From Max Weber: Essays in Sociology*. London: Routledge and Kegan Paul.

Gilchrist, Alison (2004). *The Well-connected Community: A Networking Approach to Community Development*. Bristol, UK: The Policy Press.

Gilchrist, Alison (2009). *The Well-connected Community: A Networking Approach to Community Development* (2nd ed.). Bristol, UK: The Policy Press.

Goggin, M. L., et al. (1990). *Implantation Theory and Practice: Toward a Third Generation*. Glenriew, ILL: Little Bro Higher Education.

Goodsell, C. (1983). *The Cases for Bureaucracy: A Public Administration Polemic*. Chatham, NJ: Chatham House Publishers.

Goodsell, Charles T. (1994). *The Case for Bureaucracy: A Public Administration Polemic*. Chatham, N.J.: Chatham House Publishers.

Gordon, C. (1991). "Governmental Rationality: An Introduction." in G. Burchell, C. Gordon and P. Miller (Eds.), *The Faucault Effect*, pp. 1-52. Hertfordshire,

Harvester Wheatsheaf.

Granovetter, M. S. (1973). "The Strength of Weak Ties." *American Journal of Sociology*, 78(6): 1360-80.

Grant, Robert M. (1996). "Toward a Knowledge-Based Theory of the Firm." *Strategic Management Journal*, 17: 109-22.

Gray A., B. Jenkins, F. Leeuw and J. Mayne (2003). *The Challenge for Evaluation: Collaboration in Public Services*. New Brunswick: Transaction Publishers.

Gray, Barbara (1989). *Collaborating: Finding Common Ground for Multiparty Problems*. San Francisco, CA: Jossey-Bass.

Green, Gary P. and Anna Haines (2008). *Asset Building and Community Development*. Los Angeles: SAGE Publications.

Greer, J. (2001). *Partnership Governance in Northern Ireland: Improving Performance*. Hampshire: Ashgate.

Guy, P. B. (1998). "With a Little Help From Our Friends: Public-Private Partnerships as Institutions and Instruments." in Jon Pierre (ed.), *Partnerships in Urban Governance: European and American Experience*, pp. 11-34. London: Macmillan Press.

Hall, P. and R. Taylor (1996). *Political Science and the Three Institutionalisms Political Studies*, 44: 936-57.

Hannan, M. T. and J. Freeman (1984). "Structural Inertia and Organizational Change." *American Sociological Review*, 49: 149-64.

Hayton, K. and J. Gray (1996). "Developing Partnerships: Public Involvement, Private Control?" *Town and Country Planning*, 65(3): 85-7.

Healey, P. (1996). "Consensus-Building across Difficult Divisions: New Approaches to Collaborative Strategy Making." *Planning Practice and Research*, 11(2), 207-16.

Healey, P. (1998). "Building Institutional Capacity through Collaborative Approaches to Urban Olanning." *Environment and Planning A*, 30: 1531-46.

Henry N. and S. Pinch (2001). "Neo-Marshallian Nodes, Institutional Thickness, and Britain's 'Motor Sport Valley': Thick or Thin?" *Environment and Planning A*, 33: 1169-83.

Hirschman, A. O. (1970). *Exit, Voice and Loyalty*. Cambridge, MA: Harvard University Press.

Hirst, P. (2000). "Governance and Democracy." in J. Pierre (ed.), *Debating Governance*, pp. 13-35. Oxford: Oxford University Press.

Hodgetts, R. (1993). "Porter's Diamond Framework in a Mexican Context." *Management International Review*, 33(2): 41-54.

Honneth, A. (1995). *The Fragmented World of the Social: Essays in Social and Political Philosophy*. Albany, NY: SUNY Press.

Hood, C. (1991). "A Public Management for all Seasons?" *Public Administration*, 69(1): 3-19.

Howlett, Michael and M. Ramesh (1995). *Studying Public Policy: Policy Cycles and Policy Subsystem*. Toronto: Oxford University Press.

Hughes, O. E. (1998). *Public Management and Administration*. New York: St. Martin's Press.

Hult, K. M. and C. Walcott (1990). *Governing Public Organization: Politics, Structures, and Institutional Design*. Pacific Grove, CA: Brooks/Cole Publishing Company.

Huntington, S. P. (1963). *Political Order in Changing Societies*. New Haven, CT: Yale University Press.

Hutchinson, J. (1994). "The Practice of Partnership in Local Economic Development." *Local Government Studies,* 20(3): 335-54.

Huxham, C. (1991). "Facilitating Collaboration: Issues in Multi-Organizational Group Decision Support in Voluntary, Informal Collaborative Settings." *Journal of Operational Research Society*, 42(12): 1037-45.

Huxham, C. (1993). "Collaborative Capacity: An Intra Organizational Perspective on Collaborative Advantage." *Public Money and Management*, 13(3): 21-9.

Huxham, C. (1996), *Creating Collaborative Advantage*. London: Sage.

In't Veld, R. J. (1998). "The Dynamics of Policy Instruments." in B. G. Peters and Frans K. M. van Nispen (eds.), *Public Policy Instruments: Evaluating the Tools of Public Administration*, pp. 153-61. Northampton, MA: Edward Elgar.

Innes, J. and D. Booher (1999). "Consensus-building and Complex Adaptive System Systems: A Framework for Evaluating Collaborative Planning." *Journal of the American Planning association*, 58(4): 440-53.

Jay, R. (1995). "Democratic Dilemmas." *Fortnight*, 345: 16-7.

Jenkins, R. (1996). *Social Identity*. London: Routledge.

Jesop, Bob (1997). "Capitalism and Its Future: Remarks on Regulation, Government and Governance." *Review of International Political Economy*, 4: 561-81.

Jessop, R. (1995). "The Regulation Approach, Governance and Post-Fordism: Alternative Perspectives on Economic and Political Change." *Economy and Society*, 24: 307-33.

Johnson, C. (1982). *MITI and the Japanese Miracle: The Growth of Industrial Policy, 1925-1975*. Stanford, CA: Stanford University Press.

Johnson, C. (1987). "Political Institutions and Economic Performance: The Government Business Relationship in Japan, South Korea, and Taiwan." in F. C. Deyo (ed.), *The Political Economy of the New Asian Industrialism*, pp. 84-135. Ithaca, NY: Cornell University Press.

Katz, Daniel and Robert L. Kahn (1978). *The Social Psychology of Organization* (2nd ed.). New York: Wiley.

Kavanaugh, Andrea L., Debbie D. Reese, John M. Carroll and Mary B. Rosson (2005). "Weak Ties in Networked Communities." *The Information Society*, 21(2): 119-31.

Kay, Alan (2006). "Social Capital, the Social Economy and Community Development." *Community Development Journal*, 41(2): 160-73.

Klijn, Erik-Hans and Jurian Edelenbos (2007). "Metagovernance as Network Management." in Eva Sorensen and Jacob Torfing (eds.), *Theories of Democratic Network Governance*, pp. 199-214. Basingstoke, Palgrave Macmillan.

Kohli, A. and V. Shue (1996). "State Power and Social Forces: On Political Contention and Accommodation in the Third World." in J. S. Migdal, A. Kohli and V. Shue (eds.), *State Power and Social Forces: Domination and Transformation in the Third World*, pp. 293-326. New York: Cambridge University Press.

Kohli, A. and V. Shue (1996). "State Power and Social Forces: On Political Contention and Accommodation in the Third World." in J. S. Migdal, A. Kohli and V. Shue (eds.), *State Power and Social Forces: Domination and Transformation in the Third World*, pp. 293-326. New York: Cambridge University Press.

Koliba, C. Jack W. Meek and Asim Zia (2011). *Governance Networks in Public*

Administration and Public Policy. Boca Raton, Fla. : CRC Press.

Kooiman, J. (1993). "Governance and Governability: Using Complexity, Dynamics, and Diversity." in J. Kooiman (ed.), *Modern Governance: New Government-Society Interactions*, pp. 35-48. Newbury Park, CA: Sage Publications.

Kooiman, J. (2000). "Societal Governance: Level, Model, and Orders of Societal-Political Interaction." in J. Pierre (ed.), *Debating Governance*, pp. 138-64. Oxford: Oxford University Press.

Kooiman, J. (ed.). (1993). *Modern Governance: New Government-Socirty Internations*. London: Sage.

Koppenjan, Joop F. M. (2007). "Consensus and Conflict in Policy Networks? Too Much or Too Little." in Eva Sorensen and Jacob Torfing (eds.), *Theories of Democratic Network Governance*, pp.133-52. Basingstoke, Palgrave Macmillan.

Krishna, A. (2000). "Creating and Harnessing Social Capital." in Partha Dasgupta and Ismail Serageldin (eds.), *Social Capital: A Multifaceted Perspective*, pp. 71-93. Washington D C.: The World Bank.

Krugman, P. (1991). *Geography and Trade*. Cambridge, MA: MIT Press.

Lam, J. T. M. (1996). "Transformation from Public Administration to Management: Success and Challenges of Public Sector Reform in Hong Kong." *Public Productivity and Public Management Review*, 20(4): 405-18.

Lan, Z. and D. H. Rosenbloom (1992). "Editorial." *Public Administration Review*, 52: 6.

Leana, C. R. and H. J. Van Buren III (1999). "Organizational Social Capital and Employment Practices." *Academy of Management Review*, 24(3): 538-55.

Leana, C. R. and Van Buren, H. J. (1999). "Organizational Social Capital and Employment Practices." *Academy of Management Review*, 24(3): 538-55.

Levi, Margaret (1996). "Social and Unsocial Capital: A Review Essay of Robert Putnam's Making Democracy Work." *Politics and Society*, 24(1): 45-55.

Lim, T. C. (1998). "Power, Capitalism, and the Authoritarian State in South Korea." *Journal of Contemporary Asia*, 28(4): 457-83.

Lindblom, C. E. (1959). "The Science of 'Muddling Through'." *Public Administration Review*, 19: 79-88.

Lindblom, C. E. (1977). *Politics and Markets: The World's Political-Economic*

Systems. New York: Basic Books

Lindblom, C. E. and E. J. Woodhouse (1993). *The Policy-Making Process*. Englewood Cliffs. NJ: Prentice-Hall.

Linder, S. H. and B. G. Peters (1990). "The Design of Instruments for Public Policy." in S. Nagel (ed.), *Policy Theory and Policy Evaluation*, pp. 103-19. Westport, CT: Greenwood Press.

Linder, Stephen H. and B. Guy Peters (1989). "Instrument of Government: Perceptions and Contexts." *Journal of Public Policy*, 9(1): 35-8.

Lowndes, V. and C. Skelcher (1998). "The Dynamics of Multi-Organizational Partnerships: An Analysis of Changing Modes of Governance." *Public Administration*, 76: 313-33.

Lowndes, V. and C. Skelcher (1998). "The Dynamics of Multi-Organizational Partnerships: An Analysis of Changing Modes of Governance." *Public Administration*, 76: 313-33.

Luhmann, Niklas (1990). *Essays on Self-Reference*. New York: Columbia University Press.

MacLeod, G. (1997). "Institutional Thickness and Industrial Governance in Lowland Scotland." *Area*, 29(4): 299-311.

Margerum, Richard D. (2002). "Collaborative Planning: Building Consensus and Building a Distinct Model for Practice." *Journal of Planning Education and Research*, 21: 237-53.

Marshall T. H. (1950). *Citizenship and Social Class and Other Essays*. Cambridge: Cambridge University Press.

Marshall, A. (1920). *Principles of Economics*. London: Macmillan.

Martin, R. and P. Sunley (2003). "Deconstructing Clusters: Chaotic Concept or Policy Panacea?" *Journal of Economic Geography*, 3(1): 1-53.

Maskell, P. (2001). "Towards a Knowledge-Based Theory of the Geographical Cluster." *Industrial and Corporate Change*, 10(4): 921-43.

Mattessich, P. and B. Monsey (1992). *Collaboration: What Makes it Work?* Minnesota. St. Paul; Wilder H. Foundation.

Mattessich, Paul and Barbara R. Monsey (1997). *Community Building: What Makes It Work? A Review of Factors Influencing Successful Community Build-*

ing. Saint Paul, MN: Amherst H. Wilder Foundation.

Mayer, Roger C., James H. Davis and F. David Schoorman (1995). "An Integrative Model of Organizational Trust." *Academy of Management Review*, 20(3): 709-34.

Mayhew, D. (1974). *Congress: The Electoral Connection*. New Haven: Yale University Press.

McDonnell, L. M. and R. F. Elmore (1987). "Getting the Job Done: Alternative Policy Instruments." *Educational Evaluation and Policy Analysis*, 9(2): 133-52.

Mentzer, John T., Soonhong Min and Zach G. Zacharia (2000). "The Nature of Interfirm Partnering in Supply Chain Management." *Journal of Retailing*, 76(4): 549-68.

Merton, R. K. (1968). *Social Theory and Social Structure*. New York: Free Press.

Meuleman, Louis (2008). *Public Management and the Metagovernance of Hierarchies, Networks and Markets: The Feasibility of Designing and Managing Governance Style Combinations*. The Netherlands: The Hague.

Meyer, J.P. and Allen, N.J. (1991). "A Three Component Conceptualization of Organization Commitment." *Human Resource Management Review*, 1: 61-89.

Migdal, J. S. (2002). *State in Society*. New York: Cambridge University Press.

Milbrath, L. W. and M. L. Goel (1976). *Political Participation*. Chicago: Rand McNally.

Milward, H. B. and K. G. Provan (1993). "The Hollow State: Private Provision of Public Services." in H. Ingram and S. R. Smith (eds.), *Public Policy for Democracy*, pp. 222-37. Washington, DC: Brookings Institution.

Milward, H. B. and K. G. Provan (1993). "The Hollow State: Private Provision of Public Services." in H. Ingram and S. R. Smith (eds.), *Public Policy for Democracy*, pp. 222-37. Washington, DC: Brookings Institution.

Moe, R. C. (1994). "The 'Reinventing Government' Exercise: Misinterpreting the Problem, Misjudging the Consequences." *Public Administration Review*, 54(2): 111-22.

Montgomery, J. D. (2000). "Social Capital as a Policy Resource." *Policy Sciences*, 33: 227-43.

Moon, Chung-in and R. Prasad (1998). "Networks, Politics, and Institutions." in S. Chan, C. Clark and D. Lam (eds.), *Beyond the Development State: East Asia's Political Economies Reconsidered*, pp. 9-24. New York: St. Martin's Press.

Morton, L. W. (2003). "Small Town Services and Facilities: The Influence of Social Networks and Civic Structure on Perceptions of Quality." *City and Community*, 2: 101-20.

Nahapiet, J. and S. Ghoshal (1998). "Social Capital, Intellectual Capital and the Organizational Advantage." *Academy of Management Review*, 23(1): 242-66.

Nahapiet, J. and Sumantra G. (2000). "Social Capital, Intellectual Capital, and the Organizational Advantage." in Eric L. Lesser (ed.), *Knowledge and Social Capital: Foundations and Applications*, pp. 119-57. Butterworth Heinemann.

Nahapiet, Janine and Sumantra Ghoshal (1998). "Social Capital, Intellectual Capital, and the Organizational Advantage." *Academy of Management Review*, 23(2): 242-66.

Newman, Lenore and Ann Dale (2005). "The Role of Agency in Sustainable Local Community Development." *Local Environment*, 10(5): 477-86.

O'Connell, B. (1999). *Civil Society in the 21st Century*. Lanham, MD: University Press of America.

O'Looney, J. (1992). "Public-Private Partnerships in Economic Development: Negotiating the Trade-Off between Flexibility and Accountability." *Economic Development Review*, 14(22): 14-22.

OECD (2000). *"Local Partnership, Cluster and SME Globalization."* Presented at the Conference for Ministers responsible for SMEs and Industry Ministers Bologna.

Onis, Z. (1991). "The Logic of the Developmental State." *Comparative Politics*, 24(1): 109-26.

Osborne, D. and T. Gaebler (1992). *Reinventing Government: How the Entrepreneurial Spirit is Transforming the Public Sector*. Reading, MA: Addison-Wesley.

Ostrom V. (1974). *The Intellectual Crisis in American Public Administration*. Alabama: University of Alabama Press.

Ostrom, E. (1994). "Constituting Social Capital and Collective Action." *Journal of*

Theoretical Politics, 4(3): 527-62.

Painter, M. and J. Pierre (2005). "Unpacking Policy Capacity: Issues and Themes." in M. Painter and J. Pierre (eds.), *Challenges to State Policy Capacity: Global Trends and Comparative Perspectives*, pp.1-18. New York: Palgrave.

Parsons, Taclcott and A. S. Edward (1951). *Toward A General Theory of Action*. Cambridge, Mass.: Harvard University Press.

Parsons, Talcott (1949). *The Structure of Social Action*. New York: The Free Press.

Peck, J. and A. Tickell (1995). "Too Many Partners: The Future for Regeneration Partnerships." *Local Economy*, 8(3): 251-65.

Pemberton S. (2000). "Institutional Governance, Scale and Transport Policy - Lessons from Tyne and Wear." *Journal of Transport Geography*, 8: 295-308.

Perry, J. L. and K. L. Kraemer (eds.) (1983). *Public Management: Public and Private Perspectives*. CA: Mayfield Publishing Company.

Peters, B. Guy (1998). "With a Little Help from Our Friends': Public-Private Partnerships as Institutions and Instruments." in J. Pierre (ed.), *Partnerships in Urban Governance: European and American Experiences*, pp. 11-33. New York: Palgrave Macmillan Press.

Peters, B. Guy (2001). *The Future of Governing* (2nd ed.). Lawrence, Kans.: University Press of Kansas.

Peters, B. Guy and Frans K. M. van Nispen (1998). *Public Policy Instruments: Evaluating the Tools of Public Administration*. Northampton, MA: Edward Elgar.

Phillips, Rhonda and Robert H. Pittman (2009). "A Framework for Community and Economic Development." in Rhonda Phillips and Robert H. Pittman (eds.), *An Introduction to Community Development*, pp. 3-19. London: Routledge.

Pierre, Jon and B. Guy Peters (2000). *Governance, Politics and the State*. New York: St. Martin's Press.

Pierre Jon and B. Guy Peters (2005). *Governing Complex Societies: Trajectories and Scenarios*. New York: St. Palgrave Macmillan.

Pierre, Jon and B. Guy Peters (2000), *Governance, Politics and the State*. New York: St. Martin's Press.

Pierson, John and Joan Smith (eds.), *Rebuilding Community: Policy and Practice in Urban Regeneration*. New York: Palgrave.

Pollitt, C. (1990). *Managerialism and the Public Services: The Anglo-American Experience*. Oxford: Basil Blackwell.

Pollitt, C. and G. Bouckaert (2000). *Public Management Reform*. Oxford: Oxford University Press.

Porter, M. E. (1990). *The Competitive Advantage of Nations*. New York: The Free Press.

Porter, M. E. (1998). *On Competition*. Cambridge, MA: Harvard Business School Press.

Porter, M. E. (2000). "Location, Competition, and Economic Development: Local Clusters in a Global Economy." *Economic Development Quarterly*, 14: 15-34.

Portes, Alejandro (1998). "Social Capital: Its Origins and Applications in Modern Sociology." *Annual Review of Sociology*, 24: 1-24.

Provan, K. G. and H. G.. Milward (2001). "Do Networks Really Work? A Framework for Evaluating Public Sector Organizational Networks." *Public administration Review*, 61(4): 414-23.

Putnam, Robert D. (1993). *Making Democracy Work: Civil Traditions in Modern Italy*. Princeton, NJ: University of Princeton Press.

Putnam, Robert D. (1998). *Foreword*. Housing Policy Debate, 9(1): V-VIII.

Putnam, Robert D. (1993). "The Prosperous Community: Social Capital and Public Life." *The American Prospect*, 13: 1-11.

Putnam, Robert D., Robert Leonardi and Raffaella Y. Nanetti (1993). *Making Democracy Work: Civic Traditions in Modern Italy*. Princeton, NJ: Princeton University Press.

Raco M. (1999). "Competition, Collaboration and the New Industrial Districts: Examining the Institutional Turn in Local Economic Development." *Urban Studies*, 36(5/6): 951-68.

Reese, L. A. (1993). "Categories of Local Economic Development Techniques: An Empirical Analysis." *Policy Studies Journal*, 21(4): 492-506.

Rempel, J. K., J. G. Holmes and M. P. Zanna (1985). "Trust in Close Relationships." *Journal of Personality and Social Psychology*, 49: 95-112.

Rhodes, R. A. W. (1988). *Beyond Westminister and Whitehall: The Sub-Central*

Governments of Britain. London: Urwin and Hyman.

Rhodes, R.A.W. (1996). "The New Governance: Governing without Government." *Political Studies*, 44: 652-7.

Rhodes, R.A.W. (1997). *Understanding Governance: Policy Networks, Governance, Reflexivity and Accountability. Buckingham*, UK: Open University.

Ridley, F. F. (1996). "The New Public Management in Europe: Comparative Perspectives." *Public Policy and Administration*, 11(1): 16-29.

Ring, Peter Smith and Andrew H. Van de Ven (1992). "Structuring Cooperative Relationships between Organizations." *Strategic Management Journal*, 13(7): 483-98.

Rittel, H. W. and M. M. Webber (1973). "Dilemmas in a General Theory of Planning." *Policy Science*, 4: 155-69.

Roberts, Peter and Hugh Sykes (2000). *Urban Regeneration: A Handbook*. Thousland Oaks, CA: Sage.

Rosenbloom, D. H. (1998). *Public Administration: Understanding Management, Politics, and Law in the Public Sector*. New York: McGraw-Hill.

Salamon, L. M. (ed.) (2002), *The Tools of Government: A Guide to the New Governance*. Oxford: Oxford University Press.

Salancik, Gerald R. (1978). *New Directions in Organizational Behavior*. Chicago: St. Clair Press.

Savas, E. S. (2000). *Privatization and Public-Private Partnerships*. New York: Chatham House.

Scharpf, F. W. (1999). *Governing in Europe: Effective and Democratic?*. Oxford: Oxford University Press.

Schmitter, P. C. (2000). *How to Democratize the European Union - and Why Bother?*. Boulder, New York: Oxford.

Schneider, A. I. (1982). "Studying Policy Implementation: A Conceptual Framework." *Evaluation Review*, 6: 715-30.

Schneider, A. L. and H. Ingram (1997). "Systematically Pinching Ideas: A Comparative Approach to Policy Design." *Journal of Public Policy*, 8(1): 61-80.

Schon, D. and M. Rein (1994). *Frame Reflection: Toward the Resolution of Intractable Policy Controversies*. New York: Basic Books.

Schumpeter, J. (1942). *Capitalism, Socialism and Democracy*. London: Allen & Urwin.

Serageldin, I. and C. Groottaert (2000). "Defining Social Capital: An Integrating View." in P. Dasgupta and I. Serageldin (eds.), *Social Capital: A Multifaceted Perspective*, pp. 40-58. The World Bank: Washington, D. C.

Skelcher, C. (2000). "Changing Image of the State: Overloaded, Hollowed Out, Congested." *Public Policy and Administration*, 15(3): 3-19.

Skocpol, T. (1985). "Bringing the State Back In: Strategies of Analysis in Current Research." in T. Skocpol, D. Rueschemeyer and P. Evans (eds.), *Bringing the State Back in*, pp. 3-37. Cambridge: Cambridge University Press.

Smith, Thomas B. (1975). "The Policly Implemeivtation Press." *Policy Sciences*, 4(2): 203-5.

Smouts, M. C. (1998). "The Proper Use of Governance in International Relations." *International Social Science journal*, 155: 81-9.

Snyder, Robert A. and James H. Morris (1984). "Organizational Communication and Performance." *Journal of Applied Psychology*, 69: 461-5.

Sorensen, Eva (2006). "Metagovernance: The Changibg Role of Politicans in Processes of Democratic Governance." *The American Review of public Administration*, 36(1): 98-114.

Sorensen, Eva and Jacob Torfing (2007). *Theories of Democratic Network Governance*. Basingstoke, Palgrave Macmillan.

Sorensen, Eva and Jacob Torfing (2009). "Making Governance Networks Effective and Democratic Through Metagovernance." *Public Administration*, 87(2): 234-58.

Stigler, G. J. (1965). "The Division of Labor is Limited by the Extent of the Market." *Journal of Political Economy*, 59: 185-93.

Stiglitz, Joseph E. (2000). "Formal and Informal Institutions." in P. Dasgupta and I. Serageldin (eds.), *Social Capital: A Multifaceted Perspective*, pp. 59-70. The World Bank: Washington, D. C.

Stoker, G. (1998). "Public-Private Partnerships and Urban Governance." in Jon Pierre (ed.), *Partnerships in Urban Governance: European and American Experiences*, pp. 34-51. New York: Palgrave.

Stoker, G. (2000). "Urban Political Science and the Challenge of Urban Gover-
　　nance." in J. Pierre (ed.), *Debating Governance: Authority, Steering and De-
　　mocracy*, pp. 91-109. Oxford, Oxford University Press.

Stone, C. (1989). *Regime Politics*. Lawrence. KA: University Press of Kansas.

Stone, D. A. (1965). "Government Machinery Necessary for Development." in M.
　　Kriesberg (ed.), *Public Administration in Developing Countries*, pp. 49-67.
　　Washington, D. C.: Brookings Institution.

Stone, D. A. (1992). "Clinical Authority in the Construction of Citizenship." in H.
　　Ingram and S. R. Smith (eds.), *Public Policy for Democracy*, pp. 45-97. Wash-
　　ington, D. C.: Brookings Institution.

Sullivan, H. & C. Skelcher (2002). *Working Across Boundaries: Collaboration in
　　Public Services*. New York: Palgrave Macmillan.

Tarrow, S. (1994). "Making Social Science Work across Time and Space: A Critical
　　Reflection on Robert Putnam's Making Democracy Work." *American Socio-
　　logical Review*, 51(2): 273-86.

Thomson, G., J. France, R. Levacic and J. Mitchell (1991). *Markets, Hierarchies
　　and Networks: The Coordination of Social Life*. London: Sage Publications.

Tiesman G. R. and E. H. Klijn (2002). "Collaboration Netherlands Style: The
　　Case of Rotterdam Harbor Expansion." *Public Administration Review*, 62(2):
　　197-205.

Tilson, B. et al. (1997). "Partnerships foe Regeneration: The SRB Challenge Fund
　　Round One." *Local Government Studies*, 23(1): 1-15.

Tonkiss, Fran (2000). "Trust, Social Capital and Economy." in Fran Tonkiss and
　　Andrew Passey (eds.), *Trust and Civil Society*, pp. 72-89. London: Macmillan
　　Press.

Triantafillou, Peter (2007). "Governing the Formation and Mobilization of Gover-
　　nance Network." in Eva Sorensen and Jacob Torfing (eds.), *Theories of Demo-
　　cratic Network Governance*, pp. 183-96. Basingstoke, Palgrave Macmillan.

Turner, Jonathan H. (2000). "The Formation of Social Capital." in P. Dasgupta and I.
　　Serageldin (eds.), *Social Capital: A Multifaceted Perspective*, pp. 94-146. The
　　World Bank: Washington, D. C.

Vangen, Siv and Chris Huxham (2003). "Enacting Leadership for Collaborative

Advantage: Dilemmas of Ideology and Pragmatism in the Activities of Partnership Managers." *British Journal of Management*, 14: S61-76.

Van Meter, D. S. and C. E. Van Horn (1975). "The Policy Process: A Conceptual Framework." *Administration and society*, 6(4): 445-7.

Vigoda, E. (2003). *Managing Collaboration in Public Administration: The Promise of Alliance among Governance, Citizens and Business*. Westport: Praeger.

Wade, R. (1988). "The Role of Government in Overcoming Market Failure: Taiwan, Republic of Korea and Japan." in H. Hughes (ed.), *Achieving Industrialization in East Asia*, pp. 129-63. Cambridge: Cambridge University Press.

Wade, R. (1990). *Governing the Market: Economic Theory and the Role of Government in East Asian Industrialization*, Princeton, NJ: Princeton University Press.

Warner, Jeroen F. (2006). "More Sustainable Participation? Multi-stakeholder Platforms for Integrated Catchment Management." *Water Resources Development*, 22(1): 15-35.

Weber, M. (1968). *Economy and Society*. Berkeley, CA: University of California Press.

Weimer, D. L and A. R. Vining (1992). *Policy Analysis: Concepts and Practice*. Englewood Cliffs, NJ: Prentice Hall.

Weiss, L. (1998). *The Myth of Powerless State*. Cambridge: Cambridge University Press.

Weiss, L. and J. M. Hobson (1995). *States and Economic Development: A Comparative Historical Analysis*. Cambridge, England: Polity Press.

Wellman, Barry (1988). "Structural Analysis: From Method and Metaphor to Theory and Substance." in Barry Wellman and Stephen D. Berkowitz (eds.), *Social Structures: A Network Approach*, pp. 19-61. Cambridge, England: Cambridge University Press.

White, G. (1984). "Developmental States and Socialist Induetrialization in the Third World." *Journal of Development Studies*, 21(1): 97-120.

Wildavsky, A. (1979). "Policy Analysis is what Information Systems are Not." in A. Wildavsky (ed.), *The Art and Craft of Policy Analysis: Speaking Truth to Power*, pp. 26-40. Boston, MA: Little, Brown.

Williamson, J. G. (1965). "Regional Inequality and the Process of National Development: A Description of the Patterns." *Economic Development and Cultural Change*, 13: 3-45.

Winter, S. (1986). "Studying Implementation of Jop-down Policy Fron the Bottorm Up: Implementation of Damish Youth Employment Policy." in R. C. Rist, ed., *Finding Work: Cross-National Perspective on Employment and Training.* London: The Falmer, pp. 109-33.

Wolff, C. (1988). *Markets or Governments?*. Cambridge: MIT Press.

World Bank (2011). Measuring the Dimensions of Social Capital. http://web.worldbank.org/WBSITE/EXTERNAL/TOPICS/EXTSOCIALDEVELOPMENT/EXTTSOCIALCAPITAL/0,contentMDK:20305939~menuPK:994404~ (accessed March 20, 2011).

國家圖書館出版品預行編目資料

治理互賴理論與實務／陳恆鈞著. ——初版.
——臺北市：五南, 2012.02
　　面；　公分
ISBN 978-957-11-6543-1 (平裝)
1.公共行政　2.行政決策
572.9　　　　　　　　　　100028118

1PM5

治理互賴理論與實務

編 著 者 — 陳恆鈞（258.9）

發 行 人 — 楊榮川

總 編 輯 — 龐君豪

主　　編 — 劉靜芬

責任編輯 — 李奇蓁

封面設計 — P.Design視覺企劃

出 版 者 — 五南圖書出版股份有限公司

地　　址：106台北市大安區和平東路二段339號4樓

電　　話：(02)2705-5066　　傳　　真：(02)2706-6100

網　　址：http://www.wunan.com.tw

電子郵件：wunan@wunan.com.tw

劃撥帳號：01068953

戶　　名：五南圖書出版股份有限公司

台中市駐區辦公室/台中市中區中山路6號

電　　話：(04)2223-0891　　傳　　真：(04)2223-3549

高雄市駐區辦公室/高雄市新興區中山一路290號

電　　話：(07)2358-702　　傳　　真：(07)2350-236

法律顧問　元貞聯合法律事務所　張澤平律師

出版日期　2012年2月初版一刷

定　　價　新臺幣540元